Philip Yancey

Alma sobrevivente

Sou cristão, apesar da Igreja

Traduzido por Almiro Pisetta

mundocristão
São Paulo

Tradução: Almiro Pisetta
Preparação de texto: Omar de Sousa
Revisão: João Guimarães
Theófilo Vieira
Capa: Douglas Lucas
Ilustrações: Fátima Lodo

Dados Internacionais de Catalogação na Publicação (CIP)
(Câmara Brasileira do Livro, SP, Brasil)

Yancey, Philip
Alma Sobrevivente: Sou Cristão, Apesar da Igreja / Philip Yancey, traduzido por Almiro Pisetta - São Paulo: Mundo Cristão, 2004.

Título original: Soul Survivor
ISBN 85-7325-271-5
1. Biografias cristãs 2. Espiritualidade 3. Fé 4. Inspiração I. Título.

04-2319 CDD-270.0922

Índice para catálogo sistemático:
1. Perfis de pessoas: Biografias coletivas: Cristianismo 270.0922
Categoria: Espiritualidade

Publicado no Brasil com todos os direitos reservados por:
Editora Mundo Cristão
Rua Antônio Carlos Tacconi, 79, São Paulo, SP, Brasil — CEP 04810-020 Telefone: (11) 2127-4147
Home page: www.mundocristao.com.br

1ª edição: maio de 2004
Impressão em sistema digital sob demanda

Sumário

Agradecimentos

Neste projeto, minha agente, Kathryn Helmers, foi muito além das responsabilidades esperadas de uma pessoa com essa função. Em muitos aspectos, este livro não existiria se não fosse por ela, que ajudou a formar e a refinar a visão em minha mente para, então, estimular-me a cada passo, oferecendo-me tanto encorajamento quanto direção. Estruturação de frases, organização temática, opções para a capa, acabamento, cláusulas do contrato — ela participou alegremente de todas as fases do processo de publicação. Em vários momentos, menciono a *psicose* que é o processo de escrever; Kathryn ajudou a baixar esse estado para o nível da *neurose* e até conseguiu extrair alguns momentos saudáveis de tudo isso.

Meu editor na Doubleday, Eric Major, colaborou com a mesma presença calma e sustentadora que conheci vinte anos atrás, quando ele publicou no Reino Unido as edições dos livros que escrevi com o dr. Paul Brand. Minha assistente, Melissa Nicholson, passou horas a fio diante de uma tela de computador em bibliotecas e na internet para pesquisar e verificar os fatos.

Estes capítulos retratam pessoas sobre as quais escrevi em outras obras, como jornalista. Em cada caso, mudei e ampliei bastante o material, além de adicionar um ponto de vista pessoal. Mas continuei me baseando em pesquisa e, às vezes, nas palavras originais dos trabalhos anteriores. Artigos sobre Martin Luther King Jr., dr. Robert Coles, Mahatma Gandhi e dr. C. Everett Koop apareceram em edições da revista *Christianity Today*. Artigos sobre Annie Dillard, Frederick

Buechner, Leon Tolstoi, Fyodor Dostoievski e Shusaku Endo apareceram em *Books and Culture*. Além disso, escrevi algumas reflexões sobre G. K. Chesterton como prefácio de uma edição de *Orthodoxy*, sobre o dr. Paul Brand como prefácio de *The Forever Feast*, sobre Henri Nouwen em um capítulo de *Nouwen Then* e sobre John Donne para um trabalho conjunto intitulado *Reality and the Vision*. Alguns dos pensamentos que transcrevo aqui sobre King, Donne, Endo e Tolstoi também aparecem em meus livros *O Deus (in)visível, Maravilhosa graça* e *O Jesus que nunca conheci*.[1] Agradeço aos detentores dos direitos dessas publicações por permitirem que eu pesquisasse as frases e parágrafos dessas obras para descobrir algumas que se encaixassem no propósito deste trabalho.

Apresentação

Para alguns leitores, a leitura deste livro será a última tentativa de salvar a sua fé antes que tudo se ponha a perder. Foi para esses leitores — à beira do precipício espiritual — que editamos este livro.

O conceito editorial sobre o qual foi construído *Alma sobrevivente* foge da fórmula que normalmente se espera de um livro que procura resgatar os náufragos. O autor não propõe nada além de contar a sua própria história. Afinal, ele sabe que as pessoas decepcionadas com a igreja institucional não aguentam ouvir mais planos, fórmulas, passos, cartilhas, regras ou leis, pois foi justamente essa tentativa de doutrinação comportamental que as afugentou.

Em outras obras ele já havia exposto a sua desilusão com os abusos da igreja institucional. Ele sempre encarou de frente temas como a hipocrisia dos evangélicos, as prioridades confusas da igreja contemporânea e a tendência dos líderes cristãos de oferecerem soluções baratas para qualquer que seja o problema da condição humana. Yancey nunca temeu as repercussões de suas críticas, pois sabe que são justamente as falhas da igreja que impedem que muitos aceitem o evangelho de Cristo.

Neste livro, entretanto, ele vai mais longe. Revela que, na sua juventude, quase abandonou a igreja, por considerá-la racista, retrógrada, despropositada e abusiva. Só não renunciou a sua fé cristã porque descobriu que havia outros como ele, desiludidos com a igreja, mas profundamente comovidos pela mensagem central do cristianismo.

Num olhar retrospectivo, ele hoje chama essas pessoas de "mentores". Ajudaram-no a enxergar a totalidade da proposta cristã que existe por trás da organização eclesiástica estabelecida. Ajudaram-no também a descobrir o verdadeiro Cristo do cristianismo, a discernir a causa nobre que fundamenta toda a história da relação Deus-homem e a entregar-se ao compromisso apaixonante de defender o nome de Cristo.

O leitor desta tradução provavelmente não reconhecerá os nomes de todos os conselheiros e mentores de Philip Yancey. Autores como Frederick Buechner e Annie Dillard, por exemplo, são inéditos no Brasil. Outros, apesar de terem algumas obras editadas em português, são desconhecidos pela maioria: Henri Nouwen, Shusako Endo, Robert Coles, G. K. Chesterton. Algumas escolhas surpreendem, por não fazerem parte de nenhum panteão evangélico; é o caso de Mahatma Gandhi, que não foi cristão, mas cujas atitudes como líder sincronizaram-se com o jeito essencialmente cristão de comportar-se diante das adversidades. Há também algumas ausências intrigantes; onde estão C. S. Lewis, Dietrich Bonhoeffer e Dorothy Sayers?

Para o leitor desta edição em português, cabe uma elucidação. A maioria dos leitores do livro original em inglês também desconhece esses autores e as suas obras. Com base nas recomendações de Yancey, muitos desses leitores estão procurando saber mais. Esperamos que a publicação de *Alma sobrevivente* em português tenha o mesmo efeito sobre os leitores e sobre o setor editorial como um todo. Desejamos despertar interesse nas obras desses indivíduos e, mais do que isto, demonstrar que a disciplina de procurar sabedoria nos bons livros ainda é o caminho mais curto para a compreensão da vida, para a aceitação dos paradoxos naturais que surgem no cristianismo, e para a construção de um discernimento profundo entre o cerne e as circunstâncias do evangelho.

Mark Carpenter
Editora Mundo Cristão

Capítulo um

Depois do abuso

Phillip Yancey

Às vezes, em uma sala de espera ou num avião, inicio conversas com pessoas que não conheço, e é nesse momento que elas descobrem que escrevo livros sobre temas ligados à espiritualidade. As sobrancelhas se erguem, as barricadas se levantam e, então, passo a ouvir mais uma história de horror sobre a Igreja. Creio que a expectativa dessas pessoas é que eu defenda a Igreja, pois ficam surpresas quando digo: "Ah! mas a coisa é muito pior. Deixe-me contar a minha história". Tenho passado a maior parte de minha vida recuperando-me daquilo que a Igreja me fez.

Uma das igrejas que frequentei, nos meus primeiros anos de vida na Geórgia, na década de 1960, possuía uma visão extremamente fechada do mundo. Um desenho bem na frente da igreja orgulhosamente anunciava nossa identidade, expressa em palavras que irradiavam de uma estrela com várias pontas: "Novo Testamento, comprados pelo sangue, nascidos de novo, pré-milenaristas, dispensacionalistas, fundamentalistas..." Nosso pequeno grupo de duzentas pessoas era extremamente preso à verdade, à verdade de Deus, e todo aquele que discordasse de nós estaria brincando perigosamente na divisa com o inferno. Uma vez que minha família vivia num *trailer* estacionado no terreno da igreja, nunca pude escapar da nuvem envolvente que bloqueava minha visão e determinava as fronteiras do meu mundo.

Mais tarde, pude perceber que a igreja mesclava algumas mentiras com a verdade. Exemplo: quando subia ao púlpito, o pastor pregava abertamente o racismo. Ele dizia que as raças escuras eram amaldiçoadas por Deus, citando uma obscura passagem do Livro de Gênesis, segundo a qual os negros seriam muito bons como servos. "Vejam como os garçons de cor conseguem caminhar nos restaurantes, rodando seus quadris por entre as mesas com extrema habilidade enquanto carregam as bandejas", dizia ele. Porém, como líderes, nem pensar.

Armado com tais doutrinas, apresentei-me no primeiro emprego. Foi uma espécie de estágio durante o verão no Centro de Doenças Contagiosas, próximo à cidade de Atlanta. Nesse hospital, encontrei meu supervisor, o dr. James Cherry, ph.D. em Bioquímica. E negro. Alguma coisa não *batia*.

Depois de fazer o colegial, entrei para um seminário em um Estado vizinho. Mais progressista que minha igreja, a escola havia admitido um estudante negro que, para manter as coisas num nível adequado de segurança, dividia o quarto com um aluno de Porto Rico. Essa escola acreditava em regras, muitas regras: todas contidas num livro com nada menos do que 66 páginas delas, o qual precisávamos ler, estudar e cumprir. O corpo docente e a direção tinham dificuldades em ligar cada uma das regras a princípios bíblicos, o que envolvia certo grau de criatividade, uma vez que algumas delas (como as que tratavam do comprimento do cabelo dos rapazes e da saia das moças) mudavam a cada ano. Na parte final do curso, já noivo, eu só podia passar a hora do jantar — que ia das 17h40 às 19h — com a mulher que hoje é minha esposa. Certa vez, fomos flagrados de mãos dadas, o que fez com que ficássemos "sob restrição", proibidos de nos ver ou falar por duas semanas.

Em algum lugar do grande mundo lá fora, estudantes estavam protestando contra a Guerra do Vietnã, marchando por direitos humanos em uma ponte próxima à cidade de Selma, no Alabama, e reunindo-se para celebrar a paz e o amor em Woodstock, em Nova York. Enquanto isso, estávamos preocupados em nos aprofundar no supralapsarianismo — o que aconteceu antes do pecado original — e em medir cabelos e saias.

Pouco antes da virada do milênio, na primavera de 2000, passei por uma experiência de recapitulação de minha vida. No primeiro dia, participei de um painel numa conferência na Carolina do Sul sobre o tema "Fé e Física". Embora não tivesse conhecimento de física algum, fui escolhido, com um representante da Escola de Divindade de Harvard, porque escrevo muito sobre assuntos de fé. O painel pendia mais para o lado da ciência, pois incluía dois físicos ganhadores do Prêmio Nobel e o diretor do Fermilab, um laboratório de aceleração de partículas nucleares próximo a Chicago.

Um dos laureados com o Prêmio Nobel começou dizendo que não via utilidade para a religião, considerando-a, na verdade, prejudicial e supersticiosa. "Dez por centro dos americanos admitem que foram abduzidos por extraterrestres, metade da população é criacionista e metade lê horóscopo todos os dias", disse ele. "Por que deveríamos nos surpreender se a maioria dissesse que crê em Deus?" Criado como judeu ortodoxo, ele é hoje um ateu convicto.

Os outros cientistas usaram palavras mais amenas para se referir à religião, mas disseram que restringiram seu campo de observação àquilo que pode ser visto e comprovado, o que, por definição, exclui as questões ligadas à fé. Quando chegou minha vez de falar, reconheci os erros que a Igreja cometera e agradeci aos colegas por não terem queimado a nós cristãos numa estaca, agora que o feitiço estava virando contra o feiticeiro. Também agradeci pela enorme sinceridade de sua posição não teísta. Li um trecho de um artigo de Chet Raymo, astrônomo e cientista que escreveu sobre as probabilidades de nosso universo ter nascido, como ele acreditava, do puro acaso:

> Se logo após o big-bang a relação entre a densidade do universo e sua taxa de expansão tivesse se desviado do valor previsto apenas parcialmente em 10^{15} (que significa um número 1 seguido de 15 zeros), o universo teria encolhido ou se expandido tão rapidamente que não haveria possibilidade de as estrelas e as galáxias se condensarem em sua matéria básica... A moeda girou no ar 10^{15} vezes e caiu em pé uma única vez. Se todos os grãos de areia de todas as praias da terra fossem universos possíveis — ou seja, universos que fossem consistentes com as leis da física como as conhecemos — e apenas um desses grãos fosse um universo que permitisse a existência de vida inteligente, então, esse único grão de areia é o universo que habitamos.

Depois do painel, dois outros ganhadores do Prêmio Nobel, um em Física e outro em Química, juntaram-se à discussão, além de alguns outros cristãos esclarecidos. Um dos físicos pediu para ver a citação de Raymo, a quem ele conhecia pessoalmente. "Dez elevado à 15ª potência, dez a 15... calculamos que existam 10^{22} estrelas no universo — tudo bem, posso ficar com essa ideia. Aceito essa probabilidade", disse.

Caminhamos então para a crítica à religião. Sim, ela causou muitos danos, mas também consideramos os muitos benefícios que ela trouxe. O próprio método científico nasceu do judaísmo e do cristianismo, os quais apresentaram o mundo como um produto de um Criador racional e, portanto, compreensível e sujeito à verificação. O mesmo aconteceu nas áreas da educação, medicina, democracia, obras sociais e questões legais, como a abolição da escravatura. Os físicos ateus reconheceram abertamente que não tinham bases reais para sua ética, e que muitos de seus colegas serviram a regimes nazistas e comunistas sem qualquer remorso. Tivemos momentos fascinantes de troca de ideias, uma experiência única de diálogo verdadeiro que resultou de diferentes perspectivas sobre o universo.

Um dia depois, eu e minha esposa acordamos cedo e viajamos 160 quilômetros para participar da 30ª reunião da turma do seminário. Ali, ouvimos nossos colegas descreverem as três últimas décadas de suas vidas. Um deles disse que se libertou da artrite depois de dez anos, quando finalmente lidou com um pecado não confessado em sua vida. Outro exaltou as virtudes de dormir sobre ímãs. Vários estavam sofrendo da síndrome de fadiga crônica, outros passavam por profunda depressão. Um casal havia internado recentemente sua filha adolescente em uma clínica para doentes mentais. Essas pessoas não tinham uma aparência saudável, e senti tristeza e compaixão enquanto ouvia suas histórias.

Paradoxalmente, meus colegas de classe ressuscitavam frases que aprendêramos no seminário: "Deus está me dando a vitória"; "Posso todas as coisas em Cristo"; "Todas as coisas cooperam para o bem"; "Estou caminhando em triunfo". Saí dessa reunião com a cabeça rodando. Fiquei imaginando qual seria a reação dos cientistas se eles estivessem presentes ali. Imagino que teriam apontado a disparidade entre o que viam na vida das pessoas e o verniz espiritual que fora aplicado sobre elas.

Logo na manhã seguinte, um domingo, levantamos cedo mais uma vez e viajamos quase 300 quilômetros até Atlanta para participar do *sepultamento* da igreja fundamentalista na qual cresci, aquela com a estrela de várias pontas. Depois de mudar de prédio para se livrar de uma vizinhança em constante mutação, a igreja se viu mais uma vez cercada de vizinhos afro-americanos[1] e com uma frequência cada vez menor de pessoas. Em uma doce ironia, a igreja estava vendendo seu prédio para uma congregação afro-americana. Fui espiar o derradeiro culto dessa igreja, anunciado como uma reunião aberta a todos aqueles que já haviam frequentado seus cultos.

Reconheci muitas pessoas que fizeram parte de meu passado, uma perturbadora armadilha do tempo na qual vi meus colegas adolescentes agora barrigudos, carecas e na meia-idade. O pastor, que era o mesmo de quarenta anos atrás, enfatizou o *slogan* da igreja: "Batalhando pela fé". Ele disse: "Combati o bom combate e completei a carreira". Ele parecia mais baixo do que eu pensava. Estava menos aprumado, e seu cabelo, antes bem ruivo, estava totalmente branco agora. Agradeceu diversas vezes à congregação pelo Oldsmobile que recebera como presente de gratidão: "Nada mal para um pobre pastor como eu", repetia.

Durante o culto, mais longo que o normal, uma procissão de pessoas se levantou e falou como havia encontrado Deus por meio dessa igreja. Enquanto os ouvia, fiquei pensando nas muitas pessoas que não estavam presentes, como meu irmão, que se afastou de Deus em grande parte por causa dessa igreja. Hoje vejo seu espírito contencioso com pena, ao passo que, na adolescência, isso havia arrancado de mim a fé e a vida. Naquele momento, a igreja havia perdido todo o poder que tinha sobre mim: seu ferrão não tinha mais veneno. Mas eu ficava lembrando a mim mesmo que quase abandonei a fé cristã como reação àquela igreja e que sentia grande simpatia pelas que haviam deixado o cristianismo.

Aquele fim de semana me deu um breve resumo de minha vida. "A que pertenço eu agora?", pensei. Havia muito tempo eu rejeitara o espírito de culto da igreja que eu estava ajudando a sepultar. Mas eu também não poderia abraçar o ceticismo materialista desses cientistas presentes no painel. Muito embora eles pudessem apostar na veracidade daquele fantástico grão de areia que se opôs às forças do acaso, eu não poderia fazê-lo. Teologicamente, é muito mais provável que eu me sinta mais confortável com o seminário evangélico, pois temos em comum sede por Deus, reverência pela Bíblia e amor por Jesus. Todavia, não encontro ali muito equilíbrio ou saúde. Às vezes, sinto-me como a pessoa mais liberal no meio dos conservadores e, em outros momentos, o mais conservador entre os liberais. Como posso equilibrar meu passado religioso com meu presente espiritual?

Já me encontrei com pessoas e ouvi muitas outras que passaram por um processo similar de procura pela verdade a partir de seu passado religioso. São católicos romanos que hesitam diante de uma freira ou de um padre, antigos membros da Igreja Adventista do Sétimo Dia que não conseguem beber uma xícara de café sem uma ponta de culpa, menonitas que ficam preocupados se uma aliança de casamento pode ser um sinal de mundanismo. Hoje, alguns deles rejeitam totalmente a Igreja, considerando os cristãos como ameaças, ou mesmo repulsivos.

Um dos personagens do livro *A segunda vinda*, de Walker Percy,[2] captou esse pensamento de maneira apropriada:

> Estou cercado de cristãos. Eles normalmente estão falando de um alegre e confortável porvir, o que não é muito diferente de outras pessoas — muito embora eles, os cristãos do Sul, os Estados Unidos, o mundo ocidental tenham matado mais pessoas do que quaisquer outros povos juntos. Mas não posso afirmar que eles não tenham a verdade. Mas, se eles têm a verdade, por que são tão repulsivos, na mesma proporção em que abraçam e propagam a verdade? Uma pessoa pode se tornar cristã mesmo que haja poucos ou nenhum cristão ao redor dela. Você já viveu no meio de quinze milhões de batistas do sul? [...] Um mistério: se as boas novas são verdadeiras, por que alguém não se agrada em ouvi-las?

Sua última pergunta é bastante forte. Se o evangelho é considerado uma *eucatástrofe* — palavra usada por J. R. R. Tolkien para uma coisa espetacularmente boa que acontece a alguém terrivelmente ruim — por que tão poucas pessoas recebem essas notícias sendo realmente boas?

Hoje acredito que me tornei escritor para colocar no lugar certo algumas palavras usadas e abusadas pela igreja da minha juventude. Apesar de ouvir que "Deus é amor", a imagem que eu fazia de Deus, a partir dos sermões que ouvia, estava muito mais próxima de um tirano irado e vingativo. Cantávamos: "Cristo ama as criancinhas [...] quer loirinhas, quer hindus, esquimós ou índios nus".[3] Porém, a situação era outra quando uma dessas crianças diferentes de nós queria entrar na igreja. Os professores do seminário insistiam em dizer que "vivemos debaixo da graça, não mais debaixo da Lei", e por toda a minha vida nunca consegui entender com clareza a diferença entre as duas coisas. Desde então, tenho me lançado numa busca para desenterrar as boas novas, limpar as palavras originas do evangelho e descobrir o que a Bíblia realmente quis dizer quando usou termos como *amor*, *graça* e *compaixão* para descrever o próprio caráter de Deus. Encontrei verdade nessas palavras, verdade que precisa ser buscada com diligência e habilidade, como os afrescos que estão ocultos por camadas de tinta e massa nas capelas antigas.

Senti-me motivado a escrever porque, para mim, isso foi como se frestas de luz se transformassem em uma janela aberta para outro mundo. Lembro-me do impacto causado por um pequeno livro chamado *To Kill a Mockingbird* (*Para matar um tordo*[4]), que tratava da questão dos pressupostos segregacionistas de meus amigos e vizinhos. Quando segui adiante e li livros como *Black Like Me* (*Negro como eu*[5]), *The Autobiography of Malcolm X* (*Autobiografia de Malcolm X*[6]) e *Letter from Birmingham City Jail* (*Carta de uma prisão em Birmingham*), de Martin Luther King Jr., meu mundo se despedaçou. Senti o poder que permite que uma mente humana entre em outra sem qualquer empecilho, como se fosse um bisturi. Percebi que aqueles textos poderiam avançar nas fendas, trazendo oxigênio espiritual às pessoas presas em caixas herméticas.

Comecei a valorizar, em especial, a qualidade libertadora da palavra escrita. Os oradores das igrejas que frequentei podiam levantar suas vozes e manipular as emoções como quem toca um instrumento musical. Mas sozinho, em meu quarto, controlando cada virada de página, encontrei-me com outros embaixadores da fé — C. S. Lewis, G. K. Chesterton, John Donne — cujas doces vozes atravessaram o tempo para convencer-me de que, em algum lugar, viveram cristãos que conheceram a graça e a Lei, o amor e o julgamento, a paixão e a razão. Tornei-me escritor por causa do meu próprio encontro com o poder das palavras, porque percebi que palavras estragadas e distanciadas de seu sentido original poderiam ser recuperadas.

Desde então, tenho me apegado ferozmente à postura de um peregrino, pois é isso o que verdadeiramente sou. Não tenho autoridade religiosa alguma. Não sou nem pastor nem professor, senão apenas um peregrino, uma pessoa que, como tantas outras, vive em meio a uma busca espiritual. Inevitavelmente (e também por instinto), questiono e reavalio minha fé a todo instante. Quando voltei daquele fim de semana de virar a cabeça entre os físicos, os colegas de classe do seminário e os fundamentalistas do Sul, perguntei a mim mesmo outra vez: por que ainda sou cristão? Por que continuo buscando um evangelho que veio a mim no meio de tanta distorção e apatia, que normalmente mais parece notícia ruim do que boas novas?

Todo escritor tem um tema principal, um rastro que fica perseguindo, uma coisa da qual vive buscando a origem. Se eu tivesse de definir meu próprio tema, ele seria a história de uma pessoa que absorveu algumas das piores coisas que a Igreja tem para oferecer, mas que, ainda assim, descansou nos braços amorosos de Deus. Sim, passei por um período no qual rejeitei Deus e a Igreja, uma conversão ao contrário que fez com que eu sentisse certa liberdade por algum tempo. Contudo, não me tornei ateu ou um refugiado da Igreja, mas um de seus defensores. O que permitiu que eu resgatasse uma fé pessoal a partir dos danosos efeitos da religião?

As pessoas retratadas neste livro percorrem um longo caminho para responder a essa pergunta. Em trinta anos como jornalista, tive a liberdade de investigar todo tipo de pessoa. Já me encontrei com algumas que são verdadeiros personagens de um romance de Flannery O'Connor.[7] Entrevistei o televangelista Jim Bakker na época da explosão imobiliária de seus condomínios, do extravagante estúdio de televisão e do parque temático cristão, e o vi negar publicamente tudo aquilo que me dissera e que estava gravado em fita. Ouvi uma garota de Las Vegas contar como se encontrara com Deus enquanto estava na mesa de operação "para aumentar os seios", e que, sob anestesia, teve um sonho em que viu um caminhão basculante feito de carne humana — "Tudo era feito de carne, até os para-lamas" — jogando um carregamento de adolescentes americanos num lago de fogo.

Em geral, porém, prefiro evitar essas pessoas, por mais interessantes que seus casos possam parecer. Elas lembram muito do meu passado, do qual ainda quero fugir. Em vez disso, optei, desde o início de minha carreira jornalística, por procurar pessoas das quais eu pudesse aprender algo, pessoas que eu gostaria de imitar. Como cresci cercado, em grande parte, de modelos negativos, estava ansioso por algum que fosse positivo. Encontrei alguns.

Um rico empresário chamado Millard Fuller cresceu desiludido com a competição no meio empresarial e, desafiado pelo pastor radical Clarence Jordan, abandonou sua vida de luxo e fundou uma empresa de construção de casas populares — a *Habitat for Humanity* — comemorou recentemente a marca de cem mil casas construídas. Um presbiteriano dedicado chamado Jack McConnell inventou um teste para tuberculose, ajudou a desenvolver o remédio Tylenol e aparelhos de ressonância magnética e, quando se aposentou, passou a recrutar médicos aposentados para formar equipes de clínicas gratuitas que atendiam a pessoas pobres.

Cicely Saunders entrou na faculdade de Medicina já na meia-idade porque as autoridades lhe disseram que, "nesta profissão, as pessoas somente dão ouvidos aos médicos". Ela nunca praticou Medicina, mas, em vez disso, deu início ao movimento moderno de tratamento de doentes terminais, introduzindo uma nova maneira de ajudar os que estão à beira da morte.

Durante o período em que dirigiu o Jardim Botânico de Nova York e o Jardim Botânico Real em Kew, Inglaterra, Sir Ghillean Prance fundou um instituto com o bizarro nome Botânica Econômica, cujo propósito é mostrar aos países com grandes extensões de florestas tropicais que eles podem lucrar muito mais colhendo e replantando seletivamente alguns produtos do que devastando a floresta inteira.

A partir de longas entrevistas com essas pessoas, fiquei grandemente impressionado com o papel que pessoas comuns podem desempenhar, quando estão cheias de fé, no avanço das causas da justiça e da misericórdia. "A glória de Deus é uma pessoa cheia de vida", disse Irineu, teólogo do segundo século de nossa era. Infelizmente, essa descrição não reflete a imagem que muitas pessoas têm dos cristãos modernos. Certo ou errado, as pessoas os veem como discretos, nervosos e reprimidos, pessoas que estão menos dispostas a comemorar e mais propensas a receber nossa reprovação. Como jornalista, porém, já me encontrei com pessoas que possuem uma vida realmente mais positiva, em todos os aspectos, em função de sua fé. Elas têm vida abundante e, como passei tempo suficiente com elas, desejei beber eu mesmo dessa fonte de vida e, então, proclamá-la a todo o mundo.

As pessoas que são retratadas neste livro são representantes selecionados daqueles de quem aprendi e por quem fui desafiado. Eles nos saúdam de países tão diferentes quanto Japão, Holanda, Rússia, Índia e Inglaterra, assim como dos próprios Estados Unidos. Nem todos são cristãos ortodoxos, e um deles, Mahatma Gandhi, optou por ser contrário à fé cristã. Mas todos eles foram permanentemente transformados por seu contato com Jesus. Conversei pessoalmente com boa parte deles e os entrevistei, em alguns casos, desenvolvi uma amizade eterna. Conheço a outra metade apenas indiretamente, por meio dos escritos que deixaram. É estranho, mas aqueles que estão mais distantes do cristianismo ortodoxo — Gandhi, Tolstoi, Dostoievski, Endo — foram os que mais me ajudaram a compreender minha própria fé, lançando luz sobre ela a partir de um ângulo que eu não havia considerado.

Os escritores são parasitas, sugando vida de outras pessoas, e sou grato por ter recebido algo dessas vidas extraordinárias. Alguns deles ajudaram a mudar a história do planeta. Outros responderam fielmente a um chamado interior para se colocar na arena pública. Há ainda os que simplesmente sentaram-se em suas casas, com um bloco de anotações à mão, refletindo, separando ideias, registrando suas vidas e seus pensamentos para a posteridade. Hoje, faço a mesma coisa, apresentando esses meus mentores como se estivessem em uma galeria de retratos, na esperança de passar a outros o seu legado.

As treze pessoas que você verá neste livro têm algo em comum: o impacto que causaram em mim. Por essa razão, a cada capítulo pergunto qual a diferença que elas fizeram em minha vida. De que maneira eu mudei em função do contato, direto ou indireto, que tive com elas? Com o passar do tempo, as pessoas que retrato aqui se tornaram os instrumentos que moldaram minha fé; foram minha "nuvem de testemunhas" pessoal. Se eu fosse convidado a participar de uma convenção cheia de céticos ou representantes de outra religião, e me fosse pedido para explicar minha fé, elas seriam as companhias que eu gostaria de ter ao meu lado. Eu poderia simplesmente apontar para elas e dizer: "Os cristãos não são perfeitos, em todos os sentidos, mas eles podem ser pessoas cheias de vida. É isso o que eles são". Cada um se destaca em seu campo e todos colocam a fé como uma das razões de serem como são.

Devo dizer que, para mim, escrever sobre esses atributos tem sido um exercício de saúde e até mesmo de alegria. Não estabeleci uma meta, como sair por aí para converter a todos, defender a Igreja ou criticá-la. Quero simplesmente apresentar a todos um grupo de pessoas excepcionais que não posso e não tenho desejo algum de tirar de minha mente.

Fred Rogers, o apresentador do *show* infantil *Mister Rogers' Neighborhood* [*A vizinhança do senhor Rogers*], segue uma tradição todas as vezes que fala em público: ele pede às pessoas presentes em sua audiência que parem por um instante, em silêncio, e pensem em todos aqueles que as ajudaram a se tornar o que são. Certa vez, numa importante reunião na Casa Branca, foram-lhe dados apenas oito minutos para falar sobre a criança e, ainda assim, ele dedicou um de seus minutos ao silêncio. "Invariavelmente, é disso que as pessoas vão se lembrar", diz ele. "Aquele silêncio."

Normalmente, nos chega à mente uma pessoa do passado: um avô, uma professora da escola primária, um tio ou uma tia excêntrica. Passei vários minutos pensando na pergunta de Roger. Este livro representa minha resposta. Essas são as pessoas que me ajudaram a reencontrar os tesouros perdidos de Deus.

Capítulo dois

A longa jornada noturna rumo ao dia

Martin Luther King Jr.

No dia em que me formei no segundo grau, comecei a trabalhar num emprego de verão[1] que consistia em cavar valas. Fiz aquilo apenas para economizar algum dinheiro para a faculdade. Nossa equipe de trabalho era composta por quatro homens negros bastante musculosos e um garoto branco magricela: eu. O capataz, branco, deixava-nos perto do local do trabalho, estacionava o caminhão à sombra de uma árvore próxima, acendia um cigarro e começava a ler a página de esportes. Embora começássemos a trabalhar logo depois do nascer do Sol, o ar já era abafado e úmido.

Eu cavava com prazer, colocando ritmicamente minha pá no chão, apertando com o pé a parte metálica com certa pressão que fazia a terra se desprender. Então, jogava a terra em um monte que ficava próximo. Os quatro homens negros olhavam aquele movimento agitado com surpresa, como se eu tivesse inventado algum esporte exótico. Finalmente, um deles veio a mim e disse: "Filho, você vai se matar trabalhando deste jeito. Não vai durar nem até a hora do café. Olhe como eu faço". Ele empurrou a lâmina da pá terra adentro, pisou nela, então fez uma pausa, deu uma tragada no cigarro, apoiando a mão no cabo da pá. Um minuto ou dois depois, com total indiferença, ele jogou a terra na pilha que havia feito, colocou a pá para baixo e deu mais umas duas ou três tragadas. Os outros três homens fizeram o mesmo.

Ansioso por impressionar o capataz logo no primeiro dia, decidi trabalhar de um jeito que estava no meio do caminho entre a técnica desses homens e a minha. Na hora da parada para o café, pude concluir sem sombra de dúvidas que meu mentor estava certo. Minha camiseta estava ensopada de suor e toda manchada pelo barro da Geórgia. As articulações de meus pés doíam. Sentia como se diversos lutadores de boxe tivessem pulado em cima de meus braços. Minhas costas estavam arcadas como as de um homem velho, e fui andando assim, corcunda, para o caminhão, em busca de água.

Fizemos fila atrás do caminhão, alternando-nos para beber a água que estava em um recipiente metálico que havia ficado sob o sol a manhã inteira, deixando a temperatura mais alta que a do ambiente. Só havia um copo, amarrado ao balde por uma corrente metálica, e todo mundo bebia nele. De repente, de dentro da cabine do caminhão, o capataz olhou para mim pelo retrovisor e disse: "Garoto, o que você está fazendo? Venha aqui". Obediente, dirigi-me à cabine. "Entre", disse ele, com certo nojo. "Você não deve beber aquela coisa. Aquilo é água de negro! Aqui, comprei uma para nós." Ele abriu a tampa de uma garrafa térmica e colocou água gelada num copo de papel.

Nasci em Atlanta, Geórgia, em 1949, cinco anos antes de a Suprema Corte decidir a favor de escolas integradas, quinze anos antes de uma lei de direitos civis forçar os restaurantes e motéis a atender pessoas de todas as raças e dezesseis anos antes de o Congresso americano garantir às minorias o direito ao voto. Os postos de gasolina daquela época tinham três placas indicativas: "homens brancos", "mulheres brancas" e "negros". As lojas tinham dois bebedouros, um para brancos e outro para negros. Muitos museus tinham um dia reservado à visitação dos negros; fora desse dia, eles eram barrados na porta. Quando andava de ônibus, via trabalhadores e empregadas domésticas sentarem-se obedientemente nos últimos assentos. Pela lei, deveriam ceder seus lugares se algum passageiro branco quisesse sentar. No Estado vizinho, Alabama, os negros tinham de entrar pela porta da frente, pagar ao motorista e, então, descer e entrar novamente no ônibus pela porta de trás. Alguns motoristas malvados às vezes fechavam a porta de trás e partiam, deixando para trás passageiros negros que já haviam pagado a passagem.

Meu avô contava-nos histórias do passado, quando o avô dele possuía uma fazenda cheia de escravos, muitos dos quais adicionaram o nome "Yancey" depois de sua emancipação. Já tentamos encontrar alguns dos Yancey negros e saber seus nomes por intermédio da lista telefônica. Quando adolescente, ele viu vários corpos negros balançando em postes de iluminação durante os tumultos raciais de 1906, época em que brancos ávidos por vingança lincharam quase cinquenta homens negros depois de rumores de insultos sexuais. Ele costumava levar meu pai e meus tios para visitar o Lar dos Veteranos Confederados, onde podia ouvir homens lamentando a "agressão bélica do norte", termo que usavam para se referir à Guerra Civil. Um desses meus tios mudou-se para a Austrália depois que os tribunais forçaram as escolas a integrar todas as raças. Na época do Natal, enquanto estávamos todos sentados à mesa da casa de nossa avó sulista, comendo vegetais, purê de batatas, biscoitos, presunto e peru, os empregados negros que trabalhavam carregando e descarregando caminhões costumavam ir até a porta dos fundos, bater e esperar, envergonhados, até que meu avô lhes desse alguns dólares de prata como gratificação de Natal.

Vivíamos em um regime de segregação racial. Embora Atlanta tivesse um número semelhante de habitantes negros e brancos, comíamos em restaurantes diferentes, brincávamos em parques separados e frequentávamos escolas e igrejas distintas. Às vezes, via placas que diziam: "Proibida a entrada de cães e negros". Pela lei, os negros não podiam fazer parte de júris, mandar os filhos para escolas de brancos, usar banheiros reservados a brancos, dormir em motéis de brancos, sentar nos melhores lugares de um cinema, nadar numa piscina de brancos. Pelo fato de os hotéis de veraneio do Alabama não aceitarem negros, Martin Luther King Jr. passou sua lua de mel na coisa que mais se aproximava de uma acomodação pública: uma sala de velórios que pertencia a amigos da família. O governador do Estado pediu que o Georgia Tech, um time de futebol americano, deixasse de participar de um jogo no estádio Sugar Bowl em 1955 porque descobriu que o time adversário, de Pittsburgh, tinha um jogador negro na reserva. Quando um professor universitário negro fez sua entrevista para entrar na Universidade do Mississippi e, assim, tornar-se o primeiro de sua raça a conseguir esse feito, as autoridades o entregaram a uma instituição de doentes mentais, alegando que somente um negro insano poderia querer lecionar na chamada "Ole Miss".

Por ser criança, nunca questionei o sistema no qual vivíamos porque ninguém ao meu redor o questionava. A pessoa mais famosa de nossa igreja, além de tudo, era um visitante ocasional chamado Lester Maddox, que às vezes falava na reunião da sociedade de homens. Com segundo grau incompleto, Maddox era o dono do Pickrick, um restaurante especializado em frango. Colocava anúncios nos jornais de Atlanta todas as semanas, denunciando uma tentativa do Governo Federal de tomar-lhe os direitos àquela propriedade. Quando o Governo insistiu que ele deveria servir refeições a negros e um grupo apareceu por lá para conferir, seus clientes afugentaram o grupo usando cabos de machados, enquanto Maddox brandia um revólver calibre 32. Em protesto, Maddox fechou o restaurante, publicou anúncios ainda mais contundentes e inaugurou um memorial à morte da livre iniciativa, o qual cheguei a visitar. Música fúnebre tocava ao fundo, enquanto os visitantes passavam diante de um caixão forrado de preto no qual repousava uma cópia da Declaração de Direitos dos Estados Unidos.

O museu de Maddox vendia lembranças em forma de cabos de picaretas, lembrando aqueles usados pelos policiais para acalmar os defensores dos Direitos Civis. Eram oferecidos em três tamanhos: "Papai", "Mamãe" e "Júnior". Comprei o tamanho Júnior com o dinheiro que ganhei fazendo entrega de jornais de porta em porta. Parecia-se com um cassetete de policial, e guardei-o em meu armário. Maddox, um herói popular dos brancos do Sul, foi adiante e tentou tornar-se governador do Estado da Geórgia, em 1967. Como não conseguiu, em 1972 concorreu à presidência dos Estados Unidos pelo Partido Americano Independente, usando o escritório de assistente do governador como base.

As pessoas negras permitiram que nós tivéssemos alguém para desprezar, alguém de quem poderíamos zombar e nos sentir superiores. Minha família mudava-se de casa a cada ano ou dois, quando o aluguel ficava muito alto, e vivíamos em projetos habitacionais do governo ou áreas de *trailers*. Sociologicamente, poderíamos ser considerados como "pobre lixo branco". Mas, pelo menos, éramos brancos.

Hoje em dia, quando os historiadores olham para as décadas de 1950 e 1960 no Sul dos Estados Unidos, declaram que aquele foi um tempo que estava maduro para mudanças sociais. Isto depende de sua perspectiva. Para minha família, amigos, vizinhos e membros de nossa igreja, a época ainda estava muito verde. Víamos a nós mesmos como presos em um cerco, com nossa maneira de viver sendo constantemente ameaçada por agitadores externos.

Quando o diretor da escola anunciou que o presidente John F. Kennedy levara um tiro, alguns alunos de minha escola levantaram-se e comemoraram. Como o presidente que havia proposto a legislação sobre direitos civis e que a confirmou, enviando tropas federais para fazer a Universidade do Mississippi aceitar James Meredith, seu primeiro aluno negro, Kennedy representava uma intolerável ameaça a nosso confortável enclave de racismo. Até aquele momento, republicanos como Eisenhower e Nixon tinham sido inimigos dos direitos civis; os membros do Partido Democrata eram dependentes dos chamados *dixiecratas*,[2] que controlavam 75% das cadeiras do Congresso e dominavam o Senado por meio de obstruções aos trabalhos legislativos. Kennedy, portanto, era um inimigo do Sul que vivia na Casa Branca.

Minha escola tinha o nome de um general confederado, John B. Gordon. Em 1966, ano em que me formei no segundo grau, nenhum aluno negro havia colocado os pés naquele *campus*. Famílias negras haviam se mudado para a vizinhança, e os brancos estavam fugindo para a região de Stone Mountain e para o Leste, mas nenhuma família negra ousava matricular os filhos em nossa escola. Todos acreditávamos (e não tenho razões para descrer hoje) que Malcolm, um garoto com cabelo cortado como os recrutas, que usava plaquetas de metal em seus sapatos e adorava uma briga, era quem mantinha os negros a distância. Acreditava-se que ele era sobrinho do Grande Dragão da Ku Klux Klan.[3] Malcolm proclamava que o primeiro negro daquela escola voltaria para casa em um carro funerário.

A Ku Klux Klan exercia uma influência quase mística sobre nós. Fiz trabalhos escolares sobre isto, Ouvíamos que ela era um exército invisível, a última linha de defesa a preservar a pureza cristã do Sul. Lembro-me de uma vez, ainda criança, em que vi um cortejo fúnebre de um Dragão ou Mago ou qualquer grandão da KKK. Tivemos de esperar toda a carreata passar para que pudéssemos virar à esquerda numa rua. Dúzias, dezenas, centenas de carros passaram diante de nós, cada um sendo dirigido por uma pessoa vestindo túnicas brancas ou vermelhas e um gorro pontudo com pequenas aberturas para os olhos. Era um dia quente, e os cotovelos dos motoristas destacavam-se para fora das janelas dos carros, formando ângulos agudos. Quem seriam eles, aqueles druidas reencarnados? Eles podiam ser qualquer pessoa: o frentista do posto de gasolina, um diácono da igreja, meu tio. Ninguém sabia com certeza. No dia seguinte, o *Atlanta Journal* publicou que a carreata estendeu-se por mais de sete quilômetros.

Também me lembro de um 4 de julho, Dia da Independência dos Estados Unidos, quando houve uma reunião na área de um autódromo. Os patrocinadores trouxeram luminares como George Wallace[4] e um alto funcionário da ultraconservadora Sociedade John Birch, assim como o filho da terra, Lester Maddox. Agitávamos pequenas bandeiras, saudando os oradores todas as vezes que diziam que Washington estava esmagando os direitos do Estado. Um grupo de vinte homens negros, mostrando coragem como nunca vira antes, compareceu àquela reunião, formando uma notória mancha escura no meio daquela arquibancada alva, sem participar, apenas observavam.

Não vi ninguém dar algum sinal, mas logo depois de uma entusiasmada execução do *Dixie*, homens encapuzados da Klan levantaram-se do meio da multidão e deram início a uma horrenda caminhada em direção àqueles homens negros, cercando-os. Os negros se levantaram e ficaram juntos, olhando desesperadamente ao redor, mas não havia por onde escapar. Por fim, desesperados, alguns começaram a escalar uma cerca de arame de quase 10 metros de altura que estava ali para proteger os espectadores dos carros, com os homens da Klan atrás deles. O sistema de som ficou mudo e todos nós nos voltamos para ver os homens da Klan tirando os corpos que pendiam da cerca, como quem tira a presa de uma armadilha. Começaram a bater neles com os punhos e com cabos de enxadas semelhantes aos que Lester Maddox vendia.

Depois de um tempo, alguns poucos policiais da patrulha estadual da Geórgia vagarosamente entraram no autódromo e fizeram os homens da Klan parar. Quarenta anos se passaram, e ainda posso ouvir os gritos rebeldes, os apelos das vítimas e o soar dos punhos desnudos dos homens da Klan atingindo a carne daqueles homens. E, com muita vergonha, ainda me lembro da vibração adolescente que senti — minha primeira experiência diante do impulso da multidão — misturada com horror, enquanto aquela cena se desenrolava diante de meus olhos.

Atualmente sinto vergonha, remorso e também arrependimento. Anos se passaram até que Deus quebrasse a fortaleza do racismo descarado que havia dentro de mim — fico pensando se todos nós nos livramos de suas formas mais sutis — e hoje vejo aquele pecado como um dos mais nocivos, provavelmente com os mais tóxicos efeitos na sociedade. Quando os especialistas discutem a questão dos excluídos nas cidades da América, costumam colocar a culpa nas drogas, na mudança de valores, na pobreza provocada pelo sistema e na ruptura da família nuclear. Às vezes fico pensando se todos esses problemas não são consequências de uma causa muito mais profunda e fundamental: o pecado de séculos de racismo.

Essas lembranças do racismo de minha juventude vieram a minha mente há pouco tempo, enquanto lia algumas biografias de Martin Luther King Jr., o cidadão de Atlanta que foi rotulado por Lester Maddox como "inimigo de nosso país". Nos anos que se seguiram, dois longos trabalhos sobre a vida de King ganharam Prêmios Pulitzer: *Bearing the Cross* (*Suportando a cruz*), de David Garrow (1987), e *Parting the Waters* (*Divisor de águas*), de Taylor Branch (1989). As horas que passei diante deles provocaram em mim um estranho sentimento, semelhante, mas não igual, a um *déjà vu*.

Embora eu estivesse viajando por lugares familiares, como Selma, Montgomery, Albany, Atlanta, Birmingham, St. Augustine e Jackson, toda a paisagem havia mudado. Os historiadores registram essas cidades como campos de batalha de uma corajosa luta moral, concordo com isso hoje. Contudo, durante minha fase de crescimento, na década de 1960, aquela região geográfica mais parecia uma área de cerco. Encrenqueiros do Norte, estudantes interessados em aventuras políticas, rabinos e pastores protegidos por agentes federais, todos invadindo nosso território. E a pessoa que liderava as marchas em cada uma dessas cidades era o nosso inimigo público número 1: um nativo de minha Atlanta, a quem o *Atlanta Journal* constantemente acusava de "incitar a baderna em nome da justiça". As pessoas de minha igreja cunharam um nome para ele: "Martin Lúcifer Negão".

A apropriação que Martin Luther King Jr. fizera do evangelho cristão era o que mais perturbava a todos nós. Afinal, ele era um pastor ordenado, e até mesmo minha igreja fundamentalista reconhecia a integridade de seu pai, Daddy King, respeitado pastor da Igreja Batista Ebenézer. É claro que tínhamos nosso modo de resolver essa dissonância de comportamento. Dizíamos que o jovem King era comunista de carteirinha, um agente marxista que posava de ministro cristão. Afinal, Krushev não havia decorado os Evangelhos quando era jovem? Stalin não havia frequentado um seminário? George Wallace citou fontes do FBI para acusar King de pertencer a mais organizações comunistas do que qualquer outro homem nos Estados Unidos.

Dizíamos que Daddy King havia criado Martin de maneira adequada, mas que o Seminário Crozer, situado no norte do país e muito liberal, havia poluído sua mente. Ele seguia o Evangelho social, se é que seguia algum evangelho (nunca nos perguntamos quantos outros seminários conservadores haviam aceitado Martin como aluno). Quando surgiram os rumores de uma conduta sexual inadequada, para nós o caso estava encerrado. Martin Luther King Jr. era uma fraude, uma imitação, jamais um cristão verdadeiro.

Biografias recentes de King tratam dessas acusações de maneira detalhada. A maioria dos rumores está ligada a agentes do FBI, pois J. Edgar Hoover[5] tinha uma vendeta pessoal contra King e, com autorização de Robert Kennedy, colocou escutas nos telefones de King e seus colegas. O presidente John Kennedy pediu pessoalmente a King que não fizesse contato com seus conselheiros mais próximos por causa dos alegados laços com o comunismo. King jamais teve qualquer simpatia pelo comunismo, embora às vezes se cansasse das injustiças praticadas debaixo do capitalismo democrático. A verdade é que alguns de seus conselheiros de confiança realmente haviam participado do Partido Comunista anos antes, mas King tinha amigos por todo o espectro político. Sua tendência era a de julgar as pessoas com base no compromisso que elas tinham com os direitos civis, e, a partir dessa medida, os esquerdistas tinham muito mais a oferecer do que os, digamos, "clérigos" sulistas.

Durante a época de King, o FBI olhava com suspeita para todos os brancos que se misturavam facilmente com amigos de diferentes raças e grupos econômicos. Eles eram comunistas em potencial. Se apenas os cristãos, e não os comunistas, se encaixavam no perfil do FBI, hoje lamento muito. O que víamos era a imprensa comunista de além-mar trombetear a história de segregação racial na "América cristã".

Para piorar as coisas, as acusações de imoralidade sexual de King refletiam fatos reais, não rumores. O FBI gravou inúmeros episódios nos quartos de hotel em que King se hospedara e, graças à Lei de Liberdade de Informação, os historiadores podem analisar as transcrições verdadeiras. Ralph Abernathy revelou que King manteve casos extraconjugais até a véspera de sua morte. Um agente do FBI (William Sullivan, que terminou chegando à posição de diretor assistente) enviou a King algumas de suas gravações com um bilhete pedindo que ele cometesse suicídio. "Você está perdido. Não há outra saída para você. É melhor você dar um fim nisso antes que sua figura fraudulenta, suja e anormal seja revelada à nação."

Além da permissividade sexual, King também foi acusado de plágio. Ele inseriu em sua tese, com seus discursos e falas, material de outras fontes sem citar os créditos. Sou franco em dizer que acho mais fácil compreender as falhas na conduta sexual de King, um pecado que ele não cometeu sozinho, do que o problema com o plágio. Por que ele, um cativante mestre da prosa, teria necessidade de roubar o material de outra pessoa?

Incansáveis pressões atacavam King de todos os lados. Ele enfrentou ameaças de morte tanto desegregacionistas quanto do FBI. Uma bomba explodiu em sua casa. Igrejas de negros eram incendiadas todas as semanas nos Estados do Sul. Seus voluntários eram ameaçados, espancados e presos, e alguns deles estavam morrendo. Era comum a

Conferência de Liderança Cristã do Sul deixar de pagar seu salário, e um de seus mais eficientes levantadores de fundos era um dos conselheiros que o presidente Kennedy fora obrigado a demitir. Edições do *Atlanta Journal* e do *New York Times* condenavam seus atos. A NAACP[6] criticava-o por ser tão radical, enquanto o SNCC[7] considerava seu programa tímido demais. Dezenas de manifestações estudantis em grandes cidades pediam que ele os acompanhasse à cadeia. Voluntários do Mississippi imploravam que ele arriscasse sua vida com eles. Em que ele deveria se concentrar: no direito ao voto ou em restaurantes segregacionistas? Que leis injustas deveriam ser violadas? E quanto a desafiar ordens judiciais? Ele deveria se ater aos direitos civis ou expandir sua atuação para a pobreza? O que dizer da Guerra do Vietnã?

Hoje sou capaz de entender melhor as pressões que King enfrentou em toda sua vida adulta, pressões que certamente contribuíram para seus erros. As fraquezas morais de King forneciam uma desculpa bastante conveniente para aqueles que queriam evitar sua mensagem e, por causa dessas fraquezas, alguns cristãos ainda fazem restrições à genuinidade de sua fé. Esses cristãos deveriam rever a lista das excepcionais pessoas de fé de Hebreus 11, uma lista que inclui desviados morais como Noé, Abraão, Jacó, Raabe, Sansão e Davi. Já o desprezei pelo menos uma vez, mas hoje não consigo ler uma única página de sua história ou um parágrafo de seus discursos sem sentir a centralidade de sua convicção cristã. Possuo uma coleção de fitas com seus sermões, e todas as vezes que as ouço sou tocado pelo poder arrebatador de sua mensagem calcada no evangelho, transmitida com uma eloquência jamais igualada.

David Garrow constrói seu livro em volta da chamada sobrenatural de King, no início de sua carreira. "Foi a noite mais importante de sua vida", escreve Garrow, "aquela à qual ele retornaria nos anos futuros todas as vezes que as pressões também parecessem ser grandes demais". King fora levado à liderança da luta pelos direitos civis na cidade de Montgomery, Alabama, depois que Rosa Parks tomou a corajosa decisão de não ir para o fundo do ônibus. A comunidade negra formou uma nova organização para liderar o boicote aos ônibus e, à revelia, escolheu como candidato a essa liderança o novo ministro da cidade, King, que aos 26 anos, "parecia mais um garoto do que um homem". Crescido num ambiente de classe média, herdando a religião de seu pai pregador, King não se sentia qualificado para liderar uma grande cruzada pela moralidade.

Tão logo King foi proclamado líder do movimento, começaram as ameaças da Ku Klux Klan. Elas não vieram apenas da KKK: em poucos dias, King foi preso e colocado na cadeia de Montgomery por dirigir a 48 km por hora, numa área cuja velocidade máxima permitida era 40 km. Na noite seguinte, em sua casa, abalado por sua primeira experiência na cadeia, King sentou-se em sua cozinha, pensando se poderia suportar aquilo tudo. Deveria desistir? Era quase meia-noite. Ele se sentia agitado e muito temeroso. Poucos minutos atrás, o telefone havia tocado. "Negro, estamos cheios de você e da bagunça que você está fazendo. Se você não sair da cidade em três dias, vamos estourar seus miolos e acabar com sua casa." King sentou-se, olhando fixamente para uma xícara de café na qual não tocara, pensando numa saída, uma maneira de desistir da liderança e reassumir a vida tranquila de acadêmico que havia planejado. Na sala ao lado estava sua esposa Coretta, dormindo, com sua filha recém-nascida, Yolanda. Veja como King relatou esse momento em um semão que pregou:

> E sentei-me à mesa, pensando naquela menina e no fato de que ela poderia ser tirada de mim a qualquer momento. Comecei a pensar na esposa dedicada, derotada e leal que estava ali, dormindo... E concluí que não poderia suportar mais aquilo. Eu era fraco... Percebi então que a religião precisava tornar-se algo real para mim e que eu precisava conhecer Deus por mim mesmo. Curvei-me em oração diante daquela xícara de café. Nunca vou me esquecer... Fiz uma oração e orei em voz alta aquela noite. Eu disse: "Senhor, estou aqui tentando fazer o que é certo. Penso que estou certo. Penso que a causa que representamos é certa. Mas, Senhor, preciso confessar que me sinto fraco agora. Estou vacilando. Estou perdendo a coragem".[...]
>
> E pareceu-me que, naquele momento, pude ouvir uma voz dentro de mim, dizendo: "Martin Luther, levante-se em nome da retidão. Levante-se pela justiça. Levante-se pela verdade. Saiba que estarei com você

> até o fim do mundo". Ouvi a voz de Jesus dizendo calmamente que eu deveria continuar lutando. Ele prometeu que jamais me deixaria, nunca me abandonaria. Eu nunca estaria só. Nunca estaria sozinho. Ele prometeu nunca deixar-me, nunca deixar-me sozinho.

Três noites depois, conforme prometido, uma bomba explodiu na varanda de sua casa, enchendo-a de fumaça, quebrando os vidros, mas não ferindo ninguém. King recebeu isso com tranquilidade: "Minha experiência religiosa de algumas noites atrás me deu a força para enfrentar esta situação".

Garrow tece sua narrativa ao redor da visitação ocorrida na cozinha, voltando a ela diversas vezes, pois King buscava forças nessa lembrança a cada situação crítica de sua vida. Para ele, aquilo se tornou o fundamento da fé pessoal, uma unção de Deus para uma tarefa particular. Quando leio relatos sobre a vida de King e as muitas referências que ele faz àquela noite, sempre sou impactado pela simplicidade da mensagem que ele recebeu: "Estou contigo". Aquelas palavras contêm um tema marcante da Bíblia: o *Emanuel* (Deus conosco), a presença de Deus. Nos treze anos seguintes de sua carreira, King teve outras experiências religiosas e muitos momentos de crise, mas nada comparável àquela noite, à mesa da cozinha. Aquela palavra foi suficiente.

Enquanto isso, o extremo sul do país via Martin Luther King Jr. por uma ótica religiosa diferente. Frequentei duas igrejas durante minha adolescência. A primeira, uma igreja batista com mais de mil membros, orgulhava-se de sua identidade de "uma igreja que ama a Bíblia e onde as pessoas são amáveis", bem como do sustento de 105 missionários em outros países, cujos cartões de oração eram afixados num enorme mapa que ficava na parte posterior do santuário. Essa igreja era uma das principais referências de famosos oradores evangélicos. Conheci a Bíblia ali. Ela não possuía um laço muito forte com a Convenção Batista do Sul, uma denominação formada em 1845, quando os abolicionistas do Norte decidiram que os donos de escravos não se encaixavam no perfil de um missionário, o que fez com que os sulistas se separassem em protesto. Até mesmo os batistas do Sul eram por demais liberais para nós, sendo esta a razão de mantermos laços não muito estreitos com eles. Alguns deles fumavam e, a muito custo, a Convenção endossou a legislação de direitos civis.

Na década de 1960, em função do desejo de estudantes negros se filiarem às igrejas de Atlanta, nosso corpo diaconal mobilizou esquadrões de observação que se revezavam em turnos para patrulhar as entradas com o propósito de não permitir que nenhum "arruaceiro" negro aparecesse. Possuo ainda hoje um dos cartões que os diáconos imprimiram para dar a qualquer defensor dos direitos humanos que aparecesse:

> Crendo que os motivos ocultos de seu grupo sejam estranhos aos ensinamentos da Palavra de Deus, não podemos dar-lhes boas-vindas, e respeitosamente pedimos que vocês deixem o recinto em silêncio. As Escrituras NÃO ensinam "a irmandade de todos os homens e a paternidade de Deus". Ele é Criador de todas as coisas, mas é Pai apenas daqueles que foram regenerados. Se algum de vocês está aqui com o sincero desejo de conhecer a Jesus Cristo como Salvador e Senhor, teremos um enorme prazer em conversar individualmente sobre a Palavra de Deus.
>
> Declaração unânime do pastor e dos diáconos, agosto de 1960

Depois do caso "Brown *versus* Board of Education",[8] nossa igreja fundou uma escola particular que era um refúgio para os brancos, pois ela bania expressamente todos os alunos negros. Alguns membros saíram da igreja em protesto quando o jardim de infância se recusou a admitir a filha de um professor negro da Escola Dominical, mas a maioria aprovou a decisão. Um ano depois, a igreja rejeitou a carta de transferência de um aluno do Instituto Bíblico Carver (seu nome era Tony Evans, e ele se tornou um destacado pregador e orador da cidade de Dallas, no Estado do Texas).

A outra igreja que frequentei era menor, mais fundamentalista e mais abertamente racista (aquela a cujo *sepultamento* eu havia assistido). Ali pude aprender a base teológica do racismo. O pastor ensinava que a palavra hebraica *cam* significa "queimado", "preto", fazendo do filho de Noé o pai de todas as raças negras. Numa maldição imprecada por Noé, Cam deveria ser o mais baixo dos servos (veja Gn 9.18-27).

Era isso o que eu ouvia quando meu pastor explicava por que os negros eram bons garçons e as negras, boas empregadas domésticas. Ele imitava seus movimentos na plataforma, mexendo os quadris como se estivesse evitando uma mesa, fingindo agitar uma bandeja com comida acima de sua cabeça, e todos nós ríamos de suas brincadeiras. "Os garçons negros são bons nesta profissão porque este é o trabalho que lhes foi destinado por Deus por meio da maldição de Cam", dizia ele. Ninguém se preocupava em destacar que a maldição fora pronunciada, na verdade, contra o neto de Noé, Canaã e não contra Cam.

Na mesma época, o *Baptist Record*, uma publicação do Estado do Mississippi, publicou um artigo que defendia a ideia de que Deus queria os brancos governando sobre os negros porque "uma raça cuja inteligência média beira à estupidez" está obviamente "privada de qualquer bênção divina". Se alguém questionasse essa doutrina claramente racista, os pastores saíam com o expediente infalível da miscigenação (mistura de raças), que alguns especulavam ser o pecado que havia levado Deus a destruir o mundo nos dias de Noé. A simples pergunta "você quer que sua filha traga para casa um namorado negro?" silenciava todos os argumentos raciais.

Você pode ver distorções teológicas como estas em *sites* da internet patrocinados por defensores da supremacia branca. Poucas pessoas, porém, aceitam tais argumentos hoje e uma das principais razões (para mim, especialmente) é o papel profético de Martin Luther King Jr.. Foi preciso um homem com sua força moral para despertar igrejas daquilo que Reinhold Niebuhr chamou "o pecado da trivialidade" para, então, enfrentar os clamores maiores do evangelho.

A palavra "profeta" me vem à mente porque King, como os profetas do Antigo Testamento, esforçou-se para mudar uma nação inteira por meio de um apelo moral direto. A paixão e a intensidade dos profetas bíblicos há muito me fascina, pois a maioria deles enfrentou plateias inflexíveis, preconceituosas e intratáveis, como eu era durante os anos de minha adolescência. Com tal alavanca moral, será alguém capaz de mover uma nação inteira? Estudando os profetas, pude perceber que virtualmente todos eles apresentaram uma abordagem dividida em duas partes.

Primeiramente, eles apresentaram uma visão imediata daquilo que Deus requeria deles naquele momento. No Antigo Testamento, isto normalmente consistia de uma exortação em direção a atos de fidelidade. "Reconstruam o Templo"; "Purifiquem seus casamentos"; ''Ajudem os pobres"; "Destruam os ídolos e coloquem Deus em primeiro lugar". Os profetas, contudo, nunca paravam aí. Eles também apresentavam uma visão de mais longo prazo para responder às perguntas mais profundas das pessoas. Como podemos acreditar que Deus nos ama diante de tão grande sofrimento? Como podemos acreditar num Deus justo quando o mundo parece ser governado por uma conspiração maligna? Os profetas responderam a essas questões lembrando a seus ouvintes quem era Deus e pintando um maravilhoso quadro do futuro reino de justiça e retidão.

De acordo com uma autêntica tradição profética, Martin Luther King Jr. usava essa abordagem dupla. Para ele, essa visão mais concentrada apelava para uma coisa acima de qualquer outra: não violência. King matriculou-se no seminário no ano em que Mahatma Gandhi morreu, e dele (não de cristãos americanos) recebeu uma visão de como mudar uma nação. King dizia que Gandhi foi "a primeira pessoa na história a viver a ética do amor de Jesus acima da simples interação entre indivíduos". De algum modo, Gandhi havia encontrado uma maneira de mobilizar um movimento em torno dos elevados princípios de Jesus quanto à esperança, ao amor e a não violência.

Do mesmo modo que Gandhi, King via o Sermão do Monte como um livro-texto do ativismo:

> Quando fui para Montgomery como pastor, não tinha a menor ideia de que um dia estaria envolvido numa crise na qual a resistência baseada na não violência seria aplicável. Eu nem começava nem sugeria os protestos. Simplesmente respondia aos apelos de uma multidão perante seu porta-voz. Quando os protestos começaram, conscientemente ou não, minha mente voltou-se para o Sermão do Monte, com seus sublimes ensinamentos sobre o amor, e para o método de resistência sem violência de Gandhi.
>
> Extraído do livro *Stride Toward Freedom*[9]

King viajou para a Índia com sua esposa em 1959, para observar *in loco* o impacto da revolução sem violência. "Deixei a Índia", disse ele, "ainda mais convencido de que a resistência sem violência é a mais potente arma à disposição do povo oprimido em sua luta pela liberdade". Em busca de outros modelos, King seguiu o exemplo de Daniel e seus três amigos, os quais desobedeceram às leis de Nabucodonosor, e dos cristãos da Igreja primitiva, que enfrentaram leões famintos em vez de se submeter às injustas leis do império romano. Como ele mais tarde escreveu: "Alguém que quebra uma lei injusta deve fazê-lo de maneira aberta, amorosa e com disposição para aceitar as consequências".

O movimento dos direitos civis deu a King muitas oportunidades de testar sua filosofia de não violência. Uma mulher mentalmente perturbada atirou nele em Nova York, e a bala se alojou a poucos centímetros de sua aorta. Um homem branco da cidade de Birmingham correu para a plataforma onde ele estava e o esmurrou. "Não toquem nele!", gritou King a seus companheiros, que cercaram o homem. "Temos de orar por ele." Xerifes do Sul se deliciavam em tratar mal seu famoso adversário, enquanto o levavam algemado em camburões. Batiam nos manifestantes com cassetetes, instigavam cães sobre eles, jogavam fortes jatos de água que quebravam costelas e deixavam corpos estendidos pelas ruas.

Depois de quase meio século, é muito fácil perdermos a noção de quão enormes foram as dificuldades enfrentadas por King para manter sua posição a favor da não violência. Depois de ter apanhado na cabeça com um cassetete pela 12ª vez, de receber outro golpe de aguilhão de gado e de não ver progresso algum apesar de todo seu sofrimento, você começa a questionar a eficácia do método de meiga submissão. Muitos negros abandonaram King neste aspecto. Os estudantes, em especial, os intrépidos heróis das Caminhadas pela Liberdade através do Alabama e do Mississippi, se desviaram na direção da retórica do *black power* depois que seus colegas continuaram sendo assassinados. A SNCC, uma organização que continha não violência em seu nome, encaminhou-se para a revolta armada, zombando de King. Em Chicago, os seguidores do *black power* tiraram King do palco com suas vaias durante uma manifestação.

Quando os distúrbios começaram a acontecer em cidades como Los Angeles, Chicago e em bairros como o Harlem, King viajou de cidade em cidade, procurando acalmar os ânimos e lembrando os manifestantes de que a mudança moral não pode ser alcançada por meios imorais. Ele havia aprendido esse princípio no Sermão do Monte, e quase todos os seus discursos reiteravam essa mensagem. "O cristianismo", dizia ele, "tem sempre insistido que a cruz que carregamos precede a coroa que usaremos. Para ser cristão, alguém precisa tomar sua cruz, com todas as dificuldades, agonias e tensões que ela contém, e carregá-la até que deixe sua marca em nós e nos redima, levando-nos por um caminho ainda mais excelente que só se encontra por meio do sofrimento".

King se apegou a não violência porque acreditava profundamente que somente um movimento baseado no amor poderia impedir que o oprimido se transformasse no espelho de seus opressores. Ele queria mudar os corações dos brancos, sim, mas de uma maneira que, em momento algum, pudesse endurecer o coração dos negros que ele estava conduzindo à liberdade. Ele acreditava que a não violência poderia "impedir que o negro procurasse substituir um tirano por outro".

Quando aceitou o Prêmio Nobel da Paz de 1964, King referiu-se mais uma vez aos princípios que havia aprendido no Sermão do Monte. "Quando os anos se passarem e quando a fulgurante luz da verdade concentrar-se sobre esta maravilhosa era na qual vivemos, homens e mulheres saberão, e as crianças aprenderão, que temos uma terra melhor, pessoas melhores e uma civilização mais nobre, pois estes humildes filhos de Deus estavam dispostos a 'sofrer em nome da justiça'."

Os historiadores relatam o tenso encontro de King com o valente prefeito de Chicago, Richard J. Daley. Os defensores do movimento sentiam-se traídos, acreditando que haviam chegado a um entendimento com Daley que permitiria que eles marchassem por Chicago sob proteção policial em troca da revogação de um boicote. Mas Daley os traiu, obtendo um mandado judicial que proibia outras marchas. Como era de seu feitio, King ficou em silêncio na maior parte da agitada reunião, deixando que os outros fizessem suas colocações. O clima era hostil, e parecia que a reunião acabaria em meio a amarguras.

Finalmente, King falou, de uma maneira que foi registrada por um dos espectadores como "uma eloquência grandiosa, cuidadosa e calma":

> Permitam-me dizer que, se vocês estão cansados de protestos, eu estou cansado de protestar. Estou cansado da ameaça de morte. Quero viver. Não quero ser um mártir. E há momentos em que penso se vou conseguir escapar. Estou cansado de apanhar, cansado de receber golpes, cansado de ir para a cadeia. Mas o importante não é quanto eu estou cansado; a coisa mais importante é nos livrarmos da condição que nos leva a marchar.
>
> Senhores, vocês sabem que não temos muita coisa. Não temos dinheiro suficiente. Realmente não temos muito estudo e não temos poder político. Temos apenas nossos corpos, e vocês estão pedindo que abdiquemos da única coisa que possuímos quando dizem: "Não marchem".
>
> Extraído de *Bearing The Cross*

O discurso de King mudou o clima da reunião e terminou levando a um novo acordo com o prefeito Daley.

"Temos apenas nossos corpos", disse King — e, no fim de tudo, foi isso que levou o movimento dos direitos civis à vitória que era buscada havia tanto tempo. Na época em que eu fazia o segundo grau, os mesmos alunos que aplaudiram a morte do presidente Kennedy saudaram os encontros televisionados de King e os xerifes do Sul, nos quais havia cães e jatos de água. Mal tínhamos ideia de que, fazendo isto, estávamos exatamente na estratégia de King. Ele procurava deliberadamente pessoas como o xerife Bull Connor[10] e armava cenas de confrontação, aceitando prisões, espancamentos e outras brutalidades porque acreditava que uma nação complacente se uniria em torno de sua causa somente quando vissem o mal do racismo manifestado em sua mais horrenda expressão.

King teve um sucesso espetacular nessa estratégia. Um juiz do condado de De Kalb, onde eu vivia, exigiu que King usasse não apenas algemas, mas também correntes nos braços e nas pernas na sala do tribunal, quando foi sentenciado a quatro meses de trabalhos forçados na construção de uma estrada estadual por dirigir um carro registrado no Alabama, e não na Geórgia. Um júri de Houston sentenciou um voluntário da SNCC a trinta anos de prisão por dar um cigarro de maconha a um policial disfarçado. Os tribunais do Mississippi cancelaram títulos eleitorais dos voluntários por "incitação à desordem" quando suas casas e suas igrejas foram alvo de tiros e bombas jogadas pela Ku Klux Klan. Uma bomba matou quatro meninas pequenas durante a Escola Dominical numa igreja de Birmingham.

"Preciso fazer isto — expor a mim mesmo — para que este ódio seja conhecido de todos", explicou King, depois de ter sido nocauteado por uma pedra que atingiu sua têmpora direita. Até mesmo sua família questionava sua sabedoria em alguns momentos. "Bom, você não herdou essa coisa de não violência de mim", disse Daddy King diante de mais uma prisão de seu filho em Birmingham. "Deve ter puxado a sua mãe."

Ao expor o mal de maneira clara, King estava tentando provocar uma resposta nacional de indignação moral, um conceito que eu e meus amigos não éramos capazes de entender. Muitos historiadores apontam para um momento no qual o movimento finalmente conquistou uma massa expressiva de apoio à causa dos direitos civis. Isto aconteceu numa ponte perto da cidade de Selma, Alabama, quando o xerife Jim Clark[11] permitiu que seus homens, armados, avançassem sobre manifestantes negros desarmados. As tropas da cavalaria jogaram os animais a galope sobre a multidão dos manifestantes, açoitando as pessoas com seus cassetetes, rompendo cabeças e jogando pessoas no chão. Enquanto brancos gritavam em aprovação, as tropas jogaram bombas de gás lacrimogêneo sobre a multidão em pânico.

A maioria dos americanos teve a primeira visão dessa cena quando a rede de televisão ABC interrompeu seu filme de domingo, *Julgamento em Nuremberg*, para mostrar a cobertura do fato. O que os telespectadores viram sendo transmitido do Alabama guardava uma horrível semelhança com aquilo que estavam assistindo sobre a Alemanha nazista. Oito dias depois, o presidente Lyndon Johnson submeteu o projeto de Direito ao Voto de 1965 ao Congresso americano.

"Temos apenas nossos corpos", disse King. Nem uma vez sequer algum oficial de Selma, Jackson, Albany ou Cícero respondeu as suas súplicas, dizendo: "Sabe, doutor King, o senhor está certo. Nós somos racistas, e estas leis discriminatórias são injustas, inconstitucionais, não bíblicas e simplesmente erradas. Sentimos muito. Nós vamos nos arrepender e começar tudo do zero". Nenhuma vez. Foi preciso muito mais do que as palavras proféticas de King para extirpar os calos morais de intolerantes como eu. Foi preciso haver corpos de manifestantes em Selma e em todos os outros lugares. Foi preciso ver o corpo do próprio King em Memphis. Martin Luther King Jr. fez muitas coisas erradas, mas uma coisa ele fez certa: contra todas as adversidades, todo instinto de autopreservação, ele manteve firme a sua visão. Ele não voltou atrás. Quando os outros clamavam por vingança, ele apelava pelo amor e pelo perdão.

King registrou sua batalha com o perdão em *Letter from Birmingham City Jail*, um maravilhoso documento rabiscado nas margens de jornais ou de folhas de papel higiênico, e depois retirado de sua cela às escondidas por amigos. Fora da cadeia, pastores do Sul denunciavam King como comunista, grupos gritavam "enforquem o negro!" e os policiais ameaçavam os manifestantes desarmados. Em tais circunstâncias, King precisava jejuar por vários dias para alcançar a condição espiritual necessária para que perdoasse seus inimigos. Como ele mesmo explicou, "amamos os homens não porque gostamos deles, nem porque seus modos nos atraem, nem mesmo porque eles possuem algum tipo de fagulha divina. Amamos todos os homens porque Deus os ama".

Aqueles que defendiam os direitos humanos, porém, precisavam mais do que admoestações breves sobre o amor e a não violência. Eles precisavam da visão ampla de fé de que o abuso que estavam sofrendo contribuiria para um triunfo definitivo. Já convencidos da justiça de sua causa, eles queriam alguém que pudesse erguer-lhes os olhos para além da longa sequência de fracassos desalentadores. Hoje, podemos olhar para trás e ver o movimento pelos direitos civis como uma poderosa onda em direção à vitória. Naquele tempo, enfrentando confrontações diárias com a estrutura de poder e sob constante intimidação dos policiais, dos juízes e até mesmo do FBI, os defensores dos direitos civis não tinham certeza alguma de vitória. Esquecemo-nos de tantas noites passadas nas cadeias do Sul. Na maior parte do tempo, o presente parecia desalentador e o futuro, ainda mais obscuro.

A tropas tão desmoralizadas, King ofereceu a visão de um mundo colocado nas mãos de um Deus justo. Em 1961, ele exercia o mesmo papel que o dos profetas do Antigo Testamento, quinhentos anos antes de Cristo: estava levantando os olhos do povo de Deus na direção de coisas permanentes. Àquela época, os estudantes estavam ficando impacientes. Veja o que King disse a eles:

> Há uma coisa neste movimento estudantil que nos diz que venceremos. Antes de a vitória ser alcançada, alguns precisarão sofrer, mas venceremos. Antes de a vitória da irmandade ser alcançada, alguns precisarão passar pela morte física, mas nós venceremos. Antes da chegada da vitória, alguns perderão seus empregos, outros serão chamados "comunistas" e "vermelhos" simplesmente porque acreditam na união dos homens. Alguns serão considerados incitadores e agitadores simplesmente porque se levantam para defender aquilo que é justo, mas nós venceremos. Esta é a base deste movimento, e, como gosto de dizer, há alguma coisa neste universo que faz com que Carlyle diga que nenhuma mentira dura para sempre. Vamos vencer porque há alguma coisa neste universo que justifica o que diz William Cullen Bryant: "A verdade que cai na terra germinará outra vez". Vamos vencer porque há algo no universo que apoia o que diz James Russell Lowell: "A verdade sempre está na força, e o erro sempre se assenta no trono". Essa força balança no futuro, e atrás do futuro obscuro. Deus levanta-se por trás da sombra, observando tudo o que lhe pertence.
>
> Extraído de *The New Yorker*, 6 de abril de 1987

Para King, a visão ampla significava lembrar-se de que, independentemente da aparência das coisas em determinado momento, Deus reina. Mais tarde, quando a famosa marcha de Selma finalmente chegou ao edifício-sede do Estado, o prédio que um dia serviu como a capital da Confederação e onde as bandeiras rebeldes ainda tremulavam, King dirigiu-se àqueles assustados e fatigados manifestantes a partir da escadaria:

> Sei o que vocês estão perguntando: "Quanto tempo mais isso durará?". Venho a vocês hoje para dizer que, sejam quais forem as dificuldades do momento, por mais frustrantes que sejam estas horas, não demorará muito, pois a verdade que foi jogada sobre a terra germinará novamente.
>
> Quanto tempo? Não muito, porque mentira alguma dura para sempre. Quanto tempo? Não muito, porque ainda se colhe o que se planta. Quanto tempo? Não muito, porque o braço da moral universal é longo, mas se dobra em direção à justiça. Quanto tempo? Não muito, porque meus olhos viram a glória do Senhor que virá, pisoteando as vinhas onde estão plantadas as uvas da ira. Ele já enviou o fatídico raio de sua espada cortante. Sua verdade já está marchando. Ele já deu ordem às trombetas que soem, as quais nunca chamarão as tropas para recuar. Ele está levantando os corações dos homens diante de seu trono. Ó, minha alma, seja rápida em responder-lhes. Alegrem-se, meus pés. Nosso Deus está marchando.
>
> Extraído de *The New Yorker*, 6 de abril de 1987

Discursos como este enchiam o movimento de esperança quando havia pouca coisa em que segurar. Foram eles que inspiraram uma voluntária de 72 anos a dizer, com voz fatigada: "Meus pés estão cansados, mas minha alma está em paz".

Um profeta convoca-nos diariamente a executar atos de obediência, independentemente do custo pessoal e de sermos bem-sucedidos ou recompensados. Um profeta também nos lembra que nenhum fracasso, nenhum sofrimento, nenhum desalento é definitivo para o Deus que se levanta nas sombras, olhando por aqueles que são seus. Um profeta capaz de reunir essas mensagens pode simplesmente mudar o mundo. Enquanto Martin Luther King Jr. viveu neste mundo, eu, seu vizinho, não lhe dei ouvidos. Sempre fui rápido em apontar suas falhas e lento em reconhecer meu próprio pecado. Mas ele se tornou um profeta para mim, o mais improvável de seus seguidores, porque se manteve fiel numa visão focada, oferecendo seu corpo como alvo, nunca como arma, e na visão mais ampla, apresentando-nos seu sonho, um sonho de um novo reino de paz, justiça e amor.

Em 1974, dez anos depois da Declaração de Direitos Civis que provocou tais conflitos, fiz minha primeira visita ao Mississippi, o coração da resistência sulista. Eu havia mudado do Sul, e queria deixar o passado para trás. Vivendo em Chicago, trabalhava como editor da revista *Campus Life*, dedicada a pessoas jovens, que havia assumido uma postura progressista nas questões sociais. Graças a pessoas como o doutor King, pude ver que a igreja branca do Sul, a minha igreja, havia obstinadamente defendido o mal, e não o bem. Por algum tempo, culpei Deus, e não a igreja, mas minha leitura dos profetas do Antigo Testamento e de Jesus finalmente me convenceram de que Deus sempre se colocou ao lado do oprimido e da justiça. Como escritor, fiz um voto de tentar e fazer correções.

Ouvi dizer que a ferida entre as raças estava sendo curada, especialmente em minha cidade natal, Atlanta, mas fiquei pensando quanto realmente havia mudado desde minha infância. Para descobrir isto, aceitei o convite de John Perkins para visitar a pequena cidade de Mendenhall (três mil habitantes), 51 quilômetros ao sul de Jackson. Perkins, um pastor negro, vivera os piores pesadelos do movimento dos direitos civis. Ele conhecia as pessoas mais importantes do episódio no Mississippi: Robert Moses, um estudante de Filosofia de fala mansa, da Universidade de Harvard, um dos primeiros voluntários a se alinhar com King, que liderou a marcha dos eleitores no Mississippi, alcançando uma posição quase legendária por sua calma persistência diante de espancamentos, das prisões e dos ataques com dinamite e rifles; Fannie Lou Hamer, "a dama que sabia cantar", filha de um catador de algodão analfabeto, que apoiou a inclusão dos eleitores negros no condado de Sunflower, Mississippi, e que, por seus esforços, foi cruelmente espancada por xerifes locais, os quais causaram-lhe ferimentos que a levaram à morte, não antes de ela liderar uma delegação alternativa do Mississippi à Convençâo Democrática de 1964; Medgar Evers, secretário da NAACP que foi o primeiro a convidar King para visitar o Mississippi e que foi assassinado a tiros na rua de sua casa, no exato momento em que sua esposa e suas filhas corriam para abraçá-lo.

Ouvi estas e muitas outras histórias de John Perkins durante a semana que passei no Mississippi. Dormi num sofá-cama na sala de estar de sua casa, o que significa dizer que dormi muito pouco, pois Perkins deitava-se tarde e levantava antes do nascer do Sol para ler a Bíblia e os jornais que se empilhavam na mesa de sua cozinha. Mas isto também significava que tínhamos muito tempo para conversar à mesa do café, em seu carro, enquanto passávamos pelos campos de algodão, e em seu escritório. Ele contou-me sobre sua infância, sobre a noite em que seu irmão mais velho foi assassinado por um policial por ter feito muito barulho enquanto esperava na fila dos negros para entrar no cinema, sobre sua luta para estudar, suas tarefas no Exército e sua promessa de nunca mais voltar ao Mississippi.

Perkins manteve aquele voto por algum tempo, trabalhando como sindicalista na grande Los Angeles. Sua inesperada conversão ao cristianismo, que ele considerava "religião dos brancos", pôs fim àquela carreira. Incapaz de tirar de sua mente os vizinhos desafortunados que deixara para trás no Mississippi, foi gradualmente entendendo o chamado de Deus para retornar, o que aconteceu em junho de 1960.

Naquela época, a maioria dos ministros locais da denominação de Perkins estava concentrada em pregar o evangelho, deixando as necessidades humanas nas mãos dos assistentes sociais e das agências governamentais. Perkins fundou uma igreja e iniciou estudos bíblicos, além de lançar um programa de rádio chamado "Voz do Calvário". Mas ele também aceitou a missão mais abrangente proclamada por Jesus:

> Evangelizar os pobres
> Proclamar liberlação aos cativos
> Restauração da vista aos cegos
> Pôr em liberdade os oprimidos,
> Apregoar o ano aceitável do Senhor

Adotando tal visão, Perkins deu início a uma clínica de saúde rural, uma cooperativa, um centro de treinamento vocacional, um centro de recreação para os jovens de Mendenhall, uma escola e um programa de casas populares. Não demorou muito e um espaço cheio de ruas não pavimentadas numa região pobre transformou-se num agitado centro de serviços às famílias pobres do Condado de Simpson. Perkins não se cansava de viajar pelo país, buscando apoio financeiro de evangélicos brancos — "Devo ter sido a primeira pessoa a integrar várias centenas de lares nos quais pousei", dizia ele — e pedindo ajuda a enfermeiras, médicos e professores que fizessem um trabalho temporário em Mendenhall. Com sua inspiradora vida pessoal, sua maneira sincera de falar e seu compromisso com a justiça, Perkins capturava a atenção de evangélicos por toda a nação. Ele também chamou a atenção das autoridades locais.

Os brancos do Mississippi não se importavam com os serviços sociais, mas eles representavam um significativo fluxo de imigrantes do Norte, especialmente quando Perkins começou a liderar uma campanha para o registro de eleitores. Naquela época, apenas cinquenta eleitores negros estavam registrados no condado de Simpson, apesar de os negros representarem 40% da população. Essa proporção era típica: somente sete mil dos 450 mil negros do Mississippi foram registrados, especialmente devido a diversas barreiras legais. Os eleitores precisavam pagar uma taxa eleitoral, muito além das possibilidades da maioria dos negros. Precisavam interpretar enigmáticas passagens da constituição do Estado do Mississippi para satisfazer os oficiais de registro, todos brancos.

À medida que as cortes federais começaram a desmantelar tais barreiras, o Estado levantava outras: a exigência de que os nomes e endereços dos candidatos fossem impressos em jornais locais (uma conveniência para as atividades da KKK, dos empregadores e dos vizinhos brancos) e uma permissão dada a qualquer eleitor registrado no condado para arguir qualquer candidato quanto a seu caráter.

Perkins e seus voluntários deram prosseguimento ao trabalho, chegando a registrar 2.300 eleitores em seu condado. Contudo, quando ele liderou um boicote ao centro da cidade de Mendenhall em protesto pela brutalidade da polícia, Perkins passou dos limites. Depois de um protesto na rua, em 1970, um branco, membro do *staff*, chamado Doug Huemmer e dezenove estudantes negros do Colégio Tougaloo foram parados pela polícia rodoviária do Mississippi e levados à cadeia de Brandon, nas proximidades, o domínio de um notório xerife. Huemmer chamou Perkins, que foi imediatamente para Brandon, caindo na armadilha.

Uma dúzia de policiais rodoviários e locais estavam determinados a ensinar uma lição a Perkins e a Huemmer. "Vocês não são mais cidadãos do condado de Simpson", gritava um deles. "Vocês estão no condado de Rankin, onde sabemos como tratar negros espertos." Começaram a chutar Perkins e socá-lo na cabeça, nos rins, na virilha e a pisar em suas pernas. Ele ficou inconsciente e, quando estava banhado em sangue, derramaram uísque falsificado sobre as feridas de sua cabeça, voltando a golpeá-lo. Fizeram-no limpar seu próprio sangue. Colocaram um garfo em seu nariz e cutucaram até que saísse sangue, fazendo depois o mesmo em sua garganta. Então o indiciaram por contribuir com a delinquência de menores. Enquanto estava coletando suas digitais, um dos oficiais colocou uma arma na cabeça de Perkins e puxou o gatilho. O tambor vazio fez o barulho característico e todos riram daquela atitude cruel. Voltaram a bater nele logo depois.

Perkins sobreviveu àquela noite, apesar de os médicos precisarem retirar, mais tarde, dois terços de seu estômago em função dos ferimentos. Nos dezoito meses de recuperação que se seguiram, Perkins reconsiderou o chamado de Deus para voltar ao Mississippi. Estava ele realmente levando boas novas ao povo de Mendenhall? Os habitantes negros tinham agora mais oportunidades, é verdade, mas seus esforços haviam endurecido as atitudes dos brancos. A reconciliação parecia mais remota que nunca. Enquanto se recuperava, Perkins lia livros de Malcolm X, Rap Brown e Eldridge Cleaver, autores que haviam abandonado o evangelho e sua mensagem de reconciliação. Mas ele mesmo não podia negar que seu ministério havia atraído alguns compassivos voluntários brancos: Doug Huemmer, que sofrera o mesmo tratamento na prisão de Brandon; Al Oethinger, que viera da Alemanha para ajudar, depois de ler livros de Martin Luther King; Vera Schwartz, uma enfermeira missionária que ficara no centro de saúde, em vez de retornar para a África.

"Aquele tempo foi, sem dúvida, minha crise de fé mais profunda", disse-me Perkins, enquanto passávamos pelas estradas vicinais dos condados de Simpson e Rankin e pela infame cadeia e o tribunal, quatro anos depois do incidente. "Era hora de eu decidir se realmente acreditava naquilo que eu tanto professava: que somente o amor de

Cristo, não o poder da violência, era a esperança para mim ou para o mundo. Comecei a ver como o ódio poderia me destruir. No fim, tive de concordar com o doutor King: Deus queria que pagássemos o mal com o bem. 'Amai vossos inimigos', disse Jesus. E eu estava determinado a fazê-lo. O conceito de Jesus de que o amor é muito superior ao ódio é uma verdade misteriosa e profunda. Pode ser que eu não consiga vê-lo em muitos momentos de minha vida, mas sei que é verdadeiro. Por causa daquela cama, na qual fiquei cheio de hematomas e pontos, Deus fez com que isso se tornasse verdade em mim. Recebi uma transfusão de esperança. Não podia desistir. Estávamos apenas no meio do caminho ali em Mendenhall."

Naquele momento de crise, Perkins veio a crer, com King, que "o ódio e a amargura jamais poderão curar a doença do medo; só o amor pode fazer isto. O ódio paralisa a vida; o amor a liberta. O ódio confunde a vida; o amor a harmoniza. O ódio escurece a vida; o amor a ilumina".

Nos anos seguintes, Perkins mudou-se para Los Angeles, onde fundou uma organização nacional para o desenvolvimento comunitário, baseada naquilo que ele aprendera em Mendenhall, voltando ao Mississippi para lançar um movimento de reconciliação racial. Às vezes, ele aparece junto a Thomas Tarrants, um militante da KKK que cumpriu pena por assassinato, converteu-se na prisão e hoje pastoreia uma igreja multirracial em Washington.

Quando visitei Mendenhall, em 1974, uma placa deu-me as boas-vindas na entrada da cidade: "Brancos unidos, derrotem os judeus e comunistas miscigenadores". Pedi a John Perkins que me mostrasse um exemplo de racismo em ação. "Quando eu escrever sua história, as pessoas vão me dizer que tudo é diferente", disse eu. "A Declaração de Direitos Civis aconteceu há dez anos. Ainda existe discriminação aberta?"

Perkins pensou por um minuto e, de repente, seu rosto brilhou. "Já sei. Vamos comer no restaurante Revolving Table", disse ele.

Fomos a um restaurante elegante, famoso por um dispositivo chamado "Susan preguiçosa", que girava vagarosamente sobre uma enorme mesa, sob o qual havia ervilhas, vegetais, repolho, batata-doce, frango e bolinhos de vários tipos, além de outras comidas típicas do sul dos Estados Unidos. Quando nos sentamos, todos os fregueses brancos nos olharam, e então, como se houvesse um sinal pré-combinado, todos se levantaram e foram para mesas menores. À exceção de Perkins e eu, ninguém no restaurante falou uma palavra durante a hora que lá estivemos. Comi preocupado, olhando por cima de meus ombros e esperando ver um cassetete. Quando paguei e comentei com a atendente sobre a deliciosa comida, ela simplesmente pegou meu dinheiro sem responder nem mesmo olhar para mim. Tive uma pequena visão da hostilidade que Perkins vivera por toda sua vida.

Dois meses depois, quando publiquei meu artigo sobre John Perkins, a filial do Mississippi da organização cristã na qual trabalhava exigiu que eu fosse despedido por trazer à tona lembranças ruins. "As coisas mudaram", disseram eles. "Por que ficar remoendo o passado?" Realmente, por que fazer isto?

Mais de três décadas se passaram desde a visita ao Mississippi, e as grandes vitórias dos direitos civis estão quase alcançando meio século de existência. Vivemos em outro país atualmente, em um novo milênio, e realmente muita coisa mudou. Nos dias atuais, fregueses negros podem comer onde quiserem, beber água em qualquer bebedouro, dormir em qualquer hotel. As vitórias pelas quais lutaram pessoas como Martin Luther King Jr., Medgar Evers, Bob Evans, John Perkins e tantas outras foram ganhas — ao menos legalmente — apesar de terem esperado praticamente um século desde a abolição da escravatura. Sulistas progressistas dos Estados de Geórgia, Arkansas e Texas já ocuparam o cargo de presidente do país. Visitantes negros podem participar de igrejas brancas sem qualquer problema, muito embora raramente o queiram. Todos esses sonhos pareciam coisas inatingíveis para Martin Luther King Jr. há apenas quatro décadas. Como sinal das enormes mudanças realizadas, hoje a nação reserva um dia do ano para homenagear o próprio King, objeto de tanta controvérsia em seus dias, por meio de um feriado nacional. Ele é o único afro-americano, o único pastor e, na verdade, o único indivíduo americano a receber tal honraria.

As vitórias não chegaram facilmente, e a maioria delas não aconteceu durante sua vida. Roy Wilkins, da NAACP, um incansável adversário do doutor King, caçoou dele em 1963, dizendo que seus métodos não haviam conseguido a integração de Albany e Birmingham em momento algum. "Martin", disse ele, "se você conseguiu dessegregar alguma coisa com seus esforços, por favor, diga-me o que foi".

King respondeu: "Bem, acho que a única coisa que consegui dessegregar até aqui foi alguns corações humanos". Ele sabia que a vitória derradeira seria conseguida ali. As leis podiam evitar que brancos linchassem negros, mas nenhuma lei poderia exigir que as raças se perdoassem ese amassem mutuamente. O coração humano, não as salas dos tribunais, eram seu supremo campo de batalha. Sendo um desses corações transformados, sinto-me na obrigação de concordar com tal afirmação.

King desenvolveu uma safisticada estratégia de guerra, travada não com armas, mas com graça. Ele atacou a violência com a não violência e o ódio com a amor. Um colega de King, de nome Andrew Young, lembra-se daqueles anos turbulentos como um tempo em que eles buscavam "salvar corpos negros e almas brancas". King dizia que seu verdadeiro objetivo não era derrotar os brancos, mas "despertar um senso de vergonha dentro do opressor e desafiar seu falso senso de superioridade [...]. O fim disso tudo é a reconciliação; o fim é a redenção; o fim é a criação de uma comunidade amarosa". E foi isto o que Martin Luther King Jr. finalmente fez, mesmo em corações racistas como o meu.

Apesar de todo o tumulto social gerado pelo racismo, de alguma maneira a nação permaneceu unida. Pessoas de todas as raças terminaram se aliando ao processo democrático nos Estados Unidos, até mesmo no Sul. Já faz alguns anos que o moradores de Atlanta elegem prefeitos afro-americanos, entre eles o líder em direitos civis Andrew Young. Até mesmo a cidade de Selma, na Alabama, tem um prefeito negro que, em 2000, derrotou o prefeito que acupava o cargo na épaca da famasa marcha. O autor da infame frase "segregação para sempre", George Wallace, compareceu em sua cadeira de rodas diante da liderança negra da Alabama para apresentar seu pedido de desculpas por seu comportamento, ato que ele repetiu numa rede de televisão estadual. Quando Wallace foi à igreja batista em Montgomery, na qual King lançara o movimento, entre os líderes que vieram lhe oferecer perdão estava Coretta Scott King, Jesse Jackson e o irmão de Medgar Evans, assassinado durante o movimento.

Em 1995, quase 150 anos depois de ter apoiado a escravidão, a Convenção Batista da Sul arrependeu-se formalmente de sua política de longo prazo de apoio ao racismo. Um pastor da Igreja Batista Abissínia disse: "Finalmente, respondemos à carta de Martin Luther King Jr., enviada da prisão de Birmingham em 1963. Infelizmente, apenas trinta anos depois".

Até mesmo a grande igreja batista que frequentei durante minha infância aprendeu a se arrepender. Quando fui a um culto, alguns anos atrás, fiquei chocado em ver apenas umas poucas centenas de adoradores espalhados pelo enorme santuário que, em minha infância, costumava abrigar mais de 1.500 pessoas. A igreja parecia amaldiçoada. Finalmente, um pastor que fora meu amigo de classe durante a infância tomou a iniciativa incomum de promover um culto de arrependimento. Antes da realização do culto, ele escreveu para Tony Evans e para o professor da Escola Dominical que fora afastado, pedindo seu perdão. Então, publicamente, de maneira dolorosa, com a presença de líderes afro-americanos, ele recontou o pecado do racismo da maneira como era praticado por aquela igreja no passado. Ele se arrependeu e recebeu perdão. Apesar de ter-se a nítida sensação de que um fardo fora tirado da congregação naquele dia, isto não foi suficiente para salvar a igreja. Poucos anos depois, a congregação branca mudou-se para a periferia, e hoje, uma congregação afro-americana chamada Asas da Fé ocupa o prédio e faz tremer as janelas mais uma vez.

Analistas do Sul se referem a tudo isso como um período em que as pessoas foram "assombradas por Cristo". Talvez devessem dizer "assombradas pelo racismo". Todos nós, brancos ou negros que cresceram naqueles dias, temos nossas cicatrizes. Alguns negros, como John Perkins e Bob Moses, possuem cicatrizes físicas. Nós, brancos, temos cicatrizes espirituais. Embora eu não tenha vivido no Sul por trinta anos, vivo com minhas lembranças, tal qual os assassinos medievais que eram obrigados a levar nas costas, amarrados a si, os corpos das pessoas que haviam assassinado. A nação inteira possui cicatrizes. Quem poderia dizer que havíamos alcançado qualquer coisa semelhante à "comunidade amorosa" com a qual sonhava King?

Visitei a antiga igreja de King em Atlanta, a Igreja Batista Ebenézer, e chorei muito enquanto via com novos olhos o cerne da moral da comunidade negra que havia lhes dado força para lutar contra intolerantes como eu. Naqueles dias, eu estava do lado de fora, contando piadas, espalhando rumores, ajudando a sustentar aquele sistema maligno. Dentro da igreja — e, durante um tempo, apenas dentro dela — a comunidade negra permaneceu em pé. Cegados pela intolerância, meus olhos não conseguiam ver o reino de Deus trabalhando.

Poucos anos antes de sua morte, King foi confrontado sobre os erros que havia cometido. Ele respondeu da seguinte maneira: "Bem, o pior erro que cometi foi acreditar que, porque nossa causa era justa, poderíamos ter certeza de que os pastores brancos do Sul se levantariam a nosso favor, uma vez que suas consciências cristãs haviam sido desafiadas. Pensei que os ministros brancos levariam nossas causas às estruturas de poder controladas por outros brancos. Terminei desiludido e machucado, é claro. Conforme nosso movimento avançava e apelos diretos eram feitos aos pastores brancos, a maioria deles fechou suas mãos, e alguns até as usaram *contra* nós".

Certa vez, escrevi um tributo a Martin Luther King Jr. na revista *Christianity Today*. Falei dele comparando a um profeta, usando algumas das palavras que usei neste texto. Recebi opiniões de vários leitores, alguns apoiando, outros irados. Algumas das cartas mais ponderadas vieram de ex-reitores de universidades, do reitor da Wheaton College, que frequentei, e de um dos diretores do seminário onde estudei. Ambos perguntavam: "Como você pode chamar o dr. King de 'profeta'?". Um grande líder moral, sim; um importante agente de mudança social, certamente; mas como um plagista e mulherengo poderia ser um profeta cristão? Eles reclamaram muito da aplicação de tal rótulo a um homem com falhas tão evidentes.

Escrevi respostas detalhadas a ambos, mencionei alguns dos líderes problemáticos que Deus claramente usara nos tempos bíblicos. Salomão nos dá um bom exemplo. Honramos seus provérbios, mas não seu estilo de vida. Estaríamos certamente em perigo se o mensageiro indigno invalidasse toda a mensagem. Também citei sermões maravilhosos do dr. King e mencionei que ele exigia que seus voluntários assinassem um termo de compromisso de meditar diariamente nos ensinos de Jesus, de orar com regularidade e andar e falar em amor. Então, veio a ironia: meu artigo havia recebido o nome "Confissões de um racista", mas quase todas as cartas que recebi concentravam-se nos erros de King, e não nos meus próprios erros. Como é que eles poderiam questionar o direito de King de falar em nome de Deus, e não o meu, dado meu passado manchado?

Muitos dos cristãos que ainda rejeitam a ideia de ver Martin Luther King Jr. como instrumento de Deus não têm problemas em frequentar igrejas que o viam como inimigo, que se opunham a suas ideias e que, direta ou indiretamente, perpetraram o pecado do racismo contra o qual ele se opôs com seu próprio corpo. Vemos o argueiro em seus olhos, mas não percebemos a trave em nossos próprios olhos.

Só existe uma coisa que me perturba mais do que os pecados do passado: o pecado que não enxergo hoje. Foi preciso que houvesse a grandeza de um Martin Luther King Jr. para despertar a consciência de uma nação no século passado. O que nos impede, neste novo século, de criar a comunidade amorosa de justiça, paz e amor pela qual King lutou e morreu? Em quais questões atuais a Igreja teima em estar do lado errado? Como King costumava dizer, a presença de injustiça em qualquer lugar é uma ameaça à justiça em todo lugar.

Houve um momento em que a graça e o poder desceram sobre grandes e imperfeitos líderes para que eles nos convencessem e liderassem. No fim das contas, não foi o humanitarismo de King que me alcançou, nem seu exemplo de não violência baseado em Gandhi, nem seus sacrifícios, por mais inspiradores que possam ser. Foi sua firmeza no evangelho de Cristo que finalmente deu-me consciência da trave que havia no meu olho e que me levou a atender à mensagem que ele estava proclamando. Terminei dando ouvidos a ele porque sempre citava Jesus. Nem sempre a Igreja entende — e pode levar séculos ou milênios para que seus olhos sejam abertos. Porém, quando isto acontece, o amor e o perdão do próprio Deus fluem como um rio de águas vivas. Que triste foi perceber que, quando provei deste rio, King já estava morto.

> Como qualquer pessoa, desejo uma vida longa. A longevidade tem seu lugar. Mas não estou preocupado com isto agora. Quero apenas fazer

a vontade de Deus. E ele me permitiu que eu subisse ao monte. Olhei lá de cima e pude contemplar a Terra Prometida. Pode ser que eu não entre lá com você, mas quero que você saiba esta noite que, como povo, nós entraremos na Terra Prometida. É por isso que estou feliz esta noite. Não estou preocupado com nada. Não temo homem algum. Meus olhos viram a glória do Senhor que vem.

Extraído da última fala de King, na cidade de Memphis,
na noite anterior a seu assassinato

MARTIN LUTHER KING JR. PARA INICIANTES

Como introdução à vida de King, recomendo *The autobiography of Martin Luther King Jr.*, um audiolivro produzido pela Time Warner. Montado a partir de textos de King e lido por LeVar Burton, a biografia é incompleta e subjetiva, mas as fitas trazem também sermões e discursos feitos pelo próprio King em seu empolgante e inimitável estilo, com trechos de legítima música *gospel* americana. A *Testament of Hope: The Essential Writings and Speeches of Martin Luther King Jr.* reúne todos os famosos discursos, com excertos da maioria dos escritos de King, *Bearing the Cross*, de David Garrow, é a melhor biografia de King em um único volume. O completo *Parting the Waters*, além de *Pillar of Fire*, ambos de Taylor Branch, expandem a cobertura para incluir outros eventos paralelos do movimento pelos direitos civis. Esses livros podem ser adquiridos pela internet.

CAPÍTULO TRÊS

RELÍQUIAS À BEIRA-MAR

G. K. CHESTERTON

Se, durante meu curso universitário, você me perguntasse o que eu iria fazer depois de me formar, "escritor cristão" seria a última das minhas opções. Contaria novamente todas as mentiras que minha igreja havia me ensinado sobre raças e outros assuntos e zombaria de seu legalismo sufocante. Descreveria um evangélico como um invejoso socialmente retardado, um fundamentalista que ganhava bem, com a mente só um pouquinho mais aberta e com um pouco mais de conhecimento das coisas. Teria reclamado dos missionários aposentados que lecionavam no seminário em que estudei, os quais ensinavam disciplinas como Ciência e Filosofia, sabendo menos sobre esses assuntos do que qualquer professor de escola primária. Aquela escola pendia mais para a punição do que para a recompensa da curiosidade intelectual. Um dos professores disse-me abertamente que diminuiu minhas notas com o claro propósito de me ensinar humildade. ''A maior barreira ao Espírito Santo é a sofisticação", costumava dizer ele a seus alunos.

Contudo, foi nesse mesmo seminário que tive contato com os textos de C. S. Lewis e G. K. Chesterton. Apesar de estarem separados de mim por uma imensidão de mar e cultura, eles reacenderam em meu coração a esperança de que, em algum lugar, havia cristãos que desatavam suas mentes em vez de contê-las, que combinavam um sabor de sofisticação com a humildade que eles não exigiam de outros e, acima de tudo, que haviam experimentado a vida com Deus como uma fonte de alegria, não de repressão.

Por meio de cópias caindo aos pedaços, disponíveis em livrarias da Inglaterra, pude devorar todo o material que encontrava desses dois homens — um deles, um acadêmico de Oxford, e o outro, um jornalista da Fleet Street. Como o próprio Lewis escreveu depois de descobrir Chesterton, enquanto se recuperava num hospital durante a Segunda Guerra Mundial, "um jovem que deseja permanecer como ateu convicto não pode ser muito cuidadoso com sua leitura".

Suas palavras me sustentaram, foram um salva-vidas da fé num mar de desordem e dúvida. Tornei-me escritor, como já disse, em grande parte pelo fato de ter percebido o poder das palavras em minha própria vida, palavras que podiam navegar pelo tempo e pelo oceano e promover uma transformação calma e suave, que traziam cura e esperança. Ainda se passaria muito tempo até que eu voltasse à fé, mas pelo menos eu já tinha modelos de qual era a aparência de uma fé capaz de mudar a vida. Martin Luther King Jr. havia tocado um acorde moral de fé em mim; estes dois tocaram um acorde mais estético.

Na história do filho pródigo, Jesus não aborda em detalhes os motivos da volta do pródigo. O filho mais jovem não sentiu remorso repentino algum, nem uma explosão de amor pelo pai que insultara. Em vez disso, o que vemos é que ele se cansa de uma vida de miséria e volta sem as motivações egoístas. Aparentemente, Deus não se importa se nos achegamos a ele por causa do desespero ou do mais profundo anelo. "Por que voltei?" é uma pergunta que faço a mim mesmo.

Meu irmão mais velho, que havia representado o papel de filho pródigo de maneira mais dramática, demonstrou o que poderia acontecer se eu optasse por deixar tudo para trás. Em uma tentativa de quebrar as cadeias de uma criação extremamente castradora, ele saiu numa grande busca pela liberdade, experimentando novidades como quem troca de roupa: pentecostalismo, existencialismo ateísta, budismo, espiritualismo da Nova Era, racionalismo tomístico. Uniu-se aos *hippies* da década de 1960, usando cabelos longos e óculos de lentes redondas, vivendo em comunidade, praticando sexo e experimentando drogas. Durante algum tempo, enviou-me relatórios exuberantes sobre sua nova vida. No fim, porém, um lado escuro começou a se revelar.

Precisei pagar fiança para tirá-lo da cadeia depois que uma viagem com LSD não saiu como ele esperava. Ele rompeu relações com qualquer outra pessoa da família e passou por diversos casamentos. Atendi a ligações no meio da noite, nas quais ele se dizia prestes a se suicidar. Olhando meu irmão, pude perceber que a liberdade aparente pode, na verdade, estar mascarando uma enorme escravidão, um clamor do coração pelas necessidades não atendidas. A pessoa mais musical que eu já conhecera acabou afinando pianos, em vez de tocá-los numa sala de concertos. Vi muito de perto o poder destrutivo de se lançar fora a fé sem ter o que colocar em seu lugar.

No mesmo período, mas de modo mais positivo, minha carreira jornalística deu-me a oportunidade de analisar pessoas, como as que reuni neste livro, as quais demonstram que uma conexão com Deus pode alargar a vida, em vez de fazê-la encolher. Dei início ao longo processo de separar Deus da Igreja. Embora eu tenha saído das igrejas de minha infância bem machucado, quando iniciei o processo de observar Jesus através dos olhos críticos de um jornalista, vi que o Salvador havia lutado contras as coisas que mais me perturbavam — legalismo, autojustificação, racismo, provincialismo, hipocrisia — e que essas foram as causas mais prováveis de ele ter sido levado à crucificação. Quando conheci o Deus revelado em Jesus, reconheci que precisava mudar em muitos aspectos — sim, até mesmo me arrepender, pois percebi que havia absorvido a hipocrisia, o racismo e a autojustificação de minha criação, e eu mesmo havia contribuído com um número enorme de pecados por minha conta. Comecei a ver Deus mais como um médico que prescreve mudanças de atitude para o bem de minha saúde do que como um juiz austero, que balança seu dedo diante da minha teimosia.

"Sou o homem que, com a grande ousadia, descobriu o que já havia sido descoberto antes", declarou G. K. Chesterton, de maneira triunfante. "Tentei montar, sozinho, uma heresia. Quando estava prestes a dar os retoques finais, descobri que ela era a ortodoxia." Guiado parcialmente por Chesterton, aterrissei num terreno similar depois de uma jornada tortuosa. Quando lhe foi perguntado qual livro gostaria de ter consigo, se estivesse em uma ilha deserta, Chesterton parou por um breve instante antes de responder e disse: "Ora, o *Guia prático de construção de navios*, é claro". Se eu também fosse parar numa ilha deserta e pudesse escolher outro livro que não a Bíblia, escolheria *Ortodoxia*,[1] a autobiografia espiritual de Chesterton. Fico realmente desconcertado em imaginar por que alguém escolheria um livro com esse título, mas um dia eu mesmo fiz isto e minha fé nunca mais foi a mesma. *Ortodoxia* trouxe frescor e um novo espírito de aventura a minha fé, à medida que fui encontrando estranhos paralelos entre minha própria odisseia e aquela realizada pelo autor, um desmiolado jornalista vitoriano de 150 quilos.

Chesterton é com frequência chamado "o mestre que não deixou nenhuma obra-prima", talvez devido a sua profissão. Durante a maior parte de sua vida (1874-1936), ele trabalhou como editor de um semanário de ideias, escrevendo, nesse período, cerca de quatro mil estudos sobre assuntos tanto triviais quanto importantes. Ele atravessou a passagem do século 19 para o 20, quando movimentos como o modernismo, o comunismo, o fascismo, o pacifismo, o determinismo, o darwinismo e a eugenia ganharam espaço. Depois de sobreviver a todos, Chesterton sentia-se cada vez mais pressionado em direção ao cristianismo, que era visto por ele como o único reduto contra tais forças. Terminou aceitando a vida cristã não somente como um bastião de civilização, mas como uma expressão das mais profundas verdades sobre o mundo. Ele deu o ousado passo de ser batizado na Igreja Católica Romana num país de maioria protestante.

Como pensador, Chesterton começou bem devagar. Aos 9 anos, mal podia ler, e seus pais o levaram a um neurologista para saber sobre sua capacidade mental. Ele saiu da escola de artes e desistiu da universidade. Apesar disso, porém, tinha uma memória tão prodigiosa que era capaz de, no fim da vida, recitar o enredo de cada um dos dez mil romances que lera e revisara. Escreveu cinco romances e aproximadamente duzentos contos, inclusive uma série de histórias policiais centradas no "Padre -Brown"; arriscou-se em peças, poesia e baladas; escreveu biografias literárias de personagens como Robert Browning e

Charles Dickens; escreveu uma história da Inglaterra; também abordou as vidas de Francisco de Assis, Tomás de Aquino e do próprio Jesus. Escrevendo com velocidade assustadora, entendendo alguns fatos de maneira errada, não obstante, ele abordou cada um desses assuntos com tal discernimento, entusiasmo e destreza que até mesmo seus críticos mais audazes tinham de se levantar e aplaudir.

Chesterton viajava ocasionalmente pela Europa, e atravessou o Atlântico para visitar os Estados Unidos (o que o levou a escrever o livro *What I Saw in América*[2]), mas passava a maior parte do tempo em casa, lendo muito; escreveu sobre praticamente tudo que lhe vinha à mente. As alegres aventuras se passavam em sua cabeça grande e cabeluda. Não se pode, contudo, subestimar seu impacto sobre a vida de outras pessoas. Mahatma Gandhi baseou muitas de suas ideias para a independência da Índia nas ideias de Chesterton. Um de seus romances inspirou o movimento de Michael Collins pela independência da Irlanda. C. S. Lewis via Chesterton como seu pai espiritual.

Chesterton já havia morrido quase trinta anos antes quando o descobri, mas ele ressuscitou minha fé moribunda. Hoje, quando olho para trás e pergunto de que maneira ele me afetou, vejo que ajudou a despertar em mim um sentimento de alegria há muito suprimido.

Albert Einstein fez, certa vez, a mais importante pergunta de todas: "O universo é um lugar amistoso?". Durante minha infância e minha adolescência, o que recebi foram mensagens bastante misturadas. Como os filhos de alcoólatras fazem — não fale, não confie e não sinta — minha resposta emocional era praticamente nula. Mesmo quando meu irmão se abriu e resolveu dar início a sua grande jornada em busca da liberdade, eu me fechei, lacrando cada uma das avenidas pelas quais as pessoas podiam chegar até mim, tanto para me manipular quanto para me causar dor. Li histórias como as de Sartre e Camus,[3] cujos heróis eram capazes de ferir suas próprias mãos ou assassinar alguém na praia simplesmente pelo prazer de fazê-lo. Li especialmente Nietzsche,[4] que descrevia um super-homem impermeável ao sofrimento. Aprendi a não rir, nem mesmo expressar um sorriso, assim como a não chorar. Procurei não me importar ou reagir diante de qualquer coisa: ao frio ou ao calor, aos bons aromas ou aos cheiros desagradáveis, à beleza ou à feiura, ao amor ou ao ódio. Numa experiência pervertida, quebrei meu próprio braço contra a armação de metal de um beliche simplesmente para testar meu domínio sobre a dor.

Hoje vejo o que não pude ver então: estava erguendo uma fortaleza de pedra contra o amor, pois via a mim mesmo como inviolável. No lugar mais improvável — o seminário que eu via como um asilo — essa fortaleza interior começou a ruir. Encontrei conforto não na religião, onde todos ao redor diziam ter encontrado, mas na música. Tarde da noite, eu costumava fugir do dormitório e caminhar até a capela, onde havia um fantástico piano de cauda Steinway. Vivendo à sombra de um irmão naturalmente capacitado para a música, nunca me apresentei em público, mas era capaz de ler razoavelmente bem peças de Mozart, Chopin, Beethoven e Schubert, passando assim várias noites, colocando alguma ordem em meu mundo desordenado. Eu estava criando algo e, apesar de mim mesmo, aquilo parecia belo ao ecoar pela capela escura e vazia.

Então, apaixonei-me. Janet e eu nos aproximamos pela razão errada — sentávamos juntos para reclamar da atmosfera opressiva da escola — mas, depois, a mais poderosa força do universo, o amor, terminou vencendo. Encontrara alguém que apontava tudo o que era bom em mim, não apenas as coisas ruins. A esperança surgiu. Eu queria conquistar os mundos e colocá-los a seus pés. Preparei a *Sonata Patética* de Beethoven para tocar no seu aniversário e perguntei, tremendo, se ela gostaria de ser a primeira pessoa a ouvir-me tocar. Era uma oferta à nova vida e a ela, que a havia despertado.

"O pior momento de um ateu é quando ele está realmente grato e não tem a quem agradecer", escreveu Chesterton. Também disse que "a alegria, que era a pequena publicidade do pagão, é o gigantesco segredo do cristão". Conheça muito bem aquele pior momento e também a primeira agitação da alegria que sopra ar fresco nas fendas há tempos cerradas. A grande alegria traz dentro de si a insinuação de imortalidade. Repentinamente, eu queria viver, e viver para sempre.

Também não posso esquecer-me da natureza. Em minha infância, a natureza era meu lugar de refúgio. Morávamos num *trailer* retangular de alumínio de 3x9m, estacionado no terreno da igreja. Nosso lar vivia mais em torno da tensão do que da paz, mas eu sempre encontrava algum bosque por perto onde explorar as tocas dos esquilos e as colmeias, os troncos secos cheios de insetos exóticos e os pântanos repletos dos sons de libélulas e pequenos sapos. Colecionava borboletas, abelhas e tartarugas, e fui trabalhar durante um verão no Centro de Doenças Contagiosas, estudando mosquitos e carrapatos.

Mesmo depois de me formar, a natureza sempre me atraiu como uma sinfonia que toca, quer eu pare ou não para ouvi-la. Se não podemos julgar com precisão se o universo é amigável ou não, pelo menos podemos considerá-lo uma fonte ilimitada de beleza. Suba nos montes mais altos onde moro, no Colorado, e você encontrará o solo fino acarpetado de delicadas flores silvestres, que vicejam sem a atenção de qualquer pessoa que porventura passe por ali. Mergulhe perto dos recifes de Great Barrier e você verá coral e peixes tropicais com cores e desenhos mais brilhantes que aqueles mostrados em qualquer museu de arte no mundo, sem mencionar o fundo do mar repleto de conchas e pérolas, joias formadas a partir da secreção de animais primitivos.

Fiquei observando borboletas nas Cataratas do Iguaçu, no Brasil, e pude ver maravilhosas espécies tropicais, portadoras aladas de arte abstrata, pousando em meu braço para sorver a umidade. Agachei-me ao lado de uma baía no Alasca, enquanto um cardume de baleias beluga se alimentava, observando-as enquanto faziam um contraste prateado com a água verde escura. Sentei-me sob um baobá no Quênia para ver as girafas trotarem incansáveis sob as nuvens do pôr do sol e um cortejo de quase meio milhão de animais que marchavam em fila indiana pela planície. Dentro do Círculo Ártico, pude ver uma manada de bois-almiscarados reunidos em círculo, como as carroças dos pioneiros, para proteger as mães e os filhotes (aqueles que nascem no inverno precisam se adaptar a uma queda brusca de temperatura para mais de 45°C negativos no momento do nascimento). Também me sentei em sala de aula para ouvir professores de Teologia passarem horas a fio definindo os atributos da deidade: onisciência, onipotência, onipresença etc. Pode aquele que criou tantas maravilhas ser reduzido a tais abstrações? Não deveríamos começar com o mais óbvio fato da existência — de que, seja lá quem for o responsável, ele é um ardente e incomparável artista diante de quem qualquer feito ou criatividade humana mingua como se fosse um rabisco de criança?

Já falei anteriormente sobre um painel de que participei com três cientistas, dois dos quais eram ganhadores do Prêmio Nobel e ateus confessos. Víamos o mundo de maneira bem diferente, mas concordávamos que a religião, não a ciência, pelo menos propunha uma resposta a duas questões: 1) por que existe alguma coisa lá fora, além de um grande nada (ou, como disse Stephen Hawking, por que o universo "se importa" em existir)? E 2) por que as coisas são tão belas e ordenadas? Não é por acaso que o Antigo Testamento foi a primeira literatura antiga a celebrar as glórias da natureza, pois seus autores reconheciam a obra da Criador.

Sim, mas ele é amistoso? Outro cientista, a naturalista Loren Eiseley, fala de um evento que ele considera a mais significativa experiência de aprendizado de sua longa vida. Surpreendido por uma tempestade repentina na praia, ele procurou abrigo sob um enorme tronco, onde encontrou um pequeno filhote de raposa, talvez com dez semanas de vida, que até então não tinha medo dos humanos. Em poucos minutos, ele já havia envolvido Eiseley numa brincadeira como um cabo de guerra, no qual, numa ponta, estava Eiseley, segurando um osso de galinha com a boca, e do outro lado estava a raposinha. A lição que ele aprendeu, conforme o próprio Eiseley disse, é que, no centro do universo, há um sorriso na face de Deus.

Já tive meus próprios encontros com raposas, especialmente agora que vivo no Colorado. Quando três filhotes nasceram numa toca próximo a um barranco, imaginei-me uma espécie de São Francisco de Assis e resolvi fazer amizade com eles. Sentava-me sobre uma almofada, colocada próxima à toca, e lá escrevia meus artigos e meus livros, até que eles se acostumaram comigo. No primeiro dia, anunciei minha presença com um "oi", a que os fez correr como se tivessem ouvido um raio. Olhavam para mim com curiosidade, com os olhos dourados alertas, orelhas se movendo ao menor som, com seu pelo avermelhado e sem marcas brilhando ao sol. Por fim, os três começaram a me seguir, e me senti como o personagem do conto *O flautista de Hamelin*, dos irmãos Grimm. Se eu parava, eles paravam também e se escondiam atrás de uma rocha ou de um arbusto. Se eu corria, eles corriam também. Se me sentasse para fazer um lanche, eles me cercavam e ficavam olhando.

Conforme prosseguia o verão, passei a sentar-me na calçada de minha casa e assobiar. Ao meu comando, as três lindas e jovens raposas vinham saltando pela ravina. Elas espreitavam borboletas que voavam ao redor de um arbusto com flores silvestres, tentanda pegá-las como um gato. Perseguiam, desajeitadas, alguns esquilos espertos. Tentavam morder a água que esguichava do regador que tínhamos no jardim. Ficavam em pé sobre as patas traseiras e bebiam a água de nosso bebedouro de pássaros. Certa vez, pularam para trás quando o espelho d'água refletiu suas faces. Se eu jogasse uma bola de tênis, uma delas saía em disparada, com as duas outras em uma alegre perseguição.

Eu sempre tinha três acompanhantes no verão. Quando cuidava do jardim, cortava a grama ou lia a correspondência em minha rede, lá estavam elas, seguindo todos os meus movimentos. Se eu almoçasse em nossa varanda de madeira, elas subiam os degraus para se juntar a mim. Se me sentava lá fora para escrever, elas me observavam por alguns instantes, então se enrolavam, colocando a cauda de ponta branca sobre seus olhos, e dormiam. Sentia-me como se estivesse no Éden, quando o medo ainda não havia surgido entre as espécies, ou me imaginava no Paraíso, onde o cordeiro se assentará com o leão, e as raposas se deitarão aos pés dos escritores. Tal como Eiseley, aprendi que no coração do universo pode se achar um sorriso. "A beleza do mundo", disse Simone Weil, "é o carinhoso sorriso de Cristo para nós, mostrado por meio da matéria". Enxergamo-lo raramente neste planeta desfigurado, mas esse vislumbre revela tanta realidade quanto todos os livros de Teologia juntos.

Gradualmente, a música, o amor romântico e, em especial, a natureza começaram a suavizar a incessante monotonia do desespero interior que me importunava como uma dor profunda. Passei a ver o desespero como um sintoma normal da humanidade decaída e alheia a seu Criador. Eu precisava, de alguma maneira, me reconectar.

Chesterton havia apontado para São Francisco de Assis, que desenvolvera seu modo de vida a partir do "Irmão Sol" e da "Irmã Lua", e que via uma beleza inexorável na planta mais simples, como um dente-de-leão. Numa passagem memorável, Chesterton contrasta nosso estado com o de Deus, que "é forte o suficiente para se alegrar na monotonia. É possível que Deus diga a cada manhã para o Sol: 'Faça novamente'; a cada noite, ele se volta para a Lua e diz: 'Faça outra vez". É possível que não seja uma necessidade automática que produza as margaridas iguais; pode ser que Deus crie todas as margaridas separadamente, mas ele nunca se cansa de fazê-las. É bem possível que ele tenha o eterno apetite da infância, pois nós pecamos e envelhecemos, e nosso Pai, é mais jovem do que nós mesmos". Pouco a pouco, a natureza ajudou a rejuvenescer em mim aquele apetite da infância.

No entanto, não sou São Francisco, e diferentemente do santo de Assis, estou sempre encontrando mensagens misturadas na natureza. Que vislumbre do Criador posso perceber em insetos cujos filhotes abrem caminho para sair de dentro de sua mãe literalmente comendo partes dela? Ou da mosca *Xenon peckii*, cega e incapaz de voar, que passa a vida inteira nas vísceras de uma vespa, alimentando-se dela? Ou do pequeno peixe amazônico *candiru*, sem escamas, que penetra no corpo de um banhista desavisado através da uretra e, uma vez lá dentro, estica suas escamas, causando dor excruciante que só pode ser mitigada pela remoção cirúrgica? Até mesmo minhas amadas raposas: por oito vezes pude vé-las pegando um esquilo em meu quintal, um espetáculo sangrento e estrepitoso que não se tira da mente com facilidade. Ontem mesmo vi um enorme alce no cio, bufando, urinando, suando e atacando com os chifres abaixados todos os machos que visse pela frente, uma imagem nada encantadora de amor romântico.

Também neste aspecto, Chesterton mostra-se um guia bastante útil. Ele se opõe ao panteísmo e às modernas religiões cósmicas com a forte assertiva presente em *Ortodoxia*, que diz: ''A natureza não é nossa mãe; a natureza é nossa irmã". Deus criou tanto o mundo natural quanto os seres humanos como qualquer artista cria, formando alguma coisa separada de si e, então, deixando-a livre. "Deus havia escrito não um poema, mas uma peça; uma peça que ele planejara perfeita, mas que fora necessariamente deixada para os atores humanos e para os diretores de cena, os quais, desde então, deturparam-na completamente."

Chesterton via este mundo como um tipo de naufrágio cósmico. Uma pessoa em busca de sentido relembra um marinheiro que acorda de um sono profundo e descobre tesouros espalhados, relíquias de uma civilização da qual mal pode se lembrar. Ele começa a pegar cada uma dessas relíquias — moedas de ouro, uma bússola, roupas finas — e tenta entender seu significado. A humanidade decaída está neste estado. As boas coisas que existem na terra, como o mundo natural, a beleza, o amor e a alegria, ainda possuem traços de seu propósito original, mas a amnésia desfigura a imagem de Deus em nós.

Depois de *Ortodoxia*, li muitas outras obras de Chesterton (ele escreveu mais de cem livros e, como escritor, fiquei deprimido por semanas ao saber que ele ditou a maioria deles a sua secretária, fazendo pouquíssimas mudanças depois dos primeiros rascunhos). Eu estava escrevendo sobre a questão da dor naquela época e encontrei muitas ideias no tratamento ficcional que ele deu àquele assunto obscuro na obra *O homem que foi quinta-feira*.[5] É surpreendente saber que, considerando as diferenças de estilo, esse livro foi escrito no mesmo ano de *Ortodoxia*. Mais tarde, ele explicou que estava lidando com o desespero, o mal e o sentido da vida, e que havia chegado muito próximo de um colapso mental. Quando emergiu dessa melancolia, procurou fazer uma defesa do otimismo no meio da escuridão de um mundo como aquele. Ele estava estudando o livro bíblico de Jó, e assim surgiram essas duas obras: uma delas, um livro de apologética cheio de voltas e mudanças; a outra é melhor descrita como uma combinação de suspense, espionagem e pesadelo.

Em *O homem que foi quinta-feira*, Chesterton não despreza os incalculáveis mistérios do sofrimento e do livre-arbítrio. Em vez disto, ele os transforma num argumento minimalista de fé. Na pior situação, nas condições em que quase não se pode encontrar bondade, quando a natureza revela apenas o outro lado de Deus, o universo oferece razões para crer. No próprio discurso de Deus a Jó, o Senhor destacou a feroz selvageria da natureza — o hipopótamo e o crocodilo, tempestades e nevascas, a leoa e a cabra, os animais selvagens e os avestruzes — não o seu lado amigável. Se isto já não bastasse, a natureza revela Deus como misterioso, incalculável, todo-poderoso e digno de adoração. Podemos ter poucas pistas sobre os segredos da realidade, mas que magníficas pistas são essas! ''Até mesmo a própria existência, reduzida a seu limite mais primário, já era suficientemente extraordinária e empolgante. Qualquer coisa é magnífica quando comparada a nada", testificou Chesterton, mais tarde. Também na vida dele, a natureza e o amor romântico soavam com altos e reverberantes acordes.

Para Chesterton, e também para mim, os enigmas de Deus provaram ser mais satisfatórios do que as respostas propostas sem Deus. Também passei a crer nas coisas boas deste mundo, primeiramente reveladas a mim por intermédio da música, do amor romântico e da natureza, como relíquias de um naufrágio e semelhantes a pistas muito claras da natureza de uma realidade encoberta pelas trevas. Deus respondeu à pergunta de Jó com mais perguntas, como se dissesse que a verdade da existência está muito além do alcance de nossa compreensão. Fomos deixados aqui com vestígios do plano original de Deus e com a liberdade, sempre a liberdade, de jogarmos nossa sorte, apostando em Deus ou contra ele.

Chesterton expressou sua própria reação, um espírito de genuína gratidão, num breve poema:

> Vai morrendo mais um dia
> Durante o qual tive mãos, olhos, ouvidos
> E o vasto mundo ao meu redor;
> E amanhã é outro dia.
> Por que tenho direito a dois?

Além da questão da dor, G. K. Chesterton parecia igualmente fascinado por seu oposto, o problema do prazer. Ele achava o materialismo pouco adequado para expressar o senso de maravilha e deleite que dá uma dimensão quase mágica a atos humanos básicos como o sexo, o nascimento de uma criança, um divertimento ou uma criação artística.

Por que o sexo é tão divertido? A reprodução certamente não exige prazer: alguns animais simplesmente se dividem em dois para se reproduzir, e até os humanos usam métodos de inseminação artificial que não envolvem tipo algum de prazer. Por que comer nos dá tanto prazer? As plantas e animais menores obtêm sua quota de nutrientes sem precisar do luxo das células gustativas. Por que existem cores? Algumas pessoas vivem perfeitamente bem sem a capacidade de perceber cores. Por que o restante de nós tem uma visão complexa?

Depois de ler o enésimo livro sobre o problema da dor, fiquei intrigado por nunca, jamais ter visto um livro sobre o "problema do prazer". Também não me deparei com filósofo algum que balance sua cabeça em perplexidade diante da pergunta: por que sentimos prazer? Mas ela assoma como uma questão importante, o equivalente filosófico para os ateus do problema da dor para os cristãos. Na questão do prazer, os cristãos conseguem respirar mais aliviados. Um Deus bom e amoroso naturalmente gostaria que suas criaturas experimentassem deleite, alegria e satisfação pessoal. Os cristãos partem desta premissa e depois procuram maneiras de explicar a origem do sofrimento. Mas os ateus não deveriam ter uma obrigação similar de explicar a origem do prazer num mundo de coisas feitas a esmo e sem sentido?

Depois de sua longa odisseia, Chesterton voltou à fé porque apenas o cristianismo deu as pistas para resolver o mistério do prazer. "Sentia, primeiramente em meus ossos, que este mundo não se explicava [...]. Em segundo lugar, passei a sentir como se a mágica precisasse ter um significado, e o significado precisasse de alguém para expressá-lo. Havia algo de pessoal no mundo, como numa obra de arte [...]. Terceiro, considerava este propósito maravilhoso em sua forma original, a despeito de seus defeitos, como os dragões. Quarto, que a maneira adequada de agradecer a ele é um tipo de humildade e moderação: deveríamos agradecer a Deus a cerveja e o vinho não bebendo muito dos dois [...]. E, por último, e mais estranho, tive em minha mente uma vaga e vasta impressão de que, de algum modo, todo o Bem era uma sobra a ser guardada e preservada, como sacra, de alguma ruína elementar. O homem salvara seus bens como Robinson Crusoé salvou seus pertences: ele os recuperou de um naufrágio."

De onde vem o prazer? Depois de buscar diversas alternativas, Chesterton fixou-se no cristianismo como a única explicação razoável para sua existência no mundo. Momentos de prazer são restos de um naufrágio jogados na praia, pedaços do Paraíso que resistiram ao tempo. Devemos nos ater a essas relíquias, sem muito apego, e usá-las com gratidão e prudência, nunca utilizá-las como rótulos.

Como Chesterton pensava, a promiscuidade sexual nada mais é senão uma desvalorização do sexo, em vez de ser uma supervalorização. "Reclamar de que só posso me casar uma vez é como reclamar que só nasci uma vez. Era incompatível com a tremenda excitação de quem falava. Mostrava não uma exagerada sensibilidade ao sexo, mas uma curiosa insensibilidade a ele [...]. A poligamia é a falta de realização no sexo; é como um homem que quer comer uma pera, mas colhe cinco só para se distrair."

As igrejas que frequentei enfatizavam os perigos do prazer tão exageradamente que perdi qualquer mensagem positiva que das pudessem estar passando. Guiado por Chesterton, passei a ver o sexo, o dinheiro, o poder e os prazeres sensoriais como boas dádivas de Deus. Todos os domingos, posso ligar o rádio ou a televisão e ver pregadores censurando as drogas, a libertinagem sexual, a ganância e o crime que estão "crescendo assustadoramente". Em vez de simplesmente balançar nosso dedo diante de tão óbvios abusos das boas dádivas de Deus, talvez devêssemos demonstrar ao mundo de onde esses presentes realmente vêm e por que eles são bons. O maior triunfo do mal pode ser seu sucesso em retratar a religião como uma inimiga do prazer, quando, na verdade, a religião aponta para sua fonte: todas as coisas boas e agradáveis são invenção do Criador, que doou liberalmente esses presentes ao mundo.

É natural que, num mundo distanciado de Deus, até mesmo as coisas boas devem ser tratadas com cuidado, como se fossem explosivos. Perdemos a imaculada inocência do Éden, e todo o Bem representa também um risco, possuindo dentro de si o potencial para o abuso. Comer se transforma em glutonaria, o amor se torna desejo e, durante o processo, perdemos de vista Aquele que nos deu o prazer. Os antigos transformavam as coisas boas em ídolos; nós, modernos, chamamo-las "vícios". Em ambos os casos, aquele que deixa de ser servo transforma-se num tirano, um princípio que vi claramente em operação na vida de meu irmão e de seus amigos *hippies*.

"Sou ordinário no exato sentido da palavra", diz Chesterton, "o que significa aceitação de uma ordem, um Criador e uma Criação, o senso comum de gratidão pela Criação, vida e amor como dádivas permanentemente boas, com o casamento e o cavalheirismo como leis que o controlam de maneira adequada". Sob sua influência, também percebi a necessidade de me tornar mais "ordinário". Havia concebido a fé como um mudo e severo exercício de disciplina espiritual, uma mistura de ascetismo e racionalismo na qual a alegria não tinha espaço. Chesterton restaurou em mim uma sede pela exuberância que flui de uma ligação com o Deus que planejou todas as coisas que me dão prazer.

"Existem vários ângulos a partir dos quais alguém pode cair, mas somente um sobre o qual a pessoa pode permanecer em pé", disse Chesterton, e ele terminou caindo pelo excesso, nunca encontrando o equilíbrio que ele pregava de maneira tão convincente. Ele não apenas colheu cinco peras só por distração, como também as comeu. Seu peso oscilava entre 130 e 180 quilos, o que, com uma saúde geral ruim, o desqualificara para o serviço militar. Esse fato o levou a um encontro nada amigável com uma patriota durante a Primeira Guerra Mundial. "Por que você não está no *front*?", perguntou uma indignada senhora enquanto espiava Chesterton pelas ruas de Londres. Ele respondeu calmamente: "Minha senhora, se saísse um pouco mais às ruas, veria que eu estou".

Esse físico incomum fazia de Chesterton a vítima favorita dos cartunistas de Londres. Um bom desenhista precisa de apenas alguns traços para captar sua essência: de lado, ele parecia um enorme pê maiúsculo. Chesterton completava sua reputação com outras excentricidades, a maioria das quais se encaixava no estereótipo de professor relaxado e desatento. Ele era capaz de aparecer num casamento sem usar gravata e com a etiqueta de preço nos sapatos. Usando qualquer tipo de papel, até papel de parede, ele rabiscava notas quando as ideias lhe surgiam, às vezes em pé, totalmente absorto, no meio do trânsito, um costume muito comum. Certa vez, enviou o seguinte telegrama à esposa: "Estou no mercado Harborough. Para onde devo ir?". Ela telegrafou de volta, dizendo: "Para casa".

Chesterton dedicava-se alegremente a debates públicos com os agnósticos e céticos da hora, especialmente com George Bernard Shaw — isto num tempo em que um debate sobre fé conseguia encher uma sala de conferências. Chesterton normalmente chegava tarde. Por meio de seu pincenê, olhava seus papéis sempre desordenados e ia em frente, entretendo a multidão, fazendo gestos nervosos, procurando alguma coisa nos bolsos, rindo de suas próprias piadas de maneira estridente e com voz de falsete. Normalmente, ele cativava a audiência para si e, depois, festejava, levando seu oponente ao *pub*[6] mais próximo. "Shaw é como a Vênus de Milo: tudo nele é admirável", saudava seu amigo, de modo carinhoso.

Cosmo Hamilton, um de seus oponentes em debates, descreveu a experiência:

> Ouvir o grito de alegria de Chesterton [...)] Vê-lo se dobrando de tanto rir de meus insultos pessoais, ver o efeito de seu espírito esportivo sobre uma audiência impactada que ganhava com suas explosões de alegria que mais lembravam uma galinha cacarejando, era uma visão e um som dos deuses [...] E levei daquela sala um respeito e uma admiração tal por aquele moleque travesso que vivia entre dicionários, aquele Peter Pan filosófico, um doutor Johnson bem-humorado, aquele gentil e galante querubim, aquele profundo estudioso e sábio mestre que crescia cada vez mais [...] Era gigantesco, monstruoso, maravilhoso, fatal, delicioso. Nada como aquilo fora feito antes ou será visto, ouvido ou sentido novamente.

Nos dias de Chesterton, os sóbrios modernistas estavam procurando uma nova teoria única para explicar o passado e dar esperança ao futuro. Shaw, vendo a história como uma luta entre as classes, propunha o remédio da utopia socialista. H. G. Wells interpretava o passado como uma marcha evolucionária em direção ao progresso e à iluminação (uma visão que o resto do século faria tudo para refutar). Sigmund Freud sustentava uma visão da humanidade livre da repressão e do fardo do subconsciente. Ironicamente, esses três progressistas tinham em comum uma fisionomia bastante fechada. Com grossas sobrancelhas, olhos assombrados e óculos de armação escura, eles discutiam suas visões otimistas do futuro.

Enquanto isso, bufando através de seu impróprio bigode loiro, com uma brilhante e rosada face e um brilho penetrante nos olhos, Chesterton defendia alegremente tais conceitos *reacionários* como o pecado original e o Julgamento Final. Chesterton parecia perceber instintivamente que um profeta sisudo dificilmente se destacaria numa sociedade cheia dos "cultos desdenhadores" da religião. Ele preferia assumir o papel de bufão.

Chesterton pedia a todos que desconfiassem de "pessoas duras, frias e magras", e talvez seja por isso que cresci tão afeiçoado a esse divertido e gordo apologista. O que impera hoje em dia na Igreja é a falta de mentes sóbrias. Os evangélicos são cidadãos responsáveis que a maioria das pessoas gosta de ter como vizinhos, mas com os quais não quer passar muito tempo. Teólogos de aparência séria discursam sobre "os imperativos da fé". Os evangelistas da televisão, com todos os fios de cabelo no lugar (às vezes, até tingidos), dão nome ao anticristo, predizem o fim do mundo e anunciam como ter uma vida próspera e sadia enquanto tudo isso não acontece. A direita religiosa clama pela regeneração moral, e os cristãos comuns destacam que a temperança, a diligência e a iniciativa são a prova de sua fé. Será possível que esses cristãos, na ânsia de mostrar quão bons eles são, rejeitaram o fato básico de que o evangelho soa como boas novas apenas para pessoas ruins?

Preciso perdoar a Igreja da mesma maneira que o filho de uma família disfuncional perdoa a seus pais e seus irmãos pelos erros cometidos. Sendo um otimista irreprimível, G. K. Chesterton ajudou-me muito nesse processo, também. "O ideal cristão não foi tentado nem é desejado. Considera-se que ele é difícil e, assim, ele permanece intocado", disse ele. A verdadeira pergunta não é: "Por que o cristianismo é tão ruim, quando ele se diz tão bom?". E sim: "Por que as coisas humanas são tão ruins, embora aleguem ser tão boas?". Chesterton prontamente admitiu que a Igreja havia enfraquecido o evangelho. Na verdade, disse ele, um dos mais fortes argumentos em favor do cristianismo é o fracasso dos cristãos, os quais, em última instância, provam o que a Bíblia ensina sobre a Queda e o pecado original. Enquanto o mundo caminha de modo errado, prova que a Igreja está certa em sua doutrina básica.

Quando o jornal *London Times* solicitou a diversos escritores que mandassem ensaios sobre o assunto "O que há de errado com o mundo?", Chesterton respondeu mandando a carta mais curta e direta de todas:

Prezados Senhores

Eu.

Atenciosamente
G. K. Chesterton

Por essa razão, quando as pessoas contam-me suas horríveis histórias por terem crescido num ambiente eclesiástico repressivo, não sinto necessidade alguma de defender as ações da Igreja. A igreja da minha infância, assim como a do presente e a do futuro, consiste de seres humanos profundamente falhos que lutam por um ideal inatingível. Admitimos que nunca alcançaremos nosso ideal nesta vida, uma característica distintiva que a Igreja defende, enquanto a maioria das outras instituições humanas tenta negar. Com Chesterton, assumi meu lugar entre aqueles que reconhecem que *nós* somos a coisa errada no mundo. O que é o meu esnobismo em relação à igreja da minha infância, senão uma forma invertida do duro julgamento que ela fez de mim? Todas as vezes que usamos a fé como um título ou como um padrão de medida, estamos jogando as sortes com os fariseus, e a graça lentamente se esvai.

No fim de tudo, voltei para casa como um humilhado pródigo, para a mesma instituição de onde fugira em meio à dor e à rebelião.

O fim de toda a nossa exploração
Será chegar ao ponto de partida
E conhecê-lo pela vez primeira.

T. S. Elliot

Acho que hoje poderíamos usar outro Chesterton. Em um tempo em que a cultura e a fé se afastaram ainda mais, poderíamos usar seu brilho, seu estilo alegre e, acima de tudo, seu espírito generoso. Quando a sociedade fica polarizada, como está a nossa, é como se os dois lados se colocassem a distância e gritassem um para o outro. Eventualmente, um profeta como Martin Luther King Jr. se levanta com poder e eloquência suficientes para falar aos dois lados ao mesmo tempo. Chesterton usava outra abordagem: ele se dirigia ao meio de uma ponte oscilante, desafiava qualquer um dos combatentes solitários e então fazia os dois lados rirem a valer.

Por todas as suas idiossincrasias, ele conseguiu expor a fé cristã com tanta perspicácia, tanto bom humor e uma alegre força intelectual quanto ninguém o faz nos dias atuais. Com o zelo de um cavaleiro defendendo seu último reduto, ele lastimou, de maneira pessoal ou por intermédio de textos, todo aquele que ousava interpretar o mundo à parte de Deus e da Encarnação.

O próprio Chesterton disse que a era moderna é caracterizada por uma tristeza que apela para um novo tipo de profeta — não como os profetas do Antigo Testamento, que lembravam as pessoas que elas iriam morrer, mas alguém que lhes lembre que elas ainda estão vivas. O profeta de grande alegria e grande circunferência encaixava-se nesse papel de maneira esplêndida. T. S. Elliot considerava que "ele fez mais, creio, do que qualquer outro homem de sua época [...] para manter a existência de uma importante minoria no mundo moderno". Eu sei que ele fez isso por mim. Todas as vezes que sinto minha fé secando outra vez, vou a uma prateleira e apanho um livro de G. K. Chesterton. Toda a aventura começa outra vez.

G. K. Chesterton para iniciantes

Naturalmente, sugiro que você comece com *Ortodoxia*. Se gostar desse livro, deve prosseguir e ler *The Everlasting Man*, que é o resumo que Chesterton fez da vida de Jesus, e suas biografias *São Francisco de Assis e São Tomás de Aquino*:[7] Há várias coleções impressas de seus ensaios, e, para o leitor insaciável, a Ignatius Press tem se engajado há algum tempo na enorme tarefa de publicar a obra *Collected Works* de Chesterton, em 45 volumes, a maioria dos quais já está disponível. E, certamente, os amantes da ficção apreciarão seu *O homem que foi quinta-feira* e as histórias do Padre Brown. Existem várias biografias de qualidade sobre a vida de Chesterton, mas nenhuma é mais interessante (ou mais loucamente seletiva) que sua própria *Autobiography*. Para obter uma variedade de ensaios e resenhas, tanto de autoria de Chesterton quanto sobre ele, veja também o informativo trimestral *The Chesterton Review* produzido pela Seton Hall University.

Capítulo quatro

Desvios no caminho da felicidade

Dr. Paul Brand

Fui estudante universitário durante os quatro últimos anos da década de 1960. Tudo o que acontecia nos Estados Unidos parecia estar desmoronando: a guerra do Vietnã havia destruído nossos ideais nacionais, revelações de abuso contra o meio ambiente desafiavam a ética das indústrias que haviam construído nosso país e a contracultura juvenil expôs o vazio do materialismo e da mídia. Atualmente, essas questões tornaram-se familiares e até mesmo banais, mas para aqueles de nós que estavam formando uma visão do mundo de então, a década de 1960 deixou uma marca profunda e permanente.

Lembro-me dos sentimentos que tive nos anos seguintes, resumindo-os como raiva, solidão e desespero. Vi amigos brilhantes e talentosos abandonarem a sociedade e buscarem um novo caminho por meio do LSD e da mescalina. Outros jamais voltaram das florestas do Vietnã. Eu oscilava entre os áridos romances existencialistas e os relatos nada ficcionais do Holocausto e do Gulag soviético.[1] Olhando para a Igreja com olhos tão pessimistas, eu via basicamente sua hipocrisia e sua irrelevância para o mundo exterior. Apesar de pessoas como G. K. Chesterton terem me levado de volta a Deus, eu ainda tinha dificuldades para separar Deus da Igreja e cultivar uma fé pessoal estável. As perguntas giravam como redemoinhos. Mesmo sendo editor de uma revista cristã, escrevi livros como *Deus sabe que sofremos, Decepcionado com Deus*[2] e *Unhappy Secrets of the Christian Life*, projeções exteriores de minhas próprias lutas com a fé.

Hoje vejo que minha parceria na produção de livros com o doutor Paul Brand ajudou-me a resistir naqueles períodos de volatilidade. Passei horas a fio interrogando-o sobre questões globais, sobre a vida e sobre Deus. Pude fazer um registro de sua vida por meio de viagens à Índia e à Inglaterra, conversando com antigos pacientes e colegas (descobri que as enfermeiras que faziam a limpeza das salas de operação eram as pessoas que tinham a visão mais perspicaz do caráter de um cirurgião). Orgulhoso possuidor de um dos primeiros computadores do tipo *laptop*, uma monstruosidade de mais de seis quilos, entrevistei o próprio Brand no meio de suas atividades, mantendo meus dedos no teclado de modo que pudesse continuar digitando mesmo quando nosso Jeep sacolejava ao atravessar as esburacadas estradas da área rural da Índia, ou quando nos sentávamos e éramos gentilmente embalados pelo movimento de um trem do metrô de Londres.

Aprendi as primeiras coisas sobre Brand enquanto escrevia *Deus sabe que sofremos*. Enquanto eu hibernava em bibliotecas, lendo livros sobre o problema da dor, minha esposa, ao organizar documentos num escritório de uma empresa de produtos medicinais, viu um intrigante estudo que ele havia escrito, intitulado *"O dom da dor"*. A abordagem de Brand, conforme o próprio título deixava implícito, era sobre a paradoxal qualidade que havia me atraído a Chesterton. Ele tinha uma concepção de prazer e dor completamente diferente das outras que eu havia encontrado. Eu já entrevistara uma multidão de pessoas que queriam desesperadamente se livrar da dor; Brand, por sua vez, falava de gastar milhões de dólares para tentar *criar* um sistema de dor para seus pacientes.

A medida que caminhava e conversava com pessoas que conheciam Brand pessoalmente, ficava cada vez mais cativado. Em um repente, liguei para ele de Chicago, pedindo uma entrevista. "Bem, as pessoas me mantêm bastante ocupado por aqui", respondeu ele, um pouco embaraçado, "mas tenho certeza de que podemos abrir um espaço entre as reuniões e meu trabalho na clínica. Se você topar, venha".

Tivemos nosso primeiro encontro no único leprosário dos Estados Unidos. Depois de voar para Nova Orleans e alugar um carro, dirigi por duas horas pelas margens do rio Mississippi, passando por velhas fazendas, lanchonetes especializadas em siri e reluzentes refinarias de petróleo. Meus olhos estavam ardendo por causa da fumaça das fábricas poluidoras que encontrei no caminho, quando descobri a estrada que me levaria ao povoado de Carville e, então, para uma pequena estrada que terminava no Hospital e Centro Nacional de Pesquisa sobre Hanseníase.

As autoridades de Louisiana que fundaram o hospital colocaram-no bem longe dos centros populacionais. Devido a mitos sobre a hanseníase, os sentimentos afloram quando a construção de um leprosário é proposta. Construída num estilo colonial amplo e cercada por um enorme bosque de carvalhos, Carville lembrava o cenário de algum filme sobre uma plantação nas Filipinas. Pude ver pacientes usando muletas ou andando em cadeiras de rodas, caminhando lentamente pelos corredores cheios de arcos que interligavam os prédios mais importantes. Cercando o hospital em três lados diferentes, havia um campo de golfe e campos de beisebol, uma horta e o prédio dos escritórios. A oeste ficava o poderoso Mississippi, oculto à visão por uma barragem de seis metros. Abri o carro e caminhei por um nevoeiro típico da umidade do delta.

Fiquei sabendo da respeitabilidade de Brand entre a comunidade médica antes de minha visita: as ofertas que recebera para cuidar de centros médicos importantes na Inglaterra e nos Estados Unidos, as famosas preleções por todo o mundo, os procedimentos cirúrgicos batizados com seu nome, o prestigioso prêmio Albert Lasker, sua nomeação como Comandante da Ordem do Império Britânico pela Rainha Elizabeth II, sua escolha como o único ocidental a trabalhar para a Fundação Mahatma Gandhi. Mas esperei por nossa entrevista num cubículo chamado "escritório", que pouco tinha a ver com tal nome. Pilhas de jornais médicos, *slides* e correspondência que não havia sido respondida cobriam cada centímetro de uma horrível mesa de escritório verde. Um velho aparelho de ar-condicionado de parede funcionava com o mesmo nível de ruído de uma motocicleta sem escapamento.

Finalmente, um homem esguio, de estatura abaixo da média e postura firme, entrou na sala. Ele tinha cabelos grisalhos, sobrancelhas grossas e um rosto que enrugava demais quando ele sorria. Com um sotaque britânico — um gritante contraste com a pronúncia desleixada que se ouvia pelos corredores do hospital — aquele homem desculpou-se pelas manchas de sangue em seu avental, explicando que acabara de dissecar tatus, o único espécime não humano conhecido por abrigar o bacilo da hanseníase.

Aquela primeira visita durou uma semana. Acompanhei Brand pelas rondas hospitalares, espremendo-me nas paredes para dar lugar às cadeiras de roda elétricas e bicicletas conjugadas com carrinhos. Sentei-me no ambulatório enquanto ele examinava os pés e as mãos inflamados e ulcerados de seus pacientes, os quais ele entrevistava como um detetive, no esforço de determinar as causas dos ferimentos. Tivemos momentos de conversa breve em seu escritório, às vezes interrompidos por chamadas internacionais: um cirurgião da Venezuela, da Índia ou da Turquia gritando no meio do ruído da linha telefônica para pedir conselho sobre algum caso difícil.

À noite, em seus aposentos de madeira na propriedade do hospital, compartilhei uma refeição de arroz com *curry* com ele e Margaret, sua esposa, uma respeitada oftalmologista. Então, Brand esticava seus pés descalços (uma marca registrada dele), eu ligava o gravador e começávamos uma conversa que abordava desde teologia e lepra até fome mundial e conservação do solo. Ele comentava cada tópico que eu levantava, ainda que em diferentes níveis de profundidade. Suas viagens lhe deram uma perspectiva global: ele viveu um terço de sua vida na Inglaterra, outro terço na Índia e, agora, quase um terço nos Estados Unidos. Durante as pausas, ele me ensinou coisas como o modo de escolher um figo maduro ("Veja aqueles sobre os quais as borboletas pousam com mais frequência, provando o fruto"), como bater na pele com uma escova de cabelos dura para estimular as células nervosas e aliviar a dor, como fazer um *milkshake* de manga.

Eu e o doutor Brand éramos uma dupla estranha. Eu era um jovem *punk* com pouco mais de 20 anos e cabelo cheio, parecido com o de Art Garfunkel. Brand era um nobre cirurgião de cabelos grisalhos, caracterizado pelo típico comportamento reservado dos britânicos. No meu papel de jornalista, precisava abordar diversos assuntos: atores e músicos, políticos, executivos bem-sucedidos, atletas olímpicos e profissionais, ganhadores dos prêmios Nobel e Pulitzer. Alguma coisa me atraía mais em Brand do que os outros assuntos que eu já havia trabalhado. Talvez pela primeira vez eu tenha encontrado verdadeira humildade.

Brand ainda estava se ajustando à vida nos Estados Unidos. Ele estava preocupado com o impacto da televisão e da cultura da música popular sobre seus filhos. Os luxos do dia a dia o deixavam nervoso, e ele preferia a vida simples e ligada à terra que tinha na Índia. Quando fomos a um restaurante à noite, ele quase não conseguia se conter ao ver o desperdício de comida tirada dos pratos dos clientes, sem ter sido sequer tocada. Ele conhecia presidentes, reis e pessoas famosas, mas raramente os citava, preferindo falar sobre seus pacientes. Falou abertamente de seus defeitos, e sempre procurava atribuir seu sucesso a seus parceiros. Ele se levantava cedo todos os dias para estudar a Bíblia e para orar. Humildade e gratidão fluíam naturalmente dele, e, durante o tempo que passamos juntos, senti uma enorme falta dessas características em mim mesmo.

A maioria dos oradores e escritores que conhecia estava *no circuito*, apresentando as mesmas ideias em livros diferentes e pronunciando os mesmos discursos para distintas plateias. Enquanto isso, Paul Brand, que tinha maior profundidade espiritual e intelectual que qualquer pessoa que eu já tivesse visto na terra, fazia muitos de seus discursos para um punhado de pacientes leprosos na capela protestante do hospital. Cedendo à insistência de Brand, compareci ao culto de quarta-feira à noite na semana em que estive em Carville. Se bem me lembro, havia cinco pessoas no coro e oito no auditório. Margaret Brand implorou para que eu me sentasse no coro: "Faz muito tempo que não temos uma voz masculina conosco. Paul vai pregar e, por isso, ele não poderá cantar. É só sentar e cantar conosco". Agindo assim, ela pulverizou meus mínimos protestos. "Não seja tolo" , disse ela. "Metade das pessoas que frequentam o culto são surdas por causa da reação de uma droga que usamos contra a hanseníase. Mas um corista convidado é algo inusitado para eles. Vão ficar felizes só em vê-lo sentado ali!"

Brand prosseguiu, entregando àquele grupo tão heterogêneo uma mensagem digna da Abadia de Westminster. Estava claro que ele havia passado horas meditando e orando por aquele único sermão. Não importava se éramos um pequeno grupo de anônimos quase surdos numa aconchegante mas sonolenta capela do interior. Ele falou como um ato de adoração, como algo de alguém que realmente acredita em Deus e mostra quando dois ou três estão reunidos em nome do Senhor.

Mais adiante, naquela mesma semana, Brand admitiu, um pouco timidamente, que já havia tentado escrever um livro. Alguns anos antes, quando ele proferiu uma série de palestras numa escola médica em Vellore, Índia, outros membros do corpo docente o incentivaram a transcrevê-las para que fossem publicadas. Ele fez um esforço extra, mas o material ocupou apenas noventa páginas, o que não era suficiente para um livro. Vinte anos se passaram, e ele não havia tocado nos manuscritos desde aquela época. Eu o persuadi a procurar nos armários e nas gavetas até que encontrasse os já borrados originais daquelas palestras da capela.

Naquela noite, fiquei até tarde lendo seus notáveis comentários sobre o corpo humano. Eu estava acomodado na sala de hóspedes do hospital, e o ventilador de teto de vez em quando espalhava aquelas folhas finas por todo o recinto. Fiquei recolhendo as folhas e classificando-as o tempo todo, pois sabia que havia encontrado ouro. No dia seguinte, perguntei a Brand se poderíamos trabalhar em conjunto e, no fim, aquelas páginas se transformaram em dois livros completos.

Algum tempo depois, trabalhamos num terceiro volume, *The Gift of Pain* [A dádiva da dor]. Segui o caminho do doutor Brand por anos. É comum sentir-me como James Boswell, que seguiu os passos do grande Samuel Johnson[3] e fielmente registrou cada bocado de sabedoria que saía de seus lábios. Pauline, a filha de Brand, certa vez me agradeceu por trazer alguma ordem "à feliz confusão que eram a vida e os pensamentos de meu pai". Mal sabia ela do grande papel desempenhado por seu pai ao trazer alguma ordem à infeliz bagunça que era a minha própria vida. Os bons amigos sabem apreciar o valor que, com o tempo, um exerce sobre a vida do outro. Quando comparo a pessoa que eu era em 1975, em nossa primeira reunião, e a pessoa que sou hoje, percebo as mudanças sísmicas que ocorreram dentro de mim, nas quais Brand é o responsável por muitos desses tremores.

Paul Brand é um homem tanto bom quanto grandioso, e serei eternamente grato pelo tempo que passamos juntos. Num estágio em que eu não tinha a menor confiança em escrever sobre minha fé tão incipiente, tive absoluta certeza de escrever sobre sua fé. Minha fé cresceu enquanto observava, com o olho crítico de um jornalista, uma pessoa que se aperfeiçoava, em todos os aspectos, em função de seu relacionamento com Deus. Vim a conhecê-lo como um verdadeiro modelo vivo que eu podia ver em ação: em Carville, com seus pacientes; nos vilarejos da Índia, como marido e pai; como orador tanto em conferências médicas quanto bíblicas.

Depois de se aposentar da Medicina, o doutor Brand mudou-se para uma pequena casa de campo de frente para Puget Sound, em Seattle, a única casa que ele realmente possuiu. Ocupou algumas vezes o cargo de presidente da Sociedade Cristã Internacional de Medicina e Odontologia, prestou consultoria à Organização Mundial de Saúde e, mesmo na casa dos 80 anos, continuou a apresentar palestras por todo o mundo. Com o passar dos anos, foi inevitável que nossos papéis se invertessem. Ele começou a me pedir conselhos em assuntos como qual o melhor processador de textos a usar, como organizar suas notas e como lidar com as editoras. Sofreu um derrame numa viagem à Turquia e um ataque cardíaco leve em Londres (uma reação solidária a um ataque mais sério, sofrido por sua esposa). Durante um tempo, seus discursos eram notadamente confusos, e sua habilidade de lembrar nomes e fatos havia diminuído. Nossas conversas mudaram para questões como envelhecimento e mortalidade.

Conforme prossegui nos vários estágios da vida, agora me aproximando da idade que Brand tinha quando nos encontramos pela primeira vez, tenho diante de mim sua figura frágil, mas ao mesmo tempo forte, mostrando-me o caminho a seguir. Privado de meu próprio pai na infância, recebi de Brand, quando adulto, muito mais do que eu havia perdido. Como ninguém mais, ele contribuiu para que eu me colocasse no rumo certo em questão de perspectiva, espírito e ideais. Olho para o mundo natural e para as questões ambientais especialmente através de seus olhos. Dele também obtive a certeza de que a vida cristã sobre a qual ouvira em teoria pode verdadeiramente revelar-se na prática. É realmente possível viver na sociedade moderna e alcançar sucesso sem penalizar a humildade, servir aos outros de maneira sacrifical e, ainda assim, emergir com alegria e contentamento. Nos dias atuais, quando bate a dúvida, olho para trás, para o tempo que passei com Paul Brand.

"O universo é um lugar amistoso?", perguntou Einstein. Como cientista, ele procurou uma resposta na vastidão do cosmo. Todo aquele que tenha sobrevivido às feridas causadas por uma família ou por uma igreja desestruturada conhece o lado mais pessoal desta questão. Um tio ou um sacerdote abusa sexualmente de uma criança pequena; uma mãe que se refugia no alcoolismo; um irmão de 6 anos de idade que contrai leucemia. Para alguém que cresce em tal ambiente, as perguntas nunca desaparecem. O mundo é um lugar amigável? Podese confiar nas pessoas? E em Deus?

Não preciso meditar muito sobre minha infância para reconhecer que essas perguntas fundamentais consomem minha alma. Na adolescência, quando lia livros como *A náusea*,[4] de Jean-Paul Sartre, *A peste*,[5] de Albert Camus, e *A noite*,[6] de Elie Wiesel, poucas eram minhas razões para ter otimismo. Então, vi-me ajudando um homem que passara a maior parte de sua vida entre os mais rejeitados seres humanos do planeta. Inesperadamente, em vez de intensificar meus questionamentos, o doutor Brand apontou para algo que parecia uma resposta.

Brand alcançou fama no mundo médico principalmente por intermédio de suas pesquisas pioneiras sobre a mais antiga e temida doença do mundo. Antes de ir para o hospital de Carville, ele dirigiu uma escola médica e um hospital em Vellore, Índia, e fundou um leprosário conhecido como Karigiri. A incidência de lepra é desproporcionalmente favorável aos pobres. Deixadas sem tratamento, suas vítimas podem desenvolver desfiguração facial, cegueira e a perda dos membros, que tanto assusta as pessoas que, em troca, respondem com abuso e maus-tratos. Num lugar como a Índia, as pessoas com lepra são duplamente expulsas da sociedade, pois são consideradas membros da casta dos intocáveis.

Nos tempos bíblicos, as pessoas mantinham uma distância segura e gritavam "impuro!" a qualquer um que se aproximasse. Nos tempos medievais, elas viviam fora dos muros das cidades e usavam sinos de advertência. Até mesmo nos dias atuais, na Índia moderna, lar de quatro milhões de leprosos, uma pessoa que mostra sinais da doença pode ser chutada— literalmente — para fora de sua família e sua vila para levar uma vida de pedinte. Quando entrevistei antigos pacientes de Brand, ouvi histórias de crueldade humana que beiravam o inacreditável. Se alguém devesse ter direito à amargura ou ao desespero, essa pessoa deveria trabalhar com esses desafortunados. Ao contrário disso, o que mais me impressionou em Paul Brand foi seu firme senso de gratidão. Para ele, o universo é, seguramente, um lugar amistoso.

Lembro-me de nossa primeira conversa, na qual, por alguma razão, negligenciei a necessidade de apertar o botão vermelho de "gravar" do equipamento que eu estava usando. Naquela noite, depois de descobrir o erro que cometera, tomei uma balsa que cruzava o Mississippi, sentei-me num café e freneticamente tentei me lembrar de tudo o que havíamos conversado. Eu tinha uma lista de todas as perguntas que fizera, e suas respostas haviam me impressionado tanto que eu achava que seria capaz de reconstruí-las quase que textualmente. Enquanto colocava uma das mãos na vasilha cheia de siris vermelhos, escrevia com a outra, como um louco, registrando tudo o que me vinha à lembrança, eventualmente derrubando azeite nas páginas do meu bloco de anotações.

Como um Deus tão bom poderia permitir a existência de um mundo tão maculado? Brand havia respondido a todas as minhas reclamações. Doenças? Porventura sabia eu que, das 24 mil espécies de bactérias, apenas poucas centenas são nocivas? As plantas não poderiam produzir oxigênio nem os animais seriam capazes de digerir os alimentos sem a ajuda de uma bactéria. O fato é que as bactérias constituem metade de toda a matéria viva. A maioria dos transmissores de doenças tem pouquíssimas diferenças — chamadas mutações — desses organismos tão necessários, conforme explicou o dr. Brand.

E quanto aos bebês defeituosos? Brand se lançou na descrição da complexa bioquímica envolvida na produção de uma criança saudável. A grande maravilha não é um bebê nascer defeituoso, mas sim o nascimento de milhões deles saudáveis. Seria possível criar um mundo à prova de erros em que o genoma humano, com seus bilhões de variáveis, nunca cometesse um erro no momento de sua transmissão? Nenhum cientista é capaz sequer de imaginar tal sistema infalível em nosso mundo de rígidas leis físicas.

''Achei muito útil pensar como o Criador", disse-me Brand.' "Minha equipe de engenharia em Carville tem feito exatamente isto. Por vários anos, trabalha com a mão humana. Que perfeição de engenharia encontramos ali! Tenho uma estante cheia de livros sobre cirurgia que descrevem operações que as pessoas imaginam para mãos feridas: formas diferentes de arranjar os tendões, músculos e juntas, maneiras de substituir partes de ossos por junções mecânicas, milhares de procedimentos. Mas não conheço nenhum procedimento que tenha sido bem-sucedido em melhorar um membro sadio. Os melhores materiais que usamos, por exemplo, em juntas artificiais, têm um coeficiente de atrito 80% menor que o das articulações do corpo, mas duram apenas alguns anos. Todas as técnicas corrigem os desvios, aquela mão em cem que não funciona como Deus planejou. Depois de operar milhares de mãos, devo concordar com Isaac Newton: 'Na falta de qualquer outra prova, só o polegar já me convenceria da existência de Deus'."

Eu ficava propondo exceções, e Brand lidava com cada uma delas. Mesmo nos piores casos, dizia ele, nosso mundo natural mostra evidências de um projeto cuidadoso. Como um guia num museu de arte, ele descrevia com entusiasmo a belíssima maneira pela qual as fibras musculares rompidas se reconstituíam depois de um ferimento. "E você conhece o *ductus arteriosus*? Sendo um vaso de desvio, ele leva sangue diretamente às extremidades em desenvolvimento de um feto, em vez de levá-lo aos pulmões. No momento do nascimento, repentinamente o sangue precisa começar a passar pelo pulmão para receber oxigênio, pois o novo bebê está respirando ar. Num relance, uma aba desce como uma cortina, desviando o fluxo sanguíneo, e um músculo contrai o *ductus arteriosus*. Depois de executar esta função, esse músculo gradualmente se dissolve e é absorvido pelo restante do corpo. Sem esse ajuste instantâneo, o bebê jamais poderia sobreviver fora do útero."

Nossa conversa foi a primeira de muitas lições de anatomia que eu teria com o doutor Brand. Sua capacidade de relembrar o que havia estudado na faculdade de Medicina trinta anos antes certamente me impressionava, mas uma coisa a mais se destacava: um entusiasmo de criança, um efervescente senso de maravilha diante da criação de Deus. Ao ouvi-lo, meu próprio senso de maravilha chestertoniano se reavivou. Eu estava me concentrando nas aparentes falhas da Criação; apesar de ter passado a maior parte da vida lidando com aqueles problemas, aquele médico, ao contrário, tinha uma atitude de apreciação, até mesmo de reverência. Tal atitude, conforme viria a descobrir, levava de volta a uma infância vivida próximo à natureza.

Filho de pai missionário na distante e montanhosa Índia, Brand cresceu num mundo de árvores com frutas tropicais e borboletas, pássaros e outros animais. Sua mãe, artista, tentava captar tal beleza nos quadros que pintava. Seu pai, Jesse, um naturalista autodidata, via em qualquer canto da natureza a impressão digital do Criador. Ele era capaz de levar seu filho ao alto de um cupinzeiro e explicar as maravilhas da cooperação na organização social daqueles insetos. "Dez mil pernas trabalhando juntas, como se fossem comandadas por um único cérebro, todas em frenético movimento, à exceção da rainha, grande e redonda como uma salsicha, que fica deitada inerte, pondo seus ovos."

Ele lhe mostrava o funil arenoso de um formigueiro, ou o ninho de um joão-de-barro, ou um enxame de abelhas em volta de um galho de árvore. Paul fazia seus trabalhos escolares numa casa de madeira montada no alto de uma enorme árvore frutífera, e, às vezes, estudava à noite sob a pulsante luz de um pote cheio de vaga-lumes.

Os estudos trouxeram um fim ao paraíso de Paul Brand, quando ele foi enviado à Inglaterra com a idade de 9 anos. Cinco anos depois, na condição de adolescente longe da família e do lar, recebeu um telegrama anunciando que seu pai havia morrido de malária. Logo chegou uma carta, enviada de navio algumas semanas antes da morte de seu pai, a qual se tornou para ele um tipo de legado final. Jesse Brand descrevia as colinas ao redor de sua casa e concluía: "Deus deseja que nos deliciemos com este mundo. Isto não quer necessariamente dizer que precisamos conhecer biologia, botânica ou zoologia para apreciarmos a diversidade de vida da natureza. Apenas observe. Lembre-se. Compare. E sempre olhe para Deus com gratidão e adoração por ter colocado você em um lugar tão agradável do universo quanto o planeta Terra".

O filho de Jesse Brand seguiu seu conselho e o manteve, seja fazendo caminhadas à beira-mar, observando pássaros nos pântanos da

Louisiana ou lecionando para estudantes de Medicina, contando-lhes as maravilhas dos corpos dos quais estarão cuidando. Primeiramente nas colinas da Índia, depois por intermédio de seu estudo sobre o corpo humano, ele veio a perceber que o mundo natural esconde traços de Deus, e que o Deus que ele encontrou ali era bom. Era uma mensagem que eu precisava ouvir, vinda de um mensageiro em quem eu aprendera a confiar.

A carreira de Brand se concentrava no talvez mais problemático aspecto da Criação, a existência da dor. Eu estava escrevendo o livro *Deus sabe que sofremos*. Ele me convidou a considerar um mundo alternativo, sem dor. Brand insistia na grande importância da dor, baseando seu argumento nos terríveis resultados da hanseníase — rostos desfigurados, cegueira e perda de dedos e membros — tudo em decorrência da ausência de dor. Ainda como um jovem médico, Brand anunciou a importante descoberta médica que constatou que a hanseníase fazia isso simplesmente destruindo as terminações nervosas. As pessoas que haviam perdido a sensação de dor feriam-se simplesmente por executar ações como pegar um cabo de vassoura lascado ou usar um sapato muito apertado. Hematomas se formam, a infecção tem início e nenhuma dor os alerta para que tratem da área afetada. Vi esses danos pela primeira vez em minha vida no consultório de Brand.

“Agradeço a Deus pela dor”, declarou Brand, com a mais pura sinceridade. “Não posso pensar num presente maior a dar para meus pacientes de hanseníase.” Ele prosseguiu, descrevendo a complexidade do sistema de dor que protege o corpo humano. Você precisa apertar uma agulha contra a planta do pé com uma força razoável para sentir dor, ao passo que a córnea é capaz de perceber uma pressão equivalente a um milésimo daquela usada no pé, dando início ao reflexo que faz com que o olho pisque, fazendo com que os cílios trabalhem como uma espécie de vassoura, limpando a superficie. Os intestinos não sentem dor por serem cortados ou queimados — perigos aos quais os órgãos internos normalmente não estão expostos — mas enviam o importante sinal da cólica quando são distendidos.

“Nós, médicos, enfrentamos um brutal despertamento quando saímos da faculdade”, continuou Brand. “Depois de estudar as maravilhas do corpo humano, fui colocado numa posição muito parecida com a do atendente do balcão de reclamações de uma loja de departamentos. Nenhum paciente vem ao meu consultório para expressar sua admiração por ver um rim ou um pulmão funcionando adequadamente. Eles vêm para reclamar de algo que não está trabalhando direito. Somente muito tempo depois, pude perceber que aquelas coisas das quais eles reclamavam eram seus grandes aliados. A maioria das pessoas vê a dor como uma inimiga. Porém, como meus pacientes no leprosário comprovam, ela nos força a dar atenção a ameaças a que nossos corpos estão submetidos. Sem ela, um ataque cardíaco, um derrame, um apêndice rompido ou úlceras estomacais aconteceriam sem aviso. Quem iria visitar um médico se não estivesse sentindo dor?

Notei que os sintomas dos quais reclamavam meus doentes eram, na verdade, uma prova da cura que o próprio corpo estava promovendo. De modo geral, todas as reações de nossos corpos que vemos com irritação ou nojo — bolhas, calos, inchaços, febre, espirro, tosse, vômito e, especialmente, a dor — demonstram um reflexo em direção à cura. Em todas essas coisas, normalmente consideradas nossas inimigas, podemos encontrar uma razão para sermos agradecidos."

Eu ficava muito perturbado ao ler a cena dramática em que Jó, o protótipo do sofredor inocente, confronta Deus com suas reclamações sobre o sofrimento. O discurso que Deus fez em resposta tem permanecido como uma das grandes passagens sobre a natureza encontradas na literatura, uma soberba celebração à Criação. Porém, Deus não dá resposta direta alguma ao problema da dor, apresentando apenas um desafio a Jó: "Se eu, como Criador, produzi um mundo tão maravilhoso como este, o qual você pode observar claramente, como é que você não pode confiar em mim naquelas áreas que não consegue compreender?".

Enquanto ouvia Brand, pude perceber que eu estava me aproximando de Deus como um paciente doente — como se o Criador estivesse atrás do balcão de reclamações. Ficava angustiado com as tragédias, doenças e injustiças, e enquanto estava assim, ignorava todas as coisas boas que me cercavam neste mundo. Seria possível, pensava eu, manter um entusiasmo chestertoniano pelas maravilhas do mundo natural, a despeito de suas aparentes falhas? Tal como o salmista, poderia eu aprender a louvar e lamentar ao mesmo tempo, sem que nenhuma das duas entoações influenciasse a outra?

Brand reagiu a esse mesmo dilema com um espírito de gratidão e de confiança — gratidão por coisas que ele podia ver e apreciar e confiança diante daquelas que ele não podia. Lembrei-me da descrição de Chesterton de uma pessoa "comum", que aceita o mundo como um dom, cuja resposta adequada a ele é a gratidão. Para surpresa de Brand, a fé na integridade de Deus aprofundou-se até mesmo enquanto ele trabalhava com as pessoas com menores probabilidades de sentir gratidão, como vítimas de hanseníase na Índia, pois ele vira transformações no mais vil dos mais vis, resultantes de simples atos de compaixão e de toque curador.

Desde que comecei a trabalhar com Brand e a segui-lo pelo mundo afora, encontrei outros cristãos dedicados que devotaram suas vidas para curar as feridas da humanidade. Na Índia, por exemplo, onde menos de 3% da população professa a fé cristã, quase 20% de todo o serviço de saúde é executado por médicos e enfermeiros cristãos, muitos dos quais treinados no velho hospital de Brand, em Vellore. Acompanhei-os em visitas a vilas, onde cuidavam de doenças tropicais, fixavam e engessavam ossos e faziam pequenas cirurgias, normalmente ao ar livre, embaixo de um pé de tamarindo. Cuidavam de hindus, muçulmanos, sikhs, jainas, parses e comunistas. Se você disser a palavra "cristão" a um camponês indiano — mesmo que ele nunca tenha ouvido falar de Cristo — a primeira imagem que virá a sua cabeça será, muito provavelmente, a de um hospital ou de um ambulatório volante que para em seu vilarejo uma vez por mês para prestar assistência pessoal gratuita.

Assistindo a essas pessoas servindo em meio a dificuldades extremas, com baixos salários e quase nenhum benefício, pude ver um enorme contraste entre sua visão e a minha. Sentei-me em minha casa em Chicago e escrevi livros exigindo respostas de Deus sobre os problemas do mundo. Aqueles homens e mulheres foram voluntariamente para a linha de frente da batalha, numa atitude típica de quem encarna o evangelho. Tal como a família Brand, eles mostravam um nível de satisfação pessoal e até mesmo de felicidade que eu não havia encontrado entre as muitas, pessoas famosas que já entrevistara.

Aprendi que parte da resposta a minha pergunta — “Onde está Deus quando sofremos?” — tem relação com outro questionamento: “Onde está a Igreja quando sofremos?” Conforme escreveu o teólogo judeu Abraham Heschel: “a questão primordial — por que o Deus da justiça e da compaixão permite que o mal exista? — está atrelada ao problema de como o homem deveria ajudar Deus de modo que a justiça e a compaixão prevalecessem”. A partir do toque curador de profissionais da saúde como Paul e Margaret Brand, os pacientes de hanseníase da Índia têm aprendido que as castas não são uma sina, e que doenças não são o seu destino. Nesse mesmo toque, muitos sentem pela primeira vez a realidade palpável do amor de Deus.

Apesar de ter um grande respeito pelo doutor Brand e pelo serviço que ele presta a Deus, também confesso que me sinto aliviado pelo fato de ele não ser um “santo” tirado do molde de um Francisco de Assis ou de uma Madre Teresa. Eu precisava de um modelo para o qual pudesse olhar e me relacionar mais naturalmente.

Paul Brand conversou com Madre Teresa, serviu em comitês com discípulos de Gandhi e conheceu alguns dos mais tradicionais “santos” da Índia. Em sua própria vida, porém, ele preferiu equilibrar o material e o místico, o profético e o pragmático. Alguns amigos mais velhos do hospital em Vellore lembram-se dele não apenas por sua profundidade espiritual e serviço sacrifical, mas também por suas piadas, pelo amor a marmelada e manga e por dirigir muito rápido. Depois de emergir da década de 1960, uma década que jamais foi acusada de possuir senso de equilíbrio, eu precisava do exemplo de alguém que vivesse uma vida abrangente no meio da sociedade moderna, não num mosteiro ou numa ermida.

Brand lutara com as tensões que as civilizações modernas enfrentavam, e ainda assim não cedeu a nenhum dos dois lados. De um lado, viveu um estilo de vida semelhante ao da contracultura, muito antes de esta expressão pertencer ao vocabulário comum. Na Índia, ele insistia em receber o salário indiano, não os salários muito maiores, normalmente pagos aos médicos estrangeiros. Os Brand sempre tiveram hábitos alimentares simples, comendo normalmente pães feitos em casa e vegetais cultivados em sua horta. O doutor Brand admite algumas razões para se desfazer de uma roupa — peças que não podem mais ser remendadas, por exemplo — mas estar fora de moda certamente não faz parte de sua lista de razões. A mobília em sua casa e em seu consultório é, por assim dizer, despretensiosa. Ele se opõe ao desperdício de qualquer espécie. Brand admite abertamente que não derramaria lágrima alguma se todos os avanços da revolução industrial repentinamente desaparecessem. Ele prefere a vida rural da Índia, fechada ao resto do mundo.

De outro lado, aprendeu a usar as ferramentas disponibilizadas pela moderna tecnologia. Sob sua liderança, um hospital na poeirenta cidade de Vellore cresceu e se transformou na mais moderna e sofisticada instalação hospitalar do sudoeste da Ásia. Mais tarde, Brand chegou a Carville, nos Estados Unidos, porque aquele centro de pesquisa oferecia o suporte tecnológico necessário para beneficiar milhões de pacientes com hanseníase em todo o mundo. Quando os computadores pessoais surgiram, em 1980, ele colocou seu nome numa lista de interessados na compra do primeiro PC da IBM com a alegria de um garoto. Ele agradecidamente usava microscópios eletrônicos, termógrafos e aviões a jato, crendo que a tecnologia usada com sabedoria, e não de maneira destrutiva, podia servir aos mais altos ideais da compaixão humana.

Minhas conversas com Brand com frequência se desviavam para a questão do estilo de vida, pois suas experiências na Índia, na Inglaterra e nos Estados Unidos haviam lhe fornecido uma perspectiva única. Ele vivera num dos países mais pobres do mundo e em dois dos mais ricos. A influência ocidental, dizia ele, sempre nos oferece uma tentação mortal. A enorme diferença de poder aquisitivo pode ampliar o fosso que separa o Ocidente do resto do mundo, tornando-nos insensíveis aos clamores de necessidade e justiça.

A eterna tensão sobre o estilo de vida remonta à infância de Brand na Índia. Depois de seu pai ter morrido de malária, a mãe de Paul assumiu o estilo de santa no sentido tradicional. Ela passou a viver de ofertas, devotando sua vida a levar cura física e espiritual aos habitantes das vilas que se espalhavam por cinco montanhas próximas. Não se importava com sua aparência pessoal, a ponto de se livrar de todos os espelhos de sua casa. Continuou empreendendo perigosas jornadas montada em seu pônei, mesmo depois de sofrer fraturas e concussões provocadas pelas quedas. Apesar de doenças tropicais terem afligido seu próprio corpo, ela dedicou todas as suas energias ao tratamento de doenças e feridas das pessoas ao seu redor.

Às vezes, *vovó* Brand deixava Paul embaraçado com explosões emocionais. Durante um jantar oficial em Vellore, por exemplo, ela foi capaz de perguntar, horrorizada: "Como é que vocês podem comer alimentos tão requintados aqui, enquanto há pessoas nas montanhas que estão morrendo de fome exatamente nesta noite?" Ela morreu aos 95 anos, e em seu enterro, milhares de aldeões caminharam vários quilômetros para honrá-la na capela que seu marido havia construído com suas próprias mãos.

De seus pais, Paul aprendeu a duradoura lição de que o amor só pode ser exercido de uma pessoa para outra. Eles deixaram atrás de si algumas instituições e as impressões permanentes em milhares de vidas a quem ensinaram cuidados de saúde, saneamento, agricultura e o evangelho de Cristo. Sozinha, *vovó* Brand livrou extensas áreas de uma infecção que resistia por vários séculos, provocada por um verme. Ela despertou tamanha confiança que os aldeões seguiram suas instruções e construíram paredes de pedra ao redor de poços abertos, onde a larva se desenvolvia. Nenhum programa governamental foi tão bem-sucedido.

Seu filho Paul, porém, causou seu mais duradouro impacto por meio de rígidas disciplinas científicas. Em Vellore, ele disputava com Margaret, sua esposa, um espaço no refrigerador para preservar mãos humanas nas quais podia praticar técnicas cirúrgicas à luz de um lampião. Por vários anos, ele se perturbou com a fisiologia dos sintomas da hanseníase: quais células a doença ataca, e por quê? A resposta — sua mais importante descoberta médica — veio durante uma autópsia, quando descobriu que o bacilo da hanseníase atacava somente tecidos nervosos. Provar aquela teoria exigiria muitos anos de pesquisa, nos quais ele tinha de identificar a causa precisa de todos os ferimentos de seus pacientes. Os resultados de tais estudos tiveram um efeito significativo no tratamento da hanseníase e de outras doenças em todo o mundo. Quinze milhões de vítimas de hanseníase passaram a ter esperança de que, com tratamento adequado, poderiam preservar seus dedos e sua visão. Mais tarde, ele aplicou os mesmos princípios nos pacientes diabéticos que sofriam de falta de sensibilidade nos pés, ajudando a impedir uma estimativa de cerca de setenta mil amputações apenas nos Estados Unidos.

Brand falou-me sobre um comentário feito por Madre Teresa quando ela o consultou sobre uma clínica para doentes de hanseníase que estava abrindo em Calcutá: "Temos drogas para as pessoas que sofrem de doenças como a lepra", disse ela, "mas elas não tratam do problema principal: a doença de se tornar indesejadas. É isto o que eu e minhas irmãs esperamos oferecer".

Em uma de nossas conversas, Brand refletiu sobre a existência de missões cristãs que se dedicam exclusivamente aos leprosos. Muito de seu trabalho na Índia era patrocinado pela Missão aos Leprosos da Inglaterra, uma organização co-irmã da Missão aos Leprosos da América. "Não conheço Missão alguma aos Pacientes de Artrite ou Missão aos Diabéticos", disse ele. "Creio que a resposta se relaciona ao terrível estigma que tem cercado a lepra por tantos séculos. Trabalhar com os leprosos exigia muito mais do que um instinto natural de compaixão: requeria um tipo de chamado sobrenatural. Pessoas como o padre Damien, que ministrava aos portadores de hanseníase no Havaí e terminou ele mesmo contraindo a doença. Ele acreditava que os seres humanos, independentemente de sua aflição, jamais deveriam ser afastados da sociedade. Era tarefa da Igreja cuidar dos doentes, dos excluídos e dos indesejados."

Conforme estudei a história da lepra enquanto escrevia com Brand, fiquei familiarizado com aqueles poucos santos que, desafiando o estigma da sociedade, ignoravam os sintomas invisíveis e ministravam às vítimas da doença. Quando a doença se alastrou pela Europa, durante a Idade Média, ordens de freiras dedicadas a Lázaro, o padroeiro dos leprosos, criaram lares para os doentes. Aquelas mulheres corajosas não podiam fazer nada além de enfaixar as feridas e mudar as roupas, mas os lares em si, chamados *lazarettos*, podem ter ajudado a interromper o ciclo de disseminação da doença na Europa, isolando os doentes e melhorando suas condições de vida. Nos séculos 19 e 20, missionários cristãos se espalharam pelo globo, estabelecendo colônias para portadores de hanseníase, e o resultado foi que os maiores avanços científicos no tratamento dessa doença vieram de missionários.

O próprio hospital de Carville (recentemente fechado por uma medida de contenção de despesas do governo) tem sua história de leprosário com atuação mundial. Os sete primeiros pacientes, expulsos de Nova Orleans, foram trazidos ao Mississippi às escondidas por autoridades num navio de transporte de carvão, uma vez que as leis do século 19 proibiam as pessoas com lepra de viajar em qualquer forma de transporte público. Eles desembarcaram numa plantação abandonada e destruída, escolhida com cuidado pelas autoridades do Estado da Louisiana. Algumas poucas cabanas de escravos ainda estavam em pé, habitadas principalmente por ratos, morcegos e cobras. Os sete pacientes mudaram-se para a Casa da Lepra de Louisiana, mas o Estado tinha dificuldades em recrutar trabalhadores para o leprosário até que, finalmente, as Filhas da Caridade, uma ordem de freiras católicas, se voluntariou. Aquelas mulheres, apelidadas "chapéus brancos", fizeram muito do trabalho inicial. Levantando-se duas horas antes do nascer do Sol para orar, usando engomados uniformes brancos em meio ao calor do interior, as freiras drenaram pântanos, nivelaram estradas e reformaram prédios para o novo leprosário. Suas sucessoras ainda serviam em Carville quando visitei Brand naquele local.

Na Índia, um enorme caldeirão religioso, Brand observou como as outras religiões reagiam ao problema da dor. Os budistas ensinavam uma serena aceitação do sofrimento, uma atitude que nós, moradores do ocidente hipocondríaco, certamente poderíamos aprender. Os hindus e os muçulmanos com frequência encaram o sofrimento com um espírito fatalista: para o hindu, ele resulta dos pecados de uma vida anterior; para os muçulmanos, é a vontade de Alá. Em contraste, o cristianismo tem tradicionalmente respondido com o paradoxo apresentado por Jesus: devemos confiar na bondade de Deus, a despeito do sofrimento e da injustiça que vemos ao nosso redor, e, ainda assim, fazer tudo que estiver ao nosso alcance para aliviar esse sofrimento enquanto vivemos nesta terra. Paul Brand deu-me um exemplo vivo dessa atitude.

Já no ocaso de sua vida, o dr. Brand aceitou muitos convites de escolas médicas que queriam ouvi-lo falar sobre a desumanização da medicina. Nos dias atuais, a medicina de alta tecnologia, as políticas de planos e seguros de saúde e a crescente especialização conspiram para esmagar os próprios instintos que atraíram muitos dos melhores alunos a esse campo. Brand expressou o princípio orientador de sua carreira médica da seguinte maneira: "O bem mais precioso do ser humano é o seu espírito, seu desejo de viver, seu senso de dignidade, sua personalidade. Embora possamos ser descritos em termos de tendões, ossos e terminações nervosas, jamais devemos perder de vista a pessoa que estamos tratando".

Apesar de nossas conversas cobrirem uma ampla gama de assuntos, inevitavelmente elas se direcionavam para histórias de pessoas, normalmente antigos pacientes de Brand. Com muita frequência, esses pacientes eram pessoas esquecidas, abandonadas por suas famílias e expulsas de suas vilas por causa da doença que tinham. Uma junta médica pode reparar boa parte do dano físico. Também pode prover uma das mais básicas necessidades humanas, o toque físico. Mas o que eles podem fazer pelo espírito do paciente, pela autoimagem que foi corroída? Durante várias horas, a cada encontro, eu me sentava e ouvia Brand contar histórias desses pacientes e de suas famílias e o excelente tratamento que recebiam no leprosário de Karigiri. Fico espantado em saber que um cirurgião ortopedista se lembra de tantas coisas sobre pacientes dos quais cuidou três décadas antes, e ainda mais surpreso com as lágrimas que correm livremente enquanto ele conta suas histórias. Fica claro que elas causaram um grande impacto, tanto nele quanto nas pessoas que tratou.

Deter o progresso da hanseníase exige apenas alguns centavos, usando-se as drogas sulfonadas. São necessários milhares de dólares e cuidado esmerado de profissionais capacitados para restaurar a inteireza de um paciente cujo corpo sofreu o ataque desenfreado da doença. Brand começou a trabalhar no tratamento de mãos enrijecidas, fazendo experiências com transplantes de tendões e músculos, até encontrar a melhor combinação para restaurar completamente alguns movimentos. As cirurgias e sessões de fisioterapia se estendiam por meses, e até anos. Ele aplicou procedimentos similares aos pés, corrigindo deformidades causadas por anos de caminhada sem o sentido da dor para guiar o corpo e distribuir o peso e a pressão.

Pés e mãos restaurados davam ao portador de hanseníase a capacidade de se sustentar por intermédio do trabalho, mas quem daria emprego a uma pessoa que tivesse as cicatrizes dessa apavorante doença? Os primeiros pacientes voltavam a ele desesperados, pedindo que revertesse os efeitos da cirurgia para que pudessem mendigar novamente, uma profissão que se valia das deformidades mais aparentes.

Paul e Margaret Brand trabalharam juntos para corrigir o dano estético. Eles aprenderem a refazer um nariz humano penetrando no espaço entre a gengiva e o lábio superior, esticando a pele e irrigando-a, construindo depois uma nova estrutura nasal interna por intérmédio de um implante de osso. Eles procuravam impedir a cegueira restaurando a capacidade de piscar. A hanseníase mata as pequenas células que fazem que uma pessoa sadia pisque várias vezes por minuto; a secura dos olhos termina levando à perda da visão. Margaret aprendeu a redirecionar um músculo que normalmente é usado apenas para a mastigação e a ligá-lo à pálpebra. Mascando chiclete o dia inteiro, os pacientes simultaneamente mexem as pálpebras para cima e para baixo, lubrificando os olhos e, assim, evitando a cegueira. Por fim, os Brand substituíam as sobrancelhas de seus pacientes enxertando pedaços do couro cabeludo, intactos, com seus nervos e veias, sob a pele da testa, costurando-os sobre os olhos. Os primeiros pacientes orgulhosamente deixaram suas sobrancelhas crescerem, deixando-as grossas e longas.

Todas essas elaboradas técnicas médicas eram dedicadas a desconhecidos, vítimas da hanseníase que passaram a maior parte de suas vidas mendigando. Muitos que chegavam ao hospital mal lembravam seres humanos. Ombros caídos, encolhiam-se de medo diante de outras pessoas. O brilho há muito fugira de seus olhos. Meses de tratamento compassivo por parte dos funcionários de Karigiri podiam devolver a luz a seus olhos. Por vários anos, as pessoas se afastavam delas em terror; em Karigiri, enfermeiras e médicos seguravam suas mãos e conversavam com eles. Sem revolta, sem medo, o corpo clínico ouvia as histórias dos novos pacientes e usava a magia do toque humano. Com pouco mais de um ano, esses pacientes que se pareciam com Lázaro saíam do hospital para, com orgulho, aprender algum ofício.

Como Brand considera hoje, o processo de acompanhar o paciente por todo o ciclo de reabilitação desafiou toda a visão que tinha da medicina. Em algum lugar, talvez numa escola de medicina, os médicos adquirem uma atitude que se parece por demais com a arrogância: "Você chegou na hora certa. Conte comigo. Creio que serei capaz de salvar você". Trabalhar em Karigiri destruía esta arrogância. Ninguém podia "salvar" um paciente com hanseníase. O corpo médico podia deter a doença, sim, além de reparar alguns danos. Por conseguinte, todo paciente tinha de voltar para casa e, contra todas as dificuldades, precisava tentar construir uma nova vida. Brand começou a perceber que sua principal obrigação era algo que ele não havia estudado na faculdade: juntar-se a esse paciente como um parceiro na tarefa de restaurar a dignidade e o espírito abatido. "Estamos cuidando de uma pessoa, não de uma doença", costuma dizer ele. "Este é o verdadeiro significado da reabilitação."

As grandes sociedades ocidentais estão cada vez mais longe da crença fundamental no valor da alma de um ser humano. Nossa tendência é ver a história em termos de um grupo de pessoas: classes, partidos políticos, raças, agrupamentos sociais. Aplicamos rótulos uns aos outros, explicamos comportamentos e atribuímos valores baseados nesses rótulos. Depois de um prolongado contato com o dr. Brand, percebi que tenho visto os grandes problemas da humanidade a partir de um modelo matemático: percentuais do Produto Interno Bruto, renda *per capita*, taxa de mortalidade, quantidade de médicos por mil habitantes. O amor, porém, não é matemático; jamais poderemos calcular com precisão qual é a quantidade de bem a ser aplicada igualmente aos mais pobres e necessitados do mundo. A única coisa que podemos fazer é alcançar uma pessoa, depois outra, e mais outra, como objetos do amor de Deus.

Eu estava lutando com questões que abordavam a humanidade. Mas ainda não tinha aprendido a amar pessoas — indivíduos criados à imagem de Deus. Jamais consideraria um leprosário na Índia como o lugar mais provável onde aprenderia o valor infinito do ser humano, mas é impossível não aprender isso depois de uma visita àquele lugar.

Na minha última viagem à Índia com Paul Brand, em 1990, ele me mostrou a casa onde viveu sua infância nas montanhas Kolli Malai. Nosso carro subiu uma estrada fantástica, com setenta curvas muito fechadas (cada uma numerada: 38/70, 39/70, 40/70). Uma motocicleta passou por nós, tendo na garupa uma mulher, agarrada ao piloto. Seu sari voava como se fosse uma bandeira. As curvas fechadas trouxeram muitas lembranças a Brand. "Não havia estrada alguma naquela época", disse ele. "Quando eu era bebê, viajava numa geringonça que parecia um estilingue. Ia sentado dentro daquela coisa, na qual as pontas eram presas em varas de bambu e carregadas nos ombros dos carregadores. Quando já tinha crescido o suficiente para andar, ia cambaleando próximo dos carregadores, e meu campo de visão eram as pernas deles. Ficava de olho nas sanguessugas que caíam das plantas e se grudavam nas pernas deles, inchando conforme bebiam do sangue daqueles homens."

Nesta viagem, porém, estávamos mais preocupados com o superaquecimento do motor do que com as sanguessugas. Finalmente, a estrada ficou plana e prosseguiu por um enorme platô, permitindo que tivéssemos uma vista maravilhosa dos verdejantes arrozais abaixo e das pálidas linhas curvas no horizonte que destacavam outras cadeias de montanhas a distância. Então, acabou o asfalto e a estrada mergulhou num pequeno vale. O cascalho deu lugar à lama, e a estrada se resumiu a dois sulcos na terra que corriam ao lado de grandes eucaliptos. Seguimos os sulcos por meia hora, sem ver uma pessoa sequer, e começamos a pensar se nosso motorista sabia realmente onde estava.

De repente, nosso carro atingiu o cume de uma pequena colina e uma maravilhosa vista se descortinou. Cerca de 150 pessoas estavam esperando ao largo da estrada — e estavam ali, conforme descobrimos depois, havia mais de quatro horas. Cercaram nosso carro, fizeram saudações bem no estilo indiano, com as palmas das mãos juntas e a cabeça curvada. As mulheres, mais parecidas com pássaros tropicais, vestidas com seus brilhantes saris de seda, colocaram sobre nossos pescoços colares de flores e nos ofereceram um banquete servido em folhas de bananeira. Depois da refeição, todos se reuniram na capela de paredes de taipa construída pelo pai de Paul Brand e nos alegraram com um programa de uma hora em que cantaram hinos, fizeram homenagens e executaram danças cerimoniais.

Lembro-me de maneira especial das palavras de uma mulher que falou da mãe de Paul. ''As tribos das montanhas não praticavam aborto", disse a mulher. "Elas se desfaziam das crianças indesejadas deixando-as à beira da estrada. A *vovó* Brand recolhia essas crianças, tratava delas, criava e tentava educá-las. Eu fui uma dessas crianças deixadas para morrer. Havia dúzias de nós, mas ela nos tratava mais como mãe adotiva do que como a diretora de um orfanato. Nós a chamávamos 'mãe da montanha'. Quando eu estava na idade escolar, ela pagou para que eu fosse para uma escola adequada e, por fim, consegui um diploma de mestre. Atualmente, leciono enfermagem na Universidade de Madras. Hoje viajei centenas de quilômetros para honrar os Brand por aquilo que fizeram por mim e por tantos outros."

Depois de fazer um pequeno discurso e secar as lágrimas dos olhos, o dr. Brand levou-me para fora para mostrar o legado que seus pais haviam deixado. Mostrou-me a casa de madeira cortada à mão que seu pai construíra, colocando nas estacas da fundação panelas viradas com a boca para baixo para impedir a entrada dos cupins. Uma clínica ainda funcionava, com uma escola — seus pais haviam fundado nove delas nas montanhas — e uma carpintaria. Um dos projetos agrícolas de *vovó* Brand eram pomares de frutas cítricas que se espalhavam pelas colinas. Seu marido, Jesse, havia criado meia dúzia de fazendas com plantações de amora, banana, cana-de-açúcar, café e mandioca. Paul não parava de dizer quanto os jacarandás haviam crescido desde que seu pai os plantara, sete décadas antes. As flores de alfazema que caíam deles acarpetavam o chão. Quando chegou a hora de partir, ele me levou ao local em que seus pais estavam enterrados, num declive próximo à cabana onde ele cresceu. "Seus corpos estão aqui, mas seus espíritos continuam vivos", disse. "É só dar uma olhada em volta."

Paul optou por um curso diferente em sua vida, escolhendo ser um cirurgião ortopedista no lugar de missionário. Visitei seus antigos pacientes para verificar o legado que ele estava deixando. Um homem, chamado Namo, tinha na parede de sua casa uma foto de Paul aos 24 anos de idade, com a inscrição: "QUE O ESPÍRITO QUE VIVE NELE POSSA VIVER EM MIM". Quando Namo contou-me sua história, pude entender facilmente a razão da afeição que aquele homem tinha por seu cirurgião.

Quando era jovem, Namo precisou deixar o último ano da universidade. Indicadores de hanseníase começaram a aparecer em sua pele, e sua mão estava se retraindo, como uma pata de caranguejo. Rejeitado por sua escola, sua vila e, finalmente, por sua família, Namo foi ao leprosário no Sul da Índia, onde um jovem médico estava fazendo algumas cirurgias experimentais nas mãos de seus pacientes. Havia quatro milhões de portadores de hanseníase na Índia, e quinze milhões ao redor do mundo, mas Brand era o único cirurgião ortopedista que estava tentando tratar suas deformidades.

Namo se recorda daquele dia horrível. "Estava tão indignado com minha condição que mal conseguia falar. Soluçando, disse ao dr. Brand que minhas mãos eram-me inúteis. Sabia que logo meus pés estariam na mesma condição. Eu não me importava se ele as amputasse", contou. Namo fez um gesto como que de corte em direção ao outro pulso. "Ele poderia fazer qualquer coisa que quisesse, se aquilo servisse para ele aprender algo sobre a doença."

Felizmente, Namo estava errado quanto a seu diagnóstico. As drogas impediram o avanço da doença. Depois de se submeter a uma série de delicados procedimentos cirúrgicos num período de cinco anos, ele recobrou o movimento de suas mãos e seus pés. Fez inúmeras sessões de fisioterapia, começou a trabalhar com outros doentes de hanseníase e se tornou o chefe de terapia física do Instituto All-Índia.

Mais tarde, naquele mesmo dia, visitei Sadan, outro antigo paciente. Ele parecia uma miniatura de Gandhi: magérrimo, careca, óculos grossos, empoleirado na beira de uma cama com as pernas cruzadas. A porta daquele modesto apartamento estava aberta, e pequenos pássaros entravam e saíam o tempo todo. Um cachorro sarnento estava deitado na entrada. Sadan mostrou-me seus pés, os quais terminavam em pequenos tocos arredondados, no lugar de dedos. "Conheci os Brand tarde demais para conseguir salvar estes aqui", disse ele, "mas eles me deram sapatos que me permitem caminhar".

Numa voz aguda e meio cantada, Sadan contou-me tristes histórias de rejeição no passado: os colegas de classe que riam dele, o motorista que o pôs para fora do ônibus, os muitos empregadores que se recusaram a contratá-lo, apesar de seu treinamento e seu talento, os hospitais que impediram sua entrada com rispidez: "Não tratamos de leprosos aqui".

"Quando cheguei a Vellore, passei a noite na varanda de Brand porque não tinha para onde ir", relatou Sadan. "Não se ouvia falar de uma pessoa com lepra naquela época. Ainda posso me lembrar do momento em que o dr. Brand tocou meus pés sangrentos com suas mãos. Eu já estivera em muitos outros médicos. Alguns examinaram minhas mãos e pés a distância, mas o dr. Paul e a dra. Margaret foram as primeiras pessoas da área médica que ousaram me tocar. Já havia praticamente esquecido como era o toque humano. Ainda mais impressionante foi o fato de eles me deixarem ficar em sua casa naquela noite, isto numa época em que os funcionários da saúde estavam terrivelmente amedrontados com a lepra."

Sadan então contou a elaborada sequência de procedimentos médicos: transplante de tendões, secção de nervos, amputação de dedos e remoção de catarata — tudo feito pelos Brand. O transplante dos tendões de seus dedos tornaram possível a Sadan escrever novamente, e hoje ele elabora relatórios para um programa que presta assistência gratuita a portadores de hanseníase por intermédio de 53 clínicas móveis. Ele falou por cerca de meia hora. Seu passado era um catálogo de sofrimentos humanos. E o estigma continua até os dias de hoje: recentemente, ele assistiu ao casamento de sua filha sentado sozinho num carro, temendo que sua presença pudesse perturbar os convidados.

Enquanto eu e os Brand degustávamos nossa última xícara de chá antes de irmos ao aeroporto para pegar nosso voo para a Inglaterra, Sadan fez esta espantosa declaração: "Digo ainda que sou feliz por ter tido essa doença". Perguntei, incrédulo: "Feliz?" Ele me respondeu: "Sim. Se não fosse a hanseníase, eu teria sido um homem normal, com uma família normal, buscando a riqueza e uma posição mais alta na sociedade. Nunca teria conhecido pessoas tão maravilhosas quanto o dr. Paul e a dra. Margaret, e jamais teria conhecido o Deus que vive neles".

Dois dias depois, nossa recepção na Inglaterra foi um impressionante contraste em relação àquelas boas-vindas dignas de um rei que recebemos na Índia. Ali também eu e Brand revivemos momentos do passado. Visitamos a casa em que seus pais passavam os dias, quando estavam licenciados. Sua mãe vinha de uma família rica, e a casa, localizada numa das melhores regiões de Londres, valia, seguramente, um milhão de dólares. A moradora da casa saiu para perguntar o que estávamos olhando, e Brand a conduziu por uma visita por todos os quartos, descrevendo a aparência da casa sessenta anos antes.

Naquela tarde, subimos ao terraço do hospital em que, como residente, ele assistiu ao bombardeio alemão. Ninguém nos recebeu com colares de flores, nem se reuniram a nossa volta, ou sequer cantaram hinos e deram testemunhos. Para os guardas e para a equipe médica do hospital, Brand era apenas um velho confuso que estava interferindo em seu trabalho. Os escritórios tinham mudado de lugar, alas foram demolidas, havia muitos procedimentos de segurança. No meio do cenário do início de sua carreira médica, a única coisa que Brand parecia ser era um anacronismo. Caminhamos pelos corredores, perguntando a diversas recepcionistas do University College Hospital sobre antigos colegas. "Quem? Como se soletra o seu nome?" era a resposta típica. Finalmente, num corredor escuro, encontramos uma galeria com fotos de alguns dos professores de Brand — doutores que, em seus dias, eram tão famosos quanto Christian Barnard e C. Everett Koop o são atualmente.

Peguei-me pensando em como a carreira de Brand teria se desenvolvido se ele tivesse ficado em Londres. Mesmo trabalhando numa vila remota da Índia com leprosos banidos da sociedade, ele conseguiu alcançar renome mundial. Se tivesse ficado num centro de pesquisas com um laboratório bem equipado, quem pode saber que honrarias ele teria recebido? Quem sabe um Prêmio Nobel?

Mas, e daí? Sua foto estaria junto às dos outros médicos naquele corredor escuro, empoeirada e começando a amarelar. Seu nome, como o deles, apareceria numa nota de rodapé de alguns livros de Medicina. A fama nos anais da Medicina raramente dura um longo tempo. As técnicas de microcirurgia há muito suplantaram a maioria dos procedimentos considerados inovadores na juventude de Brand. Em contraste a isso, seu trabalho como cirurgião missionário na Índia continua a produzir frutos nas vidas transformadas de Namo e Sadan, e em centenas de outros iguais a eles.

Por estarmos tão próximos, os encontros na Índia e na Inglaterra tornaram-se, na minha opinião, um tipo de parábola, contrastando a transitoriedade da fama com a perenidade do investimento no serviço aos outros. Quer vivamos nossos dias na Índia, na Inglaterra ou em Clarkston, Geórgia, a verdadeira medida de nosso valor dependerá não de um *curriculum vitae* ou da herança que deixamos, mas do espírito que passamos aos outros. "Quem acha a sua vida perdê-la-á; quem, todavia, perde a vida por minha causa achá-la-á", disse Jesus, no provérbio mais repetido nos Evangelhos (Mt 10.39). Cada carreira oferece suas próprias recompensas. Mas depois de sentar com Brand nas casas de Namo e Sadan, além de passar pelo Hall da Fama no Royal College of Surgeons, não tenho dúvidas de qual recompensa é mais duradoura.

Em uma de nossas últimas conversas, o dr. Brand ficou pensativo. "Nunca ganhei muito dinheiro com a medicina, especialmente em função dos lugares onde a pratiquei. Mas lhe digo que, olhando para trás, para uma vida toda dedicada à cirurgia, vejo que a multidão de amigos que um dia foram meus pacientes traz-me mais alegria do que qualquer riqueza poderia dar. Encontrei-os pela primeira vez quando eles estavam sofrendo e com medo. Como seu médico, compartilhei de sua dor. Agora que estou velho, é seu amor e sua gratidão que iluminam o caminho de minha vida. É estranho. Aqueles de nós que se envolvem com lugares em que existe o maior sofrimento olham para trás surpresos por descobrir que ali foi o lugar onde conheceram a realidade da alegria."

Então ele citou outras palavras de Jesus: "Felizes são aqueles que levam consigo uma parte das dores do mundo. Durante a longa caminhada, eles saberão mais coisas sobre a felicidade do que aqueles que a evitam" (tradução de J. B. Philips).

Paul Brand para iniciantes

O dr. Brand e eu escrevemos três livros juntos: *Fearfully and Wonderfully Made* e *A imagem e semelhança de Deus*. Mais recentemente, *The Gift of Pain*, que costura, em uma mesma obra, a história de sua vida e suas teorias sobre a dor. Há uma biografia missionária mais tradicional, escrita por Dorothy Clarke Wilson, intitulada *Ten Fingers for God*, concentrada especialmente em seu tempo na Índia, e *Granny Brand*, também de Wilson, que conta a história do trabalho de sua mãe. Brand também publicou mais alguns pensamentos em *God's Forever Feast*.

CAPÍTULO CINCO

VIDAS CALMAS E AS AGRESSÕES DO UNIVERSO

DR. ROBERT COLES

Quando trabalhava como editor da revista *Campus Life*, na década de 1970, mais de duzentas revistas passavam pela minha mesa regularmente. Eu costumava empilhá-las até que formassem torres altas e inclinadas para, então, passar um fim de semana inteiro virando suas páginas, num esforço para poder ver novamente a cor do tampo de minha escrivaninha.

Cerca de metade das revistas vinha de organizações cristãs, inclusive missões, denominações, associações de jovens, universidades, grupos de aconselhamento e de estudos. A outra metade era de fontes seculares, as revistas que você encontra em qualquer banca de jornal. Ficava surpreso com o enorme abismo que havia entre os dois grupos. Os críticos de Nova York certamente já tinham ouvido que 30 a 40 milhões de cristãos nascidos de novo viviam em algum lugar dos grandes centros, mas qual deles já havia se encontrado com algum desses cristãos? Era até bem possível que eles nem sequer existissem, apesar de toda menção feita a eles. Enquanto isso, os cristãos estavam muito ocupados, construindo uma contra-sociedade — completa, com escolas, livrarias, estações de televisão e rádio, até mesmo anúncios de negócios, numa espécie de Páginas Amarelas cristã — e visando, com isto, se proteger dos ataques do mundo secular, cujo objetivo era sua destruição.

Passando pela pilha em uma tarde, deparei-me com o nome de Robert Coles no fim de um breve artigo intitulado "Por que você ainda acredita em Deus, na promessa da cruz?" na mais improvável das publicações que estavam ali, na *Harper's*. Que tipo de pessoa poderia abordar uma questão tão transcendente em um artigo sobre fé pessoal numa publicação especializada em Nova York? Com o passar dos anos, pude ver o nome de Coles aparecendo nos mais improváveis contextos: uma resenha do escritor católico francês George Bernanos no *New York Times Book Review*; uma discussão sobre Kierkegaard e Pascal no *New England Journal of Medicine*; um tributo a Dorothy Day e ao movimento do Obreiro Católico na *New Republic*; outra resenha sobre Flannery O'Connor no *Journal of the American Medical Association*.

Enquanto outros cristãos lamentavam a tendência contrária da imprensa secular em relação a artigos baseados em questões de fé, Robert Coles, um nome desconhecido para a maioria deles, estava escrevendo sobre o que queria, onde queria e a partir de um ponto de vista abertamente cristão. Comecei a vê-lo como um construtor de pontes, um escritor zeloso em quem eu podia confiar para me levar a outras pessoas, muitas das quais se tornariam meus *pastores virtuais*. Para toda uma geração de alunos de Harvard, o professor Coles apresentou o cristianismo como uma incrível opção para o mundo moderno, e por intermédio de seus escritos ele fez o mesmo por mim.

Em 1972, numa reportagem de capa, a revista *Time* chamou Coles "o mais influente psiquiatra vivo dos Estados Unidos". Eu pensava: "Quando é que ele acha tempo para exercer a psiquiatria?". Ele dava aulas na Harvard Medical School, sim, mas também dava palestras sobre "a literatura da transcendência", o nome que ele dava a sua lista de romances preferidos que tratavam de temas espirituais. Ele parecia ser um homem com milhares de interesses, e todas as vezes que descobria um novo, escrevia um livro a respeito: um livro sobre o diálogo com o padre radical Daniel Berrigan; um livro de crítica literária sobre o romancista Walter Percy e outros sobre James Agee e George Eliot; biografias de Erik Erikson, Anna Freud, Simone Weil e Dorothy Day; um livro sobre *Flannery O'Connor's South*, coleções de conversas sobre os pobres, outras sobre direitos civis, trabalhadores rurais, esquimós, crianças ricas — mais de sessenta livros ao todo, além de, pelo menos, mil artigos.

Seu mais impressionante trabalho, a série *Children of Crisis*, com cinco volumes, possui mais de um milhão de palavras, e deu a Coles um Prêmio Pulitzer em 1973. Mais tarde, ele foi escolhido pela Fundação McArthur para receber a Medalha de Gênio, que incluia uma gratificação em dinheiro que permitiu a ele ainda mais tempo livre para pesquisar e escrever. Em 1999, quando completou 70 anos, ainda estava produzindo, em grande quantidade, tanto livros quanto artigos. O presidente Clinton reconheceu seus feitos, dando a ele a Medalha da Liberdade, a mais alta condecoração civil dos Estados Unidos.

Durante o período que acompanhei a carreira de Coles, ele me ajudou a entender uma das peculiaridades da profissão de escritor: a síndrome do observador. Escrever é um ato executado na solidão. Sou tentado a chamá-lo um ato psicótico, pois nós, escritores, construímos uma realidade artificial, habitada somente por nós, e que normalmente nos parece mais real que o próprio mundo "lá fora". Depois de ter hibernado por uma semana num projeto intensivo de escrita, sinto que preciso passar por uma coisa parecida com uma reentrada na atmosfera, pois praticamente me esqueci como é manter uma conversação normal e como conduzir a sutil negociação que compõe o relacionamento humano. Fico lidando com as palavras e ideias por um longo tempo, e por mais difícil que possa parecer, é um processo muito mais ordeiro e controlado do que interagir com os seres humanos. O resultado é que nós, escritores, temos a tendência de nos afastar, segregarmos a nós mesmos, observando a vida sem verdadeiramente participar dela.

Por causa de meu histórico jornalístico, levo uma vida mais agitada que muitos escritores. Tenho viajado por lugares como Somália, Rússia, Chile e Myanmar, sempre para coletar material para escrever, é claro, mas a síndrome do observador nunca desaparece. Visitei um campo de refugiados na Somália no auge da fome que aquele país enfrentou. Trinta mil pessoas viviam em tendas improvisadas naquele campo no meio do deserto. A cada dia, morriam de 40 a 50 crianças. Nunca me senti tão fraco. Enfermeiras aplicavam injeções, médicos administravam antibióticos e os capelães enterravam os mortos, enquanto eu, um jornalista, ficava ao lado, rabiscando notas e tirando fotos. Jamais meu trabalho me pareceu tão deslocado, nem minha existência tão periférica.

A condição vicária, afinal, é coisa de escritor. Embora nem todo mundo possa visitar um campo de refugiados na Somália, se eu for bom o suficiente no meu trabalho, os leitores terão alguma ideia de como ele é e poderão até se dispor a ajudar. Visitei John Perkins no Mississippi e o dr. Paul Brand na Índia. Mesmo tendo entrado em suas vidas por apenas alguns dias ou semanas, abro uma fenda através da qual as pessoas podem observar um mundo que, de outra forma, elas não veriam.

Em seu trabalho chamado adequadamente *Conjectures of a Guilty Bystander*, Thomas Merton fala sobre uma viagem que fez de seu mosteiro até uma cidade próxima. "Em Louisville, na esquina da Fourth com a Walnut, no centro de um distrito de compras, fui repentinamente atingido pela percepção de que amava todas aquelas pessoas; que elas eram minhas e eu, delas; que não poderíamos ser como estrangeiros uns aos outros, embora fôssemos totalmente estranhos [...] embora os 'fora do mundo' [*os monges*] estejam no mesmo mundo que o restante das pessoas, o mundo das bombas, do conflito racial, da tecnologia, da comunicação de massa, dos grandes negócios, da revolução e do todo o resto."

Esse momento singular tornou-se uma epifania para Merton, que prosseguiu dizendo que a função da solidão é perceber algumas coisas — a unidade da raça humana, a maravilha da vida, a gloriosa impossibilidade de se reproduzir uma pessoa qualquer — com a clareza que seria impossível a qualquer pessoa completamente envolvida no mundo, a não ser que esteja postada na borda, observando. "Não há forma de dizer às pessoas que todas elas estão caminhando, brilhando como o sol "', disse ele.

Realmente não há. E, embora raro e com frequência inconsciente, mesmo o escritor hábil pode, rendendo-se aos detalhes das vidas comuns, refletir de volta para o leitor alguma coisa dessa radiância. Robert Coles fez isto por mim. Com seu estilo peculiar e pouco ortodoxo, ele rompeu a barreira existente entre o observador e o participante, entrando em outras vidas, depois se afastando para uma solidão que permitia que as apresentasse a todos nós.

Apesar da origem em Harvard, Coles dificilmente se encaixaria no molde de um acadêmico que vive numa torre de marfim. Ele pratica um estilo pouco comum de pesquisa de campo, seguindo crianças de um lugar para outro, sentando-se no chão de suas casas, fazendo algumas perguntas, ganhando sua confiança. Ele vai para a escola no mesmo ônibus das crianças, sentando em pequenos bancos sem forração e segurando as barras enferrujadas do assento da frente, enquanto o veículo sacoleja em seu caminho para a escola e na volta dela. Ficou conhecido como o "homem do lápis de cera" por pegar papéis de sua pasta e pedir que as crianças fizessem desenhos. Normalmente, os desenhos revelavam mais coisas do que as palavras que elas diziam. Uma garotinha negra desenhava pessoas brancas mais altas que ela e com um alto grau de detalhes, como o número correto de dedos nas mãos e nos pés, enquanto retratava a si mesma faltando um olho, uma orelha ou até mesmo um braço.

De alguma forma, Robert Coles sempre conseguiu que as coisas em sua vida acontecessem da maneira correta. Ele atribui muita coisa à sorte dos primeiros anos. Sorte de ter despertado para a literatura nos primeiros anos da escola; sorte de um artigo sobre o médico e escritor William Carlos Williams tê-lo levado a conhecer o próprio Williams e, assim, fazê-lo escolher a medicina como carreira; sorte de como residente, ter tratado e conversado com Enrico Fermi; sorte de ter se ligado a Dorothy Day e à comunidade dos Obreiros Católicos; sorte de ter feito amizade com psicoterapeutas como Anna Freud e Erik Erikson, de ter estudado com teólogos como Reinhold Niebuhr e Paul Tillich e de ter se envolvido com Martin Luther King Jr. e o movimento dos direitos civis.

Contudo, as decisões tomadas depois de ter alcançado renome ele não atribui à sorte. Fez escolhas conscientes para penetrar nos pontos mais importantes do mundo, entrando às escondidas no distrito de Soweto durante o tempo do *apartheid* na África do Sul, visitando famílias brancas iradas durante os agitados dias da "Boston school busing",[1] ouvindo católicos e protestantes amaldiçoarem uns aos outros na Irlanda do Norte, entrevistando famílias nas favelas do Rio de Janeiro e nos porões dos dissidentes da Polônia.

Coles gosta de citar a obra *Madame Butterfly*, de Flaubert. "O discurso humano é como uma chaleira quebrada na qual tamborilamos ritmos primitivos para que os ursos dancem, enquanto desejamos fazer uma música que seja capaz de fundir as estrelas." Há momentos em que os discursos que ele coletou de crianças do mundo inteiro executam um ritmo primitivo e, às vezes, derretem as estrelas. De um jeito peculiar, as crianças lidam com questões profundas que têm atormentado a humanidade por toda a sua história. Na primeira vez que encontrei Coles, eu escrevia livros sobre o problema da dor, citando principalmente filósofos e teólogos. Encontrei nas entrevistas do psiquiatra expressões mais simples e pungentes sobre o problema. "Quando olho para o Jesus lá em cima [*no alto do Corcovado, no Rio de Janeiro*], fico imaginando o que ele está pensando", medita Margarida, de sua casa na favela. Sua mãe, doente, com tosse e sangramentos, trabalha num hotel em Copacabana, onde os ricos se divertem. Do alto daquela montanha, flutuando acima da neblina, Jesus deve ver tanto a favela quanto os hotéis de luxo, bem como o sacerdote que dirige um carro de luxo e mora numa casa bem grande. Por que ele se mantém calado?

Ou então, de volta a Massachusetts, não muito longe da casa de Coles, um menino judeu de 9 anos de idade tem problemas com o conceito de justiça divina. Um advogado que se hospedou em sua casa mostrou-lhe o número que foi tatuado em seu braço quando esteve num campo de concentração nazista. O homem disse que, naquela época, deixou de acreditar em Deus pois Hitler quase venceu a guerra, o que fez o garoto ficar preocupado desde então. "Acho que ele nunca interfere; é isso que nosso professor de hebraico nos ensina, que Deus nem mesmo tenta parar ou começar alguma coisa. Não entendo como ele pôde ficar sentado e não ter feito nada para impedir Hitler. Se os judeus são o seu povo, então ele poderia ter-nos perdido. Perguntei ao meu pai: 'Então Deus teria chorado se todos os judeus tivessem morrido naqueles campos de concentração?' Papai disse que não sabe; ele não sabe se Deus ri ou chora ou o que ele faz."

É a mesma pergunta feita por Coles, numa escala mais ampla, durante uma de suas primeiras entrevistas, na época em que foi residente na ala pediátrica, durante o apogeu da epidemia de poliomielite. Coles perguntou a Tony, um garoto de 11 anos de idade, se poderia gravar a conversa. "Por favor, grave todas as palavras que vou dizer", respondeu o menino, com uma surpreendente paixão. "Posso estar morto amanhã, e esta será uma chance de minhas palavras viverem além de mim!"

Numa gravação de baixa qualidade técnica, é possível ouvir com dificuldade as palavras de Tony, entremeadas pela pulsação do pulmão mecânico que o engolfava. "Quando ouvi que havia uma epidemia de pólio, eu disse: 'Que chato, alguém vai ficar doente'. Nunca é você! É assim que a gente pensa: *outra pessoa*! Agora, sou eu; eu sou o 'alguém' [...]. Você precisa estar aqui para entender como é que se sente numa situação assim! É como uma prisão — só que você não pode andar de um lado para outro na cela. Você não pode sequer respirar sem que a máquina faça isto para você! Faço uma pergunta: 'OK, Deus, eu devo ter feito alguma coisa para merecer isto. Diga-me o quê'!"

Em um museu próximo ao escritório de Coles, em Cambridge, existe um tríptico pintado por Gauguin durante o fim de sua vida no Taiti, uma espécie de resumo final de sua arte. Por meio de palavras reais em francês, Gauguin rabiscou o verdadeiro significado da mensagem que ele queria transmitir, em três perguntas: "De onde viemos? Quem somos? Para onde vamos?" Os artistas não se expressam mais tão diretamente, os filósofos abandonaram essas perguntas tão importantes há alguns anos, os cientistas oferecem respostas que não satisfazem e as universidades evitam a todas. Quase sozinho no mundo acadêmico, Robert Coles, o médico, vai contra a corrente, lançando tanto perguntas quanto respostas — ironicamente, por intermédio da voz de crianças. É evidente que a carência ainda existe: por vários anos, suas aulas têm sido as opcionais mais procuradas em Harvard, com algo como seiscentos alunos se espremendo, em pé, num auditório.

Em todos os aspectos, Coles tem forjado seu próprio caminho de iconoclastia e contradição. Sendo psiquiatra, ele expôs as ilusões de Freud e valorizou os "desequilibrados": mártires, São Francisco, Simone Weil, os profetas hebreus. Como acadêmico, ele desdenhou os jargões e foi aclamado por seus relatos coloquiais de conversas com crianças. Na condição de professor de Harvard, tomou ônibus escolares e se sentou no chão de pernas cruzadas com as crianças que ele cuidava nas escolas dos guetos. Médico melindroso demais para exercer a medicina, terminou dando aulas de literatura. Apesar de ser um ícone cultural, respeitado por organizações favoráveis ao direito de a mulher escolher se quer abortar e por organizações pró-homossexuais, falava contra o aborto ("Uma afronta ao Senhor") e o movimento *gay*.

Ao explicar sua dialética pessoal sobre a fé, Coles cita Pascal: "A natureza refuta os céticos e a razão confunde os dogmáticos". Um bom resumo do "homem do lápis de cera".

O próprio Robert Coles admite que sua vida só faz sentido quando vista em sequência. Seu pai veio da Inglaterra, de uma herança meio judaica, meio católica. Físico formado pelo Instituto de Tecnologia de Massachusetts (MIT), via tudo que se relacionava à religião com ceticismo. Se o jovem Bob citasse Shakespeare na questão do céu, seu pai dizia: "Que céu? Mostre-me!". Se alguém falasse no Espírito Santo, ele perguntaria, pela milionésima vez, o que era o Espírito Santo. Em contraste a isto, a mãe de Bob, nascida na Igreja Episcopal, em Iowa, tinha uma inclinação religiosa, até mesmo mística. Ela levava os dois filhos à igreja enquanto o pai esperava do lado de fora, no carro, lendo jornal. Ela conhecia a Bíblia e o *Livro de orações comunitárias*, citando-os livremente a seus filhos.

Na adolescência, Bob Coles sentia-se puxado em direções opostas: por um lado, para o pragmatismo teimoso de seu pai; por outro, para o pietismo amoroso de sua mãe. Ele nunca sabia em que acreditar com relação a Deus. Mãe e pai, porém, estavam alinhados em seu amor pela literatura. Os dois liam George Eliot em voz alta para Bob e seu irmão, instilando nele um grande amor por Tolstoi e Dickens. Quando se tratava de questões morais, Bob aprendeu a pensar em termos de história, em vez de conceitos abstratos. Apesar de suas diferenças religiosas, seus pais expressavam compaixão de maneira concreta. Sua mãe dedicava tempo a clínicas frequentadas por pessoas pobres, distribuía sopa a moradores de rua e a crianças que sofriam de câncer. Seu pai visitava os pobres e idosos nos leitos de hospitais e nas casas de repouso.

Bob foi tão bem nos estudos a ponto de poder entrar em Harvard, onde se formou em Literatura Inglesa. Ali ficou fascinado com a vida de William Carlos Williams, que exercia as carreiras de médico e poeta. A combinação tocou o jovem Coles no sentido de poder ajudar as pessoas por meio da medicina e, então, refletir sobre aquelas experiências por intermédio de seus textos. Decidiu-se pela carreira médica, de maneira especial, pela influência de Williams.

Coles concluiu seus estudos em medicina, mas foi se tornando cada vez mais perturbado. Passava muito mais tempo conversando com seus pacientes do que trabalhando no laboratório. Tarefas como dissecar corpos causavam-lhe repulsa; ele era incapaz de inserir agulhas em bebês sem ficar nervoso com seus gritos. Certa vez, quando pediram que retirasse sangue de uma veia no pescoço de uma criança, ele recuou. As exigências do trabalho o levaram a uma completa exaustão, e ele se pegou um dia olhando distante para as estrelas e as árvores. Leu poemas de Thomas Merton e se retirou para o Mosteiro Trapista de Merton no Kentucky para um período de contemplação e quietude. Deveria voltar para Harvard e estudar literatura? Ou deveria ser voluntário para trabalhar no Hospital Albert Schweitzer, na África? Seus professores recomendaram que ele fizesse psicanálise como uma maneira de ajudá-lo a reconsiderar seu futuro na medicina.

A análise ajudou, mas de uma maneira inesperada. Coles sabia muito pouco de psicanálise — nada tinha lido sobre Freud — mas a ideia de praticar medicina conversando com as pessoas chamou sua atenção. Ele decidiu tornar-se psiquiatra. Coles saiu daquela residência com mais perguntas do que respostas. Ficava intrigado pelo fato de algumas pessoas ficarem *doentes* enquanto outras que tinham um histórico igualmente atribulado permaneciam razoavelmente sadias. A arrogância de sua própria profissão também o preocupava. Seus professores tinham uma tendência de explicar comportamentos colocando rótulos neles, ao passo que, para Coles, cada pessoa era inescrutavelmente complexa e misteriosa. Ele se lembra das visitas a pacientes que fazia com Williams e o respeito que aquele médico havia mostrado por pessoas que viviam em um mundo carente, em total oposição ao seu próprio. Enquanto ouvia seus pacientes recitarem suas histórias, Coles considerava tão importante honrar suas vidas quanto buscar uma "cura".

Mesmo enquanto estudava psiquiatria, ele se sentia cada vez mais atraído pelos romancistas. Paul Tillich havia recomendado Walker Percy, um médico que virou romancista. Coles devorou sua obra e encontrou nela uma representação da humanidade mais acurada do que a que via em seus livros sobre comportamento. Enquanto lia cada vez mais textos diferentes, Coles ficou abismado com o fato de um romancista como Fyodor Dostoievski ter mais *insight* sobre a psiquê humana do que qualquer outro psiquiatra que ele já encontrara.

Coles começou a perder a confiança no método tradicional de psiquiatria, que consistia em um especialista sentado a uma mesa, ouvindo seu paciente, por isso optou por um tratamento adequado. Ele precisava entrar na vida de seus pacientes para entender sua família, seu lar, sua cultura e sua condição econômica. Precisava atravessar a ponte entre o observador e o observado, entre médico e paciente. Conforme disse mais tarde, "precisava dar vida ao *interior* daquelas vidas", inclusive seus sonhos, suas crenças e seus preconceitos particulares, suas piadas repentinas e seus comentários eventuais. Como Dorothy Day disse-lhe certa vez, "tenho uma noção de realidade aguçada em minha mente, mas ela se perde no caminho quando estou sentada numa mesa conversando com alguém, ouvindo tudo o que aconteceu naquela vida em especial".

Em resumo, ele aprendeu a dar atenção, ativa e agressivamente. Cada vida tem seu próprio mistério, sua própria história para ser contada. Ele estava determinado a descobrir qual era essa história e tentar *traduzi-la* para os outros. Sua abordagem estava grandemente afastada da tradição. Freud dissera que, quando você começa a perguntar sobre o sentido da vida, então está realmente doente. Robert Coles raramente perguntava outra coisa que não fosse isto.

No começo da década de 1960, houve dois momentos da vida de Coles que pareceram simples *acidentes* naquele momento, como interrupções não planejadas em seus compromissos. Mas agora eles se colocam como momentos críticos que o transformaram para sempre. Coles estava servindo na Força Aérea, dirigindo uma unidade psiquiátrica próxima de Biloxi, Mississippi, quando, numa tarde de domingo, resolveu dar um passeio de bicicleta pela costa do Golfo do México. Dobrando uma esquina, ouviu sons de luta. Meneou a cabeça em desaprovação, pensando por que alguém estaria brigando numa tão bela tarde de primavera, e resolveu parar para ver.

Uma guerra racial em miniatura estava se desenrolando. Algumas pessoas negras haviam tentado dar um mergulho numa praia reservada apenas a brancos, e uma multidão de brancos as cercou. Os dois lados estavam gritando uns para os outros. Ele viu um branco pisar sobre os óculos de uma mulher negra e quebrar seu relógio. O clima estava esquentando, e Coles temia que a violência física pudesse irromper a qualquer momento. Sendo um ianque[2] magro e assustado, distante milhares de quilômetros de casa, ele preferia não se envolver com qualquer afronta moral. Pegou sua bicicleta e foi embora.

Durante seu turno no hospital da base, Coles ouviu dois policiais conversando sobre um incidente na praia. Eles eram amigos, policiais gentis e corteses que haviam alcançado respeito. Mas naquela noite eles falavam em um tom ameaçador. "Eles estariam mortos agora se não chamassem tanta atenção", disse um deles. "Mas morrerão se tentarem fazer isso de novo." Coles não disse nada, mas sentiu-se profundamente tocado pelo drama que era vivido no Sul. Que princípio moral fazia com que aquelas pessoas negras arriscassem suas vidas simplesmente para serem os primeiros de sua raça a pisar na areia numa insignificante praia do Mississippi? E que força era capaz de colocar tanto ódio nos olhos de dois homens brancos tão pacíficos? Ele guardou para si essas duas perguntas.

Enquanto isso, a vida pessoal de Coles estava à deriva. Ao se juntar à Força Aérea, ele esperava ir para algum lugar exótico em que pudesse dar vazão aos desejos da juventude: São Francisco, talvez Havaí ou Japão. Designado para o Mississippi, sempre se viu um pouco fora do estilo militar. Bebia bastante e lutava contra surtos de depressão. Na maior parte do tempo, estava melancólico e isolado, mais como uma pessoa que precisava de terapia do que alguém apto a aplicá-la. Preocupado, descobriu um psiquiatra em Nova Orleans e foi se consultar, dirigindo seu Porsche branco em alta velocidade todas as semanas, saindo da base no Mississippi e indo para a distinta região de Nova Orleans.

Certo dia, porém, ele teve problemas ao passar pelo distrito industrial de classe pobre de Gentilly. Tropas estaduais haviam interditado as principais estradas em função de um protesto racial. Ele se dirigiu ao centro de toda a comoção, uma escola primária. Ali, a primeira pessoa que viu foi Ruby Bridges, uma pequena menina negra de 6 anos de idade. Ruby era a primeira criança negra a frequentar a Escola Frantz, e todos os alunos estavam boicotando a escola em protesto. Escoltada por agentes federais (as polícias da cidade e do Estado se recusaram a protegê-la), a menina tinha de andar por entre uma multidão de pessoas brancas que gritavam obscenidades e ameaças, balançando os punhos em sua direção. Coles descobriu que ela sofria essas ameaças todos os dias, frequentando uma escola vazia para se sentar sozinha em sua sala de aula.

Enquanto observava aquela criança valente, ocorreu a Coles que ela era um caso ideal para se estudar os efeitos do estresse em crianças pequenas. Levou algum tempo para que ele ganhasse a confiança da família da menina, uma vez que nenhum branco havia entrado em sua casa antes. Ruby, porém, concordou em cooperar. Quando paravam de conversar, Coles pedia que ela fizesse desenhos.

Uma coisa impressionante aconteceu nos meses seguintes. O dr. Robert Coles surgira como um especialista, um pediatra e psiquiatra com todo o prestígio de Harvard, Columbia e da Universidade de Chicago a lhe respaldar. Ele já havia tratado de uma criança negra desprotegida e sem estudo em Nova Orleans. Com o passar do tempo, porém, começou a perceber uma inversão de papéis. Ele era o aluno, não Ruby, e ela estava lecionando um curso avançado de ética.

À noite, Coles discutia com sua esposa, Jane, como ele reagiria em circunstâncias semelhantes. E se um grupo de homens e mulheres irados se alinhasse em frente ao Clube de Harvard para bloquear a entrada? O que ele faria? Chamaria a polícia, naturalmente. Mas em Nova Orleans, os agentes federais entraram em cena porque a polícia não estava do lado de Ruby, e ele se lembrou da conversa que ouvira daqueles dois policiais na base aérea. Ele chamaria seu advogado e conseguiria um mandado. A família de Ruby não conhecia advogado algum e não podia pagar por um. Por último, ele se levantaria diante da multidão, explicando seu comportamento numa linguagem de psicopatologia e, talvez, até mesmo escreveria um condescendente artigo sobre eles. Ruby não conhecia tais palavras: ela estava simplesmente aprendendo a ler e escrever.

Então, o que fez Ruby Bridges em circunstâncias tão atemorizantes? Ela orou. Por ela mesma, para que fosse forte e não tivesse medo, e também por seus inimigos, para que Deus os perdoasse. “Jesus orou por isso na cruz", disse ela a Coles, como se isto encerrasse o assunto. "Perdoai-os, porque não sabem o que fazem."

Três outras meninas estavam frequentando outras escolas sob as mesmas condições adversas. Coles começou a se encontrar com elas também, duas vezes por semana. Ele conheceu Tessie de maneira especial, bem como sua avó materna, que saudava os agentes federais todos os dias às 8h da manhã com a expressão "Senhor Poderoso, outra bênção!", então lhes entregava a pequena Tessie, que carregava sua lancheira para a escola entre os dois homens vestidos com ternos escuros e revólveres em seus cintos. Depois de enfrentar a multidão por dois meses, Tessie sugeriu que talvez devesse ficar em casa. Sua avó lhe deu um sermão: "Olhe, minha netinha, você precisa ajudar o Bom Senhor com seu mundo! Ele nos colocou aqui e nos chama para que possamos ajudá-lo [...]. Você pertence à Escola McDonogh, e há de chegar o dia em que todos saberão disto, até mesmo aquelas pobres pessoas — Senhor, eu peço por elas! — aquelas pobres, pobres pessoas que estão lá fora gritando para você. Você é uma filha de Deus, e ele tem colocado sua mão sobre você. Ele tem um chamado para você, um chamado para servir, em seu nome!"

Nos gráficos que Coles possuía sobre o desenvolvimento moral, o amor magnânimo pelos inimigos aparecia no topo, sendo um nível atingido apenas por pessoas como Jesus, Gandhi e um punhado de santos preciosos. Ele não tinha esperança alguma de encontrar tal filosofia sendo vivida diariamente por meninas de 6 anos de idade e suas famílias "privadas de cultura".

"Todas as suas notas eram A, mas ele era sempre reprovado no viver cotidiano", disse o romancista Walker Percy sobre um de seus personagens em *The Second Coming*. O dr. Robert Coles começou a pensar se tal descrição não se aplicava também a ele.

UMA VOZ DE UM DOS LIVROS DE COLES:

> No ano passado, fomos para uma pequena igreja de Nova Jersey [...]. Todos os nossos filhos estavam lá, inclusive o bebê. O reverendo Jackson estava lá — não consigo esquecer seu nome — e pediu a todos que

ficassem quietos. Disse que deveríamos estar felizes por morar neste país, pois ele é cristão e não "ímpio". Continuou falando sobre os outros países, não me lembro de quantos, que eram todos "ímpios". Então, meu marido perdeu a paciência: acho que alguma coisa aconteceu com seus nervos. Ele se levantou e começou a gritar, sim senhor. Levantou-se e falou com o reverendo Jackson, dizendo que ele calasse a boca e nunca mais falasse — não a nós, os migrantes. Meu marido disse a ele que voltasse para sua igreja, seja lá qual fosse, nos deixasse sozinhos e que não ficasse ali em pé, olhando para nós com aquela cara de bonzinho, como se estivesse nos fazendo um favor. Então ele fez a pior coisa que poderia fazer: pegou um bebê, a pequena Annie, e a segurou bem na cara do pastor, e berrou, gritou e esperneou, como nunca vi ninguém fazer. Não me lembro do que ele disse, as palavras exatas, mas ele falou ao pastor que aquela era a nossa pequena Annie, e que ela nunca tinha ido a um médico, e que estava doente, e eu e ele sabíamos disso, porque seu estômago não segura nenhuma comida e ela tem tremores, "e eu tenho medo que ela morra", mas que "com a graça de Deus ela vai sair dessa" e "nós não temos dinheiro nem para Annie nem para nós mesmos".

Então ele levantou a Annie, colocando-a numa posição mais alta que o reverendo, e perguntou por que ele não orava pela Annie e orava para que os fazendeiros fossem punidos por aquilo que estavam fazendo a todos nós, os migrantes. O reverendo não respondeu, porque acho que ficou assustado. Então meu marido começou a gritar um pouco mais, sobre Deus e por que ele nos desprezava, enquanto tomava conta de todas as outras pessoas por aí [...]. E segurou a Annie o mais alto que podia, perto da cruz, e disse a Deus que era melhor que ele não tivesse mais pastores falando por ele, e ele deveria vir e ver com seus próprios olhos, e não deixar que os "pregadores" — ele os chamava "pregadores" — falassem por ele.

Extraído de Migrants, Sharecroppers, Mountaineers

Deixando em sua casa de Massachusetts todos os seus diplomas e licenças para exercer a medicina, fornecidos pelas mais famosas universidades do país, Robert Coles começou a se dedicar ao trabalho que tem executado nos últimos quarenta anos. Alguns poucos contatos com pessoas como Ruby e Tessie o haviam inspirado. Ele começou a visitar a periferia, os *trailers* e as fazendas do Sul. Ele e sua esposa Jane, uma professora, começaram a conhecer as crianças, a visitar suas salas de aula e a dizer, tanto a elas quanto a seus pais, que eles queriam conhecer a vida das pessoas.

As primeiras entrevistas foram desajeitadas e desconfortáveis, pois as famílias viam os estranhos com suspeita. Durante as primeiras visitas, Jane e Robert não receberam sequer a oferta de um copo com água. Um amigo negro lhes disse: "Nenhum branco esteve por aqui, exceto aqueles que vieram tirar alguma coisa". No começo, os Coles apenas ouviam; depois de um tempo, começaram a tomar nota. Quando finalmente acharam que tinham ganhado a confiança deles, pegaram o gravador. Gradualmente, a família inteira se abria, como a esposa da família dos meeiros já mencionado.

Coles nem sempre conseguia — nem tentava — manter uma distinção entre observador e participante. Na cidade de Atlanta, enquanto estudava os primeiros dez adolescentes negros a integrar a escola pública dessa cidade, Coles ouviu falar do Comitê Coordenador de Não Violência Estudantil, conhecido pela sigla SNCC e liderado por James Foreman e Stokely Carmichael. Ele lhes ofereceu seus serviços como médico e psiquiatra, e pediu permissão para entrevistar os alunos que trabalhavam. Eles o deixaram arrasado. Oprimido, ele perguntou se havia alguma coisa que pudesse fazer para ajudar a causa. Jim Foreman respondeu: "Sim, você pode nos ajudar mantendo este lugar limpo!".

Nas semanas e meses que se seguiram, chegando ao período de um ano, ele serviu como zelador residente, varrendo o chão, passando aspirador de pó, lavando a louça, esfregando o banheiro. Ao fazer isto, ele percebeu que metade dos pais negros que ele conhecia faziam o mesmo tipo de trabalho como sua principal ocupação. Agindo assim, ganhou o respeito relutante e a confiança dos estudantes, ouviu suas histórias ao longe e se juntou ao movimento em seu nível mais baixo. Chegou até mesmo a passar um período na cadeia, quando a Casa da Liberdade do SNCC, no Mississippi, foi bombardeada e, pela lógica kafkiana[3] daquela época, seus moradores foram presos por perturbarem a paz. Em 1964, no último momento, ele mudou seus planos de acompanhar três defensores dos direitos civis que estavam empenhados em registrar eleitores no Mississippi, os quais foram encontrados mortos no fundo de um pequeno açude.

A partir dessas experiências, surgiu um fluxo de palavras que se tornou uma cascata. Coles e sua esposa editaram as transcrições das fitas, colocaram as ideias numa ordem lógica e tiraram conclusões sobre aquilo que haviam aprendido. Um livro sobre os moradores do Sul dos Estados Unidos chamado *Children of Crisis: A Study of Courage and Fear* transformou-se no primeiro volume de uma série que incluía migrantes, meeiros e montanheses (volume 2); habitantes dos Apalaches e os pobres das cidades do Norte (volume 3); esquimós, latinos e índios (volume 4); e os filhos de ricos (volume 5). Baseando-se em conversas verdadeiras com crianças, ele procurava chegar a uma voz única, agindo meio como transcritor, como Studs Terkel,[4] e meio intérprete, como Bruno Bettelheim.[5] Pelo menos ele tinha encontrado uma forma de combinar sua paixão pela literatura com seu treinamento científico.

O trabalho com pessoas comuns deu a Coles uma segunda formação. Ele começou a conhecer as pessoas como indivíduos, não como membros de um grupo social. Encontrou, em diversas pessoas *desamparadas*, uma reserva de força interior que ele não havia encontrado em moradores de bairros de classe média ou nas escolas dos mais favorecidos. Um trabalhador analfabeto, por exemplo, levado de caminhão por diversas fazendas pelo Sul do país, confinado em celeiros e galinheiros à noite, que recebe um dólar por hora como pagamento por um trabalho opressivo — de onde uma pessoa como essa tira forças para sobreviver? De acordo com o behaviorismo[6] que Coles aprendeu, essas pessoas deveriam ter se enfraquecido pelas circunstâncias que viveram, ou, na melhor das hipóteses, ficariam totalmente exasperadas. Em vez disto, tal como muitos portadores de hanseníase que o dr. Brand tratou na Índia, os pobres norte-americanos também mostravam momentos de transcendência e graça que desafiam qualquer explicação.

Os livros de Coles estão repletos de retratos verbais de pessoas que, de alguma maneira, colocam-se acima da miséria de suas vidas, como náufragos que, pela graça, encontram uma boia salva-vidas. Como eles falavam muito de Deus, Coles começou a frequentar a igreja com os pobres. Num primeiro momento, tendo em mente a ideia de que a igreja era um lugar solene, no qual se vivia uma experiência até certo ponto intelectual que não extrapolava uma hora, considerou a informalidade e a alta dose de emocionalismo algo assustador. Ele ia aos cultos, ouvia o canto e assistia à congregação e ao pastor com olhos frios e impassíveis, alerta a algum sinal indicativo da operação das forças psicossociais na religião dos pobres.

Por diversas vezes, ele viu migrantes e negros pobres e, sim, operários brancos, profundamente transformados por aquilo que acontecia dentro de suas igrejas. Coles tinha de admitir que alguma coisa muito poderosa fluía livremente naqueles cultos, algo não facilmente explicado pelo jargão que ele aprendera na faculdade de Medicina. Pessoas cansadas saíam renovadas; a força da opressão parecia aliviada; o ódio estava um pouco abrandado. Ele não encontrava categorias, a partir do treinamento que recebera, que pudessem explicar o que via:

> Vou, porém, tentar. Meu palpite — talvez esta seja a melhor forma de dizer — é o animado espírito do Espírito, como aconteceu de alguém como eu ver, ouvir e sentir esse Espírito atuando, tornando-se um evento. Ele é um evento: alguma coisa acontece, alguma coisa é feita; o adorador se sente tomado, sente-se não mais como alguém que fala sobre o Espírito, que apenas usa essa palavra, mas, ao contrário, como alguém que pelo menos está no caminho, pelo menos se propõe a fazer algo. Eu diria até ir a algum lugar. Nas igrejas rurais, algumas pessoas são movidas e transportadas, outras são elevadas e chamadas, outras usam os braços, as mãos e as pernas, outras se curvam, se esticam, dão voltas e, sim, definitivamente sim, chegam lá.
>
> Extraído de *Migrants*, Sharecroppers, Mountaineers

O pobre não tinha respostas para as injustiças da vida. Teria sido apenas resultado de um nascimento acidental que o condenava a um ciclo de sofrimento e pobreza? Aquelas pessoas tinham pouco tempo livre para analisar tais questões. Mas quando eram perguntadas sobre a fonte da força de suas vidas, normalmente apontavam para Jesus.

Para elas, a religião não era uma muleta, mas uma fonte de inspiração. Elas encontravam em Jesus e na imagem da cruz um raio de esperança que os convencia de que Deus sabia de seu sofrimento. Como Fannie Lou Hamer costumava cantar nos campos de algodão do Mississippi e, mais tarde, na prisão: "Ó Senhor, tu sabes exatamente como me sinto".

Uma mulher expressou seu estado desta maneira, em termos quase kierkegaardianos:[7]

> Minha vontade não é o que importa: a vontade de Deus é que é importante. Se ele quer que eu sofra assim, acho que ele tem suas razões. Você está aqui para provar sua confiança nele. Se alguém me oferecesse um milhão de dólares e dissesse que eu poderia ter tudo o que eu e meus filhos quiséssemos para comer, mas que tivesse de parar de pensar nele e começasse a pensar apenas em mim, então eu teria certeza de que estava realmente entrando numa encrenca. Começaria a me preocupar comigo mesma. Eu "espero" que o faria. Eu espero que me lembraria de Jesus. Ele nos advertiu sobre pensarmos em nós mesmos, e não nele. Ele pediu muito de nós.
>
> Extraído de *Migrants*, Sharecroppers, Mountaineers

Coles refletiu sobre as circunstâncias peculiares da vida que Deus havia escolhido para vir à Terra. Como sua mãe costumava lembrá-lo, ele veio como carpinteiro, associou-se a pessoas simples e pescadores, não como um doutor, advogado ou professor universitário. Nas palavras do pai de Annie, Deus veio para "ver com seus próprios olhos".

"Nós temos a mente de Jesus Cristo em nossas cabeças", disse um agricultor migrante numa entrevista, e, naquele tempo, Coles pensava como um doutor, imaginando que aquele homem estava bêbado, era louco, estava delirando ou era lento no pensamento. Somente mais tarde, quando Coles parou para refletir como a mente de Jesus Cristo podia ser realmente vivida — em solidão e afastamento, em dor, em escárnio, isolamento, solidão, a "mente" do *kenosis*, ou vazio — é que ele conseguiu enxergar a profunda verdade daquilo que o homem havia dito, "Você sabe que ele não precisava vir aqui", disse uma menina, referindo-se a Jesus.

Em seu trabalho com os pobres, Coles tentou evitar a armadilha de romantizar a pobreza e ver a religião como uma consolação que mantinha os pobres calmos. Ele fez *lobby* no Congresso e escreveu em jornais liberais para apoiar os programas sociais e o programa Guerra à Pobreza. Mesmo assim, ele não podia negar a realidade da vida de fé entre as pessoas com as quais vivera. Entretanto, quando ele escrevia sobre o efeito da religião sobre os pobres, os revisores o saudavam com um educado silêncio. Aplaudiam suas pesquisas de campo e seu refinado retrato da experiência da pobreza. Citavam-no com frequência. Mas o ignoravam nesta área — a da religião — que parecia a Coles ser mais importante para os pobres.

Coles chegou a acreditar que aquilo que aprendera na escola sobre religião — que, como "ópio do povo", ela anulava a indignação moral e política — era um mito perpetrado pelos cientistas sociais sem religião que tinham pouco contato real com os pobres. Junto aos pobres que ele visitava, quer estivessem na África do Sul, no Brasil, no norte da Irlanda ou nos Estados Unidos, a fé religiosa normalmente aguçava, em vez de anular, a indignação e a afronta. Ele leu outra vez os pronunciamentos dos profetas hebreus e os de Jesus. E viu pessoalmente o resultado prático daquela mensagem entre as "comunidades de base" na América Latina, entre os negros da África do Sul e os inflamados pastores que lideraram o movimento dos direitos civis no Sul dos Estados Unidos.

Como lhe disse um jovem que protestava em Birmingham, Alabama, em 1965: "Não sei porque disse 'não' à segregação. Sou apenas mais um sulista branco, ensinado desde pequeno a não concordar com a integração racial. Mas fui ensinado a amar a Jesus Cristo, e quando vejo os policiais da cidade atiçando cães contra o povo, pergunto a mim mesmo o que Jesus teria feito — e isso é tudo o que sei sobre ter chegado até aqui, na linha de fogo".

Com o passar dos anos, enquanto lia os textos de Robert Coles, eles surtiam um efeito peculiar em mim. Coles deixa que as pessoas que ele entrevista falem por si mesmas, o que leva alguns leitores a reclamar, dizendo que o acúmulo de vozes pode ter um efeito de entorpecimento. Para mim, porém, elas são acompanhantes que me levam a fazer uma nova visita ao meu passado, dessa vez com os tapa--olhos retirados.

Cresci num dos lugares onde Coles trabalhou. Enquanto ele aconselhava os dez adolescentes negros matriculados em escolas públicas em Atlanta, eu frequentava o segundo grau no município vizinho de De Kalb, numa área tão infestada pela Klan que nenhum estudante negro ousava quebrar a barreira da cor.

Na igreja, eu ouvia James Foreman, Stokely Carmichael e os voluntários da SNCC serem denunciados como agitadores estrangeiros, agentes comunistas enviados para fomentar a revolução. Anos mais tarde, pelos dos olhos de Coles, pude vê-los como realmente eram: jovens idealistas, comumente motivados por sua fé, que incluíam o termo "não violência" tanto no nome de sua organização quanto em sua missão. Treinavam como soldados, porém nas táticas de não violência aperfeiçoadas por Gandhi e pelo dr. Martin Luther King Jr.. O grupo chamado Freedom Riders (Cavaleiros da Liberdade), muitos deles adolescentes, mostrou enorme bravura ao entrar em um ônibus da Greyhound,[8] determinado a ficar nas salas de espera do Alabama e do Mississippi. Em cada parada, uma turba de brancos os recebia com garrafas, tijolos e canos de ferro. Às vezes, o ônibus não parava, passando velozmente pela multidão e se dirigindo à próxima parada. Em outros momentos, o ônibus fazia a parada e os voluntários desciam desarmados para enfrentar a violência. Então, com bandagens improvisadas sobre suas cabeças ensanguentadas e costelas quebradas, eles entravam novamente no ônibus e continuavam sua jornada, interrompida quando uma bomba explodia à beira da estrada.

Encontrei não apenas defensores dos direitos civis nos livros de Coles, mas também vi brancos pobres e preconceituosos, como as pessoas entre as quais cresci. Tentei me desvencilhar delas, ficar acima delas, dissociar-me delas e colocá-las para fora de minha mente; e consegui, em parte, colecionando diplomas e me mudando para Chicago. Quando ouvia as vozes de Coles, pessoas de minha infância voltavam a minha mente, especialmente os vizinhos do *trailer* em que vivi. Meu amigo Neal, que nos procurou em busca de abrigo quando seu pai bêbado avançou para cima de sua mãe com uma garrafa de cerveja, estilhaçando os vidros de um carro enquanto ela apertava a buzina em desespero, gritando por socorro. Gypsy Joe, o lutador profissional de visual ensebado que usava rabo de cavalo e que tinha um estacionamento para *trailers* na estrada, sujeito que se acostumara a fazer lutas falsas, mas, ainda assim, perigosas todas as semanas no centro de Atlanta. Meus colegas de 12 anos de idade que fumavam nos bosques e brincavam de guerra em volta da estação de tratamento de esgoto perto de casa, e que arrombaram um *trailer* em que um homem havia morrido de tanto beber e estava prostrado, morto, havia uma semana, até que o cheiro invadiu todo o parque.

São pessoas assim que aparecem nos livros de Robert Coles. Durante a viagem de recapitulação pela qual ele me levou, pude perceber que eu havia trocado o velho fundamentalismo por um de outro tipo, que nascera do esnobismo, em vez da ignorância. Quão alegremente eu apontava os pecados e falhas das igrejas da minha infância, e como raramente eu me detinha nas coisas boas que também encontrava ali. Costumava desprezar os negros; hoje, desprezo os racistas. Uma grande parte da história oscila em torno de polaridades: pobres contra ricos, brancos contra negros, católicos contra protestantes, muçulmanos contra hindus, israelenses contra árabes, na qual a religião ergue uma ou mais barreiras. Coles, quase sozinho, tem tentado avaliar a dignidade presente nos dois lados simplesmente deixando que eles falem, valorizando cada ser humano em toda a sua plenitude.

Coles fala de um sermão improvisado que Martin Luther King Jr. proferiu um dia "aos irmãos e irmãs do movimento", no escritório do SNCC. Os voluntários estavam cansados da oposição implacável e tinham poucas vitórias para mostrar por todos os esforços no registro de eleitores e na luta contra o desmantelamento das leis de integração. King temia que os estudantes ficassem amargurados e, em represália, devolvessem aos seus oponentes o mesmo espírito de hostilidade que estavam recebendo — em outras palavras, tornar-se inimigos. King lhes disse:

> Um grande perigo para nós é a tentação de imitar as pessoas a quem nos opomos. Elas nos xingam, então nós também as xingamos. Talvez não chamemos ninguém de "peão" ou "zé-ninguém"; para eles há nomes

com um verniz sociológico ou psicológico, certo lustro; mesmo assim, porém, são nomes — "ignorante" ou "mente fraca" ou "pateta" ou "histérico" ou "branco-pobre" ou "consumido pelo ódio". Eu sei que vocês podem me apresentar muitas provas defendendo essas categorias. Mas eu lhes peço encarecidamente que as considerem como tais — como categorias; e lembro-lhes que em muita gente, em muita gente chamada de segregacionista, há outras coisas que fazem parte da sua vida: esta ou aquela pessoa, que está aqui ou acolá, pode ser outra coisa também — bondosa com os vizinhos e a família, prestativa e jovial no trabalho.

Vocês sabem, penso eu, o que estou querendo dizer — que devemos fazer um esforço para não acabar usando estereótipos em relação àqueles a quem nos opomos, exatamente como eles nos enfiam a todos nós nos seus estereótipos. Quem somos nós? Não vamos proceder em relação a nós mesmos como outros (no papel de nossos opositores) fazem conosco: tentar encaixar a todos nós numa categoria única que tudo abrange — os virtuosos em oposição aos maus, os decentes em oposição aos maliciosos, preconceituosos, os bem instruídos em oposição aos ignorantes. Vocês podem ver que eu poderia encompridar e muito essa lista — e ali está o perigo: a mentalidade "nós" ou "eles" predomina, e nós de fato corremos o risco de cerrar fileiras exatamente com as pessoas a quem nos opomos. Eu me preocupo muito com isso nestes dias.

Extraído de *The Call of Service*

Lendo as palavras de King e a reação de Coles, percebi que o próprio Coles havia me alertado sobre essa tentação. Eu havia me tornado o iluminado, pensador e culto observador cultural — a perigosa posição contra a qual Coles havia batalhado a vida toda, a arriscada postura do fariseu. Eu precisava redescobrir a verdade niveladora do evangelho de Jesus, que tem mais atração pelo filho pródigo do que por seu irmão responsável e bem-sucedido. Carecia de uma mudança tanto no coração quanto no pensamento. Assim como King buscava perdoar aqueles que o feriam, eu precisava perdoar a igreja que havia me machucado, ou então seria deixado com um evangelho de Lei, e não de graça; de divisão, em vez de reconciliação. Em seu trabalho prático, Coles tinha inconscientemente descoberto um Jesus radical que havia exposto minha própria necessidade, até então mascarada.

Coles recorda uma viagem que fez de carro para Boston, saindo da Flórida, onde havia passado um tempo com trabalhadores migrantes. Por vários meses, ele foi o modelo de sensibilidade e compaixão, entrando nas cabanas dos migrantes, ganhando sua amizade, tratando-os com respeito, extraindo palavras deles, dando-lhes conselhos médicos. Mas quando atravessou a divisa estadual e parou por um instante para fazer um lanche num café da Geórgia, ele se pegou desprezando a garçonete que levou tempo demais para colocar mais café em sua xícara. Pouco tempo se passara, e ele já estava se apoderando dos direitos ao privilégio. Logo estaria de volta a sua casa amarela em Cambridge, com uma BMW estacionada na garagem.

Com Coles, pertenço a uma minoria privilegiada. Todos aqueles que estão lendo esta frase pertencem, na verdade, a uma pequena porcentagem das pessoas do mundo que têm tempo e habilidade para ler e possuem recursos para comprar um livro. Como é que nós, os *privilegiados*, agimos como mordomos da graça que recebemos? Podemos começar, conforme dito por Coles, tirando os rótulos que tão imprudentemente colocamos naqueles que são diferentes de nós. Podemos começar buscando uma comunidade que valoriza a compaixão pelos fracos, um instinto que o privilégio tende a suprimir. Podemos começar com humildade, gratidão e reverência, e então prosseguir orando sem cessar pelo maior dos dons, o amor.

Como Martin Luther King Jr. disse a Coles, em uma entrevista:

> Comecei a pensar na dificuldade que tantas pessoas têm de viver sem alguém a quem possam desprezar, mas desprezar mesmo. Não se trata de aplicar um golpe em alguém. Trata-se de sentir compulsão a olhar para dentro de si e ver aquilo que gosta. Meu coração se condói por pessoas que são chamadas "caipiras". Elas têm tão pouco — quando têm algo — e o ódio é uma posse na qual elas podem confiar, e que funciona para elas. Tenho menos pena de pessoas abastadas e estudadas por causa de seus comentários maliciosos, espertamente racionalizados, pela forma como mobilizam suas justificativas políticas e até mesmo morais para alcançar seus propósitos. Ninguém pede que elas se justifiquem. A Klan é seu bode expiatório. Algum dia, todos veremos que, quando começamos a perseguir uma raça, uma religião, uma etnia,

uma região ou qualquer setor da humanidade do Senhor, estamos enfiando uma faca em seu coração, e nós mesmos sangraremos.

Extraído de *Simone Weil: A Modern Pilgrimage*, de Coles

Depois dos quatro volumes de *Children of Crisis*, concentrando-se nos grupos menos favorecidos em termos de direitos, Coles faz uma mudança em seu quinto volume, chamado *The Privileged Ones: The Well-off and the Rich in America*. Apesar de seguir o mesmo estilo de entrevista que havia aperfeiçoado em seu trabalho com os pobres, ele teve mais dificuldades para se aproximar dos ricos: barreiras de suspeitas efetivamente se levantaram e impediram que ele alcançasse o interior de suas vidas.

Por quinze anos, Coles ouvira os pobres falar "deles", os privilegiados, os abençoados, aqueles que tinham comida sobre a mesa, médicos à disposição, educação, alguns carros e uma casa própria, sem nenhum senhorio. Mas o que tal conforto produziu? Eram os ricos mais felizes? Tinham mais paz? Eram mais agradecidos? Mais uma vez, o psiquiatra Coles encontrara paradoxos na natureza humana que pareciam desafiar as mais elaboradas formas behavioristas que ele aprendera — o mesmo paradoxo que romancistas como Tolstoi e Dickens haviam explorado tão magistralmente. Entre os pobres, ele esperava encontrar derrota e desespero; encontrou um pouco, sim, mas também encontrou força, esperança e coragem. Entre os ricos ele esperava satisfação e, em vez disto, encontrou fastio, alienação e decadência.

Coles explicou a ironia de seu título, *Os privilegiados*, a um jornalista:

> Há uma visão de que a ansiedade, a dor e o medo são partes integrantes da vida, que o próprio Deus assumiu uma vida assim, que ele viveu sob constante ansiedade, dor e medo, e terminou como um criminoso comum pendurado numa cruz para morrer. Agora, se você considera este tipo de existência como uma coisa muito importante e como um modelo de destino, então terá dificuldades para se tornar uma pessoa bem-sucedida, pois trata-se de um contraponto ao que aprendeu sobre o que significa ser de uma família de classe média. Você enfrenta um dilema moral.

Extraído da revista *Sojourners*

Muitos dos defensores dos direitos civis da década de 1960 que Coles entrevistou vieram de tais famílias de classe média. Seus pais os perturbaram com a ideia de conseguir um bom trabalho e ter uma boa renda. Um deles reagiu da seguinte maneira às orações preocupadas de sua mãe a seu favor: "Fico pensando o que Jesus diz ao ouvir suas orações. Fico com vontade de responder a ela, perguntando se Jesus teve algum emprego fixo, ou até mesmo se ele encontrou uma vocação. Jesus, o pregador migrante, aquele que se tornou tão impopular e perturbou tanto os grandes e importantes que foi crucificado".

Ao trabalhar com os pobres e oprimidos, Coles ficou maravilhado com a maneira pela qual as suas vidas refletiam os profetas e o próprio Jesus. Talvez tenha sido por isso que eles encontraram conforto na religião, sendo também a razão pela qual os críticos tão cuidadosamente ignoravam o que eles tinham a dizer sobre isso. As igrejas de classe média normalmente são agradáveis, tranquilas e inofensivas, com cultos de adoração previsíveis e controlados. O próprio Coles, um produto da minoria privilegiada, começou a se admirar com sua própria resistência ao poder de um evangelho radical. Ele não podia fechar os olhos à discrepância entre os ensinamentos bíblicos sobre justiça e integridade e as vidas que as pessoas privilegiadas tendem a ter, marcadas pela ganância, pela competição e pelo *status*. Qual era a mensagem do evangelho para os abastados? E para ele mesmo? Enquanto estudava a mente dos privilegiados, Coles percebeu que estava explorando a sua própria. Para sua vergonha, descobriu dentro de si muitas das mesmas tendências problemáticas.

Ele notou que as pessoas confortáveis estavam inclinadas a ter um sentimento de compaixão atrofiado, provavelmente mais dispostas a amar a humanidade como um todo do que a se envolver com uma pessoa em particular. Ele mostrava compaixão? Como aluno de Harvard, lembra-se, com profundo remorso, que tratava a faxineira do alojamento como uma serviçal inferior, mesmo obtendo nota "A" nas disciplinas ligadas à ética.

E quanto à arrogância? Como médico, sofria essa tentação todos os dias. Além do mais, ele era um especialista, o *curandeiro* que viera para salvar os inferiores. Orgulho? O que realmente o motivava a conseguir os diplomas, receber os prêmios, escrever todos os livros? Egoísmo? Ele era generoso, é bom dizer, mas ele se dava ao luxo de ser generoso. Nunca passara por necessidades, que é a situação diária de muitas pessoas pobres.

Coles refletiu sobre esses assuntos em seu quinto volume, o livro que ele considera o melhor da série, mas o mais desprezado pelos críticos. Por fim, ele passou a crer que a mais perigosa das tentações é a tentação da fartura. A riqueza amaldiçoa com uma das mãos aquilo que abençoou com a outra. A conclusão de Coles é que ser privilegiado leva a um abafamento da compaixão, a uma restrição da comunhão e ao crescimento da ambição.

Filhos ricos que tentam romper com seu ambiente seguro e respondem ao chamado da consciência representam uma ameaça aos outros. Coles entrevistou um filho de uma família muito rica da Flórida que tivera contato com os ensinamentos de Jesus com a idade de 10 anos. Começou a repetir algumas das afirmações de Jesus na escola — como é difícil um rico entrar no céu e que os pobres herdarão o reino. Suas perguntas se tornaram um tormento para os pais, os professores e o médico da família. Seus pais deixaram de levá-lo à igreja e marcaram consulta com um psicoterapeuta para curar seu "problema".

Analisando os ricos e pobres que veio a conhecer, Coles ficou chocado com as ironias. Era verdade que os pobres eram amaldiçoados. Ele havia tratado de mineiros com doenças pulmonares e crianças mal nutridas como Annie, que fora apresentada pelo pai diante da cruz (ela morreu aos 3 anos de idade). Mas, de uma maneira estranha, porém inegável, os pobres também eram abençoados, por qualquer que seja a razão, com qualidades como coragem, amor e uma grande disposição para depender de Deus. A ironia: os bons humanistas trabalham a vida inteira para melhorar a condição dos desfavorecidos, mas para quê? Para elevá-los ao nível das classes superiores? Para que eles também possam experimentar o enfado, a alienação e a decadência?

Na época em que o último volume de *Children of Crisis* foi publicado, Robert Coles chegara não a um novo lugar, mas a um lugar bem antigo. Viajou milhares de quilômetros, gravou inúmeras fitas e escreveu milhões de palavras, todas apontando de volta ao Sermão do Monte.

Ele descobrira que os pobres eram misteriosamente abençoados e que os ricos viviam em perigo. Ele tinha aprendido que o mais importante não vinha de fora — as circunstâncias da vida — mas do interior, de dentro do coração de um homem, de uma mulher ou de uma criança. Ele havia começado sua pesquisa com a cabeça cheia de frases como "complexo de culpa", "distorções de caráter", "resposta a estímulos". Saiu do trabalho com palavras da moda antiga como consciência, pecado e livre-arbítrio.

O que ele poderia fazer com tudo isso? Coles ousou não glorificar a pobreza, pois seu campo de pesquisa lhe mostrara a tolice desse romanticismo. Também ousou não glorificar a riqueza, o que ele hoje vê como uma distração ou verdadeiro impedimento àquilo que é mais importante. Foi então que ele se voltou a alguns homens e mulheres selecionados que haviam feito dos assuntos espirituais o foco de suas vidas. O dr. Robert Coles, o cientista social, continuou a perseguir seu trabalho diligentemente, mesmo quando um novo papel surgiu em sua vida: professor de Literatura Espiritual em Harvard.

Depois de ter sido indiretamente influenciado por Robert Coles durante vários anos, pedi-lhe uma entrevista pessoal, e ele graciosamente concordou. Ele me disse que gostava de se encontrar com visitantes num restaurante popular próximo ao seu escritório, longe de interrupções, e, assim, nos encontramos no Bartlee's Famous Hamburgers. Internamente, o lugar era decorado como um cenário hollywoodiano demais para um estabelecimento próximo de Harvard: lambris de madeira, cadeiras plásticas vermelhas, um menu estilizado como uma lousa, com as letras imitando giz, um violino quebrado pendurado na parede. E pôsteres, muitos pôsteres. "Não critique o café: você também será velho e fraco um dia", advertia um desses cartazes. Outro, de quarenta anos atrás, mostrava o ator Ronald Reagan autografando caixas de cigarros Chesterfield, indicando-os como presentes de Natal para seus amigos.

O próprio Coles parecia mais um aluno do que um professor de Harvard: estava usando uma camisa de algodão azul toda amarrotada, calça cáqui, com uma bolsa bem colorida pendurada no ombro esquerdo.

Ele tem estatura mediana e é magro. Seu rosto é queimado do sol e enrugado, com um cabelo despenteado como o de alguém que fica o dia inteiro passando as mãos sobre ele. Fala de maneira anasalada, com um sotaque do Nordeste dos Estados Unidos, e ri alto e com facilidade diante de qualquer coisa que tenha a mínima pitada de humor.

Tradicionalmente ele toma apenas um copo de chá gelado no almoço antes de voltar para o seu escritório, situado a apenas um quarteirão de Harvard. A universidade lhe fornece o escritório num espaçoso canto de um antigo edifício de tijolos. Uma placa na parede destaca que Franklin Roosevelt[9] usou a sala como seu dormitório no período de 1900 a 1904. Na parede também está uma coleção de peças memoráveis: um pôster de Simone Weil, fotos de Bonhoeffer, Walker Percy, Dorothy Day, Erik Erikson e James Agee. O escritório é tranquilo, um bem-organizado lugar de retiro, uma base a partir da qual Coles planeja suas pesquisas de campo e prepara suas palestras para as várias escolas associadas a Harvard.

Coles leciona tanto em Harvard quanto na Duke University, mas em nenhum dos dois lugares ele oferece um curso em sua área de especialização — nada sobre pediatria, psiquiatria infantil, sociologia ou mesmo técnicas de entrevista. Em vez disso, ele fala sobre os grandes romancistas e os pensadores cristãos. Sua leitura inclui Tolstoi e Dostoievski, Pascal, Weil, Merton, João da Cruz, Dickens, Flannery O'Connor, Emily Dickinson, Robert Frost, Thomas à Kempis, Teresa de Ávila, Kierkegaard, Bernanos, Silone, Agee, William Carlos Williams, Orwell, George Eliot e o amigo de longa data de Coles, Walker Percy. A partir dessa lista, ele elabora cursos de literatura de acordo com as necessidadesde uma especialidade: "Literatura de Reflexão Cristã", na universidade; "Literatura e Medicina", para a faculdade de Medicina; "Moral e Pesquisa Social Através da Ficção", para a escola de Administração; e "Dickens e a Lei", para as turmas de Direito.

O que transformou um médico e cientista social num devoto da literatura? O próprio Coles responde: "Um homem como Tolstoi sabia mais de Psicologia do que todo o cenário científico da atualidade jamais saberá. Para saber todas essas coisas sobre estágios da morte que estão aparecendo agora é só ler A *morte de Ivan Ilych*[10] — está tudo lá. E quem pôde adicionar mais sabedoria à questão dos problemas conjugais desde *Ana Karenina*?[11] Sem falar em Dickens, meu Deus, o que Dickens sabia sobre a natureza humana! Eu simplesmente vou de um lugar a outro ensinando sobre esses romances e tentando, de alguma maneira, desfazer o mal nas faculdades de Medicina, Administração e Direito".

Por que as escolas o convidam? "Eu não sei. Provavelmente por razões idólatras. Um nome escrito num panfleto, este tipo de coisa. Alguns dos alunos entendem o propósito: ouço-os falar e percebo que eles foram tocados por aquilo que li. Mas aqui é difícil. Sabe, esta é a cidadela do "humanismo secular".

"Mas a literatura tem seu poder", diz Coles. "Flannery O'Connor escreveu um maravilhoso livro de ensaios chamado *Mystery and Manners*, e o título sozinho já atinge em todas as ciências sociais: os romances reverenciam os mistérios e os costumes de indivíduos. Por que não aprendemos isto, no lugar de todos aqueles jargões ridículos e todas aquelas teorias elaboradas — a língua morta e as absurdas simplificações que com frequência recebemos dos especialistas? Os romancistas não estão interessados em teoria ou em transformar seus cérebros em divinos órgãos pontificais. Ao contrário, eles evocam e louvam a complexidade, a ironia, a ambiguidade, o paradoxo. Eles descobrem e reconhecem que cada pessoa é um mistério separado e finito, não alguma coisa que pode ser colocada em uma categoria ou outra."

Robert Coles está recostado num sofá marrom, com a luz do sol invadindo o recinto e as cortinas balançando com a brisa. Mas ele também poderia estar empertigado numa plataforma, atrás de uma mesa — ou púlpito, se você preferir — em uma de suas aulas em Harvard. E é o que ele está fazendo agora: alunos com as melhores notas do processo de admissão, com seus *pedigree* e roupas informais de grife, colegas do corpo docente com seus currículos, suas indicações de comitês e suas incontestáveis teorias, explicando a Economia, o comportamento humano e qualquer outra coisa do universo. E ele mesmo: Coles com frequência volta-se para si, expondo a idolatria, o orgulho e a dependência em si que tem alimentado sua própria vida.

Os alunos tentam transformá-lo num herói. Eles o aplaudem pelos anos que passou junto aos colonos migrantes. "Mas o que acontecia no fim do dia?", relembra Coles a seus alunos. "Eles voltavam para suas cabanas e seus *trailers* e eu entrava pela portaria do Holiday Inn. Certamente eu sentia culpa, e acho que realmente devia sentir. Posso imaginar o que alguns de nós, com nossa fobia pela culpa, diríamos a Jesus: "Ei, rapaz, isso é fácil! Não se preocupe com essas pessoas que precisam de pão. Por que você está visitando prisões? Está passando bem? Deve haver algum psiquiatra na Galileia com quem você possa falar".

Coles fala bastante de seus fracassos e imperfeições. Ele acha que deve pensar nisso para manter sob controle os pecados do orgulho e da arrogância que brotam de um lugar como Harvard. "Todo mundo quer encontrar uma forma de solucionar um problema ou silenciar uma questão", diz. "Os alunos estão sempre protestando por uma coisa ou outra. Só que estes mesmos alunos não vão atravessar a cidade e conversar com as pessoas que vivem em condições semelhantes às das pessoas em nome de quem elas estão protestando.

Tal como os fariseus, queremos provar que somos limpos e corretos. Mas Jesus e os profetas mantêm as perguntas no ar: 'E aí, você não matou ninguém? Odeia alguma pessoa? Você não comete adultério? Não tem nenhum desejo pecaminoso?' Gostamos de analisar a 'questão dos pobres'. Mas o que estamos fazendo por alguma pessoa pobre, em particular? Fui ao Mississippi num momento de crise, esperando aprender sobre 'o problema do Mississippi'. Descobri que há um pouco do Mississippi em todos nós — assim como um pouco de Massachusetts, África do Sul e Irlanda do Norte, também."

Para seus alunos em Harvard, para o grande público que compra seus livros, para os milhões que leem sobre ele em revistas e jornais, Robert Coles tenta manter vivas as questões. "Está muito claro", disse ele a um repórter do *Washington Post* que preparava uma matéria de primeira página, "que sou maluco por religião. O que mais você faz quando fica velho e para e pensa sobre o sentido desta vida?" E, por causa de suas credenciais, as pessoas precisam parar e dar ouvidos ao que ele está dizendo.

"Em muitos aspectos, Bob é uma espécie de pastor", disse Phillip Pulaski, assistente de Coles, ao repórter. "Ele provavelmente é o professor mais influente de Harvard em termos de impacto sobre a vida das pessoas."

Se Coles estivesse na sala, teria colocado Pulaski para correr, depois de ouvir tamanho elogio. Ele teria se lançado numa forte crítica aos perigos do orgulho e das idolatrias modernas. Porém, seus arquivos possuem diversas cartas de ex-alunos dizendo que ele foi o único que pediu que eles considerassem as mais importantes questões da vida enquanto estiveram em Harvard.

Coles gosta de citar Kierkegaard. "Ele dizia que Hegel explicava tudo na vida, exceto como sobreviver a um dia comum." É por isso, mais do que qualquer outra razão, que Robert Coles ensina literatura para alunos de Administração, em vez de lecionar Psiquiatria para estudantes de Medicina. Temos sistemas aqui para explicar tudo, exceto como viver. Também temos categorias para cada habitante da Terra, mas quem é capaz de explicar uma única pessoa?"

Robert Coles consegue explicar uma única pessoa? Depois de uma carreira dedicada a ouvir e a entrevistar, o que ele aprendeu sobre os seres humanos? É ele capaz de destilar tudo isso e chegar a um grande resumo? Ele pensa por um instante, e então aponta para uma Bíblia em sua mesa. "Nada daquilo que aprendi sobre a composição de um ser humano contradiz em qualquer aspecto aquilo que aprendi de profetas hebreus como Isaías, Jeremias e Amós, e do Livro de Eclesiastes, de Jesus e das vidas daqueles que foram tocados por ele. Qualquer coisa que eu possa dizer sobre minha pesquisa no campo do comportamento humano é uma simples nota de rodapé referente àquelas vidas do Antigo e do Novo Testamento."

Ele prossegue: "Conheci seres humanos que, diante do insuportável estresse do dia a dia, resistem e até reagem com nobreza. Também conheci outros que vivem num ambiente confortável e luxuoso, e, mesmo assim, parecem totalmente perdidos. Temos os dois lados dentro de nós, e é isto que a Bíblia diz, não é? A Bíblia nos mostra tanto a esperança quanto o juízo, a possibilidade e a traição. Em suas histórias, há momentos em que o favorito é fatalmente tentado e o humilde e obscuro se transforma num agente de esperança e até de salvação. Creio que essas histórias são uma parte de cada um de nós. Andamos numa corda bamba, oscilando entre a melancolia e a perda da fé, por um lado, e a tentação de se dar muita importância ou valor, por outro. Os dois extremos levam ao pecado.

"Alguns críticos me atacam por dizer as mesmas coisas antigas sobre a natureza dos seres humanos: que somos uma mistura de bem e mal, de luz e trevas, potencialmente inclinados à destruição e à redenção. Quero crer que eles desejam uma nova teoria. Mas a minha pesquisa simplesmente ratifica aquilo que a Bíblia tem dito esse tempo todo sobre os seres humanos.

"Se eu puder tomar um estudante que, pela virtude de frequentar uma escola de prestígio, é seduzido pelo pecado do orgulho, se puder levá-lo a pensar em si e em seu vizinho do modo como Jesus nos ensinou, então terei servido a algum tipo de propósito aqui na Terra. Posso estar parecendo um pouco melodramático, mas acho que talvez Jesus não se importasse em entrar nessa escola de Medicina por intermédio das histórias de Flannery O'Connor. É assim que mantenho a tradição bíblica desta universidade, pois ela realmente lhe pertence e é um privilégio resgatá-la como professor."

A cada ano, quando começa suas aulas de literatura, Coles lê uma citação do romancista James Agee. "Minha vontade era sair lendo o Evangelho de Lucas logo de cara, mas isto não funcionaria aqui. Assim, recorro a um grande trecho da literatura que aborda a mesma mensagem, tal como esta citação de Agee: 'Tudo que uma pessoa é, experimenta e sempre experimentará, seja no corpo ou na mente, tudo isso são diferentes expressões de si mesmo e de uma raiz, e são idênticas: e nenhuma dessas coisas ou nenhuma dessas pessoas é passível de ser duplicada, nem substituída, nem mesmo teve um precedente; mas cada um é uma vida nova e incomunicavelmente afável, ferida a cada suspiro e quase tão facilmente morta quanto ferida, sustentando, por um momento, sem qualquer defesa; as enormes agressões do universo'."

O que Robert Coles costuma falar em todos esses anos é sobre a inerente dignidade do ser humano, a imagem de Deus que vive em todos nós, negros ou brancos, estudados ou analfabetos, ricos ou pobres, saudáveis ou doentes — a fagulha que torna imortal aquilo que é mortal. Ele não começou acreditando nisto, mas foi o que as crianças lhe disseram, depois os romancistas e, por fim, o que ele mesmo confirmou em sua pesquisa. É isso o que ele está tentando dizer a todos nós agora:

Às vezes, quando paro e vejo uma criança tentando desenhar a face de Deus, seus atributos, a forma de sua cabeça, os traços de sua fisionomia, lembro dos dias nos quais trabalhei na cozinha dos Obreiros Católicos de Dorothy Day. Certa tarde, depois de vários de nós termos um enorme trabalho com um bêbado, um cachaceiro, um homem irado, truculento e boca suja na casa dos 50 anos, com um longo cabelo grisalho, uma barba cheia e irregular, com uma enorme cicatriz no lado direito do rosto, uma boca sem nenhum dente, olhos vermelhos, um dos quais tinha um terrível tique, Dorothy nos disse: 'Até onde sabemos, ele poderia ser o próprio Deus vindo até nós para nos testar; portanto, vamos tratá-lo como um convidado de honra e olhar para sua face como se fosse a mais linda que pudéssemos imaginar'.

Extraído de *The Spiritual Life of Children*

ROBERT COLES PARA INICIANTES

A série de cinco volumes intitulada *Children of Crisis* apresenta a marca registrada de Robert Coles — entrevistas, reflexões, interpretações — e os volumes 2 e 3 receberam o Prêmio Pulitzer. Os leitores que acharem a leitura cansativa poderão escolher obras mais concisas que foram reunidas: *A inteligência moral das crianças*,[12] *The Political Life of Children* e *The Spiritual Life of Children*. *The Call of Service* e *The Call of Stories* também são representativos de sua abordagem.

Além disso, procure textos de Coles como se você estivesse numa biblioteca. Críticas literárias? Experimente seus trabalhos sobre William Carlos Williams, Walker Percy e os vitorianos ingleses. Biografias? Veja as vidas de Dorothy Day e Simone Weil, ou de Erik Erikson e Anna Freud. Teologia? Considere *The Geography of Faith*, seu livro de conversas com Daniel Berrigan. Ou então, seu livro de 1999, *The Secular Mind*, no qual Coles ousa questionar a mais consagrada premissa da modernidade, aquela que diz que encontramos sentido dentro de nós mesmos, e não "lá fora". Livros para crianças? Para uma biografia intelectual do próprio Coles, o livro *Intellect and Spirit*, de Bruce Ronda, é o que apresenta o melhor panorama. E, para alguém que não tem tempo para procurar, *A Robert Coles Omnibus* reúne amostras de diferentes obras, especialmente de ensaios sobre literatura.

Capítulo seis

Em busca da graça

Fyodor Dostoievski
Leon Tolstoi

Minhas mais profundas dúvidas sobre a fé podem ser resumidas numa única pergunta: *por que ela não funciona?* Por viajar pelo mundo todo, vejo que o cristianismo traz uma série de melhorias à cultura. Educação, ciência, medicina, direitos humanos, democracia, arte, caridade, todas essas coisas se desenvolveram com maior vigor a partir de raízes cristãs e permanecem estagnadas em alguns dos países não cristãos que visitei. Porém, quando falo com muçulmanos ou hindus devotos, eles citam as diversas guerras que assolaram a Europa durante sua fase predominantemente cristã e o crime, a decadência e a ruptura da família que caracterizam o ocidente cristão atual. Não tenho defesa contra esses argumentos.

Jamais encontrei algum seguidor de qualquer religião que não tenha apreciação por Jesus, mas e quanto à Igreja? Como um amigo judeu me disse certa vez: "Jesus pregou um evangelho maravilhoso. A admiração por Jesus está crescendo cada vez mais entre nós, judeus. Porém, mostre-me o prometido reino de Deus. Olhe para a História, especialmente a perseguição que os cristãos empreenderam contra os da minha raça. Este lugar realmente se parece com um mundo redimido?" O judeu olha para o mundo e pergunta por que o Messias ainda não veio; o cristão, que acredita que o Messias já veio, fica espantado com o mal que ainda é abundante.

Em sua autobiografia espiritual, chamada *Uma confissão,* Leon Tolstoi menciona que os cristãos às vezes tratam uns aos outros de maneira pior que as pessoas de outras crenças. Ele cresceu pacificamente entre católicos, protestantes, ortodoxos e pessoas semelhantes aos anabatistas, mas a Igreja Ortodoxa Russa lhe disse que "estas pessoas são flagradas em mentiras, o que lhes dá a força vital é uma tentação do demônio, e somente nós possuímos a única verdade possível". "E vi que aqueles que não professassem uma fé idêntica eram considerados hereges pelos ortodoxos, assim como os católicos e as outras igrejas chamavam de hereges os próprios ortodoxos."

Quando penso nos indivíduos cristãos que conheço, vejo algumas pessoas que mudaram para melhor por causa de sua fé, mas também encontro alguns que pioraram bastante. Para cada cristão gracioso, animado e perdoador, posso apontar um que é orgulhoso, malvado e julgador. Em minha própria experiência, pude perceber que aqueles que mais se esforçam e creem de maneira mais fervorosa geralmente são as pessoas menos atraentes. Como os fariseus dos tempos de Jesus, eles se envolvem numa competição e terminam mais hipócritas que justificados. Os políticos dizem que as cartas mais sórdidas que recebem vêm de pessoas que citam a Bíblia e clamam para si a autoridade de estar falando em nome de Deus — o que eu realmente acredito, pois minha caixa de correio está repleta de cartas que seguem o mesmo padrão. Como é possível resolver a tensão entre os ideais do evangelho e a realidade daqueles que o professam?

Hoje em dia, vejo adolescentes usando pulseiras com as letras, em inglês, "WWJD" (What would Jesus do?) para lembrar-lhes a terrível pergunta: "Em seus passos, o que faria Jesus?"[1]. Essa pergunta está baseada no título do livro de Charles Sheldon *In His Steps* (*Em seus passos, o que faria Jesus?*[2]), que conta a história de um grupo de pessoas comuns que solenemente votou agir como Jesus agiria, baseando suas ações nos capítulos 5 a 7 de Mateus. Como adolescente da década de 1960, muito antes de os marqueteiros descobrirem o potencial de vendas do WWJD, li o livro de Sheldon e fiz a mesma pergunta a mim mesmo todos os dias. Quase fiquei louco. Se eu desse esmolas a todo o mundo que me pedisse, logo ficaria sem dinheiro. Num lampejo de raiva, chamava meu irmão "bobo" ou alguma coisa pior, e logo depois ficava preocupado por ter me arriscado a arder no fogo do inferno.

Será que eu deveria arrancar um olho por dar uma olhadela na revista pornográfica do meu vizinho? Deveria eu não reclamar quando os meninos da escola me jogavam para fora do ônibus ao chegar no meu ponto? Tentei fazer isso até o dia em que me cansei de chegar em casa com o nariz sangrando.

Havia uma mulher perfeita na igreja em que cresci. Pelo menos era esse o título que ela dava a si, insistindo que nunca havia pecado em doze anos. Posso me lembrar do meu tempo de criança, muito ciente de todos os meus pecados, quando olhava para aquele maravilhoso estado de perfeição. Nunca duvidei de sua sinceridade, pois como uma pessoa perfeita poderia mentir? Durante os cultos, às vezes ficava olhando para ela, tentando descobrir seu segredo. Agora, porém, olho para trás com pena daquela mulher. O apóstolo João não poderia ter sido mais direto: "Se dissermos que não temos pecado nenhum, a nós mesmos nos enganamos, e a verdade não está em nós" (1Jo 1.8). Apesar de aquela mulher ter conseguido evitar os pecados abertos e óbvios, duvido que ela tenha obedecido ao pé da letra aquilo que Jesus chamou de primeiro e maior mandamento: amar a Deus com todo o seu coração, alma e entendimento. Sua atitude presunçosa e superior denunciava que ela provavelmente já havia sido vítima do pecado do orgulho.

Várias passagens do Novo Testamento, notadamente o Sermão do Monte, falam de altos ideais éticos — dar a todo aquele que pede, amar os inimigos, nunca cobiçar, não odiar, perdoar sempre, receber a perseguição com alegria — o que inevitavelmente se opõe à repugnante realidade do comportamento humano vigente. Tenho sentido uma tensão constante e sem solução quanto às falhas do cristianismo.

Como jornalista, tenho observado de perto tanto os aspectos espetaculares quanto os mais vis de proeminentes líderes espirituais, muitos dos quais nunca vieram a público. Quando decido escrever sobre mim mesmo, em vez de escrever sobre os outros, logo descubro que escrevo muito melhor sobre disciplinas espirituais do que as pratico. Somos chamados a lutar por ideais que nunca poderão ser alcançados?

Não havia encontrado maneira alguma de abordar a dissonância cognitiva que me manteve num estado de inquietação espiritual, até que me deparei com os escritos de dois romancistas russos do século 19.

Minha compreensão da tensão entre os ideais cristãos e a realidade agora é formada parte por Tolstoi, parte por Dostoievski.

No início da década de 1970, Malcolm Muggeridge[3] ouviu, para sua surpresa, que membros da elite intelectual da União Soviética, ainda sob o regime comunista, estavam experimentando um reavivamento espiritual. Um dissidente russo que vivia exilado na Inglaterra disse-lhe que virtualmente todo escritor, artista ou músico de renome estava explorando questões espirituais. Muggeridge relata: "Perguntei-lhe como aquilo poderia estar acontecendo, dados os intensos esforços de lavagem cerebral antirreligiosa sobre os cidadãos e a ausência de literatura cristã, inclusive os Evangelhos. Sua resposta foi memorável. Ele disse que as autoridades esqueceram de suprimir as obras de Tolstoi (1828-1910) e Dostoievski (1821-1881), as mais perfeitas exposições da fé cristã dos tempos modernos".

Exatamente na mesma época, eu morava no ocidente, cercado de cristãos, saturado de literatura religiosa e, francamente, incapaz de entender a maioria delas. Esses dois romancistas russos, que ninguém poderia acusar de serem equilibrados ou até mesmo psicologicamente sadios, ajudaram a restaurar em mim um senso de equilíbrio. Assim como Robert Coles havia descoberto que os romancistas sabiam mais sobre o comportamento humano do que todos os seus professores de Psicologia, eu também descobri que eles sabiam mais de Teologia que a maioria dos teólogos. Em um estágio crucial de minha peregrinação, eles se tornaram os orientadores espirituais que me levaram à resolução de um problema que atormenta todo cristão zeloso — ou o seguidor de qualquer religião, no que diz respeito a este assunto, conhecido como o grande hiato entre a vida como ela deveria ser e a vida como ela é; entre a teoria da fé e sua prática.

Na história da literatura, ninguém superou a Leon Tolstoi na habilidade de retratar a completa essência da vida. Virginia Woolf expressou assim:

> Nada parece lhe escapar. Nada passa diante dele sem ser registrado [...]. Cada folha, cada pena é atraída por seu ímã. Ele nota o azul ou

> o vermelho das vestes de uma criança; a maneira como o cavalo abana sua cauda; o som de uma tosse; o ato de um homem colocar as mãos num bolso que já foi remendado. Quando seus olhos infalíveis registram uma tossidela ou a habilidade de mãos, seu cérebro infalível se refere a algo escondido em seu caráter, de modo que passamos a conhecer quem são seus personagens não apenas por meio da maneira como eles amam ou como veem a política ou até a imortalidade da alma, mas também pela maneira como eles assoam o nariz e ficam sufocados. Sentimos como se fôssemos colocados no topo de uma montanha e tivéssemos um telescópio ao alcance de nossas mãos. Tudo fica impressionantemente claro e absolutamente nítido.

Um dos biógrafos de Tolstoi comentou que quando terminou de ler *Guerra e paz* e voltou "à vida normal", teve a sensação de voltar a algo mais pálido e menos verdadeiro do que a própria arte de Tolstoi. Tive exatamente a mesma experiência. Meu mundo criou vida nos romances deste escritor, separado de mim por metade do mundo e por quase um século. Quando Tolstoi descreveu a primavera, a maravilha das delicadas flores desabrochando pela tundra que derretia, atribuiu à mesma exuberância o significado que deu à descrição do êxtase religioso. Ao fazer isso, ele me ensinou como ir além de mim mesmo.

Hoje, quando olho para trás e vejo o claustro do fundamentalismo do Sul dos Estados Unidos, em que cresci, fico pensando se talvez não estivesse sofrendo de uma disfunção narcisista (talvez todos os adolescentes sofram disto, não é?). Via o mundo através das venezianas fechadas da igreja e da família, sem a capacidade de projetar fora de mim e compreender o ponto de vista de, digamos, um meeiro na área rural do Alabama ou de um imigrante polonês do Bronx; quanto mais um membro da aristocracia russa ou um camponês da Rússia do século 19. Tolstoi abriu as cortinas, mostrando para mim um mundo do qual não conhecia nada. De maneira especial, ele criou em mim compaixão pelos pobres.

Na época em que ele escreveu, a Rússia tinha cinquenta milhões de servos; quase metade da população vivia como verdadeiros escravos, possuídos por seus senhores. Com as terras antigas onde ele vivia e escrevia, Tolstoi herdou centenas desses camponeses, um número que flutuava enormemente quando ele perdia ou ganhava essas almas em rodadas de apostas. Ao contrário da maioria dos donos de terras, porém, ele caminhava entre os camponeses e os conhecia. Tolstoi concluiu que os camponeses tinham vida mais rica e muito mais interessante que sua própria vida na aristocracia:

> A vida de um trabalhador, com sua infindável variedade de formas de trabalho e os perigos ligados a esta atividade no mar e sob a terra; suas migrações, as relações com os empregadores, supervisores e pares, e com os homens de outras religiões e nacionalidades; suas lutas com a natureza e os animais selvagens, as associações com animais domésticos, o trabalho na floresta, nas estepes, nos campos, no jardim, no pomar [...]. Para nós, que não temos esses interesses e não possuímos percepção religiosa alguma, tudo isso nos parece monótono em comparação com aquelas pequenas alegrias e insignificantes cuidados de nossa vida — uma vida sem labor e sem produção, mas de consumo e destruição daquilo que outros produziram para nós. Pensamos que os sentimentos experimentados pelas pessoas de nossos dias e de nossa classe são muito importantes e variados; mas, na realidade, quase todos os sentimentos das pessoas de nossa classe se resumem em não mais do que três sentimentos bastante insignificantes e simples: o sentimento do orgulho, o sentimento do desejo sexual e o sentimento de enfado da vida. Esses três sentimentos, com suas consequências, formam quase que a essência única da arte da classe rica.
>
> Extraído de *What is Art?*[4]

As diferenças entre a vida simples dos camponeses e a vida de tolerância das pessoas ricas como ele mesmo começavam a corroer Tolstoi, paralisando sua capacidade de escrever. Seus camponeses, ao que parece, conheciam o significado da vida e do trabalho, sabiam como suportar o sofrimento e conheciam o significado da morte, coisas totalmente desconcertantes para ele. Tolstoi estudou a filosofia de Buda, Schopenhauer e Jesus em busca de suas próprias respostas para esses mistérios, e não encontrou alívio. Por fim, concluiu que o problema principal não estava tão ligado ao modo errado de pensar, mas na maneira de agir. Sendo um parasita nas costas de seus trabalhadores, ele mal podia dizer que vivera uma vida. "Meu coração estava oprimido por um sentimento doloroso, que somente posso descrever como uma busca por Deus", escreveu ele. "Era um sentimento de medo, orfandade, isolamento numa terra estranha e a esperança de ajuda de alguém."

A busca tornou-se tão intensa, na verdade, que Tolstoi se desviou de sua missão artística e buscou quase que unicamente resolver as importantes questões sobre o sentido das coisas. Para o desalento dos críticos literários e dos leitores que ansiavam por mais romances grandiosos, ele dedicou os melhores anos de sua vida à especulação religiosa. Como escritor e peregrino, lutou com a tensão entre o mundo como ele é e como ele deveria ser. Escreveu centenas de páginas em cadernos de anotação, transformando-os em seu diário espiritual. Desenvolveu uma estética altamente moralista (em sua obra *What is Art?*) e escreveu livros nos quais expôs suas crenças religiosas.

Assim como Tolstoi tinha a capacidade única de retratar o mundo como se fosse a primeira pessoa que verdadeiramente tivesse visto um arado removendo enormes torrões de terra ou tivesse ouvido o gelo trincando num rio congelado, ele também agiu como se fosse a primeira pessoa a verdadeiramente levar os Evangelhos a sério. Ele leu os mandamentos diretos de Jesus e tentou colocá-los em prática. "Vai, vende tudo o que tens, dá-o aos pobres e terás um tesouro no céu", disse Jesus ao jovem rico (Mc 10.21). Depois de ler isto, Tolstoi liberou seus trabalhadores, cedeu os direitos de suas obras e começou a se desfazer de todos os seus imóveis. Para se identificar com as pessoas comuns, vestiu roupas de camponês, fez seus próprios sapatos e começou a trabalhar nos campos.

Os escritos espirituais de Tolstoi, diferentemente de sua ficção, levantam argumentos de todos os lados. Mahatma Gandhi, achou-os profundamente tocantes, e considerava a obra *The Kingdom of God Is Within You* como a fonte de inspiração que orientou seus princípios de não violência, simplicidade e pobreza intencional. Nos dias de Tolstoi, uma legião de idealistas, revolucionários, pretensos santos e anarquistas quis ouvir de sua própria boca as fortes palavras sobre justiça e dignidade humana. Para cada Gandhi motivado pelos altos ideais de Tolstoi, porém, outro leitor era repelido pela forma tão pobre quanto ele mesmo os vivia. O que Tolstoi encontrou nos Evangelhos o atraiu como uma chama; seu fracasso em realizá-los terminou por consumi-lo.

Tolstoi era atormentado pela mesma tensão que todos os cristãos sentem em alguma escala, a tensão que afligiu minha adolescência. Quando escreveu sobre sua fé religiosa ou procurou vivê-la, o antagonismo entre o ideal e o real o assombrou como um *dybbuk*.[5] O romancista John Updike mostra o outro lado em seu comentário sobre o diário de treze volumes de Tolstoi: ''A luz da arte de Tolstoi raramente atinge a cela de monge de seu incessante moralismo e desprezo a si mesmo".

As tentativas de Tolstoi na direção da honestidade e da mudança causaram infindáveis problemas em sua própria família. Como jovem oficial do Exército, ele colecionara uma enorme lista de amantes, frequentara bordéis, participara de orgias regadas a bebida e contraíra doenças venéreas diversas vezes. Ele diligentemente registrou todas essas desventuras em seu diário e, quatro dias antes de seu casamento, insistiu que sua noiva, uma recatada moça de 18 anos de idade, lesse o lúgubre relato. Ela nunca se recuperou de tal experiência.

"Quando ele me beija, penso: não sou a primeira mulher que ele amou", escreveu Sônia Tolstoi, em seu próprio diário. Suas aventuras no Exército ela podia perdoar, mas não o seu caso com Axinya, uma mulher camponesa que ainda trabalhava nas terras de Tolstoi. Todas as vezes que olhava para o filho de Axinya, via as feições de seu próprio marido. Quando ele comunicou sua intenção de abdicar dos direitos de seus livros, ela queixou-se, dizendo que ele estava dando uma fortuna a excêntricos enquanto "pão preto seria suficiente para seus filhos e netos". Seu desprezo pelas propriedades arruinou a renda da família; a abdicação dos direitos privou seus herdeiros. Aquilo que Tolstoi considerava passos rumo à santidade, Sônia via como tolice e abuso de sua família.

Quando leio os diários de Tolstoi, vejo *flashbacks* de minhas arremetidas rumo ao perfeccionismo. Os diários registram muitas das dificuldades de Tolstoi com sua família, mas principalmente as lutas de Tolstoi consigo. Seu desejo de alcançar o perfeccionismo o levou a delinear listas de regras ainda mais abrangentes. Ele abandonou a caça, o tabaco, o álcool e a carne. Decidiu vender ou doar qualquer coisa supérflua — piano, mobília, carruagens — e tratar todas as pessoas da mesma forma, de governadores a pedintes. Ele esboçou regras para o desenvolvimento da vontade emocional, para o desenvolvimento dos sentimentos elevados e a eliminação dos inferiores, e para subordinar a vontade ao sentimento de amor.

Mas Tolstoi nunca conseguiu alcançar a autodisciplina necessária para viver de acordo com suas próprias regras. Terminou mantendo o piano e a mobília. Passou as terras para o nome de sua esposa, mas continuou vivendo nelas e fazia suas refeições vegetarianas sendo servido por criados de luvas brancas. Mais de uma vez, Tolstoi fez votos públicos de castidade (Jesus não havia elogiado isso?) e pediu quartos separados. Ele nunca conseguiu manter esses votos por muito tempo pois, para sua vergonha, as dezesseis gestações de Sônia evidenciavam isto ao mundo. Escreveu em seu diário que sua esposa estava impedindo sua realização espiritual ao insistir numa maneira "normal" de viver a vida e, depois de ceder a seus apelos sexuais, ele adicionava um comentário como "era tão repugnante quanto a sensação de ter cometido um crime". Sônia continuou lendo esses diários por toda sua vida, o que lhe infligia constante dor.

Às vezes, Tolstoi conseguia fazer um grande bem. Quando a fome assolou sua região, passou dois anos organizando programas de atendimento, criando hospitais de campanha e cuidando dos necessitados. Depois de um longo hiato literário, ele escreveu seu último romance, *Resurrection* [Ressurreição[6]], já com 71 anos de idade, em apoio aos Dukhobors, um grupo de doze mil anabatistas que sofriam perseguição do czar, doando todo o lucro para financiar a emigração daquele grupo para o Canadá. A filosofia de não violência de Tolstoi, tirada diretamente do Sermão da Montanha, teve um impacto que se prolongou para além de sua própria vida, por intermédio de seus descendentes ideológicos, como Gandhi e Martin Luther King Jr.. Em todos os aspectos, porém, a busca que Tolstoi empreendeu pela santidade foi um total desapontamento. Em resumo, ele não praticava aquilo que pregava. Sua esposa relata de maneira adequada (ainda que claramente tendenciosa):

> Há pouco afeto genuíno nele. Sua bondade não vem de seu coração, mas simplesmente de seus princípios. Suas biografias vão dizer como ele ajudou os trabalhadores a carregar baldes de água, mas nenhuma delas dirá que ele jamais deu descanso a sua esposa e nunca, nestes 32 anos, deu a seus filhos um copo d'água ou passou cinco minutos ao lado de suas camas para que eu pudesse ter uma chance de descansar de meus trabalhos.
>
> Extraído do Diário de Sônia

"Onde está seu amor?", perguntava ela depois de uma briga recheada de gritos. "Sua não resistência? Seu cristianismo?" Ele jamais mostrou afeição aos filhos que consumiram tanto da vida de sua esposa. Aquele que professava tamanho amor pela humanidade tinha dificuldades para amar qualquer indivíduo em particular, até mesmo os membros de sua própria família.

Os firmes passos rumo à perfeição nunca resultaram em qualquer aparência de paz ou serenidade. Até o momento de sua morte, seus diários e cartas mantiveram-se recordando o pesaroso tema do fracasso, expondo o distanciamento entre os ideais do evangelho e as contradições de sua própria vida. Honesto demais para enganar-se, ele não era capaz de silenciar a consciência que o convencera. Alguns o chamaram hipócrita, mas o hipócrita finge ser algo que não é; Tolstoi sabia melhor do que qualquer pessoa quais eram suas falhas.

Leon Tolstoi foi um homem profundamente infeliz. Disparou contra a Igreja Ortodoxa Russa e recebeu em troca a excomunhão.[7] Todos os seus planos de melhoria pessoal naufragaram. Houve momentos em que ele precisou esconder as cordas de sua propriedade e se livrar de suas armas para resistir à tentação do suicídio. No fim da vida, Tolstoi afastou-se de sua fama, sua família, suas posses, sua identidade. Morreu como um vadio numa estação de trem do interior, cercado por aldeões curiosos e jornalistas do mundo inteiro. Um repórter conseguiu tirar uma tocante foto de Sônia olhando ansiosamente através de uma vidraça suja para o interior do lugar onde seu marido jazia à morte. Seus discípulos impediram a presença da esposa para que isto não o perturbasse.

Diante de tantos fracassos, o que posso aprender da trágica vida de Leon Tolstoi? Li muitos de seus textos religiosos e, sem exceção, saí inspirado por sua reverência ao ideal absoluto de Deus. Tolstoi me lembra que, ao contrário daqueles que dizem que o evangelho resolve nossos problemas, em muitas áreas — questões de justiça, dinheiro, preconceito racial, orgulho e ambição pessoais — ele na verdade nos adiciona um fardo.

Em tempos modernos, pode ser muito fácil confundir o evangelho com o "sonho americano" de contentamento, prosperidade e uma existência livre de problemas. Tolstoi viu que Jesus nos chama para algo além de uma bela casa com vizinhos simpáticos. Ele havia provado da fortuna, do talento, da educação e da fama mundial: "Eu diria a mim mesmo: 'Muito bem, você será mais famoso do que Gogol, Pushkin, Shakespeare ou Molière, ou mais do que todos os escritores do mundo; e daí?' E sairia sem resposta alguma". Tolstoi levava muito a sério a pergunta feita por Jesus: "Pois que aproveitará o homem se ganhar o mundo inteiro e perder a sua alma?" (Mt 16.26).

Não é fácil desprezar um homem disposto a libertar seus servos e distribuir suas posses em obediência ao mandamento de Jesus. Outros nobres russos compravam e vendiam seus servos como quem negocia gado, agredindo violentamente aqueles que desobedeciam a suas ordens — isto numa nação que se considerava o lar da pura Igreja de Cristo. Tolstoi libertou seus servos voluntariamente. Se outros tivessem seguido a liderança dele nas questões de justiça, é possível que o pesadelo da revolução de 1917 jamais tivesse acontecido.

Como teria sido bom se Tolstoi tivesse vivido de acordo com seus ideais — ou se eu pudesse viver à altura deles! Apesar de ter estabelecido diversas regras para si, Tolstoi nunca descambou para um legalismo raso. O título de seu livro *The Kingdom of God is Within You* fala corretamente, pois ele buscava absorver a lei moral ideal dentro de si.

Tolstoi dizia que os sistemas religiosos tendiam a promover as regras exteriores: o judaísmo fez isto, assim como o budismo, o hinduísmo e o islamismo. Mas Jesus apresentou uma nova abordagem ao se recusar a definir um conjunto de regras exteriores que seus seguidores pudessem suportar com um senso de autojustificação. Em uma passagem magistral, Tolstoi mostra essa distinção entre a abordagem de Cristo e as das outras religiões:

O teste da observância dos ensinos religiosos exteriores é se nossa conduta se conforma ou não com seus decretos (observar o sábado; ser circuncidado; entregar o dízimo). Tal conformidade é realmente possível.

O teste da observância dos ensinos de Cristo é a consciência de nosso fracasso em atingir a perfeição ideal. O quanto nos aproximamos dessa perfeição não é mensurável; tudo que podemos ver é o tamanho de nosso desvio.

Um homem que professa uma lei exterior é como alguém que está diante da luz de uma lanterna pendurada num poste. Há luz em toda a sua volta, mas ele não pode ir a lugar algum. Um homem que professa os ensinos de Cristo é como alguém que carrega uma lanterna diante de si em um poste longo, ou mesmo não tão longo: a luz está adiante dele, sempre iluminando lugares novos e sempre encorajando-o a ir mais além.

Apesar das pérolas de sabedoria de passagens individuais, os textos de fundo religioso de Tolstoi, na maior parte, são erráticos e instáveis. Ele via'''o tamanho" de seu desvio, e pouca coisa mais. Ao diagnosticar seus próprios esforços interiores, o que viu apenas o encheu de desgosto: fracasso moral, hipocrisia, infidelidade. Talvez seja exatamente por isso que poucas pessoas leem atualmente suas reflexões espirituais. Como conselheiro, ele oferece mais desânimo do que esperança. Se Tolstoi mal podia ajudar-se, como podemos esperar que ele nos ajude?

Em resposta a tal crítica, Tolstoi respondeu que não devemos julgar os santos ideais de Deus pela inabilidade que tinha o escritor em cumpri-los; não julgar a Cristo a partir daqueles de nós que, de maneira imperfeita, carregamos o seu nome. Uma passagem em especial, extraída de uma carta particular, mostra como Tolstoi respondia a tais críticas no fim de sua vida. Ela se coloca como um resumo de sua peregrinação espiritual; ao mesmo tempo que é uma gritante afirmação da verdade na qual ele acreditava com todo seu coração, e um plangente apelo pela graça que ele nunca conheceu plenamente.

"E quanto a você, Lev Nikolayevitch, você prega muito bem, mas faz aquilo que prega?" Esta é a mais natural das perguntas, uma que sempre me é feita. Normalmente, é feita de maneira vitoriosa, como se fosse uma forma de calar minha boca. "Você prega, mas como vive?" E respondo que não prego, que não sou capaz de pregar, ainda que deseje apaixonadamente fazê-lo. Posso pregar apenas por meio de minhas ações, e minhas ações são vis [...]. E respondo que sou culpado, e vil, e digno de receber as críticas por meu fracasso em cumpri-las.

Ao mesmo tempo, sem ter o propósito de me justificar, mas simplesmente visando explicar minha falta de consistência, digo: olhe para minha vida atual e para minha vida passada, e você verá que não tento defendê-las. É verdade que não tenho cumprido a milésima parte deles [os preceitos cristãos], e me envergonho disto, mas deixei de cumpri-los não porque não quis, mas porque fui incapaz de fazê-lo. Ensine-me como não ser enredado pela tentação que me cerca, ajude-me, e eu os cumprirei; mesmo sem ajuda, eu desejo e espero cumpri-los.

Ataque-me — eu mesmo faço isto — mas ataque a mim, em vez de culpar o caminho que sigo e que indico a todos aqueles que me perguntam onde acho que ele esteja. Se conheço o caminho de casa e ando por ele embriagado, o caminho não deixa de ser certo simplesmente porque ando por ele cambaleante! Se não é o caminho correto, então mostre-me um outro; mas se cambaleio e perco o caminho, você deve me ajudar, deve manter-me na senda da verdade, assim como eu mesmo estou disposto a ajudá-lo. Não me leve por caminhos errados, não fique feliz por eu me perder, não se rejubile dizendo: "Olhe para ele! Disse que estava indo para casa, mas está se arrastando para um pântano!" Não, não se regozije, mas dê-me seu apoio e sua ajuda.

Fico triste ao ler os textos religiosos de Tolstoi. A visão de Raios X lançada sobre os corações humanos, que fez dele um grande romancista, também o transformou num cristão torturado. Como um salmão na época da desova, ele lutou correnteza acima em sua vida, desmoronando por exaustão moral. Quando criança, ele acreditava numa *varinha verde*, com a qual se entalhava palavras que iriam destruir todo o mal nos corações do homem, fazendo-lhe bem. Ele nunca encontrou essa *varinha*, jamais chegou a um acordo sobre a condição de decadência da humanidade, inclusive ele mesmo. Ele achava que sua própria vontade seria suficiente para expulsar o mal, e ela o traiu. Em seu último romance, *Ressurreição*, um de seus personagens percebe "muito claramente que o único meio seguro de salvação dos terríveis erros em que caíra a humanidade é que todo homem se reconhecesse um pecador diante de Deus e, portanto, incapaz tanto de punir quanto de restaurar a outros".

Mas também sou grato a Tolstoi pela busca incansável de fé autêntica, que causou impressão indelével sobre mim. Tive meu, primeiro contato com seus romances numa época em que estava sofrendo os efeitos retardados do *abuso* praticado pela Igreja. As igrejas nas quais cresci apresentavam muitas fraudes, ou pelo menos era assim que eu enxergava na arrogância da juventude. Quando percebi a fenda que separava os ideais do evangelho e as falhas de seus seguidores, fiquei profundamente tentado a abandonar aqueles ideais, considerando-os desesperadamente inatingíveis. Então descobri Tolstoi. Ele foi o primeiro que, para mim, cumpriu a mais difícil das tarefas: tornar o bem tão crível e atraente quanto o mal. Descobri em seus romances, fábulas e contos uma fonte de poder moral.

A maioria dos escritores modernos explora a depravação e alguma coisa mais. Tolstoi, que bebera dessa depravação, mantinha-se acima dela, na direção de uma visão daquilo que poderia e deveria ser, rumo a uma regra de amor que ele sempre anelou e nunca descobriu. Sua luta vã ajudou a me convencer que meu completo fracasso em perceber a verdade não desvalorizava a própria verdade, mas, ao contrário, destacava minha necessidade de continuamente entregar-me à misericórdia de Deus. Uma ideia não pode ser considerada responsável por aqueles que dizem acreditar nela. Com Tolstoi, aprendi a responder aos críticos:

"Ataque a *mim*, em vez de culpar o caminho que sigo". Graças a seu passado devasso, Tolstoi sabia que outros caminhos levavam para ainda mais longe da verdade.

"Não serei órfão nesta terra enquanto este homem viver", disse Maxim Gorky, um dos mais talentosos contemporâneos de Tolstoi. Ele ergueu os olhares de uma nação inteira, e até hoje seus escritos levam essa mensagem ao mundo todo. Poucos anos atrás, um amigo meu, professor de literatura, recebeu um desesperado pedido de ajuda de uma ex-aluna que servia num miserável campo de refugiados na Tailândia. Todos os dias, ela entrevistava pessoas que haviam escapado do Camboja e do Vietnã, ouvindo suas histórias de brutalidade e mal. Ela disse que quase não conseguia mais acreditar na bondade humana. Quase não conseguia mais acreditar em Deus, também. Será que meu amigo poderia enviar-lhe alguns livros que fossem capazes de ressuscitar-lhe a fé? Ele escolheu cinco livros, no qual o primeiro da lista era *Ressurreição*, de Tolstoi. Esse último romance fala do incansável e insaciável amor de uma ex-prostituta que fora abusada por um homem que se sentia, agora, extremamente culpado pelo que fez. Essa obra representa o ponto mais próximo que Tolstoi chegou de entender o que é graça.

Um dos melhores romances de Tolstoi, *Ana Karenina*, termina com dois parágrafos que comentam o despertamento espiritual de Levin, um dos personagens principais. Levin diz: "O conhecimento alcançável por meio da razão foi-me revelado pessoalmente, ao meu coração, abertamente e sem sombra de dúvida, e tento obstinadamente expressar esse saber por intermédio de palavras e de minha razão". Ao ler as palavras finais de Levin, não consigo deixar de ver nelas a projeção do próprio Tolstoi, tanto no que se refere a sua desesperada esperança quanto aos seus sonhos não realizados.

> Este novo sentimento não me transformou, não me fez feliz nem me iluminou repentinamente como imaginei que fosse fazer — assim como o sentimento que tenho por meu filho. Não houve qualquer surpresa em relação aos dois. Mas quer ele seja fé ou não — e não sei o que ele é — esse sentimento entrou tão imperceptivelmente em minha alma por meio do sofrimento, e se alojou ali firmemente.
>
> Ainda ficarei irado com meu cocheiro, Ivan, ainda discutirei e expressarei meus pensamentos em momentos inoportunos. Ainda haverá uma parede entre o santo dos santos de minha alma e as outras pessoas, até mesmo minha esposa, ainda a culparei por meus próprios medos e também me arrependerei. Continuarei sendo incapaz de compreender com minha razão por que estou orando e continuarei a orar. Mas minha vida, minha vida inteira, independentemente de qualquer coisa

> que possa acontecer a mim, cada momento dela não será mais sem sentido, mas possuirá um incontestável significado de bondade, com o qual tenho o poder de investi-lo.

Eu poderia aceitar para mim este credo, reconhecendo, ao mesmo tempo, uma teimosa imperfeição e incontestável bondade.

Ler Tolstoi e Dostoievski transformou minha visão daquilo que pode ser comunicado pelas palavras. Eu já havia lido muitos livros de Teologia e Apologética, com algum benefício e muita frustração. Alguns dos argumentos dos filósofos ateus, afinal, pareciam igualmente constrangedores num nível racional. Porém, quando li os dois russos, o cerne da fé cristã me alcançou mais profundamente. Conheci o poder da história, a verdade sendo expressa numa forma corpórea, indiscutível, incontestável. Conceitos como graça e perdão, que constituem o coração do evangelho, tinham pouco espaço em muitos livros de Teologia. Comecei a entender por que Jesus gostava tanto de parábolas. O filho pródigo nos conta quase tudo que precisamos saber sobre redenção; o bom samaritano, o que precisamos conhecer sobre ética. Jesus contrastou um fariseu — que estava muito bem sintonizado com a Teologia — com um pecador que só podia clamar por ajuda; e era o clamor do pecador, naturalmente, que Deus ouvia.

Os próprios escritos de Tolstoi trazem o mesmo princípio, à medida que atravessam de um gênero para outro. Seus textos religiosos contradizem-se uns aos outros e se baseiam em racionalizações gritantes. Em suas melhores histórias, porém, o perfume da propaganda evapora. Os romances apresentam doutrina e ética não como ideias abstratas, mas como forças devida encarnadas dentro de personagens reais. Seu retrato ficcional da vida, a verdade sobre homens e mulheres que ele conhecera, observando-os com seu olho fotográfico, continham dentro de si o coração do evangelho que havia sempre escapado a sua busca racional. Tolstoi era muito melhor pintando um quadro sobre redenção do que a explicando.

É triste constatar que Tolstoi nunca permitiu que o evangelho trouxesse conforto para sua própria vida. A. N. Wilson, um biógrafo de

Tolstoi, comenta que "sua religião era uma coisa mais ligada à Lei do que à graça; um plano para a benfeitoria do homem, em vez de uma visão de Deus alcançando o mundo caído". Com uma claridade cristalina, Tolstoi podia ver sua própria inadequação à luz do ideal de Deus. Mas ele não pôde dar o passo seguinte, de confiar na graça de Deus para superar essa limitação.

Pouco depois de ler Tolstoi, descobri seu compatriota Fyodor Dostoievski. Esses dois, os mais famosos e completos de todos os escritores russos, viveram e trabalharam durante o mesmo período da História. Apesar de considerarem o trabalho um do outro com admiração, jamais se encontraram. Tal qual planetas que gravitavam ao redor das mesmas cidades, atraindo atenção e exercendo poderosa força, suas órbitas nunca se cruzaram. Talvez exatamente por isto: eles eram opostos em tudo.

Enquanto Tolstoi escrevia romances brilhantes e ensolarados, Dostoievski produzia peças introspectivas e soturnas. Tolstoi criava esquemas ascéticos para sua própria melhoria, e Dostoievski periodicamente desperdiçava sua saúde e sua fortuna em casos, álcool e apostas. Tolstoi mantinha uma agenda de trabalho bastante disciplinada; Dostoievski normalmente trabalhava à noite, produzindo histórias num ritmo frenético com o objetivo de pagar suas dívidas de jogo. Milhares de peregrinos passaram pela casa de Tolstoi, buscando sabedoria; ninguém nem sequer pensava em ir ao desordenado Dostoievski para buscar conselhos. Ele era socialmente inepto. Administrava tão mal dinheiro que, às vezes, nem sequer podia pagar as despesas de postagem para enviar um romance completo para o editor. Sofria de epilepsia, e um ataque era capaz de deixá-lo prostrado por vários dias.

Dostoievski cometeu muitos erros na vida, mas conseguiu uma grande façanha na arte. Seus romances comunicam graça e perdão, o cerne do evangelho cristão, com uma força tolstoiana. Dostoievski ensinou-me o remédio para os seguidos fracassos de Tolstoi.

Logo no começo de sua vida, Dostoievski passou por uma ressurreição. Ele fora preso por pertencer a um grupo considerado traidor pelo czar Nicolau I, que, para mostrar aos jovens radicais a gravidade de seus erros, encenou uma execução fictícia. Depois de passar oito meses na cadeia, aguardando a sentença, repentinamente, numa manhã fria, três dias antes do Natal, os conspiradores foram tirados de suas celas e transportados a uma praça pública onde, para desespero do grupo, um oficial lia a sentença que os condenava à morte. Eles não tiveram tempo de absorver a notícia nem a possibilidade de apelar. Um esquadrão de fuzilamento estava pronto para a execução. Com as cabeças descobertas, vestidos em mortalhas brancas, mãos firmemente atadas para trás, foram levados na neve, diante de uma multidão estúpida.

Um oficial pronunciava as palavras "o salário do pecado é a morte" para cada prisioneiro e uma cruz era levantada para que fosse beijada. Os três primeiros foram selecionados para morrer e, então, foram atados a postes. No último instante, quando a ordem "preparar, apontar" foi dada, com os tambores rufando, rifles armados e colocados nos ombros, um cavaleiro galopando trouxe uma mensagem pré-escrita pelo czar: por misericórdia, o soberano comutava suas penas para trabalhos forçados. Dostoievski, membro da nobreza, teve uma espada quebrada sobre sua cabeça em sinal de vergonha. Um dos prisioneiros caiu de joelhos e exclamou: "O bom czar! Vida longa ao nosso czar!" O outro teve um colapso nervoso do qual nunca mais se recuperou.

Ainda que de maneira diferente, Dostoievski também jamais se recuperou dessa experiência. Ele viu a morte muito de perto, e aquele momento de sua vida tornou-se incomparavelmente precioso. De volta à prisão, andava de um lado para o outro, cantando em absoluta alegria o fato de ter tido sua vida restaurada. Escreveu as seguintes palavras a seu irmão: "Nunca fervilhou em mim um tipo tão abundante e saudável de vida espiritual como agora [...]. Agora minha vida vai mudar, nascerei de novo numa nova forma". Dobrou cuidadosamente a mortalha para guardá-la como lembrança daquele episódio.

Sua próxima provação estava relacionada ao transporte para a Sibéria. Na badalada da meia-noite do dia de Natal, os guardas ataram pesadas correntes, com quase 5 quilos, as suas pernas e fizeram com que ele puxasse um trenó aberto como se fosse um cavalo. Por dezoito dias, sob um frio congelante que lhe causou diversas ulcerações na pele, ele suportou esse trabalho cruel por toda a jornada. O comboio parou por alguns dias na Sibéria antes da dispersão final dos prisioneiros, e o comandante permitiu a visita de três mulheres, esposas de outros prisioneiros políticos, que haviam se estabelecido ali para ficarem próximas a seus maridos. As três se lançaram à missão de dar boas-vindas aos novos prisioneiros e tentar trazer-lhes um pouco de conforto. Uma delas, uma mulher devotada que havia estudado Filosofia alemã e conhecia quase a Bíblia toda de cor deu a Dostoievski um Novo Testamento, o único livro permitido dentro da prisão. Ela sussurrou-lhe que ele deveria procurar com atenção; dentro do livro, ele encontrou dez rublos.

Crente de que Deus havia lhe dado uma segunda chance para cumprir seu chamado, Dostoievski meditou sobre o Novo Testamento durante seu confinamento. "Ele estudou aquele precioso volume de capa a capa, ponderando cada palavra; decorou grandes partes do texto e nunca as esqueceu", escreveu sua filha Aimee, anos mais tarde. "Todas as suas obras estão saturadas dele, e é isso que dá poder a seus escritos." Mesmo depois de sua libertação, Dostoievski levava consigo aquele exemplar do Novo Testamento, e, em casa, mantinha-o numa gaveta de sua escrivaninha, sempre ao alcance da mão.

Dostoievski passou os quatro anos seguintes em trabalhos forçados e mais outros seis em exílio. No fim daquela década, ele emergiu com inabaláveis convicções cristãs, conforme expressas num credo que foi escrito à mulher que lhe dera o Novo Testamento: "Este *Credo* é muito simples e aqui está: acreditar que nada é mais belo, profundo, simpático, razoável, varonil e mais perfeito que Cristo [...]. Além do mais, se alguém me provasse que Cristo está fora da verdade, preferiria estar com Cristo a permanecer com a verdade".

Dostoievski sofreu terrivelmente enquanto esteve na prisão. Seu problema com os nervos era tão grave que os ataques de epilepsia o atiravam ao chão, produzindo fortes grunhidos, espumando pela boca, com os membros em movimentos convulsivos. Era comum vê-lo internado no hospital, tratando do reumatismo e da epilepsia. Ele lamentava profundamente não ter algo para ler, curvado diante da constante luta, machucado pelas correntes e ansioso por um momento de solidão, distante do burburinho — uma necessidade que ele considerava tão premente quanto comer ou beber. Durante os anos da prisão, ele não recebeu uma carta sequer de sua família.

Alguns de seus companheiros de sofrimento reagiam à punição com ódio e sede de vingança. É digno de nota o fato de Dostoievski ter voltado à sociedade com uma alegria renovada na vida e com otimismo em relação à natureza humana. Ele guardava lembranças de permanecer por horas num vão da cerca; com a cabeça apoiada numa das estacas, olhando a grama verde e o profundo céu azul. Um dos locais de trabalho era "o único lugar em que víamos o mundo de Deus: um horizonte puro e brilhante, as imensas estepes desertas, cuja simplicidade sempre causou em mim uma estranha impressão".

Ele se lembrava da bondade da mulher que lhe havia dado o Novo Testamento e de uma menina que viera correndo em sua direção quando andava pelas ruas na companhia de um guarda, gritando e dizendo: "Aqui, pobre homem, tome um *kopek*, em nome de Cristo!". Ele manteve aquela moeda de pouco valor, bem como o Novo Testamento e a mortalha, como um tipo de memorial. Ele se lembrava de um período de confinamento solitário, quando toda noite a janela da porta de sua cela se abria e uma voz anônima dizia: "Coragem, irmão, nós também sofremos". Aquelas pequenas notas de graça, interpostas no meio do sofrimento, encontrariam lugar em seus romances posteriores.

Acima de tudo, Dostoievski tinha uma satisfação imensa em celebrar o dom da vida. "A vida é um dom", escreveu ele horas depois da falsa execução. "A vida é felicidade; cada minuto pode ser uma eternidade de felicidade [...]. A vida está em todo lugar, em nós mesmos, não no exterior." Depois de ser liberto, ele escreveu:

> Ame cada folha, cada raio de luz.
> Ame os animais, ame as plantas, ame cada coisa.
> Amando tudo, você perceberá o mistério de Deus em tudo.

Eu não esperava este surto de alegria em Dostoievski. Li seus romances em um período obscuro de minha vida, depois de ter mergulhado em romances existenciais. Vivia numa ermida emocional.

Afastei-me das pessoas e as julguei, aproximando-me de novos amigos com extrema cautela. As pessoas podiam me conquistar, sim, mas era exatamente isto, uma conquista. Vi meu caráter dormente na obra *Underground Man* [Memórias do subsolo[8]], de Dostoievski, e depois prossegui para me encontrar com seus outros personagens, cuja bondade transbordante fazia que eles se colocassem em total contraste. Era impossível deixar de notar o paradoxo: Tolstoi, que tinha tudo, acabou irascível e amargurado, enquanto Dostoievski, que havia perdido tudo, terminou agradecido e exuberante.

A prisão ofereceu a Dostoievski uma oportunidade única que, à primeira vista, parecia uma maldição. Ela o forçara a viver muito próximo de ladrões, assassinos e camponeses bêbados. A verdade é que, mais tarde, ele refletiu que a pior dor que sofrera na prisão fora o ódio inclemente que confrontou em camponeses presos que o viam como alguém da classe superior que fora desprezado. Essa revelação veio como um grande choque, pois seus amigos aristocratas estavam liderando um movimento de reforma que visava restaurar direitos às próprias pessoas que, como ele via agora, desprezavam aqueles que lutavam por elas. A vida compartilhada com, aqueles prisioneiros mais tarde o levou à criação de personagens incomparáveis em seus romances, como o do assassino de Raskolnikov, em *Crime e castigo*.[9]

A visão liberal de Dostoievski sobre a bondade inerente da humanidade não era capaz de explicar o mal em estado puro que ele encontrou em seus colegas de cela; sua teologia precisava se ajustar a essa nova realidade. Com o tempo, porém, ele também percebeu a imagem de Deus no mais vil daqueles prisioneiros. Como Tolstoi, ele descobriu que resquícios do cristianismo tradicional haviam sobrevivido nos camponeses, o que ele começou a ver como a única esperança de um novo começo. Ele passou a acreditar que uma pessoa é capaz de amar somente quando é amada. Dostoievski via como parte de sua missão a “restauração dos vis”. Nos brilhantes e complexos romances que continuaria a escrever, ele fez exatamente isto, redimindo diante dos olhos dos russos letrados uma classe de camponeses e criminosos proscritos.

Ele mesmo começou a se ver como o filho pródigo no exílio, vivendo num país distante, entre as lavagens e os porcos. Todo condenado, concluiu ele, sente-se como o filho pródigo, que *não está em casa*, mas apenas de visita. A esperança — "estranha, impaciente e intensa esperança" — de que alguma coisa o espera fora dos muros da prisão é que mantém o prisioneiro vivo, literalmente. Para Dostoievski, a esperança por trás das barras tornara-se um símbolo da esperança eterna que ele sentira num relance quando ouviu a sentença de morte em praça pública. "Estaremos com Cristo", disse ele instintivamente a um amigo a seu lado ("Somos apenas um punhado de pó", respondeu, laconicamente, o amigo ateu). Dostoievski passou a crer na imortalidade como a única forma de entender a vida como qualquer coisa, menos algo sem sentido.

Naquela época, os intelectuais russos estavam flertando com a nova e empolgante filosofia do niilismo, a crença de que nada importa, que toda moralidade é arbitrária, que não existe um Deus benevolente governando o mundo, que todas as ações são determinadas por nossa biologia, que o amor é uma sensação física inseparável do desejo sexual. Depois de ser libertado de seu exílio, Dostoievski foi contrário a cada uma dessas colocações em seus textos. Em vez de discutir com eles, preferiu mostrar as consequências da disseminação daquelas ideias. Seu romance *The Possessed* [Os possessos[10]], por exemplo, narra a história (baseada em fatos reais) de dedicados revolucionários que mataram um membro de seu próprio grupo por considerarem que esta seria a melhor maneira de resolver as diferenças com ele. *Crime e castigo* apresenta o resultado de um "homem extraordinário", seguidor da filosofia de Nietzsche, que vivia acima dos padrões convencionais de moralidade e cometeu dois assassinatos simplesmente para saber como seria a experiência de matar alguém.

Contudo, sempre existe uma nota tocante a soar. Foi nos romances de Dostoievski, na verdade, que pela primeira vez comecei a entender a graça não como um conceito teológico, mas como uma realidade viva, implementada num mundo em que ela está ausente. Apesar de *Crime e castigo* retratar um ser humano desprezível que comete um crime desprezível, o bálsamo lenitivo da graça penetra na vida de Raskolnikov por intermédio da pessoa da prostituta convertida chamada Sônia, que o segue por todo o caminho até a Sibéria e o leva à redenção. "O amor os ressuscitou", escreve Dostoievski. "O coração de um proveu infinitas fontes de vida para o coração do outro." Em *The Idiot* [*O idiota*[11]], Dostoievski apresenta uma figura de Cristo na forma de um estranho e imprevisível príncipe. Quieta e misteriosamente, o príncipe Myshkin movimenta-se entre os círculos da classe alta da Rússia, expondo sua hipocrisia, enquanto também ilumina suas vidas com bondade e verdade. A cena final de *O idiota* apresenta, talvez, a mais tocante descrição de graça de toda a literatura: o príncipe "idiota" compassivamente abraça o homem que acabara de matar a mulher que ele amava.

Em um mundo regido pela Lei, a graça se levanta como um sinal de contradição. Queremos justiça; o evangelho nos dá um homem inocente pregado numa cruz, que clama: "Pai, perdoa-lhes". Queremos respeitabilidade; o evangelho exalta coletores de impostos, pródigos e samaritanos. Queremos sucesso; o evangelho inverte os termos, movendo o pobre e o oprimido para o centro das atenções e os ricos e famosos para os bastidores. Tendo recebido a Cristo no desconforto de uma prisão siberiana, entre colegas de cela que zombavam de sua enfermidade e desdenhavam de seus avanços, Dostoievski compreendeu a graça em sua forma mais contraditória. Ela avança sorrateiramente em seus romances, sem aviso, silenciando os céticos e desarmando os cínicos. Eles acham que têm a vida sob controle até que, de repente, um encontro com a pura graça os deixa sem fôlego.

Isto acontecera com o próprio Dostoievski. Pendurado em dívidas de jogo e com uma loja falida, ele havia se iludido com o plano inescrupuloso de um editor que passaria a deter todos os direitos de suas obras antigas se ele não entregasse um romance até certa data. Dostoievski postergou, sentindo sua criatividade totalmente bloqueada até que o prazo restante era de apenas três semanas. A tarefa parecia impossível, e ele estava totalmente desesperado até que Ana, uma estenógrafa de 19 anos de idade, apareceu para ajudá-lo. Tendo sofrido um ataque epilético poucos dias antes, estava de péssimo humor. Tratou-a asperamente na primeira vez, xingou-a e reclamou de sua velocidade. Ela escrevia todas as suas palavras, trabalhando durante a noite, indo depois para casa para copiá-las e, depois, apresentando uma cópia escrita a mão no dia seguinte. Com tais esforços sobre-humanos, ela o conquistou e tirou dele um romance, *The Gambler* [O jogador[12]], que foi entregue duas horas antes do prazo final.

Neste ponto, Dostoievski já havia reconhecido todos os encantos daquela estenógrafa e lhe propusera casamento. Ana não sentia atração física alguma por ele, um viúvo desajeitado, 25 anos mais velho do que ela, com uma notória fraqueza pelo álcool e pelo jogo. Mas sentiu pena, e sabia que ele precisava dela. Com um considerável sacrifício pessoal, ela concordou com a união, mudou-se para organizar sua carreira e seu lar, dando a ele quinze anos de felicidade — "os anos milagrosos", como seus biógrafos chamam esse período, pois foi nessa época que Dostoievski produziu todas as suas obras-primas.

O último trabalho de Dostoievski, *Os irmãos Karamazov*,[13] um dos maiores romances já escritos, traça o contraste entre Ivan, o brilhante agnóstico, e seu devotado irmão Alyosha. Ivan é capaz de analisar as falhas da humanidade e criticar qualquer sistema político criado para lidar com esses fracassos, mas não conseguia apresentar soluções. Alyosha não tinha resposta para os problemas intelectuais que Ivan levantava, mas dispunha de uma solução para a humanidade: amor. "Eu não sei qual é a resposta para o problema do mal", disse Alyosha, "mas conheço o amor". Ivan articula o caso e o expõe a Deus de uma maneira tão poderosa quanto ninguém jamais fizera depois de Jó. Alyosha, sem palavras e cheio de compaixão, se levanta e o beija suavemente nos lábios — como Cristo fizera com seu atormentador no grande poema de Ivan, *O grande inquisidor*.

Os irmãos Karamazov contém todos os importantes elementos da própria vida trágica de Dostoievski: o brutal assassinato de seu pai nas mãos de seus servos, a experiência de ser desprezado no mundo da literatura, a prisão e a execução vexatória, os anos num campo de prisioneiros, casos extraconjugais, a tortura do amor não correspondido, epilepsia, enfisema, um casamento conturbado, a morte de filhos em função de doenças, o fardo de grandes dívidas, o jogo. Ele estava estudando o Livro de Jó quando escreveu este romance, e não deixou de fora nenhuma de suas agonias pessoais. Dois meses depois de completar seu romance, como se não tivesse mais nada a dizer, Dostoievski morreu, praticamente sem dinheiro. Em seu colo, no momento de sua morte, estava o Novo Testamento que lhe fora dado na Sibéria tantos anos antes.

O escritor Frederick Buechner resume *Karamazov* como "um livro que é um enorme caldeirão em ebulição. É digressivo e expansivo, com diversos personagens, muito longo, mas é um livro que, justamente por Dostoievski ter deixado cheio de espaços abertos, é preenchido aqui e ali por, talvez, nada mais, nada menos que o próprio Espírito Santo, tornando-se, portanto, até onde posso entender [...] um romance que fala menos *sobre* a experiência religiosa do que um romance cuja leitura *é* uma experiência religiosa: de Deus, tanto em sua presença subterrânea quanto em sua apavorante ausência".

Quando li *Os irmãos Karamazov* pela primeira vez, percebi que me dava bem com Ivan. Eu tinha uma longa lista de reclamações contra o mundo. Meus argumentos contra a injustiça e a deslealdade de Deus eram bastante fortes. Sentia ódio e ressentimento por Deus. Para citar Dostoievski, "não posso simplesmente ser devorado sem esperar que aquele que me devora seja louvado?" Torturado pela falta de amor no mundo, eu, porém, não estava fazendo nada sobre isto. Sentia falta do instinto de Alyosha pela bondade comum, por uma reação compassiva.

Foi então que comecei a ver o que Dostoievski havia aprendido na prisão: o Evangelho da graça permeia o mundo não primariamente por intermédio de palavras e argumentos racionais, mas por meio de atos e do amor. As pessoas que eu estava aprendendo a admirar mais, como Paul Brand e Robert Coles, estavam expressando sua fé por meio de ações, de maneira encarnacional. Quando viajei para outros países — Brasil, Nepal, Filipinas, Quênia — encontrei pessoas humildes que a cada dia enfrentavam problemas muito mais sérios do que eu podia imaginar, que não reagiam com paralisia ou ressentimento, mas com compaixão e amor. Dostoievski mostrou-me as consequências lógicas de, uma vida baseada no niilismo e na dúvida. Servos cristãos me mostraram as consequências lógicas de uma vida baseada em fé e amor. Aprendi que seguir a Jesus não significa resolver todos os problemas humanos — o próprio Cristo não tentou fazer isto — mas, ao contrário, reagir como ele mesmo fez, contra toda a razão para dispensar graça e amor àqueles que menos mereciam.

Em geral, os intelectuais dos dias de Dostoievski não o consideravam muito convincente. Sua fé no cristianismo latente das classes menos favorecidas, seu apelo à caridade e à compaixão, sua desconfiança quanto às mais recentes teorias da engenharia social, tudo isso o expunha como um moralista à moda antiga, totalmente incapaz de abordar os problemas da Rússia moderna. Eles escolheram outro caminho, a trilha da moralidade baseada no utilitarismo, separado da transcendência. "Sem Deus, tudo é permitido", advertiu Dostoievski em *Os irmãos Karamazov*. O século 20 mostraria quão presciente fora o escritor. "Os homens devem se curvar diante de alguma coisa", também escreveu ele. No caso da Rússia do século 20, os homens optaram por se curvar uns diante dos outros, conservando Lenin como uma relíquia num mausoléu e tratando Marx e Stalin como profetas. Na condição de ateus, adoraram homens-deuses, no lugar de adorar o Deus que se fez homem, obtendo os mais trágicos resultados que nosso planeta já presenciou.

No Templeton Address[14] de 1983, 102 anos depois da morte de Dostoievski, Alexander Solzhenitsyn reviu a trágica história da Rússia no século 20. Foi por intermédio da leitura de Dostoievski, disse Solzhenitsyn em outra oportunidade, que ele começou a entender pela primeira vez a primazia do espiritual sobre o material. Isto o levou a uma experiência de conversão, também em um campo de prisioneiros, o que mudou o rumo de sua vida e, por fim, afetou o destino de sua nação. Eis o que ele disse no *Templeton Address*:

> Lembro-me que, meio século atrás, quando eu ainda era uma criança, ouvia várias pessoas mais velhas apresentarem a seguinte explicação para os grandes desastres que haviam atingido a Rússia: "Os homens se esqueceram de Deus; é por isso que aconteceram todas essas coisas". Desde então, tenho passado quase cinquenta anos estudando a história de nossa revolução. Durante esse processo, li centenas de livros, colecionei centenas de testemunhos pessoais e contribuí com oito volumes de minha própria lavra no esforço de transpor o entulho deixado por aquele levante. Mas se hoje me pedissem para formular da maneira mais concisa possível a causa principal da perniciosa revolução que deu cabo de mais de sessenta milhões de compatriotas, não poderia jazê-lo

de modo mais preciso do que repetir: 'Os homens se esqueceram de Deus; é por isso que aconteceram todas essas coisas'."

Por que ela não funciona? Comecei com essa pergunta sobre a Igreja cristã, a fonte de muitas de minhas dúvidas essenciais. Os ideais cristãos suscitam admiração até mesmo de descrentes, mas como posso considerar esses ideais como bons se não sou capaz de colocá-los em prática? Dois grandes pensadores russos apareceram com diferentes respostas a essa pedra de tropeço da fé. Tolstoi fundou sua filosofia numa crença na perfectibilidade da natureza humana. Ela não funciona porque não nos esforçamos o suficiente, concluiu, apesar de ter tentado mais do que qualquer pessoa e nunca ter conseguido resolver as contradições dentro de si, quanto mais as de outras pessoas. Dez anos na Sibéria tiraram de Dostoievski qualquer ilusão desse tipo: "Em todo homem, naturalmente, há um demônio escondido", diz seu personagem Ivan Karamazov. Ele não discordava em aspecto algum de Tolstoi quanto ao caminho que a Rússia deveria trilhar, mas tinha, sim, muitas diferenças sobre como chegar lá.

Durante o período de exílio na Sibéria e antes de se casar com Ana, Dostoievski havia se casado por impulso com uma viúva que tinha um filho pequeno. Voltaram para São Petersburgo juntos, mas não foi um casamento mais feliz que o de Tolstoi. A epilepsia e o desleixo de Fyodor causavam repulsa a Maria. Ela entrava em surtos de ódio histérico, o que apenas pioraria a epilepsia do marido. Ele fez diversas viagens à Europa, parcialmente em busca da cura de seu mal, mas também para ficar afastado dela. Os dois não formavam um casal feliz.

Depois de sete anos de casamento, Maria Dostoievski morreu de tuberculose. Como lhe era característico, seu marido passara a maior parte do tempo em que a esposa esteve doente viajando pela Europa com uma moça de 20 anos de idade. Agora, voltando em função da morte da esposa, ele se senta na sala, ao lado daquela onde está o corpo, tomado pela saudade dos momentos felizes do passado, lamentando sua morte e arrependido de seu comportamento. Passa a noite toda em vigília ao lado do caixão, fazendo anotações à luz de velas. "Masha está sobre a mesa", começa a escrever. "Será que verei Masha outra vez?"

Suas melancólicas reflexões daquela noite levam-no a uma singular discussão sobre a imortalidade. Ao responder à pergunta se veria sua esposa novamente, Dostoievski ignora os argumentos tradicionais — da ressurreição de Jesus, digamos, ou da necessidade de equilibrar os pratos da balança da justiça — e transforma o documento numa espécie de confissão pessoal. Ninguém consegue viver à altura do ideal, admite. Não há quem seja capaz de amar seu próximo como a si mesmo. Ninguém pode cumprir a lei de Cristo. Deus não poderia pedir tanto e se satisfazer com tão pouco. Somos feitos para algo que é muito maior que nós. É exatamente por isto, conclui ele, que devemos acreditar numa vida futura. Sem essa crença, nossa luta vã para satisfazer a lei de Cristo não teria razão de ser. É nosso próprio desejo, nosso fracasso, nosso senso de imperfeição que faz que nos entreguemos à misericórdia de Deus. Nossa imperfeição nesta vida clama por uma realização mais completa deste ideal.

Assim, Dostoievski adiciona uma nota de melancólico clamor, de graça, ao ideal cristão que ele compartilhava com Tolstoi.

Atualmente, considero esses dois russos como minhas referências em espiritualidade porque eles ajudaram a responder a minhas dúvidas interiores, lançando luz sobre um dos paradoxos centrais da vida cristã. De Tolstoi, aprendo a necessidade de olhar para dentro, para o reino de Deus que está em mim. Nesta visão, percebo quão miseravelmente distante estou dos ideais do evangelho. Mas a partir de Dostoievski, conheço a extensão total da graça. Não apenas do reino de Deus dentro de mim: o próprio Deus habita ali. "Mas onde abundou o pecado, superabundou a graça" é a forma como o apóstolo Paulo expressa esta verdade em Romanos 5.20.

Só existe uma maneira de todos nós resolvermos a tensão entre os altos ideais do evangelho e a triste realidade de todos nós: aceitar que nunca estaremos à altura, mas que também não temos de estar nesse patamar. Tolstoi acertou em partes: qualquer coisa que me faça sentir confortável com o padrão moral de Deus, algo que me faça dizer "finalmente cheguei lá", é uma cruel decepção. Dostoievski acertou a outra parte: qualquer coisa que me faça sentir desconfortável com o amor perdoador de Deus também é uma cruel decepção. "Agora, pois, já nenhuma condenação há para os que estão em Cristo Jesus", insistiu Paulo em Romanos 8.1. Tolstoi nunca entendeu isto completamente.

Ideais absolutos e graça absoluta. Depois de aprender os contrapontos das mensagens dos romancistas russos, voltei a Jesus e percebi que isto é o que permeia seu ensinamento. Em sua resposta ao jovem rico, na parábola do bom samaritano, em seus comentários sobre o divórcio, o dinheiro e qualquer outra questão moral, Jesus nunca rebaixou os ideais de Deus. "Sede vós perfeitos como perfeito é o vosso Pai celeste", disse ele em Mateus 5.48. "Amarás o Senhor, teu Deus, de todo o teu coração, de toda a tua alma é de todo o teu entendimento" (Mt 22.37). Nem Tolstoi, nem Francisco de Assis, nem Madre Teresa de Calcutá, nem ninguém cumpriu totalmente esses mandamentos.

Mas o mesmo Jesus oferece, com ternura, a graça absoluta, talvez a mais notável característica distintiva da fé cristã. Deus nos ama não por aquilo que somos ou que fizemos, mas por aquilo que Deus é. A graça flui para todos aqueles que a aceitam. Jesus perdoou uma adúltera, um ladrão na cruz, um discípulo que o negou, mesmo conhecendo-o. A graça é absoluta e abrange todas as coisas. Ela se estende inclusive para as pessoas que pregaram Jesus na cruz: "Pai, perdoa-lhes, porque não sabem o que fazem" está entre as últimas palavras que ele disse aqui na terra (Lc 23.34).

Hoje, leio o Novo Testamento, especialmente as passagens como o Sermão da Montanha, com um espírito diferente daquele de minha adolescência. Jesus não pronunciou aquelas palavras exaltadas para que nós, como Tolstoi, enrugássemos a testa diante de nosso fracasso em alcançar a perfeição. Ele as proclamou para nos comunicar o ideal de Deus pelo qual nunca devemos deixar de lutar, e também para mostrar que nenhum de nós vai alcançá-los algum dia. O Sermão da Montanha nos força a reconhecer a grande distância entre Deus e nós, e qualquer tentativa de reduzir essa distância por meio da diminuição de suas exigências é em vão. Estamos desesperados, e este é, na verdade, o único estado apropriado a um ser humano que deseja conhecer a Deus. Tendo falhado em cumprir o ideal absoluto, como Tolstoi, não temos outro lugar em que aportar senão em Dostoievski, no ninho tranquilo da graça absoluta.

Leon Tolstoi e Fyodor Dostoievski para inciantes

Os maiores romances de Tolstoi são *Guerra e paz e Ana Karenina*. Os dois, porém, são bastante longos, e os iniciantes podem preferir começar com suas obras mais curtas, que são igualmente encantadoras. Recomendo *A morte de Ivan Ilyich*,[15] *Master and Man* [Mestre e homem], e *The Kreutzer Sonata* [A sonata a Kreutzer[16]], assim como algumas de suas fábulas. Das muitas biografias de Tolstoi, a de Henri Troyat é considerada um clássico, enquanto o recente esforço de A. N. Wilson é mais arejado e subjetivo. William L. Shirer habilmente colocou o titulo de *Amor e ódio* no trabalho que focaliza o tortuoso casamento de Tolstoi, contando mais do que você gostaria de saber. Wilson também compilou seleções dos textos religiosos de Tolstoi em um volume fino chamado *The Lion and the Honeycomb* [O leão e o favo de mel], do qual extraí vários trechos deste capítulo.

Dostoievski produziu uma grande quantidade de romances longos, sendo os mais importantes *Os irmãos Karamazov*, *O idiota*, *Crime e castigo* e *Os possessos*. *A casa dos mortos*[17] traz informações sobre seus dias na prisão; *Notas do subsolo*[18] teve um impacto maior na literatura existencialista posterior. Joseph Frank publicou quatro volumes de uma biografia de Dostoievski planejada originalmente para ter cinco volumes, um relato magistral de sua vida que nos apresenta o pano de fundo histórico e cultural, lançando luz sobre aquilo que aconteceu posteriormente na Rússia. Um livro produzido pela Hutterian Brethren,[19] chamado *The Gospel of Dostoevsky* [O evangelho de Dostoievski], extrai explicitamente passagens religiosas de seus romances.

Capítulo sete

Ecos em uma terra estranha

Mahatma Gandhi

O que aconteceria se um jovem se deparasse com as palavras de Jesus num texto de Leon Tolstoi e, a partir disto, levasse a sério a pergunta "em seus passos, o que faria Jesus?" Como seria se ele se propusesse a tratar todas as pessoas que encontrasse — o mendigo sem teto que visse na rua, o milionário, o prefeito, a mulher que limpava seu banheiro — com atenção, dignidade e respeito? O que aconteceria se ele distribuísse suas posses e ficasse apenas com o estritamente necessário, de modo que tudo coubesse numa mochila colocada nas costas? E se ele insistisse em longos períodos de meditação diária, jamais permitindo que uma agenda herética interferisse, em seus momentos de silêncio e solidão? Como seria se ele se afastasse de todas as conveniências modernas, permanecesse imune aos estilos e às modas e dedicasse sua vida ao cultivo de uma força espiritual interior?

Além disso, e se sua figura solitária se tornasse, a despeito de todas as excentricidades, uma das pessoas mais famosas do mundo, o líder moral da segunda nação mais populosa do planeta? E, para complicar as coisas, se esse homem, que havia optado por modelar sua vida a partir do exemplo de Jesus, decidisse, em sua vida adulta, permanecer deliberadamente fora do aprisco cristão? Assim é a vida de Mohandas K. Gandhi (1869-1948), um homem que viveu de forma destacada. Não houve ninguém como ele: ninguém foi mais disciplinado, teimoso, inconsistente, criativo, desconcertante, amável ou enfurecedor. Muitos dos princípios políticos que aceitamos hoje se originaram na mente desse homem que levou um quinto da humanidade à independência. Ele rompeu todas as regras do manual de política e, no meio do processo, ajudou a fundar a maior democracia da história do mundo.

Cinquenta anos depois de sua morte, é possível ao menos começar a avaliar Gandhi perguntando qual é a relevância que ele tem em nosso mundo acelerado de *sites* de internet e mísseis intercontinentais. Em minhas viagens à Índia com o dr. Brand, fiquei surpreso em perceber quão pouco os compatriotas modernos de Gandhi sabem sobre esse homem notável. Pelo fato de ele ser chamado "santo" — um santo hindu, certamente, mas alguém estrategicamente formado no cristianismo — nós, ocidentais, deveríamos parar e analisar que mensagem ele tem para nós. Ele se assenta nos ombros da Igreja ocidental como um superego, fazendo a todos nós a pergunta que Tolstoi fez a si mesmo: por que não praticamos aquilo que pregamos?

Gandhi morreu três anos depois de os Estados Unidos terem jogado a bomba atômica sobre o Japão, um evento que o deixou convencido de que, se o mundo quisesse sobreviver, precisaria olhar para o Oriente em busca de soluções. Gandhi acreditava que o Ocidente havia perdido sua capacidade de liderar a raça humana e representava um futuro de decadência, materialismo e conflito armado.[1] Ele procurava um novo caminho, baseado na força espiritual, não na material. Poucos, poucos mesmo estão dando atenção a este chamado nos dias atuais. Os Estados Unidos permanecem como a única superpotência mundial, e sua cultura de sexo e dinheiro continua a se espalhar pelo mundo todo. A Índia moderna honra, mas dificilmente segue Gandhi. Tecelagens gigantes substituíram as pequenas rocas. Complexos de escritórios sofisticados cospem programas que rodam nos computadores do mundo inteiro. Três guerras sangrentas depois, sua nação exibe a coligação de poder que tanto o aterrorizava: armamentos nucleares. Ainda assim, a Índia não consegue tirar aquele homem pequeno e esquisito de sua consciência.

Se alguém fizesse um concurso de beleza para selecionar quem não seria um líder mundial, Gandhi ganharia com facilidade. Com pouco mais de 1,50 de altura, pesava apenas 50 quilos e suas pernas e braços magricelas brotavam de seu tronco como os membros de uma criança desnutrida. Suas orelhas se projetavam para fora de sua cabeça raspada. Seu nariz, grosso e grande, parecia falso, como aqueles narizes de borracha montados sobre armações de óculos que as pessoas usam em festas e brincadeiras. Óculos de aro metálico estavam sempre caindo de seu nariz, pendendo sobre sua boca de formas estranhas, especialmente pelo hábito de usar dentaduras apenas enquanto comia. Seus lábios se curvavam sobre gengivas quase sem dentes. "Ele é quase igual a um pequeno pássaro", disse Lord Mountbatten, o último vice-rei da Índia, "um tipo de pardal doce e triste, empoleirado em minha poltrona".

Quando andava, Gandhi se apoiava ou em uma vara de bambu ou nos ombros de suas "muletas", o nome que dava a suas jovens sobrinhas-netas. Ele usava as mesmas roupas todos os dias: uma espécie de tanga indiana e, às vezes, um xale de algodão, ambos feitos de material rústico tecido em sua própria roca. Carregava todos os seus pertences num pequeno saco, exceto um relógio de bolso Ingersoll que ele orgulhosamente usava com uma corrente. Gandhi seguia uma agenda rígida, e ninguém, nem mesmo o rei do Império Britânico, os líderes da Índia ou seus amigos mais chegados, poderiam alterar. Ele levantava todos os dias às 2h para ler escritores hindus ou cristãos e fazer orações, passando as tranquilas horas seguintes respondendo a correspondência, terminando com a ablução ritualística, inclusive um enema com água e sal. Ao meio-dia, ele fazia uma pausa para outro ritual, colocando um saco de algodão poroso contendo uma infusão sobre seu abdome e sua testa.

Os historiadores modernos, sempre procurando levantar os defeitos das pessoas famosas, falam sobre as exigências que Gandhi fazia das pessoas próximas, seus hábitos pessoais bizarros, sua teimosia irritante. Ele testava seu voto de castidade dormindo com jovens mulheres nuas. O homem que atraíra milhões de pessoas falhara como líder de sua própria família, maltratando sua esposa e criando um filho que se rebelou a ponto de se tornar um bêbado fraudador, jogador e pobre. Quando sua esposa estava à beira da morte em função de bronquite aguda e os britânicos enviaram um frasco de um tipo raro de penicilina que poderia ter salvado sua vida, Gandhi não permitiu que o médico lhe aplicasse a injeção intravenosa para que a violência da agulha não violasse seu corpo. Como resultado, ela morreu.

Todavia, depois de as fofocas serem ouvidas, de a imagem de Gandhi ser corroída e de ver sua própria nação não dando importância a muitas das coisas pelas quais ele viveu e morreu, mesmo depois de tudo isso, Gandhi ainda irradia uma qualidade única, que nunca deixou de afetar aqueles que o conheciam. Mountbatten, um experiente comandante militar, resumia sua força moral com uma fórmula simples e estratégica, num tempo em que a guerra civil estava se espalhando pela Índia: "No meu *front* ocidental, tenho cem mil soldados e um derramamento de sangue que não cessa. No meu lado oriental, tenho apenas um velho homem, e nenhuma gota de sangue foi derramada".

De alguma maneira, Gandhi mobilizava seus seguidores, milhões deles, a se unir numa cruzada de um modo nunca visto no mundo. "Aqueles que estão em minha companhia", alertava, "devem estar prontos a dormir no chão, usar roupas rústicas, levantar em horários estranhos, subsistir com comida simples e nada convidativa e até mesmo a lavar seus banheiros". Eles lutavam com as armas da oração, do jejum, das prisões e dos corpos dilacerados por espancamentos. No fim de tudo, seus métodos ajudaram a libertar meio bilhão de pessoas.

Os métodos ensinados por Gandhi foram adaptados por Martin Luther King Jr. no Sul dos Estados Unidos. Eles também se mostraram eficazes na África do Sul e no Leste europeu, onde, certa noite, milhares de pessoas marchando, carregando velas e cantando hinos, colocaram abaixo a Cortina de Ferro que fora levantada quarenta anos antes. Quando Benigno Aquino[2] saiu de um avião em Manila para enfrentar a bala de um assassino, tinha em suas mãos um discurso em que citava Gandhi: "O sacrifício voluntário do inocente é a mais poderosa resposta à insolente tirania que já foi concebida por Deus ou pelo homem". O poder do povo nas Filipinas logo confirmou Gandhi mais uma vez: os tanques de 50 toneladas do exército foram forçados a parar diante de manifestantes desarmados que se ajoelharam na rua.

Tenho me fascinado por Gandhi desde minhas visitas à Índia. Ouço opiniões completamente opostas tanto dos cristãos de lá quanto dos cristãos ocidentais. Aprendi que, mesmo que você o despreze, não é fácil tirá-lo da cabeça. A pincelada que ele deu na História é simplesmente grande demais para ser ignorada. Não escrevo sobre Gandhi porque ele tinha as respostas para o planeta. Ao contrário, volto-me a ele porque ele fez as perguntas mais provocativas. Podemos rejeitar suas respostas, certamente, mas será que podemos fazer isto sem considerar primeiramente suas perguntas?

Apesar de não ser um cristão por crença ou prática, Gandhi tentou, num grau de impressionante profundidade, viver alguns dos princípios de Jesus. A Igreja cristã, nascida no Oriente, mas moldada no Ocidente, compartilha muitas das crises da civilização ocidental, como um todo. Apesar de alguns líderes cristãos terem abordado essas questões, crescemos tão acostumados a nossos próprios profetas que não conseguimos mais ouvir sua mensagem de maneira clara. Quando um som está muito alto, às vezes é mais fácil discerni-lo por meio de seu eco.

A mais famosa contribuição de Gandhi, a técnica da desobediência civil, evoluiu gradualmente. Nascido na Índia, estudou e praticou advocacia em Londres, mudando-se posteriormente para a África do Sul. Ele liderou marchas, teve sua cota de surras, passou algumas centenas de dias na cadeia e conheceu os desencorajadores resultados do protesto sob um regime opressivo. Em seu retorno à Índia, confrontou-se com uma situação muito diferente: não se tratava de uma minoria de indianos vivendo numa terra estranha, mas a maioria, cerca de quinhentos milhões de cidadãos, todos vivendo num subcontinente governado pelos ingleses. Os indianos esperavam que os britânicos retribuíssem os leais serviços a eles prestados durante a Primeira Guerra Mundial dando-lhes maior independência, mas, ao contrário, o poder colonial foi mais severo, com uma série de duras leis não muito diferentes da legislação discriminatória do Sul dos Estados Unidos.

Enquanto o Império Britânico apertava os parafusos, Gandhi passava longas horas meditando sobre uma reação apropriada. A ideia veio-lhe à mente numa madrugada, nos momentos entre o sono e a consciência. Ele decidiu conclamar um dia quando não haveria nenhum tipo de atividade. A Índia responderia a seus senhores simplesmente recusando-se a cooperar. As lojas ficariam fechadas, o tráfego pararia, o país ficaria fechado por um dia. Nós, que vivemos numa época posterior à dele, depois de dúzias de adaptações ao redor do mundo, podemos facilmente perder de vista a extraordinária natureza desse movimento. Nada semelhante havia sido tentado antes.

A seguir, Gandhi atacou o sistema econômico colonial: A Grã-Bretanha plantava algodão na Índia, transportando-o para a Inglaterra para moagem e manufatura, e então exportando o produto manufaturado de volta para a Índia, para ser vendido a altos preços. Para quebrar esta cadeia, Gandhi pediu a todo indiano, quer do campo, quer da cidade, que passasse pelo menos uma hora por dia numa roca, fiando. Ele próprio deu o exemplo, encontrando uma velha roca de madeira que ele usaria pelo restante de sua vida.

Em resposta ao monopólio britânico sobre o sal, um gênero necessário a todo o mundo, Gandhi contra-atacou com a famosa Marcha do Sal, uma dolorosa e lenta viagem de 380 quilômetros até o mar. Como os oficiais de Londres seguiam cuidadosamente cada passo, um milhão de camponeses juntaram-se a seu séquito por todo o caminho. Chegando à costa, Gandhi caminhou com dificuldade pelas rasas piscinas de evaporação e tirou uma das mãos cheia de sal, segurando-o no ar como um cetro que representava o desafio ao império. Que a Índia boicote o império e recolha seu próprio sal!

Para apreciar com mais detalhe a marca de Gandhi na História, basta contrastar a Marcha do Sal com a reação dos colonos americanos aos selos de taxas impostas pelos britânicos. Tivemos uma guerra por causa disto. Como Gandhi pesquisou a história da Europa, da Europa cristã, viu uma série de guerras travadas em função de diferenças raciais, pontos específicos de doutrina religiosa, fronteiras de terras e atos de agressão colonialista. Mas o próprio Jesus havia pregado o amor pelos inimigos e mostrado um espírito de sacrifício, não de violência. Gandhi buscava uma nova forma de mudança, algo mais próximo do espírito de Jesus.

Gandhi colocou-se como um espinho no Império Britânico porque os meios formais de controle não tiveram efeito contra seus protestos nada ortodoxos. Quando os policias tentavam barrar os manifestantes batendo neles com cassetetes, os rebeldes colocavam-se em fila para receber os golpes, Os indianos logo encheram as cadeias até superar sua capacidade, o que era exatamente seu intento. Quando as autoridades levaram o próprio Gandhi aos tribunais e o ameaçaram com prisão, ele calmamente pediu a pena máxima. Longe de ser uma punição, a prisão dava a ele mais luxo do que ele se permitia quando livre, proporcionando-lhe períodos mais longos para a reflexão e a produção de textos. Ao todo, Gandhi passou 2.338 dias nas cadeias britânicas.

Quando os britânicos tentaram métodos mais brutais de opressão, como abrir fogo contra os manifestantes, criaram mártires e involuntariamente uniram a nação contra eles. No famoso incidente de Amritsar, tropas sob liderança britânica apontaram rifles na direção de um ajuntamento pacífico, mas ilegal, de homens, mulheres e crianças desarmados, disparando 1.650 tiros em dez minutos e provocando 1.516 mortes. A cruzada pela independência reuniu ainda mais adeptos.

Mais tarde, Gandhi imaginou uma forma de protesto que se mostrou a mais poderosa de todas: ele simplesmente se recusou a comer. Planejou seu jejum com o mesmo cuidado que um general elabora sua estratégia militar, às vezes jejuando por um período de tempo específico, e em outras ocasiões alertando que faria um jejum até a morte, caso certas exigências não fossem atendidas. A ironia desafia a compreensão: jejum voluntário numa nação de famintos, o sacrifício de um único homem opondo-se ao mais abrangente império de toda a história da humanidade.

Contra todas as possibilidades, a tática funcionou. Churchill irritou-se com "o nojento e humilhante espetáculo daquele homem que um dia fora um advogado em nossa corte, agora um sedicioso faquir, caminhando seminu pelos corredores do palácio do vice-rei, indo até ali para negociar e conferenciar em termos iguais com o representante do rei imperador". Enquanto isso, Gandhi ganhava entre sua nação a reputação de Mahatma — "Grande Alma". Quando ele publicamente colocou sua própria vida na mesa de negociações, ninguém estava disposto a correr o risco de ser o responsável pela morte da "Grande Alma". Um a um, generais, vice-reis, primeiros-ministros e, finalmente, o rei imperador cederam diante daquele faquir seminu que jejuava.

O compromisso de Gandhi com a questão da não violência desenvolveu-se enquanto ele trabalhava como advogado na África do Sul. Protestando em favor dos direitos civis, ele era jogado para fora de trens, expulso de hotéis e restaurantes, acusado pela polícia montada e preso. Seus protestos pareciam ter pouco efeito sobre as pessoas que faziam e impingiam a lei. Somente depois de ler *The Kingdom of God is Within You* e de se corresponder com Tolstoi, o autor da obra, é que Gandhi decide aceitar o princípio literal do Sermão da Montanha, especialmente suas palavras sobre pacificação e amor aos inimigos.

O filme *Gandhi*, de Richard Attenborough, contém uma cena belíssima em que Gandhi tenta explicar sua nova filosofia ao missionário presbiteriano Charlie Andrews. Andando juntos numa cidade da África do Sul, os dois repentinamente veem seu caminho bloqueado por uma gangue de jovens. O reverendo Andrews dá uma olhada para os marginais ameaçadores e decide enfrentá-los. Gandhi o impede. "O Novo Testamento não diz que, se um inimigo lhe bater na face direita, você deve oferecer-lhe também a esquerda?", pergunta Gandhi. Andrews resmunga, dizendo que ele achava que a frase fora usada no sentido metafórico. "Não estou bem certo", responde Gandhi. "Suspeito que ele quis dizer que você deve mostrar coragem, estar disposto a receber um golpe, vários golpes, simplesmente para mostrar que você não vai revidar nem será dissuadido. Quando você faz isto, algo apela à natureza humana, algo que faz seu ódio diminuir e seu respeito aumentar. Acho que Cristo compreendia isto muito bem, e eu vejo que isto funciona."

A profunda sensibilidade de Gandhi gradualmente tomou forma como uma doutrina bem estabelecida. Violência contra outro ser humano, mesmo direcionada a um soldado atirando contra uma multidão desarmada, contrariava tudo que ele acreditava sobre a dignidade universal humana. Você não pode mudar a convicção de uma pessoa por meio da violência, acreditava. A violência brutaliza e divide: ela jamais reconcilia. Se algum de seus seguidores tornava-se violento durante suas campanhas, Gandhi pedia que ele se retirasse. Nenhuma causa, por mais justa que fosse, justificava derramamento de sangue. "Eu morreria pela causa", afirmou, "mas não existe causa pela qual eu esteja preparado para matar".[3]

Desde Gandhi, outros líderes políticos adotaram suas táticas. Martin Luther King Jr., que considerava a si mesmo um sucessor espiritual,visitou a Índia e importou os métodos para os Estados Unidos. Ele e muitos outros provaram que a não violência pode mover montanhas em sociedades relativamente abertas, mas o que dizer de lugares como a Alemanha nazista, a China moderna, Myanmar/Birmânia, onde regimes militares anulam qualquer protesto? Ironicamente, alguns líderes hindus, os verdadeiros herdeiros religiosos de Gandhi, sugerem que este princípio surgiu de sua influência cristã, e não tinha lugar no hinduísmo. Especialistas em ética, políticos e teólogos continuarão a discordar sobre onde e quando a força armada é justificada. Mas depois de Gandhi, ninguém pode negar o poder da não violência de promover mudanças. Afinal, ela trouxe liberdade à segunda nação mais populosa da Terra.

Nos tempo de Gandhi, um sexto da população da Índia parecia-se mais com animais do que com seres humanos. Viviam em favelas miseráveis, entre esgotos a céu aberto, nos quais fervilhavam ratos e outros agentes transmissores de doenças. A doutrina hindu do *carma* dava uma base teológica para o elaborado sistema de cinco mil subcastas que mantinham as pessoas presas em seus lugares. O sistema de castas, um conceito de agrupamento humano mais profundo do que a ideia de tribo ou raça, era aceito havia mais de cinco mil anos, e poucos o questionavam. A casta mais baixa de todas, a dos "intocáveis", prestava um valoroso serviço à sociedade, varrendo as ruas e limpando as latrinas e os esgotos, atos que um hindu de uma classe mais elevada jamais faria.

Você podia perceber quem eram os intocáveis por sua pele escura e por sua postura, pois encolhiam-se como animais que apanhavam. O nome da casta os definia: se um hindu de outra casta tocasse um deles ou numa gota de água que tivesse sido poluída por algum dos intocáveis, precisava dar início a um elaborado processo de purificação. Um intocável tinha de recuar e se espremer no caminho de outro hindu para não projetar sua sombra sobre aquele de casta mais elevada, evitando, assim, contaminá-lo. Na década de 1930, os britânicos descobriram uma nova subcasta, os "invisíveis", os quais não haviam sido encontrados em três séculos de ocupação britânica. Responsáveis pela lavagem das roupas dos intocáveis, essas pobres criaturas acreditavam que poderiam contaminar pessoas de castas superiores simplesmente pelo olhar, de modo que saíam apenas à noite e evitavam qualquer contato com as outras pessoas.

Sem muitas possibilidades de receber algo que não fosse desprezo de seus pares, Mahatma Gandhi assumiu a causa dos intocáveis. Primeiramente lhes deu um novo nome: não seriam mais chamados "intocáveis", mas "harijans", os filhos de Deus. Em seu primeiro ashram,[4] uma comunidade espiritual na África do Sul, Gandhi provocou uma tempestade de protestos ao convidar os intocáveis para morar ali. Quando o principal patrocinador financeiro da comunidade experimental retirou seu apoio, Gandhi fez planos de se mudar para a própria região dos harijans. Por fim, ele fez o ato mais aviltante possível para um hindu, limpando as latrinas dos intocáveis. Quando voltou para a Índia, chamava-os "irmãos" e se hospedava em suas casas sempre que possível.

Anos mais tarde, após a independência, quando outros líderes da Índia pressionavam lorde Mountbatten a aceitar o posto honorário de governador geral, Gandhi propôs um candidato alternativo, uma varredora intocável "de bravo coração, incorruptível e de pureza cristalina". Embora sua candidata não tivesse recebido a indicação, com aquele ato simbólico, Gandhi ajudou a mudar a imagem dos intocáveis por toda a Índia. Leis foram modificadas e restrições abolidas. Na Índia de hoje, o sistema de castas permanece numa forma mais branda e menos repressiva. Mas agora, cem milhões de pessoas referem-se a si mesmas não como uma maldição — "intocável" — mas como uma bênção: elas são filhas de Deus.

Gandhi empenhava-se em reconhecer a dignidade inerente de cada pessoa. Em seu *ashram* na Índia, ele adotou um portador de hanseníase, outro grupo desprezado naquele país. Todos os dias, ele trocava as bandagens daquele homem e o banhava. Como disse, ele gostaria de devotar o mesmo cuidado em fazer um emplastro para uma vítima de lepra como em conduzir uma entrevista com o vice-rei da Índia. Ele também ajudou a elevar o *status* das mulheres do país, cercando-se de seguidoras altamente competentes.

Gandhi resumia sua crença em três pontos, os quais creditava ao escritor vitoriano John Ruskin:[5] 1) que o bem de uma pessoa está contido no bem de todos; 2) que o trabalho de um advogado tem o mesmo valor do de um barbeiro, visto que todas as pessoas têm o mesmo direito de obter seu sustento a partir de seu trabalho; 3) que uma vida de trabalho, seja a de um agricultor ou de um artesão, é digna de ser vivida. Gandhi buscava maneiras de colocar esses conceitos em prática. Em cidades como Bombaim e Calcutá, ele preferia ficar na choupana da Colônia dos Varredores de Rua a se hospedar num hotel. Usava um lápis até que ele se transformasse num toco impossível de ser manuseado, tudo em respeito ao ser humano que havia feito aquele objeto.

John Ruskin foi um escritor cristão, e Gandhi reconhecia que, em certos aspectos, a Igreja cristã havia mostrado o caminho para o respeito à dignidade humana. Alguém que visitasse a Índia encontrava hospitais, orfanatos, leprosários e escolas destinadas aos excluídos e mantidas por missionários cristãos. Mas nós, aqui no Ocidente, ainda estamos aprendendo a diferença entre atos de caridade e a tarefa mais difícil, que é mudar a percepção que uma pessoa tem de si. Com frequência, nossa motivação tem sabor de paternalismo (a notar pelos termos "excluídos" ou "subclasse"). Eu, o instruído e rico americano, estendo minha mão compassiva para ajudar você a melhorar. Vemo-nos como àqueles que estão do lado de Cristo simplesmente por estarmos doando algo aos necessitados. O Novo Testamento deixa claro, porém, que Jesus está ao lado dos pobres, e que serviremos mais adequadamente se elevarmos os excluídos à posição de Jesus.

"Vejo a face de Jesus disfarçada", dizia Madre Teresa, referindo-se aos mendigos moribundos que ela convidava a sua casa em Calcutá. "Às vezes, um disfarce desolador." Como Gandhi, ela entendia que a motivação da caridade não é a condescendência, mas a ascendência: ao servir o pobre e fraco, temos o privilégio de servir o próprio Deus.

Gandhi empenhava-se muito em se identificar com o pobre, removendo quaisquer barreiras que pudessem afastá-lo. A todos que estiveram na Índia, preciso mencionar apenas um exemplo da disposição de Gandhi: sua insistência em viajar na terceira classe dos trens. Ele era capaz de sentar-se em bancos duros, abarrotados de lavradores sujos e seus animais, uma experiência de estar cercado por uma enorme quantidade de pessoas, ruído, imundice, e odores, inimaginável para a maioria dos ocidentais. "Por quê?", perguntaram-lhe certa vez. Sua resposta foi: "Porque não existe a quarta classe". (Comparo essa atitude com meu próprio entusiasmo quando reúno um número suficiente de milhas para ganhar um *upgrade* para a classe executiva numa companhia aérea.)

Gandhi não tinha amor inato algum ao sofrimento, e foi bastante assertivo em suas lutas iniciais pelos direitos pessoais na África do Sul, depois de ter sido expulso de uma cabine na primeira classe por causa da cor de sua pele. Mas quando ele adentrou nas sagradas escrituras do hinduísmo, do islamismo, do budismo e do cristianismo, ficou convencido de que a humildade de um servo é uma das posturas exigidas por Deus. Somente então ele se livrou de suas roupas europeias, desfez-se de bens materiais e buscou companhia junto aos pobres e sofredores. "Um líder", disse ele, "é somente um reflexo dos seus liderados".

Gandhi não permitiu que ninguém de importância interferisse em seu estilo. Quando lorde Mountbatten ofereceu um lugar em seu avião particular para viajar até o lugar de uma importante reunião, Gandhi preferiu sua passagem de terceira classe, como de costume. Ele provocou certo escândalo ao visitar a Inglaterra para se encontrar com o Parlamento e o rei George. Chegou debaixo de grande festa e cobertura da imprensa, e a nação perdeu o fôlego quando ele desceu a prancha bamboleante do vapor usando apenas uma tanga de algodão e levando uma cabra, seu suprimento de leite, presa numa corda. Rejeitando ofertas para ficar nos melhores hotéis, ele preferiu ficar numa favela de East End. Quando os repórteres pediram que ele explicasse como ousava se encontrar com um rei estando "seminu", Gandhi respondeu com um sorriso: "O rei estava usando roupas suficientes para nós dois".

Gandhi nunca insistiu que líderes políticos seguissem suas posições tão severas; sua cruzada era moral e religiosa, e não apenas política. Mas ele realmente pediu, depois da independência, que cada ministro do governo vivesse numa casa simples, sem empregados e sem carro, praticasse uma hora de trabalho manual por dia e limpasse seu próprio banheiro. Muito tempo depois de sua morte, líderes do Congresso continuavam a usar o uniforme de algodão tecido em casa que ele adotara, e promoviam festas em que as pessoas se reuniam para tecer em rocas.

Nos dias de hoje, a filosofia de Gandhi parece singular e arcaica. Ele indicou uma varredora de rua dos intocáveis para o cargo mais alto do país e passou grande parte de seu tempo em favelas e leprosários. Em contraste a isso, nós, no Ocidente, valorizamos os bilionários das empresas *pontocom* e as maravilhosas *top models*. Para correr atrás de uma bola num campo qualquer, pagamos a um atleta profissional mais dinheiro do que o necessário para montar e fazer funcionar dezenas de hospitais em países como a Índia. Enquanto isso, muitos dos moradores de favelas no Ocidente — com luz elétrica, água corrente e outros luxos inimagináveis na área rural da Índia — vivem num estado de ganância, ressentimento e inquietude. Ao exaltar o rico, o bonito e o poderoso, o que fazemos com a dignidade daqueles que não atingem estes padrões? E o que podemos aprender de um Gandhi, uma pessoa que escolheu outro caminho?

A mensagem cristã que ganha a maior exposição nos dias atuais no mundo ocidental segue a corrente cultural. Ela oferece o apelo "Deus tem algo de bom guardado para você", e apresenta a promessa de autossatisfação. A afirmação de Jesus acerca de achar-se quando se perde (Mt 8.35) é convenientemente desprezada. Uma teologia baseada no sucesso pode funcionar razoavelmente bem nos Estados Unidos simplesmente porque os recursos da nação são muito grandes. Mas uma teologia desse tipo tem pouco a dizer aos cristãos da China, Indonésia ou Irã, onde a fé cristã implica sofrimento.

No estudo que fez sobre o Novo Testamento, Gandhi encontrou o conselho de buscar a verdade de todo o coração, não esperando nada, não obstante os resultados. Ele costumava cantar um poema indiano enquanto caminhava entre as plantações de arroz na época em que seu próprio povo o perseguia: "Se eles disserem 'não' ao seu chamado, caminhe só, caminhe só". Em países como os Estados Unidos, francamente, essa mensagem não *vende*.

Os tempos atuais têm demonstrado o poder moral de um único indivíduo. Nelson Mandela[6] subiu pacificamente à liderança de uma nação que praticamente todo observador esperava ver entrando numa guerra civil. O tom de conciliação que ele estabeleceu provou que os profetas estavam errados. Alexander Solzhenitsyn, Lech Walesa, Cory Aquino e Vaclav Ravel levantaram-se corajosamente e, com sua autoridade moral, ajudaram a mudar a História. Em outras nações — Sudão, Ruanda, Iugoslávia, Congo — onde ninguém tinha liderança moral para restringir a violência, o resultado foi a carnificina.

Em 1947, quando o movimento pela independência cruzou a Índia, animosidades centenárias começaram a florescer novamente. Hindus e muçulmanos voltaram-se uns contra os outros com violência. Muçulmanos queimaram as cabanas de seus vizinhos hindus, forçaram-nos a comer as vacas sagradas, massacraram os maridos e estupraram suas mulheres. Os hindus responderam na mesma moeda, e milhares de muçulmanos também morreram nos meses que precederam a independência. Parecia cada vez mais que o país explodiria em chamas.

Enquanto os políticos se sentavam em elegantes palácios em Nova Délhi e negociavam o poder e a terra, Gandhi prosseguia em sua cruzada do "unguento". "Deixe-os discutir", dizia ele. Gandhi dirigia-se ao povo, às hordas iradas que investiam violentamente uns contra os outros. Aos 77 anos, foi a uma região onde ocorriam os encontros mais violentos. Ele conduziu seu grupo de discípulos hindus por vilarejos muçulmanos semidestruídos para ouvir insultos e receber pedras e garrafas. Quando rejeitado, procurava uma árvore sob a qual pudesse dormir. Se aceito, lia a Bhagavad Gita, o Corão e o Novo Testamento, ensinava noções básicas de saúde e higiene, e então se arrastava para a próxima vila. Ao todo, visitou 47 vilarejos, caminhando descalço 185 quilômetros.

Em cada vila, Gandhi tentava persuadir um líder hindu e um muçulmano a entrarem juntos na mesma casa, como garantia de paz. Pedia a eles que se lançassem num jejum até a morte se um dos seus atacasse um inimigo religioso. Por incrível que pareça, o método funcionou. Enquanto os debates continuavam nos palácios de Nova Délhi, o linimento pessoal de Gandhi começou a curar as feridas por toda a região. Por algum tempo, a matança foi interrompida.

Porém, quando os políticos decidiram criar a nação do Paquistão, separada da Índia, o país precisou de mais daquele unguento; precisava de muito mais bandagens para conter o fluxo de sangue que quase literalmente se transformara em rios escarlates repletos de abutres. Como Gandhi havia previsto em seus apelos contra a separação, ela provocou uma reação sem precedentes na História. Quando as fronteiras foram finalmente anunciadas, os hindus se viram presos dentro dos limites de um Paquistão recém-criado e hostil, e os muçulmanos dentro de uma Índia hindu. Assim teve início a maior migração em massa que jamais existiu, na qual dez milhões de pessoas deixaram suas casas e empreenderam uma marcha frenética pelas montanhas e pelos desertos, em busca de um novo lar.

Lorde Mountbatten, o vice-rei que supervisionou a independência, sabia que as duas áreas eram potenciais conflagrações. No Oeste, onde a Índia fazia divisa com o Paquistão Ocidental, as hostilidades certamente irromperiam. Mas na fronteira do Paquistão Oriental (atualmente Bangladesh) ficava a maior ameaça. Próximo à fronteira estava a cidade de Calcutá, a mais violenta da Ásia. Nenhuma cidade do mundo se comparava a ela em pobreza — mais de quatrocentos mil mendigos — fanatismo religioso e paixões desenfreadas. Calcutá abertamente adorava a deusa hindu da destruição, a qual usava uma grinalda de crânios em sua cintura. Numa prévia do que estava por vir, a violência explodiu em Calcutá, e em apenas um dia seis mil corpos foram jogados no rio, atirados nas sarjetas ou deixados para apodrecer nas ruas. A maioria havia apanhado ou fora pisoteada até a morte.

Conforme os relatórios das atrocidades foram sendo divulgados, Mountbatten enviou sua força de ataque das fronteiras para o lado oeste, a fim de verificar a crescente violência (que tiraria a vida de meio milhão de pessoas). Isto o deixou sem qualquer reserva de tropas para serem enviadas ao *front* oriental. Desesperado, Mountbatten insistiu com Gandhi para que ele fosse a Calcutá e fizesse ali, com os intocáveis que ele abraçara como irmãos, algum tipo de milagre. Gandhi consentiu somente depois de um líder muçulmano, um dos políticos mais corruptos de Calcutá, ter concordado em viver com ele, desarmado, numa das piores favelas de Calcutá. Gandhi garantiu que se um único hindu morresse nas mãos de um muçulmano, ele jejuaria até a morte.

Foi desta forma que, dois dias antes da independência, Gandhi chegou a Kipling, a "Cidade da Noite Macabra". Como sempre, uma grande multidão o aguardava, mas saudando-o com gritos de ódio, não com satisfação. Eram hindus que haviam partido para a vingança e, para eles, Gandhi representava uma capitulação às injustiças muçulmanas. Não tinham eles visto parentes assassinados e esposas e filhas defloradas pelas massas de muçulmanos? Gandhi saiu de seu carro sob uma chuva de pedras e garrafas. Levantando uma das mãos num frágil gesto de paz, o velho homem caminhou sozinho por entre a multidão. "Vocês querem me fazer mal", disse ele, "e é por isso que venho até vocês". A multidão silenciou. "Vim até aqui para servir tanto a hindus quanto a muçulmanos. Estou me colocando sob sua proteção. Vocês estão livres para se colocarem contra mim, se assim o desejarem. Estou chegando ao fim de minha jornada na vida. Não tenho muito mais o que caminhar. Mas se vocês se enfurecerem novamente, não serei uma testemunha viva disto."

A paz reinou em Calcutá naquele dia, no dia formal da independência da Índia, no dia seguinte, no outro e no outro, somando, ao todo, dezesseis dias. No corredor externo da casa de favela em que Gandhi se hospedava, as pessoas se reuniam todas as noites para participar das reuniões de oração — mil no começo, depois dez mil e, por fim, um milhão de pessoas ocupavam as ruas da favela para ouvir suas preleções sobre paz, amor e irmandade, transmitidas por alto-falantes. Mais uma vez, Gandhi estava confrontando uma crise política com aquilo que ele chamava "força da alma", o poder inato da espiritualidade humana. Enquanto Estados inteiros da Índia ardiam em chamas, milhões de pessoas deixavam seus lares e dezenas de milhares eram mortas, nem um ato sequer de violência aconteceu na cidade mais violenta. O mundo inteiro se referia a este acontecimento como "o milagre de Calcutá". Um aliviado lorde Mountbatten chamava Gandhi "minha força de fronteira de um só homem".

O milagre não perdurou. No 17º dia, dois muçulmanos foram assassinados, o rumor sobre uma vítima hindu se espalhava, e então, a algumas poucas centenas de metros da casa de Gandhi, alguém atirou uma granada em um ônibus cheio de muçulmanos. As pessoas haviam quebrado seu compromisso, e Gandhi deu início a um jejum até a morte, direcionado não contra os britânicos, mas contra seus próprios compatriotas. Ele não ingeriria comida até que todos aqueles que cometeram tais atos se arrependessem e solenemente resolvessem parar com aquelas ações.

No começo, ninguém se importou. O que era a vida de um velho doente diante do aviltamento que sofriam as pessoas em sua religião, suas famílias e sua honra? A vingança parecia muito mais adequada do que o perdão. Disparos de armas de fogo ecoaram pelas ruas de Calcutá no primeiro dia do jejum de Gandhi. Depois de 24 horas, seu cansado coração começou a perder uma batida em cada quatro, e sua pressão sanguínea caiu vertiginosamente. No dia seguinte, quando seus sinais vitais caíam muito, os agitadores pararam e ouviram os repórteres que transmitiam notícias sobre a pressão e os batimentos cardíacos do velho homem. Rapidamente, a atenção de todos os moradores de Calcutá voltou-se totalmente à cama de varas onde ele jazia, fraco demais para falar. A violência cessou. Ninguém estava disposto a cometer um ato que pudesse fazer com que a "Grande Alma" morresse.

Mais um dia se passou, e a gangue responsável pelos assassinatos veio se confessar a Gandhi, pedindo perdão e lançando as armas a seus pés. Um caminhão cheio de armas e granadas, entregues voluntariamente pelas pessoas, chegou a sua casa. Os líderes de todos os grupos religiosos da cidade assinaram uma declaração, garantindo que não aconteceria mais assassinato algum. Persuadido por suas ações, Gandhi tomou seus primeiros goles de suco de laranja e fez suas primeiras orações. Desta vez, o milagre perdurou, e Calcutá foi salva.

Assim que recuperasse as forças, Gandhi planejava ir para o Oeste, no coração da violência que havia tirado a vida de meio milhão de pessoas.

Quando leio a história de Mahatma Gandhi e a comparo com a história da Igreja cristã, não posso deixar de pensar no que aconteceu de errado. Por que um hindu abraçou os princípios de reconciliação, humildade e sacrifício vicário tão claramente demonstrados por Jesus? Gandhi considerava Jesus como a fonte da qual aprendeu esses princípios de vida, e trabalhou como um soldado disciplinado para colocá-los em prática. O que impede que os cristãos sigam a Jesus com o mesmo desprendimento?

Sim, temos o exemplo de Francisco de Assis, tentando impedir as cruzadas; de monges que superaram o ascetismo de Gandhi; de missionários que servem os necessitados; de quakers e anabatistas que se opuseram à violência. Mas o cristianismo europeu tem muito mais registros de uma Igreja baseada na riqueza, no poder, no prestígio e até mesmo na coerção e na guerra para fazer avançar sua causa.

O mundo mudou, naturalmente. Agora, apenas um terço dos cristãos do mundo vive na Europa e na América do Norte, e o centro da Igreja está se movendo para a África e para a Ásia. Depois de dois milênios de dominação ocidental, será o momento de olhar para o Oriente em busca de sabedoria acerca da fé que temos praticado de maneira tão errática?

Quando me volto para a autobiografia de Gandhi, um arrepio percorre minha alma, porque ele tira o foco de movimentos e líderes da História e o coloca sobre si. A questão crucial para ele não era como outros cristãos, hindus ou muçulmanos haviam agido no passado, mas como eles estavam agindo no presente. Confrontando Gandhi, sou forçado a transformar uma revisão da História cristã, feita calmamente numa poltrona, em uma avaliação muito mais dolorosa de mim mesmo como uma pessoa que se diz seguidora de Jesus. Os historiadores podem tratar dos resultados exteriores das ações de Gandhi; ele se preocupava com a vida interior.

A autobiografia apresenta eventos numa estranha proporção. *The Story of My Experiments with Truth* [A história de minhas experiências com a verdade] é o título que ele deu à obra. Ela retrata eventos externos sendo simplesmente o palco no qual o drama interno do desenvolvimento de seu próprio caráter estava sendo representado. Um parágrafo menciona a grande Marcha do Sal, um momento decisivo na carreira de Gandhi e na história da Índia, mas os quatro capítulos seguintes vão explorar sua agonia interna sobre a dúvida se deve ou não incluir leite de cabra em sua dieta vegetariana. Gandhi projeta sua vida como o gradual refino de uma alma.

Em sua autobiografia, Gandhi traça a evolução de seu estilo de vida simples. Ele havia tentado os caminhos ocidentais como estudante de Direito em Londres, comprando roupas finas, chapéus revestidos de seda, sapatos de couro de marca, luvas brancas e uma bengala com manopla de prata. Ainda era um tipo almofadinha quando voltou para a Índia, e não começou a mudar até ir para a África do Sul. Começou passando suas próprias camisas, para a ridicularização de seus colegas de ofício. Então, passou ele mesmo a fazer o corte de seu cabelo, deixando enormes falhas que provocavam ainda mais risos. Embora recebesse um bom salário, decidiu cortar as despesas com a casa pela metade, cortando mais uma vez ao meio algum tempo depois. No fim de cada dia, ele fazia uma contabilidade minuciosa de cada centavo gasto.

A partir dessas experiências, Gandhi descobriu que o processo de gastar menos dinheiro e adquirir menos propriedades simplificaria sua vida e lhe daria paz interior. Além disso, permitiria que ele se identificasse mais com as pessoas pobres que com frequência representava na corte. Com o passar do tempo, ele resumiu suas propriedades ao seguinte: óculos, um relógio, sandálias, um livro de músicas, uma tigela. Para responder à correspondência, ele usava blocos de papel feitos com os envelopes das cartas que recebia. Comia com uma colher que se quebrou e foi remendada com um pedaço de bambu amarrado com uma corda.

Ao ler seu relato, lembro-me, com certa angústia, que quando me mudei de Chicago para o Colorado, a empresa que fez minha mudança calculou que todos os meus pertences pesavam cerca de 5,5 toneladas. Mesmo extraindo as 2,7 toneladas de livros, isto perfazia um total de quase três toneladas de acumulação material! E será que, com toda essa bagagem, eu tinha uma vida mensuravelmente mais rica que a de Mahatma Gandhi?

Ontem interrompi este capítulo para passar uma hora procurando arrumar o controle remoto da porta de minha garagem. Tive outra frustrante interrupção tentando configurar o programa de *fax* do computador. A bateria do meu celular descarregou. Percebi, num momento, quanto minha vida era governada por coisas materiais. Posso justificar, ou pelo menos racionalizar, muitas dessas posses, pois elas me ajudam no meu trabalho. Mas qual é a atenção que dou ao ensino de Jesus sobre o perigo de alguém ganhar o mundo inteiro e perder sua alma? Devo admitir que o estilo de vida de Jesus tinha muito mais a ver com o de Gandhi do que com o meu.

Várias vozes ocidentais estão clamando por um retorno à simplicidade. Alguns cristãos defendem as virtudes de uma vida simples e levantam questões sobre a moralidade dos padrões ocidentais à luz das injustiças do mundo (embora, para ser justo, o nível de simplicidade que eles defendem mais se parece com o início da vida de Gandhi do que com aquilo que ele tinha no fim). Deixarei a questão da moralidade do estilo de vida para outros mais seguros que eu. O que aprendi de Gandhi foi a razão da simplicidade, não o seu nível. Gandhi perseguia a simplicidade não por culpa, mas por necessidade, em função de sua própria saúde espiritual.

Gandhi sentou-se à mesa com grandes líderes. Ele viu a sedução do poder, a confiança nos servos que realizavam qualquer desejo, a infindável escada espiralada do luxo, a cativante ansiedade sobre os investimentos, a enxurrada de cartas, convites, apoios e ligações telefônicas, solicitando seus discursos. Conhecendo bem o fardo da fama, ele também sabia que a única forma de combatê-la era buscar a simplicidade com todo o coração. Se não fizesse isto, o vigor de sua alma, a força interior de onde ele retirava a perseverança e a coragem para as confrontações morais, se esvairia.

Gandhi tinha suspeitas quanto à tecnologia moderna. Acreditava que as pessoas que possuíam carros, rádios, geladeiras cheias e muitas roupas no armário poderiam se tornar psicologicamente inseguras e moralmente corrompidas. Ele conhecia bastante sobre conservação de solo para entender que a terra da Índia não toleraria algumas poucas décadas do abuso provocado pela agricultura tecnológica (em 150 anos, o Estado norte-americano de Iowa perdeu mais áreas cultiváveis do que a Índia em cinco mil anos). Tinha perguntas sobre o tempo que as fontes de energia durariam. Além disso, Gandhi disse que continuaria a recomendar o uso de vacas até que fosse inventado um trator que pudesse produzir leite, iogurte e adubo. Ironicamente, a ênfase na simplicidade veio de escritores ocidentais — Tolstoi, Ruskin e Thoreau — os quais o convenceram de que as riquezas eram um fardo e que somente a vida de trabalho era digna de ser vivida. Gandhi deu o nome Fazenda Tolstoi a sua primeira comunidade, em homenagem ao romancista.

O Ocidente — e a Índia, especialmente por esta questão — ignoraram Gandhi. O capitalismo governa no mundo inteiro, e a sociedade cujo tecido econômico depende de crescimento constante exige que seus cidadãos tenham necessidades de consumo e desejos de gasto constantes. Se dez milhões de seguidores de Gandhi, com a mais alta das motivações, decidissem simplificar suas vidas, renunciando a seus carros novos, usando roupas fora de moda, plantando sua própria comida e eliminando aparelhos elétricos, o resultado seria o caos econômico, e milhares de pessoas perderiam seus empregos. Era exatamente este dilema que Gandhi queria evitar na Índia. No Ocidente, seria necessário alguém com a mesma força de um Gandhi para mudar o dogma estabelecido do PIB sempre crescente. É possível que sejamos forçados a mudar nossos modos esbanjadores um dia, quando o solo estiver exaurido, as fontes de água tiverem secado, as calotas polares tiverem derretido e todos os poços de petróleo estiverem secos. Mas a crise vai esperar mais uns cinquenta anos ou mais; deixaremos esses problemas para a geração que ainda nem nasceu.

Todos os meses, leio sobre alguma nova invenção que permite que eu me conecte ao resto do mundo. Três canais da TV a cabo agora trazem notícias 24 horas por dia. Se eu quiser, posso enviar um *e-mail* por meio do meu telefone celular. Posso obter informações sobre fatos, esportes e ações da bolsa de valores por meio de *pagers*. Todas as vezes que cedo e compro um aparelho como estes, sinto-me importante e valorizado. Tenho uma vida ocupada, e assim é a indústria da comunicação. Esses aparelhos permitem que eu alcance mais pessoas de maneira mais eficiente.

De alguma maneira, porém, Gandhi conseguia ser bastante eficiente sem sequer um telefone de disco a seu alcance. “Nossas invenções são brinquedos bonitos, os quais tiram nossa atenção das coisas realmente sérias”, disse Thoreau, seu mentor. “São nada mais que meios melhorados de um fim não aperfeiçoado, um fim ao qual já era fácil se chegar [...]. Temos grande pressa de construir um telégrafo magnético do Maine ao Texas, mas é bem possível que o Maine e o Texas não tenham nada importante a comunicar.” Um século e meio depois, uma pessoa só precisa clicar numa sala de bate-papo virtual da internet para entender o que ele disse. Gandhi também observava todas as segundas-feiras como um dia de silêncio, tanto para descansar suas cordas vocais quanto para promover a harmonia interior. Ele se dedicava a esse silêncio mesmo quando era convocado para reuniões no calor das negociações sobre o futuro da Índia.

Como jornalista, vejo um padrão perturbador naquilo que fazemos com os líderes religiosos atualmente. Premiamos a todos com aplauso, fama, atraentes contratos e uma enxurrada de convites de discursos e aparições na mídia. Fazemos com que nossos pastores trabalhem como psicoterapeutas, oradores, sacerdotes e altos executivos. Quando um líder demonstra perspicácia acima da média, acenamos com a tentação de um programa de rádio ou de televisão completo, com uma máquina de levantamento de fundos para tocar a organização. Em resumo, nós, de dentro da Igreja, copiamos descaradamente o modelo secular de propaganda enganosa da mídia e do crescimento da corporação. Fico pensando em quão mais eficazes seriam nossos líderes espirituais se os encorajássemos a reservar as segundas-feiras como um dia de silêncio para reflexão, meditação e estudo pessoal.

Em seus hábitos pessoais, Gandhi foi muito além da autodisciplina, chegando até à renúncia. Não permitia qualquer tipo de prazer sensual, e, em sua autobiografia, você não encontrará experiência agradável alguma relacionada à música, à natureza ou qualquer satisfação provocada por um sabor ou aroma. Sua refeição típica consistia de dois gomos de toranja (grapefruit),[7] coalho de leite de cabra e sopa de limão. Durante toda sua vida, ele empreendeu uma luta contra a cobiça. Aos 37 anos, embora casado, fez um voto solene de celibato. Passou muito tempo pesquisando quais alimentos tinham o menor traço de substâncias afrodisíacas, depois eliminou o sal, temperos fortes, chá e a maioria de frutas e vegetais de sua dieta.

Tal rigor parece estranho aos ocidentais modernos, embora a História cristã tenha seu grupo de ascetas. O Oriente possui um rico legado de "homens santos" que buscam controlar as paixões humanas. "É por mim mesmo", explicava Gandhi a seus críticos, "que insisto em práticas tão espartanas. Eu sou aquele que vai sofrer se der vazão a minha natureza carnal".

Em uma conferência na Carolina do Sul, ouvi Arun Gandhi, neto de Mahatma, contar sobre a viagem que fez da África do Sul para a

Índia aos 12 anos de idade para encontrar-se com seu avô. O pai de Arun, um líder do movimento pelos direitos civis na África do Sul, providenciou essa viagem em função do medo que tinha de Arun estar crescendo como um garoto mimado. O primeiro encontro com o avô famoso não foi muito bom.

Mahatma estava tentando ensinar o garoto a manter um diário de raiva. "É normal você sentir raiva", disse o avô, "O que importa é como você canaliza esta raiva." Ele pediu a Arun que parasse todas as vezes que sentisse raiva de alguma coisa e, no calor do momento, escrevesse todos os seus pensamentos e sentimentos. Então, no dia seguinte, depois que as emoções tivessem esfriado, ele deveria voltar e ler seu diário, refletindo sobre como canalizar aquele poder para o bem. "Vá em frente e tente", disse Mahatma. "Escreva tudo aquilo que o deixa com raiva."

O jovem Arun, com seus 12 anos, sentiu tanto ódio por ter de passar tempo registrando sua raiva que quebrou seu lápis em dois e o jogou por cima do ombro. De maneira gentil, porém firme, seu avô fê-lo se sentar e deu-lhe um sermão. "Este lápis é apenas um toco", disse, "mas imagine se vinte milhões de meninos ao redor do mundo jogassem fora seus lápis. Pense nas árvores que teriam de ser cortadas. Pense nos trabalhadores que colocariam o grafite dentro do lápis. Pense no desperdício tão desnecessário". Mahatma pediu emprestada uma lanterna, e os dois passaram a hora seguinte agachados, procurando pelo toco de lápis.

Nas várias semanas que se seguiram, Mahatma orientou seu neto sobre como controlar suas expressões de emoção. "Ele ensinou-me a me controlar", lembrou Arun. "Foram necessários muitos meses de prática até que estivesse pronto para voltar para casa. Mas no tempo devido, consegui perceber que aquilo estava me libertando. Eu era uma vítima desesperada de minhas próprias paixões. Naquele momento, eu estava aprendendo a ser o mestre."

De volta à África, Arun seguiu os passos de seu pai como um líder dos direitos civis. Por fim, emigrou para os Estados Unidos, onde dirige o Instituto Mohandas K. Gandhi de Não Violência. "Eu jamais teria suportado o abuso e até mesmo a violência física envolvida na campanha pelos direitos civis na África do Sul se não tivesse aprendido aquela lição aos 12 anos de idade."

No dia seguinte, na mesma conferência, participei de um painel que discutia a tendência cultural em relação à obscenidade e ao ódio, como a demonstrada na música *rap* por cantores como Eminem e em programas de televisão como *South Park e Beavis e Butthead*.[8] Ouvi pais expressarem sua preocupação com letras descrevendo assassinatos de esposas, de policiais e ódio racial, e por ver adolescentes defendendo vigorosamente seu direito de expressar quaisquer emoções que sentissem. "*Shows* como estes e a música *rap* são a forma que temos de expressa a hostilidade que sentimos", disse um jovem de 18 anos de idade. "Tire-os de nós e os jovens provavelmente partirão para a violência explícita." A diferença entre duas abordagens sobre a paixão humana, o jeito do Oriente e o do Ocidente, nunca pareceu tão patente.

Mahatma Gandhi sabia que o único poder moral que exercia sobre os outros viera daquilo que ele mesmo já dominava. Certa vez, uma mulher de sua vila trouxe-lhe seu filho e pediu a Gandhi que dissesse à criança para parar de comer açúcar, pois aquilo não era bom. Ela disse que o filho não lhe dava ouvidos, mas que ouviria a Gandhi. "Traga o garoto de volta na semana que vem e eu falarei com ele", disse Gandhi. Uma semana depois, a mulher voltou com seu filho. Gandhi tomou o menino em seus braços e disse que ele não deveria comer qualquer açúcar. Então, disse adeus aos dois. A mãe hesitou um pouco e perguntou: "Mas, Bapu,[9] por que o senhor precisou esperar uma semana? Não poderia ter falado na semana passada mesmo?" Gandhi respondeu: "Não. Na semana passada, eu ainda estava comendo açúcar."

Foi esse princípio, o da persuasão moral por meio do exemplo, do sofrimento vicário, que Gandhi aperfeiçoou em sua prática de jejum. Logo no início de sua carreira, dois jovens sob sua tutela descambaram para a imoralidade, e Gandhi ficou angustiado vários dias em busca de uma resposta adequada. A maioria dos membros do *ashram* clamava pela punição exemplar dos transgressores, mas Gandhi acreditava que um guardião ou mestre era, ao menos parcialmente, também responsável pelas falhas de seus alunos ou aprendizes. Ele não acreditava que os outros alunos fossem capazes de perceber a profundidade de sua aflição e a seriedade da transgressão, a não ser que ele aplicasse alguma punição. E assim, em resposta à transgressão dos alunos, ele promoveu um jejum total de sete dias, e passou a fazer apenas uma refeição por dia por quarenta meses e meio. "Minha penitência feriu a todos", concluiu ele, "mas limpou a atmosfera. Todo mundo percebeu que coisa terrível era ser pecador, e os laços que me uniam aos meninos e meninas se tornaram mais fortes e verdadeiros".

Finalmente, o jejum passou a ser a mais poderosa arma de Gandhi. Já mencionei seu jejum contra a violência em Calcutá. Depois disso, Gandhi anunciou mais um jejum, em Nova Délhi, a capital do novo país, uma cidade que, no começo de 1948, vivia em trevas. Cinco milhões de refugiados haviam fugido pelo Punjab, vindos do Paquistão para a nova capital, e muitos deles estavam vivendo agora em campos provisórios de refugiados. Depois de serem perseguidos, estuprados e brutalizados pelos muçulmanos, aqueles hindus tinham sede de vingança.

Quando Gandhi chegou e sentiu a atmosfera de ódio, anunciou um jejum até a morte. Seus médicos não concordaram, pois ele ainda não tinha se recuperado do jejum quase fatal de Calcutá. As multidões já estavam fartas do velho homem e de seus desvarios de paz e irmandade. Nos dois primeiros dias, eles zombaram da figura já abatida que jazia numa cama de varas, marchando diante dele com uma nova canção nos lábios: "Deixem Gandhi morrer! Deixem Gandhi morrer!". Então, no terceiro dia, seus rins pararam de funcionar, seu coração estava descompassado e ele começou a respirar com grande dificuldade. Todas as rádios da Índia começaram a transmitir boletins sobre sua saúde a cada hora.

No quarto dia, em total desespero, os mais poderosos líderes da Índia — fascistas, comunistas e todas as facções entre os dois — vieram até Gandhi e fizeram um voto solene de proteger os muçulmanos e renunciar à violência. As armas recolhidas encheram caminhões e foram destruídas. Líderes civis garantiram que residências, lojas e mesquitas seriam devolvidas a seus verdadeiros donos. O parlamento indiano votou pagar ao inimigo Paquistão 55 milhões de libras. Por fim, depois que todas as condições impostas por Gandhi haviam sido atendidas e o país estava novamente em paz, ele concordou em interromper o jejum. Ele durou 121 horas.

Duas semanas depois, seu corpo debilitado estava novamente na cama de varas, morto não por um jejum, mas por três balas de um fanático hindu que se ressentia daquilo que chamava "traição" de Gandhi a seu país. Em seu último ato de morte, Gandhi conseguiu fazer muito mais do que os milhares de policiais e soldados que patrulhavam em vão as vilas de Punjab. Com a morte de Gandhi, a Índia parou; as execuções em massa cessaram; a nação ficou profundamente chocada. Um homem santo de Bombaim caminhava pela cidade, dizendo: "O Mahatma está morto. Quando virá outro como ele?". Muitos dos feitos de Gandhi morreram com ele. Sua nação amada seguiu um caminho diferente daquele que ele defendia, assim como o resto do mundo, ficando cada vez mais beligerante e menos receptivo a suas crenças principais. Contudo, por um tempo, aquele homem desconcertante e estranho conseguiu elevar homens e mulheres a um patamar superior ao que possuíam anteriormente. Ele não tinha escritório algum, e aqueles que o seguiam o faziam voluntariamente. O único atrativo que tinha como líder era a força de sua própria alma. "O feito comum é um grande passo e um maravilhoso compromisso", disse Gandhi. "Sua beleza reside no fato de o compromisso de hoje ser menos impuro que o de ontem; consiste em nossos olhos serem conduzidos numa linha reta em direção a algo maravilhoso no momento em que olhamos não para os feitos, mas na direção em que eles são realizados."

Em 1983, depois de eu ter retornado da Índia e de o filme *Gandhi*, de Richard Attenborough, ter sido lançado, escrevi um perfil do homem para a revista *Christianity Today*. Apesar de sempre receber cartas ferinas no decorrer dos anos, não estava preparado para a quantidade de mensagens odiosas que o artigo causou. Leitores me disseram que Gandhi estava agora queimando nas profundezas do inferno, e que até os demônios acreditam em Deus e citam a Bíblia. "E então, vemos Gandhi na capa deste mês", escreveu um dos leitores. "Quem será a capa do mês que vem, o aiatolá?" Outro leitor o chamou "o agitador pagão que mais fez para debilitar a influência da civilização ocidental". Um proeminente porta-voz cristão rebelou-se contra a revista por "colocar na capa, no lugar de Jesus, a figura de Mahatma Gandhi".

A maioria das reclamações surgia de uma pergunta: os cristãos têm alguma coisa a aprender de alguém que rejeitou sua fé? Cheguei à conclusão que sim. Apesar de Gandhi jamais ter aceitado os apelos da teologia cristã, ele baseava a filosofia de sua vida nos princípios aprendidos com Jesus. De uma maneira bastante diferente, o impacto de sua vida ajudou-me a me convencer da verdade da fé cristã. Comecei a ver que Jesus disseminou na terra um novo tipo de poder, uma inversão que virou de cabeça para baixo as suposições básicas da História. "Os últimos serão primeiros, e os primeiros serão últimos", disse ele, dando cumprimento a esse princípio buscando os excluídos, os pobres, os sofredores. Ele foi a pessoa mais influente que já viveu, apesar de não ter um escritório, de possuir uma atitude de desprezo em relação ao poder político e de não ter deixado para trás de si nenhum bem material, senão um lençol.

Jesus ofereceu perdão aos pecadores, amor aos inimigos, compaixão profética àqueles de quem discordava. Hoje, todo grupo marginalizado do mundo — minorias, mulheres, deficientes, prisioneiros, doentes — pode olhar para Jesus como uma fonte de inspiração moral e um modelo para ações efetivas, quer sigam ou não seus ensinamentos. Por intermédio de Gandhi, pude ver que, além de fundar uma Igreja, Jesus produziu uma corrente de autoridade moral que liberta os cativos, alivia os oprimidos e despreza um mundo violento e competitivo. Essa corrente flui quer a Igreja se junte a ela ou opte por permanecer nos bancos. Devido ao meu próprio passado, sempre fui rápido em acusar a Igreja de permanecer estática enquanto a corrente fluía. Gandhi ensinou-me que o evangelho tem vida em si, e que executa sua obra lenta e firme, independentemente do resto. Apesar de nunca ter aceitado Jesus da maneira como os cristãos desejavam, Gandhi provou a verdade dos ensinos de Jesus, canalizando essa corrente para uma nação marcada pela paixão e pela violência.

Gandhi tinha amigos íntimos cristãos, como os missionários Charlie Andrews e E. Stanley Jones. Como seus escritos demonstram, compreendia os detalhes da doutrina cristã melhor do que muitos cristãos. Por que, então, ele terminou por rejeitar essa fé?

Criado na Índia, Gandhi teve pouco contato com cristãos quando era jovem. Espalhavam-se rumores em sua cidade que, se um hindu se convertesse ao cristianismo, seria forçado a comer carne, tomar bebidas fortes e usar roupas europeias. Gandhi também se recorda de um episódio desagradável, em que viu um missionário cristão numa esquina, escarnecendo dos hindus e de seus deuses.

Como estudante de Direito em Londres, Gandhi teve uma exposição mais prolongada ao cristianismo. A pedido de um colega, ele leu a Bíblia de capa a capa. Confessou que o Antigo Testamento não lhe inspirava, provocando-lhe sono, mas o Novo Testamento causou uma profunda impressão. Por toda sua vida, Gandhi viu-se retornando aos ensinos de Jesus, seu modelo de não violência e vida simples. Ele também leu *Many Infallible Proofs*, de Pearson (que "não teve efeito algum sobre mim") e *The Analogy of Religion*, de Butler, entre tantos outros livros e comentários cristãos. Ainda assim, não conseguia reconciliar a disparidade que via entre Cristo e os cristãos. Como ele mesmo disse, "apedrejar profetas e, mais tarde, levantar igrejas em sua memória tem sido a prática do mundo durante eras. Hoje, adoramos Cristo, mas o Cristo encarnado nós o crucificamos".

Gandhi viveu na África do Sul durante os anos formativos de sua vida, e alguns incidentes desagradáveis ocorridos ali fizeram pouco para mudar as posições que tinha em relação ao cristianismo. Encontrou discriminação ferrenha numa sociedade ostensivamente cristã, sendo colocado para fora de trens, expulso de hotéis e restaurantes e barrado em algumas reuniões cristãs.

Uma mulher branca que costumava convidar Gandhi para as refeições de domingo deixou claro que ele não era mais bem-vindo depois de observar a influência que o vegetarianismo de Gandhi estava exercendo sobre seu filho de 5 anos de idade. Antes disto, ele frequentava a Igreja Wesleyana com a família dela todos os domingos. "A igreja não me causou uma impressão favorável", relembra ele, citando sermões tolos e uma congregação que, "ao contrário, parecia ser mais mundana, com pessoas indo à igreja para recreação e por hábito".

Em sua autobiografia, Gandhi conta vários episódios de cristãos que tentavam convertê-lo. Um cavalheiro levou-o a uma reunião de avivamento para ouvir o reverendo Andrew Murray. Gandhi ficou bastante impressionado com as histórias que Murray contou sobre a fé de George Müller, fundador de um orfanato inglês. Gandhi lembrava-se das histórias da seguinte maneira:

O senhor Baker tinha dificuldade de ter um "homem de cor" como eu em sua companhia. Precisamos passar por alguns inconvenientes em muitas ocasiões, inteiramente por minha causa. Precisávamos interromper uma viagem no meio porque calhou de um dos dias ser um domingo, e o senhor Baker não viajava no sabbath.

Esta convenção era uma reunião de cristãos de votos. Eu estava maravilhado com sua fé. Encontrei o sr. Murray. Vi que muitos estavam orando por mim. Gostava de muitos de seus hinos, que eram bastante agradáveis.

A convenção durou três dias. Pude compreender e apreciar a devoção daqueles que a frequentaram. Mas não vi razão alguma para mudar minha crença, minha religião. Para mim, era impossível acreditar que somente poderia ir para o céu ou obter salvação se me tornasse um cristão. Quando disse isto de maneira franca a alguns bons amigos cristãos, eles ficaram chocados. Mas não há remédio para isto.

Minhas dificuldades eram mais profundas. Eram mais do que acreditar que Jesus era o único Filho encarnado de Deus, e que somente aquele que cresse nele teria a vida eterna. Se Deus podia ter filhos, todos nós éramos seus filhos. Se Jesus era como Deus, ou o próprio Deus, então todos os homens eram como Deus e poderiam ser o próprio Deus. Minha razão não estava pronta para aceitar literalmente que Jesus, por meio de sua morte e de seu sangue, redimiu todos os pecados do mundo. Metaforicamente, poderia haver alguma verdade nisto.

Mais uma vez, de acordo com o cristianismo, apenas os seres humanos tinham alma, e nenhum outro ser vivente a possuía, o que, para eles, significava que a morte era a extinção completa; eu tinha uma posição contrária. Podia aceitar Jesus como mártir, um sacrifício corporificado e um mestre divino, mas não como o homem mais perfeito que já nasceu. Sua morte na cruz era um grande exemplo ao mundo, mas minha alma não conseguia aceitar que havia algo misterioso ou alguma virtude miraculosa nisto. As vidas piedosas de cristãos não me davam coisas que as vidas de outros homens de outros credos haviam deixado de me ofertar. Já vira em outras vidas o mesmo tipo de reforma que ouvira entre os cristãos. Filosoficamente, não havia nada de extraordinário nos princípios cristãos. Do ponto de vista do sacrifício, parecia-me que os hindus superavam em muito os cristãos. Era impossível para mim considerar o cristianismo uma religião perfeita ou a maior de todas as religiões.

Compartilhava essas ideias com meus amigos cristãos todas as vezes que havia uma oportunidade, mas suas respostas não me satisfaziam.

Extraído de Gandhi: *An Autobiography*

Ele resumia sua posição com a frase: "Não posso dar ao cristianismo um trono solitário".

É triste notar que os conceitos de graça e perdão de Deus não aparecem nas obras de Gandhi.O hinduísmo tropeça na questão da graça. "Se alguém deseja encontrar salvação", dizia Gandhi, "deve ter tanta paciência quanto a de um homem que se assenta à beira-mar e, com um canudo, pega apenas uma gota de água, colocando-a em outro lugar, até que o oceano fique vazio". No fim de sua autobiografia, ele ainda lamenta que não esteja livre da paixão em seus pensamentos, seus discursos ou suas ações. "Devo reduzir o meu 'eu' a zero", conclui.

Gandhi graciosamente omite de sua autobiografia outra lembrança dolorosa da África do Sul. A comunidade indiana tinha especial admiração pelo missionário C. F. Andrews, a quem apelidaram "o fiel apóstolo de Cristo". Tendo ouvido tantas coisas sobre Andrews, Gandhi estava desejoso de se encontrar com ele. Mas na primeira oportunidade que teve de ouvi-lo, Gandhi foi dispensado do culto porque a cor de sua pele não era branca. Mais tarde, Gandhi e Charlie Andrews tornaram-se grandes amigos, mas Gandhi nunca se esqueceu da dor daquele incidente.

Ao comentar as experiências de Gandhi na África do Sul, E. Stanley Jones conclui que "o racismo tem sobre si muitos pecados, mas talvez o pior deles tenha sido o de obscurecer a Cristo na hora em que uma das maiores almas nascidas de uma mulher estava tomando sua decisão".

Numa das visitas que fiz à Índia, vi-me em uma comunidade cristã em Nova Délhi, um tipo de *ashram* composto por jovens indianos que estão tentando cumprir corporativamente o chamado radical que Jesus fez a seus seguidores. Por algum tempo, discutimos os paralelos entre Gandhi e Jesus Cristo. Como já disse, Gandhi creditava abertamente aos ensinos de Jesus a base de seus princípios. Porém, embora Gandhi tenha causado um profundo impacto no país inteiro, o cristianismo é quase incipiente na Índia: menos de 3% da população se dizem cristãos. Juntos, exploramos a ideia de que seus representantes apresentaram o cristianismo à Índia, mas não o verdadeiro Cristo.

Conversamos sobre a forma como o indiano medianamente letrado percebe o cristianismo. Aqueles que visitam a América voltam impressionados com todas as igrejas. Contam histórias sobre os pastores televisivos e quanto dinheiro arrecadam de seus patrocinadores. Falam de líderes cristãos que se encontram com o presidente e de vários políticos que se dizem nascidos de novo. Os líderes espirituais ocidentais normalmente são de classe média e elegantes, em nada semelhantes aos homens austeros que se costuma ver na Índia. Ninguém é chamado "Grande Alma" nos Estados Unidos. Refletindo sobre o cristianismo, esses indianos falam de seu poder e seu sucesso. Raramente falam sobre a vida de Jesus ou os princípios deixados por ele.

No desejo de incentivar meus amigos cristãos de Nova Délhi, trouxe-lhes à lembrança a declaração de Gandhi de que o *insight* para os problemas do mundo deve vir do Oriente, e não do Ocidente. "Precisamos ser a mudança que queremos ver", disse Gandhi. Implorei a eles que tomassem o que de melhor seu continente poderia produzir, alguns dos ideais que atraíam Gandhi, e traçassem suas raízes cristãs. Eles poderiam desafiar minha nação de uma maneira que eu, como norte-americano, não poderia fazer, como mostrado pelo fato de que alguns jovens dos Estados Unidos às vezes ouvem sobre Gandhi antes de ouvir sobre Jesus. "O mundo pode ser receptivo a esta mensagem", disse eu.

Um jovem indiano bastante pensativo, que ficou sentado durante toda a discussão, falou o seguinte: "Não entendo. Parece que você está dizendo que o Ocidente, de modo geral, é receptivo a um santo, alguém como Gandhi, que se levanta defendendo ideias distintas da cultura em que vive. Mas será que a *Igreja* é receptiva? Você disse que o cristianismo norte-americano nunca produziu um santo que caminhasse nas linhas traçadas por Gandhi. Todos os líderes são muito diferentes dele. Parece que você está concluindo que, se Gandhi se levantasse numa igreja dos Estados Unidos hoje, ele não seria levado a sério; seria talvez até ridicularizado e rejeitado. E, ainda assim, todos esses cristãos dizem que adoram a Jesus Cristo. Por que eles não o rejeitam? Ele viveu uma vida simples, pregou o amor e a não violência, recusou-se a se comprometer com os poderes deste mundo. Pediu a seus seguidores que carregassem as suas cruzes e suportassem os sofrimentos. Por que os cristãos norte-americanos não o rejeitam?"

Foi uma excelente pergunta, para a qual eu não tenho resposta.

> Apedrejar profetas e, mais tarde, levantar igrejas em sua memória tem sido a prática do mundo durante eras. Hoje, adoramos Cristo, mas o Cristo encarnado nós o crucificamos.
>
> Mahatma Gandhi

Mahatma Gandhi para iniciantes

Diversos autores procuraram produzir biografias de Gandhi a partir de pontos de vista políticos, psicológicos e sociológicos. A obra *Gandhi's Truth*, de Erik Erikson, é uma das mais recompensadoras. *Freedom at Midnight*, dos famosos escritores Larry Collins e Dominique Lapierre, capta o espírito à época da independência da Índia num estilo semelhante à prosa de uma revista semanal. A própria *Auto-biografia* de Gandhi nos dá um vislumbre daquele homem complexo. *Gandhi*, de E. Stanley Jones, descreve a *sui generis* amizade de Mahatma com o missionário metodista. Considere também a internet. Arun Gandhi administra um *site* bastante completo nos Estados Unidos *www.gandhiinstitute.org* que contém, bastante material sobre seu avô e um bom mecanismo de busca que rapidamente localiza uma enorme lista de outros *sites* baseados na Índia.

Capítulo oito

Serpentes e pombas em praça pública

Dr. C. Everett Koop

Quando eu era jovem, política era um palavrão. Nós, cristãos, nos considerávamos uma minoria sitiada; agradecida pela liberdade religiosa de nossa nação, sim, mas conformados a viver como uma insignificante contracultura numa sociedade dominada pelos mundanos humanistas seculares. Na Escola Dominical, jurávamos fidelidade à bandeira cristã assim como à bandeira americana, e nunca duvidamos de que essa fidelidade era prioritária. Certamente, ninguém se voltava para Washington em busca de liderança moral, e poucos na minha igreja assumiam um papel ativo nas campanhas políticas.

John F. Kennedy ajudou a nos tirar da letargia em 1960. Um diácono alarmista distribuiu cópias de um livro assustador chamado *If Ameriea Elects a Catholic President* [*Se a América eleger um presidente católico*], e o pastor dava indicações veladas de que um presidente católico seria obrigado a seguir ordens do papa, e não de seus compatriotas. Kennedy se elegeu e nenhuma dessas profecias catastróficas se cumpriu. Em 1964, eu trabalhava no escritório dos Jovens Republicanos, na campanha de Barry Goldwater, e meu candidato foi derrotado. Na eleição seguinte, a primeira na qual eu podia votar, minhas inclinações políticas haviam mudado totalmente de lado, indo na direção do candidato democrata Hubert Humphrey — no fundo, eu preferia o senador poeta Eugene McCarthy — mas meu Estado votou em massa em George Wallace. Richard Nixon, porém, ganhou nacionalidade, e os cristãos ficaram de orelha em pé quando Billy Graham começou a aparecer junto dele. Graham teve oportunidade de se arrepender em vida de seu erro, quando começou a conhecer o verdadeiro caráter daquele homem ao ler a transcrição das fitas do Caso Watergate.

A seguir, Jimmy Carter, natural da Geórgia, ganhou as eleições, atraindo enorme atenção para sua religião de nascidos de novo. A *Time* declarou: "O ano dos evangélicos", e alguns políticos de Washington designaram assistentes para descobrir tudo que pudessem sobre esse enorme eleitorado que parecia brotar durante a noite. Muitos evangélicos não gostaram do piedoso Jimmy Carter, transferindo seu apoio para Ronald Reagan quatro anos mais tarde. Parecia uma escolha improvável: Reagan raramente ia à igreja, doava quase nada à caridade e, apesar de seus "valores familiares", era o primeiro presidente divorciado e que tinha filhos *gays* e alienados. Reagan reconheceu a dívida que tinha com os evangélicos e promoveu uma plataforma social conservadora, além de colocar alguns deles em posições estratégicas.

O sucessor de Reagan, George Bush, teve uma recepção fria, e permaneceu por apenas um mandato. O ocupante seguinte da Casa Branca, um batista do Sul, frequentava a igreja assiduamente, conhecia a Bíblia melhor do que qualquer outro presidente desde Woodrow Wilson e tinha evangélicos como Tony Campolo, Bill Hybels e George MacDonald entre seus mais próximos conselheiros. Mas nenhum presidente de tempos recentes promoveu tamanho escárnio e total repugnância da comunidade cristã como Bill Clinton, mesmo antes de suas falhas morais se tornarem conhecidas do público. Política e religião realmente não se combinam.

Em outros países, o cenário é ainda mais estranho. Evangélicos em lugares como Europa, Austrália e Nova Zelândia lutam bem na esquerda da política, como os líderes católicos na América Latina. Para complicar as coisas, a História mostra que, quando os cristãos controlam as rédeas do poder, criam leis restritivas, lançam cruzadas contra os infiéis e perseguem seus hereges. Porém, quando governos seculares assumem o controle e começam a oprimir os cristãos, normalmente a Igreja floresce. Tenho constatado em minha vida que a China apresenta o maior percentual de crescimento numérico de cristãos em toda a história do mundo, um reavivamento que ocorre sob um governo que restringe a adoração e aprisiona pastores.

Nos Estados Unidos, as questões políticas e religiosas continuam a atrair as atenções. Um candidato judeu à vice-presidência, Joseph Lieberman, falava abertamente de Deus e atraía a crítica de grupos políticos judeus. Um procurador-geral pentecostal, John Ashcroft, se sujeitava a um escrutínio sobre suas convicções acerca do aborto e a homossexualidade. O presidente George W. Bush muda o sistema de concessões de entidades de caridade confessionais e promove o uso de vales em escolas religiosas.

É possível que uma pessoa se envolva em política sem que faça concessões fundamentais? Já citei renomadas figuras religiosas — Tolstoi, Gandhi, King — que ajudaram a transformar o quadro político. Apesar de ter aprendido com esses gigantes, tenho mais curiosidade quanto ao papel desempenhado por cidadãos comuns. Pode uma pessoa realmente servir "à cidade de Deus" e "à cidade dos homens", para usar termos próprios de Agostinho? Uma não irá inevitavelmente impedir a outra?

Tenho observado bem de perto o exemplo de um cidadão comum, um médico que não tem experiência política, que faz de tudo para chegar a um equilíbrio e que nos fornece um excelente estudo de caso. Conheço-o desde 1971, quando minha esposa trabalhou para um comitê que ele dirigia, supervisionando indicações internacionais de médicos residentes. Durante a administração Reagan, ele se tornou talvez o evangélico mais famoso de seu gabinete. Tinha profundas convicções sobre algumas das mais importantes questões morais de sua época e falava tom objetividade sem precedentes. Os resultados surpreendiam a todos, inclusive ele mesmo.

Em três décadas de cirurgia no Hospital Infantil de Filadélfia, o dr. C. Everett Koop criou técnicas pioneiras de salvar e curar bebês prematuros e defeituosos. Enquanto isso, em outra ala do mesmo hospital, uma clínica de aborto era equipada, capaz de eliminar de dez a quinze vidas no mesmo tempo em que ele salvava uma ou duas. Para Koop, o aborto era uma questão moral muito clara, e era assim, apaixonadamente, que ele falava contra essa prática, chamando a decisão judicial do caso "Roe *versus* Wade", que legalizou o aborto, de "o mais importante evento da história americana desde a Guerra Civil". Por um período de tempo, Koop chegou a suspender sua brilhante carreira na cirurgia pediátrica para fazer um trabalho de convencimento, com Francis Schaeffer, e advertir o público americano sobre as questões relativas à vida humana. Numa dramática cena do seriado *Whatever Happened to the Human Race?* [*O que aconteceu com a raça humana?*], Koop olha para milhares de bonecas nuas espalhadas sobre resíduos de sal no mar Morto e proclama: "Estou em Sodoma, lugar do mal e morte".

Koop também apresenta uma tendência de enxergar a tecnologia em termos de preto ou branco. Ele se converteu já adulto, frequentando uma igreja presbiteriana, e sua fé está centralizada na doutrina da soberania de Deus. Sendo um experiente cirurgião que respeita a autoridade de uma cadeia de comando, que está acostumado a dar ordens e tomar decisões rápidas sobre vida e morte, Koop parece virtualmente imune aos surtos de angústia de Kierkegaard. Se Deus é todo-poderoso, então é natural que tudo que aconteça — *tudo* — esteja diretamente sob seu controle, o tempo todo.

Essa fé serena foi testada em 1968, quando Koop sofreu a mais dolorosa tragédia de sua vida, um evento que mudou profundamente sua constituição emocional. Antes desse fato, Koop achava que era sinal de fraqueza de um médico chorar com pais que haviam perdido os filhos; mais tarde, começou a achar difícil não fazê-lo. Seu filho David, um jovem de 20 anos de idade, aluno do Colégio Dartmouth, morreu enquanto escalava uma montanha. O corpo de David ficou nas rochas por 52 horas antes de ser resgatado, uma terrível provação para a família Koop. Mas o diário pessoal de Koop daquela época, publicado sob o nome *Sometimes Mountains Move* não continha indício algum de qualquer luta com Deus. Ele termina com uma citação do Livro de Judas, no Novo Testamento: "Ora, àquele que é poderoso para vos guardar de tropeços...", seguido da declaração de fé do próprio Koop: "Deus era capaz de guardá-lo, mas em sua soberania, optou por não fazê-lo naquele momento".

Uma chamada telefônica urgente em agosto de 1980 colocou em xeque essa crença básica sobre a soberania de Deus. Ronald Reagan, que já lera dois livros de Koop e admirava suas convicções em favor da vida, queria que ele servisse como chefe da saúde pública nacional.[1] A indicação ajudaria a solidificar o apoio de Reagan entre os constituintes a favor da vida, especialmente entre os evangélicos, o grupo que mais conhecia Koop. Pouco depois de sua posse, Reagan designou-o para o cargo de delegado assistente da Secretaria de Saúde e o nomeou chefe da Saúde Pública. Essa indicação, porém, precisava de uma ação do Congresso porque, aos 64 anos, Koop excedera a idade limite para o cargo por apenas cem dias. Aquilo que Reagan e praticamente todo mundo na administração pensava se tratar de um procedimento legislativo *pro forma* iniciou um verdadeiro vendaval político.

A franqueza de Koop virou-se contra ele mesmo, especialmente depois que um bem-intencionado grupo pentecostal transmitiu a série de filmes de Schaeffer numa estação de televisão de Washington. Grupos como Planned Parenthood (Paternidade Planejada), NOW (National Organization for Women — Organização Nacional para as Mulheres) e outros grupos favoráveis à opção da mulher pelo aborto lideraram o ataque da cavalaria, brandindo todas as declarações extremas que Koop fizera sobre aborto, direitos das mulheres e homossexualidade. Num caso de macarthismo[2] às avessas, questionaram não apenas suas crenças, mas também sua competência como médico, sua estabilidade emocional e até mesmo sua sanidade. O respeitado jornal *New York Times* publicou um editorial intitulado "Dr. Desqualificado", e a imprensa de Washington cunhou um apelido ainda mais desagradável, chamando-o "Dr. Kook" ("Dr. Maluco", fazendo um jogo de palavras com seu nome). O congressista Henry Waxman proclamava-o um homem assustador e intolerante. Outros o consideravam direitista excêntrico, um maluco mal-intencionado, um fanático religioso. Pela primeira vez na história centenária da Associação de Saúde Pública dos Estados Unidos, a organização protestou contra uma indicação. "Seria melhor ficarmos sem um chefe na divisão de saúde do que ter Koop ali", disse seu diretor executivo.

A família Koop chegou a Washington como turistas inocentes que acidentalmente caíram numa zona de guerra. Na Filadélfia, os triunfos cirúrgicos do dr. Koop — separar gêmeos siameses, reparar deformidades faciais, reposicionar o coração no tórax de crianças — havia atraído uma generosa publicidade. Ganhador de diversos prêmios, inclusive a *Légion d'Honneur* na França, era com frequência reconhecido nos jornais da Filadélfia como "nosso favorito e mais famoso filho". Agora, a imprensa local se juntara ao coro que o pressionava, pintando um quadro cruel de Koop, como se ele fosse um monstro de duas cabeças. Todas as manhãs, o filho de Koop, que trabalhava em outra cidade, encontrava um jornal na porta de seu escritório com artigos difamatórios sobre seu pai, grifados com lápis vermelho.

Koop e sua esposa Betty estavam morando num lugar provisório, cercado de caixas ainda fechadas. Todos os dias, Koop trabalhava num espaçoso escritório de onde podia ver a cúpula do Capitólio e a enorme bandeira norte-americana. Embora estivesse próximo da sede do poder, não tinha nenhum; a única coisa que recebia era o escárnio da cidade. Depois de quatro décadas de frenéticas jornadas de trabalho de doze horas diárias, via-se agora diante de uma caixa de entrada de correspondências vazia, um telefone silencioso e uma agenda em branco — um quadro que, para ele, parecia um confinamento solitário. O dr. Paul Brand visitou-o àquela época e me disse: "Por vários anos, aquele excelente cirurgião tinha criado notícias na área médica. Ele era um dínamo, um homem com uma missão. Agora, porém, vi a imagem de um leão enjaulado, cheio de um enorme poder, medindo a sala com seus passos, literalmente sem ter o que fazer. Também tive a impressão de ver um homem ferido, alguém que precisava de conforto".

O próprio Koop reflete: "Não conseguia entender por que Deus havia interrompido uma vida tão tranquila e produtiva. Nunca busquei qualquer cargo público, por isso acreditava que fora Deus quem havia me tirado de Filadélfia e jogado em Washington. Costumava fazer uma série de perguntas a Deus sobre isto. Durante aqueles nove agonizantes meses do processo de indicação, eu ficava olhando para minha Bíblia sobre a mesa, tentando entender o que havia acontecido. O pior dia foi aquele quando voltei para casa certa tarde — o sol entrava pela veneziana entreaberta em nosso pequeno apartamento em Georgetown — abri a porta com minha chave e vi Betty em pé, lendo o *Washington Post* com lágrimas escorrendo por sua face".

"Não preciso disto", disse Koop. "Nunca fui tratado assim antes, e é errado colocar minha família nesta situação." Desta vez, foi Betty quem recordou que a soberania de Deus deveria, de alguma maneira, ter um propósito por trás da ruptura de suas vidas. "Se você desistir agora", disse ela, "vai ficar se perguntando para sempre." Betty ainda lhe deu um sorriso e disse: "E não se esqueça: você não tem mais um emprego na Filadélfia".

Como todo mundo sabe — todo mundo que assistia televisão, lia jornal ou ouvia rádio em 1980 — C. Everett Koop finalmente conseguiu o cargo de chefe do Departamento de Saúde e, contra todas as dificuldades, emergiu como um dos mais visíveis, atuantes e admirados servidores públicos da nação. Quando anunciou seu pedido de demissão, em 1989, seus antigos críticos se derramaram em elogios àquele a quem um dia caluniaram. O apresentador de notícias Dan Rather chamou-o "o melhor chefe da Saúde de todos os tempos". O congressista Waxman, convertido em um de seus maiores fãs, concordou prontamente: "Ele é um homem de tremenda integridade. Ele fez tudo que uma pessoa neste cargo poderia fazer, e um pouco mais". A Associação de Saúde Pública dos Estados Unidos, o mesmo grupo que lutara contra sua nomeação, honrou-o com o mais alto prêmio por excelência. Praticamente todo mundo, exceto seus aliados originais — estranhamente, os evangélicos — uniu-se no aplauso.

O que provocou essa enorme mudança na imagem de Koop? A resposta está parcialmente no conceito errado que a mídia fez de Koop, parcialmente na habilidosa montagem de um gabinete que se encaixasse em seus pontos fortes e parcialmente nos infernais nove meses que passou sentado num escritório vazio, sem ter o que fazer. Sobre seus críticos evangélicos, Koop acredita que eles não compreenderam quase nada do que ele fez como chefe do Departamento de Saúde. Ele tentou servir como o astuto profeta Daniel numa administração secular; eles estavam esperando alguma coisa mais parecida com um Amós ou um Jeremias.

Se os críticos seculares de Koop tivessem analisado seu passado com mais detalhes, teriam percebido que ele não tinha um ideário tecnocrata. A compaixão para com os homens não apenas temperou, mas de fato formou suas firmes crenças. Mesmo em seus agitados primeiros anos como cirurgião, ele encontrava tempo para cuidar dos necessitados numa missão de resgate no centro da cidade. Um de seus assistentes mais próximos explicou: "O que as pessoas não entenderam sobre o dr. Koop é que ele é a favor da vida no mais profundo sentido da palavra — não *anti-morte*, mas *pró-vida*. Já o vi com milhares de pessoas — crianças mal nutridas, *socialites* de Washington, pacientes terminais de aids, esposas que sofreram abuso, ativistas favoráveis ao aborto — e ele trata todos como se realmente acreditasse (e acredita) que foram criados à imagem de Deus. Ele é capaz de interromper sua agenda ocupada para se encontrar com alguma pessoa perturbada que quer falar com 'o doutor'. Ele realmente respeita o valor da vida humana".

Koop assumiu uma posição firme contra o aborto em função de sua experiência com centenas de milhares de pacientes pediátricos, muitos dos quais tão pequenos que cabiam em uma das mãos apenas, muitos tão deformados que nenhum outro cirurgião ousava tocar neles. Com o passar dos anos, Koop viu esses bebês crescerem e se transformarem em adultos plenamente capazes, com nomes, personalidades e histórias individuais. Paul, que passou por 37 cirurgias faciais e abdominais, hoje formado pela West Chester University; Chris, que precisou de quinze cirurgias para que seu coração se colocasse no lugar correto e seus pulmões pudessem trabalhar corretamente; Maria, para quem o dr. Koop criou um esôfago a partir de uma secção do cólon, e que prosseguiu até conseguir o grau de doutora e ela mesma se tornar uma cirurgiã pediátrica. Koop sabia que cada bebê perdido para um aborto era um Paul, uma Chris ou uma Maria em potencial.

Alguma coisa sobre o desamparo daqueles pequenos seres humanos atraiu Koop para o campo da cirurgia pediátrica num tempo em que só havia um punhado desses especialistas no país inteiro. Ele tinha uma queda pelos fracos e pelos menos privilegiados. Enquanto se sentava em seu gabinete durante as audiências de nomeação, pela primeira vez ele também se sentiu fraco e desprivilegiado. Um homem orgulhoso, acostumado ao sucesso, de repente estava tanto humilhado quanto isolado. Conforme se arrastavam as semanas, cada um dos diversos grupos especiais de interesse fazia uma visita com o objetivo de esquadrinhar o indicado com relação às pessoas com quem ele deveria lidar. A maioria sabia pouco sobre ele, restringindo-se apenas às coisas escritas nos jornais à exaustão. Descobriram que o aspirante a chefe da Saúde Pública, sem poder e com poucas esperanças, tinha um bem em grande quantidade: tempo — tempo para ouvir suas preocupações.

Durante o período de nove meses, Koop ouviu diversas vozes vindas de todo o país. Algumas, como a dos advogados dos direitos dos *gays* e dos grupos pró-aborto, eram ferozmente contrárias a suas posições. Mas eles também faziam parte da nação cujos cuidados médicos ele supervisionaria. Koop olha hoje para aquele período como uma dádiva maravilhosa. "Tive a chance de olhar para os problemas de saúde que a nação tinha e ponderar sobre o que eu poderia fazer quando finalmente fosse liberado. Decidi que usaria o gabinete para abraçar a causa dos menos favorecidos: crianças com deficiência física, idosos, pessoas à espera de transplantes, mulheres e crianças que estivessem sofrendo abusos. Durante os nove meses, desenvolvi uma agenda detalhada, algo que nenhum chefe de gabinete antes de mim fizera. No fim, aquele período de terrível frustração possibilitou a execução de todas as coisas que eu era capaz de fazer no gabinete. Isto é que é a soberania de Deus operando!"

Em resumo, Koop usou o tempo para sonhar sobre a diferença que um chefe do Departamento de Saúde poderia fazer. E sua grande notoriedade garantia que, depois de sua posse — que finalmente aconteceu, depois de uma agitada audiência do Senado — tudo que ele dissesse ou escrevesse atrairia a atenção de um enxame de repórteres. Seus detratores, que queriam fazer-lhe mal, paradoxalmente ajudaram a entregar-lhe a plataforma pública que ele precisava para alcançar seus objetivos.

Depois de sua posse, Koop achou que era um almirante de três estrelas sem um navio para comandar. O gabinete da área de Saúde, sua incumbência principal, ainda que vagamente definida, fora severamente negligenciado pelas administrações anteriores (o presidente Nixon nunca sequer se preocupou em apontar alguém para o cargo). Koop tinha pouquíssimo poder de decisão, nenhuma autoridade sobre orçamento e um grupo de colaboradores minúsculo. O ânimo das equipes comissionadas na área de serviços de Saúde Pública era o mais pessimista de todos os tempos. Numa tentativa de animar os funcionários, Koop pediu que eles usassem o uniforme que há muito tempo já havia saído de moda. Ele mesmo deu o exemplo, usando um uniforme engomado, ornamentado com listas, dragonas, fitas e galões dourados. Levou um tempo para que a prática pegasse. Mais de uma vez, os passageiros dos aviões confundiam Koop com um comissário de bordo e pediam que ele ajudasse com suas bagagens. E, agora, os cartunistas políticos tinham um alvo certeiro para suas brincadeiras. Quem era aquele médico estranho, com barba de Capitão Ahab[3] e uniforme de navio de cruzeiro, um homem que, numa cidade cheia de pastas executivas de grife, usa uma mala de lona?

O diferencial do estilo de Koop chamou a atenção da mídia. Com dois metros de altura e pesando em torno de 90 quilos, ele era uma figura imponente dentro de seu uniforme, e conforme começou a fazer pronunciamentos sobre a saúde da nação com sua potente voz ao estilo do Brooklyn, a fascinação tomou o lugar da chacota. Um repórter disse: "Na televisão, sua barba cerrada e as dragonas do Serviço de Saúde Pública projetavam a imagem de um severo tio holandês que se levantaria contra os problemas causados por anos de passividade". Pessoalmente, esses mesmos repórteres ficaram impressionados com a cordialidade e a abertura do novo chefe da Saúde Pública. Não demorou muito para que ele se tornasse o mais requisitado para dar entrevistas. Revistas colocaram sua figura austera em suas capas. Johnny Carson o citava em composições. Elizabeth Taylor mandou-lhe beijinhos no ar. O programa de televisão *The Golden Girls* propôs um quadro em sua homenagem.

"Onde está Koop, ali está a controvérsia" tornou-se um *slogan* em Washington. Ele criticava motoristas bêbados, convocava forças de combate ao abuso infantil e de cônjuges, criticava os hábitos alimentares americanos. Os superiores de Koop não sabiam o que pensar, especialmente quando ele desrespeitava a hierarquia e desafiava sua política. O presidente Ronald Reagan, por exemplo, prometera aos senadores do Sul, como Jesse Helms, que não faria um discurso forte contra o cigarro. Mas lá estava o chefe da Saúde do governo Reagan, chamando os lobistas do tabaco "vulgares" e "mentirosos de pé chato", acusando-os de exportar a morte para o Terceiro Mundo. Com a objeção da Casa Branca, Koop declarou que a nicotina era tão viciante quanto a heroína, propôs o banimento de todos os anúncios de cigarro, insistiu na criação de áreas de não fumantes e até pediu uma sociedade livre do cigarro. A administração estava constrangida. O senador Jesse Helms, um dos maiores defensores de Koop no passado, estava aterrorizado.

A despeito da enorme pressão, Koop não recuava. Mil americanos morriam todos os dias de doenças relacionadas ao fumo, e estando na posição do mais alto profissional de Saúde do país, ele precisava falar. Ele hoje considera o declínio no número de fumantes — quase vinte milhões de norte-americanos pararam de fumar durante sua administração — como seu maior feito. Nas questões sobre cigarros, educação sexual e distribuição gratuita de agulhas para viciados, além de vários outros assuntos, Koop traçou seus próprios caminhos.

Para um público sedento de integridade em seus líderes, Koop tornou-se um verdadeiro herói popular. O que parecia um serviço sem qualquer perspectiva, gradualmente se transformou numa arena central daquilo que Koop chamava "persuasão moral". "Tenho o senso de certo e errado", disse Koop, "mas várias pessoas desta cidade não têm". Em essência, Koop conseguia satisfazer as expectativas que os americanos tinham de um médico de família. Seu médico pode lhe falar coisas duras, recitar os maus hábitos que você tem, mas, mesmo assim, o que você quer é alguém que seja direto e objetivo, sem dourar a pílula, pois o que importa é sua saúde. Koop representava essa imagem muito bem.

À medida que os críticos aprenderam a respeitar sua independência e sua integridade, e o público como um todo passou a considerá-lo alguém que se preocupava sinceramente com seu bem-estar, transformando-se num herói popular, seu eleitorado original viu com decepção aquilo que eles consideraram uma traição da causa que eles defendiam. Eis o retrato que os conservadores pintaram de Koop:

- "Koop é uma das maiores decepções da administração Reagan" — *National Review*

- "Koop devia ter ficado com a boca fechada" — *Phyllis Schlafly, porta-voz dos conservadores*
- "Isso é uma vergonha [...]. Ele traiu os mesmos princípios que fizeram dele o chefe do Departamento de Saúde" — *Michael Schwartz, Free Congress Foundation* [Fundação Congresso Livre]
- "Se ele não podia agir de acordo com o que considerava correto, deveria ter renunciado ao cargo. Ele se revelou como alguém que valoriza mais as luzes do que sua própria consciência" — *Howard Phillips, do Grupo dos Conservadores.*

Alguns evangélicos que o viam como a grande esperança política, compartilhavam do mesmo senso de desalento. "Os partidários de longa data do dr. Koop estão amargurados e deprimidos", queixava-se o comentarista Cal Thomas, adicionando que "um ateu teria sido tão bem-sucedido quanto ele foi, apoiando a esquerda". Naquela época, Koop me disse: "Este tipo de crítica me afeta de uma maneira estranha. Não gosto mais de ir à igreja. Além do mais, Cal frequenta a mesma igreja que eu".

O teólogo Harold O. J. Brown tipificava a preocupação dos evangélicos. Fora ele que, uma década atrás, havia convencido Koop de que o aborto era errado em qualquer circunstância, mesmo em casos difíceis. Em 1975, em Mineápolis, terra de Billy Graham, ele e Koop haviam ajudado a fundar um *lobby* protestante que era contrário aos movimentos em favor do direito de escolha da mulher sobre manter ou não a gravidez, chamados de *pro-choice*. Seu movimento era *pro-life*, ou seja, a favor da vida. Sua admiração por Koop era sincera e franca. "Nunca houve, desde Williams Jennings Bryan, outro cristão evangélico com tal grau de clareza, sinceridade e determinação como o dr. Koop, capaz de trazer valores espirituais à baila, que tenha sido indicado para um cargo público de tamanha envergadura." Não demorou muito até que o próprio Brown também começasse a expressar publicamente sua preocupação com o fato de Koop estar solapando a causa *pro-life*.

As reclamações dos conservadores se concentravam em três crises principais: o caso Baby Doe, a aids e a carta sobre os efeitos do aborto. A controvérsia do caso Baby Doe surgiu primeiro (entre 1982 e 1983):

uma família e um médico concordaram em interromper a alimentação de uma criança que nascera com um defeito congênito. Nenhuma questão era mais próxima ao coração do dr. Koop do que esta. Ele já havia feito 475 cirurgias para corrigir exatamente o problema do qual Baby Doe sofria, e interromper seu tratamento parecia-lhe um caso puro e simples de infanticídio. Após seis dias sem cuidado e atenção adequados, Baby Doe morreu. Depois de sua morte e de as duras regulamentações sobre futuros casos similares terem parado nos tribunais, Koop encontrou-se com os dois lados (as autoridades médicas se opunham fortemente às regulamentações), e saiu das reuniões com um compromisso baseado na criação de "comitês de revisão de cuidados com os pacientes" dentro dos hospitais locais.

A Suprema Corte derrubou o acordo, passando a discutir a questão. Mas o processo de compromisso abriu uma lacuna entre o chefe do Departamento de Saúde e os defensores do movimento *pro-life*, que viam a concordância de Koop com os comitês como uma "submissão" à comunidade médica. Se os lobistas contrários ao aborto saíram levemente desiludidos com Koop, ele saiu frustrado com sua mentalidade do tipo "tudo ou nada". Apesar de sua visão pessoal muito firme sobre essas questões, ele vislumbrou o momento propício, até mesmo a necessidade, de uma legislação sobre o assunto.

Tão logo o calor da questão de Baby Doe se dissipou, uma nova crise caiu nas mãos de Koop, como uma granada. No início de 1981, o Governo começou a detectar manifestações sobre uma epidemia concentrada em grupos que tinham "comportamento de alto risco", notadamente homossexuais e usuários de drogas injetáveis. Ignorando os clamores externos das comunidades *gay*, o presidente evitou qualquer menção da doença que viria a ser conhecida como aids. Por cinco anos, Koop foi mantido fora do fluxo de informações e estava proibido de falar em aids. Somente em 1986, quando dez mil casos foram confirmados, foi que a administração pediu que o chefe do Departamento de Saúde preparasse um relatório sobre o assunto.

Hoje já nos esquecemos da histeria que cercou a crise da aids, a maior parte vinda dos direitistas religiosos. Evangélicos de destaque receberam em seus programas de rádio pessoas que diziam que a aids podia ser contraída por meio de picadas de mosquito e nos assentos dos banheiros. De acordo com um membro do grupo daquela época, cinco mil cartas por semana chegavam ao Departamento de Saúde e Serviços Humanos, vindas de conservadores que lutavam contra fundos para pesquisa e educação sobre o assunto. O "julgamento de Deus" deveria seguir seu curso. Dado o clima político predominante, praticamente todo mundo esperava um relatório injurioso e moralista do médico evangélico. Os líderes dos direitos dos *gays* eram abertamente céticos.

Mas Koop levou sua missão a sério. Marcou reuniões informais de duas horas com 25 diferentes grupos, variando entre a Força Tarefa Gay e Lésbica e os batistas do Sul. Pediu que lhe fosse dada autoridade para preparar sozinho o relatório, evitando os canais burocráticos normais que poderiam enfraquecê-lo. Trabalhando em casa numa escrivaninha, produziu 27 rascunhos. Estas eram as palavras que davam o tom do relatório: "No começo da epidemia de aids, poucos norte-americanos tinham simpatia pelas pessoas contaminadas. O sentimento era de que, de alguma maneira, integrantes de certos grupos 'mereciam' estar sofrendo daquela doença. Deixemos de lado este tipo de sentimento. Estamos lutando contra uma doença, não contra pessoas".

O relatório sobre a aids era notavelmente simples, falando dos perigos com detalhes anatômicos e pedindo que a educação sexual começasse "nos níveis escolares iniciais". Apesar de recomendar a abstinência e o sexo apenas dentro de um casamento monogâmico como a relação sexual mais segura, também recomendava o uso de preservativos para todo aquele que tivesse múltiplos parceiros sexuais ou que estivesse envolvido em atos homossexuais. "O silêncio deve ser extinto", declarou Koop.

O silêncio realmente desapareceu. Vozes internas da administração Reagan denunciaram a posição contrária de Koop aos testes compulsórios de aids e à educação sexual precoce. Políticos liberais, como Ted Kennedy e Henry Waxman, elogiaram o relatório por sua simplicidade e sua ênfase nos aspectos de saúde da doença. Os ativistas dos direitos dos *gays* declararam Koop como "verdadeiro herói da aids". O Congresso apoiou Koop, exigindo algo sem precedentes: pediram a criação de uma cartilha educacional sobre a doença, que seria enviada a todos os lares americanos, num total de 107 milhões de domicílios, transformando-se na maior postagem de toda a história da América.

Alguns políticos conservadores ficaram irados. Paul Weyrich, um dos criadores do conceito de direitos religiosos, e a oradora conservadora Phyllis Schlafly mobilizaram-se contra Koop, organizando um boicote a um jantar em Washington promovido em sua honra. Sua carta dizia: "Koop não apenas afastou-se publicamente dos princípios dos grupos favoráveis à vida, como muitos acreditam que suas afirmações sobre a aids são uma cobertura para a comunidade homossexual. Seu relatório sobre a aids publicado em novembro último apresenta uma forma tal que mais parece ter sido editado pela Força Tarefa Gay Nacional [...]. As propostas do dr. Koop para parar a disseminação da aids representa a visão dos homossexuais, não a do movimento em favor da família". Vergando-se diante da pressão, três candidatos republicanos à presidência retiraram seu patrocínio ao jantar.

Como uma complicação adicional, no meio do furor causado pelo relatório sobre a aids, Koop acordou de um cochilo à tarde vendo-se praticamente tetraplégico: ele não podia mexer as mãos nem os pés. Os vários anos em que se curvou para operar crianças agravaram uma antiga contusão que sofrera praticando esqui. Quando sua cabeça escorregou do travesseiro ortopédico durante o cochilo, a pressão pinçou uma artéria. Embora os cirurgiões tenham reparado a maior parte do dano, a recuperação o manteve no leito por várias semanas.

Koop olha hoje para trás, para aquele período de inatividade forçada, muito semelhante àqueles nove meses do processo de indicação, e o vê como um presente providencial. Ele começou a ver a aids como uma doença, e que o moralista e o cientista podiam trabalhar de mãos dadas — na verdade, *precisavam* andar de mãos dadas — para conter a epidemia. "Por sete semanas, pude ver o impacto do que se fizera por meio das reportagens. Percebi que tinha uma obrigação e uma tarefa, e assim decidi fazer algo que provavelmente ninguém havia feito antes no serviço público. Nas primeiras sete semanas de 1987, dirigi-me apenas a grupos religiosos. Comecei com a igreja de Jerry Falwell e uma tapela na Liberty University, passando pela Convenção Nacional de Radiodifusão Religiosa, conversando com pessoas conservadoras no judaísmo e no catolicismo romano, terminando com uma série de programas da Moody Broadcasting Network."

Nessas entrevistas, feitas com o uniforme completo e um colar ortopédico no pescoço, Koop afirmou a necessidade de abstinência e um casamento monogâmico. Mas ele ainda completou: "A abstinência total para todos não é uma coisa realista, e eu não estou disposto a ver o fim da raça humana [...]. Sou o chefe do Departamento de Saúde dos heterossexuais e dos homossexuais, do jovem e do velho, do moral e do imoral". Falando numa linguagem familiar, ele admoestou seus colegas cristãos: "Vocês podem odiar o pecado, mas precisam amar o pecador". Enquanto Koop demonstrava toda a sua repugnância à promiscuidade sexual — ele usou de maneira enfática a palavra "sodomia" quando se referia aos atos homossexuais — também insistia: "Sou o chefe do Departamento de Saúde, não o capelão geral".

Para explicar sua posição, ele com frequência usava a analogia do médico da sala de emergência. Se uma ambulância chega com dois homens feridos, um assaltante de banco que atirou num guarda e o guarda que revidou ao tiro, qual homem o médico deverá tratar primeiro? Ele deve cuidar daquele que tiver as feridas mais sérias, não o que tiver uma moral mais elevada. Koop já vira um número suficiente de pacientes de aids com seus corpos esqueléticos, definhando e cobertos de chagas arroxeadas, para saber que eles precisavam do tratamento mais urgente. Seu voto fora o de atender aos fracos e menos favorecidos, e estava claro que não havia outro grupo de pessoas mais necessitado em todo o país. Independentemente do custo político, ele defenderia o direito que aquelas pessoas tinham ao tratamento e a necessidade de instruir o povo para que evitasse aquela doença mortal.

O chefe do Departamento de Saúde perdeu muito do apoio entre os políticos conservadores depois desse episódio sobre a aids. Mas hoje Koop olha para trás com orgulho da atitude dos membros das igrejas de áreas mais distantes. "Realmente, creio que mudamos a posição das pessoas sobre este assunto", diz. "Acho que recebi umas vinte cartas de apoio vindas de pastores ligados aos batistas do Sul. Aquela denominação foi uma das que entrevistei antes de escrever o relatório sobre a aids. Eles nunca tinham ouvido falar das práticas sexuais que citava.

Certo dia, em meu gabinete, muito gentilmente procurei explicar quais eram os problemas, tentando mostrar-lhes como era, por exemplo, o sexo praticado numa casa de banhos. Eles não sabiam se gritavam, se fugiam ou se escondiam o rosto. Mas eles se aproximaram e se mostraram muito incentivadores. Eu lhes disse: 'Se vocês estão tão preocupados com a educação sexual que seus filhos terão — e entendo por que vocês estão se sentindo assim — por que vocês, uma denominação de 26 milhões de pessoas, não escrevem seu próprio currículo?' Nove meses depois, eles me convidaram para ajudá-los a lançar aquele mesmo currículo."

Aqueles conversadores que se levantaram contra Koop durante as controvérsias da aids e de Baby Doe ficaram agitados mais uma vez no início de 1989, quando a imprensa publicou uma carta de Koop para o presidente Reagan acerca do aborto. No outono anterior, um dos conselheiros de Reagan ligados ao grupo *pro-life* havia convencido o presidente de que o chefe do Departamento de Saúde faria uma pesquisa sobre os efeitos do aborto nas mulheres. "As descobertas seriam tão devastadoras que reverteriam o caso 'Roe *versus* Wade'", afirmou o conselheiro. Os ativistas favoráveis ao aborto, cientes de que a visão de Koop era abertamente contrária ao aborto, esperavam o pior. Em janeiro de 1989, Koop submeteu suas descobertas ao presidente, concluindo-as da seguinte maneira: "Lamento dizer, senhor Presidente, que, a despeito de toda pesquisa diligente feita por muitos dos funcionários do Serviço de Saúde Pública e do setor privado, os estudos científicos não trazem provas conclusivas sobre os efeitos de um aborto na saúde das mulheres". Líderes do movimento pelo aborto trombetearam a mensagem, com uma leve distorção: "Koop diz que o aborto não causa danos à mulher" .

"Relatório de Koop sobre o aborto surpreende tanto a amigos quanto a inimigos", publicou o *New York Times* no dia seguinte, uma manchete que poderia ganhar um Prêmio Pulitzer de dualidade. Para alguns evangélicos, a carta de Koop foi a gota d'água, pois parecia que Koop havia abandonado os próprios princípios que fizeram com que ele fosse nomeado. A controvérsia colocou uma mancha permanente na carreira de Koop, e pode ter contribuído para sua aposentadoria do serviço público.

O próprio Koop sente-se pessoalmente traído a respeito da questão. Ele revisara 255 relatórios sobre os efeitos do aborto na saúde. Alguns *provavam* que o aborto era inofensivo, outros *provavam* que era danoso. Colocados juntos, todos eles pareciam falhar em termos de metodologia. Além disso, apenas metade das mulheres que haviam sofrido aborto admitiu o fato numa pesquisa, e os estudos existentes não cobriam um universo tão grande. Apesar de Koop ter evidências registradas dos efeitos psicológicos maléficos do aborto, não tinha qualquer dado científico que as apoiasse. Na verdade, sua carta ao presidente recomendava tal estudo — demoraria cinco anos e custaria 100 milhões de dólares, estimou mais tarde, e provavelmente confirmaria aquilo que o presidente queria provar — mas, no presente, ele tinha de reconhecer que não havia dados estatísticos suficientes. Pediram-lhe que fizesse um julgamento científico, não que emitisse sua opinião pessoal.

Koop entregou sua carta em mãos na Casa Branca, com a promessa de que ninguém revelaria seu conteúdo até que o presidente tivesse a chance de responder. Quando Koop chegou em sua casa, pouco tempo depois, porém, sua esposa encontrou-se com ele na rua, em pânico. Ela acabara de ouvir os repórteres Peter Jennings, Tom Brokaw e Dan Rather citando a carta "confidencial". Além disso, estavam dizendo claramente que "o chefe do Departamento de Saúde não encontrou evidências de que o aborto é psicologicamente danoso". Koop ficou no telefone até 1:00 hora tentando esclarecer sua posição, e apareceu na manhã seguinte no programa *Good Morning, America* para corrigir impressões erradas. O dano já havia sido feito. Os ativistas favoráveis ao aborto continuavam a citar de maneira distorcida suas descobertas; os contrários se sentiam traídos.

"Havia muita mal-entendido naquela questão", reflete Koop hoje. "Lembro-me de uma mulher que veio correndo ao meu encontro, dizendo: 'Oh, doutor Koop, fico tão feliz que o senhor tenha mudado sua opinião sobre o aborto!' Respondi: 'Madame, a senhora não entendeu nada do que eu disse. Não mudei minha opinião quanto ao aborto. Simplesmente me recusei, a ser desonesto com as estatísticas.

Só isso.' Em vista de tudo que eu havia dito e escrito sobre o assunto, como alguém poderia questionar minha visão sobre o aborto? Há certas conversas que já espero ter em todos os lugares por onde vou. Alguém vai chegar até mim e dizer que o operei quando tinha apenas alguns dias de vida. Outro virá e me dirá: 'Tenho uma dívida de gratidão com o senhor: nunca me preocupei com a vida humana até que o ouvi falar com Francis Schaeffer.' Naquela época, eu disse o seguinte ao pessoal contrário ao aborto: 'Vocês travam uma luta maravilhosa contra o aborto, transformando-a numa questão moral, com a vida da feto sendo a preocupação principal. Não mudem a base de seu argumento, transferindo-a para a saúde da mãe. Se o outro lado perceber que vocês mudaram seus fundamentos, vocês terão perdido a briga'."

Os meses seguintes que Koop passou em Washington foram quase tão desagradáveis quanto os primeiros. A nova administração, liderada por George Bush (o pai), assumiu o gabinete, nomeando outra pessoa para a posição que Koop queria. Ninguém pediu que ele saísse, mas também não o nomearam chefe do Departamento de Saúde. Por meio de uma série de táticas mesquinhas de pressão, Koop passou a sentir que não era bem-vindo. Não tinha acesso à sala de almoço executiva. Seu principal assessor foi demitido. Os funcionários da Casa Branca não retornavam mais suas ligações.

Certa vez, um repórter perguntou como Koop havia ganhado as medalhas de seu uniforme. Sua resposta foi: "A linha de cima foi o que os liberais fizeram para mim; a de baixo, foi o que os conservadores me fizeram". No fim de tudo, o homem que, mesmo diante de incessante oposição, havia superado a posição grandemente tendenciosa da mídia e transformado seu gabinete num dos postos mais respeitados do governo, silenciosamente pediu demissão do cargo.

A vida pública de Koop não terminou quando ele retirou seu uniforme. Diante de qualquer coisa, as luzes se acendiam sobre ele. Continuou a depor diante do Congresso sobre assuntos como as políticas em relação ao tabaco e abortos permitidos. Ganhou um Prêmio Emmy pela série de televisão *C. Everett Koop, M.D.* Um novo presidente, Bill Clinton, chamou-o em busca de ajuda. Hillary Clinton queria promover reuniões por todo o país para juntar fatos sobre a crise do sistema de saúde. Será que Koop a apresentaria ao meio médico? Ele concordou e sentou-se atrás dela em diversas reuniões, sempre deixando alguns conservadores bastante irados. Depois, fez um forte *lobby* no Congresso em favor da decisão do Governo sobre as grandes indústrias do tabaco. Essas duas iniciativas foram vítimas de rivalidades políticas internas.

Desgostoso, Koop mudou-se de volta para Dartmouth com sua mulher, para a universidade onde estudou, a qual havia fundado o Instituto C. Everett Koop para treinamento de profissionais de saúde. Apesar de ainda viajar pelo mundo apresentando palestras, o ritmo de sua vida foi diminuindo para algo mais apropriado a sua idade — até que a revolução da internet o apanhou, aos 81 anos. Uma empresa completamente nova, a Drkoop.com, tornou-se pública em 1998 como portal com informações sobre cuidados com a saúde, e o coproprietário Koop viu-se cada vez mais milionário. Como a maioria das riquezas angariadas em empresas *ponto-com*, as ações de sua empresa evaporaram, chegando a perder 99% de seu valor, mas o *site* ainda atrai cinco milhões de visitantes por mês. Grande parte dos Estados Unidos ainda busca o conselho de seu médico de família que foi diretor do Departamento de Saúde. E Koop continua no meio da controvérsia, defendendo-se das críticas de que seu *site* na internet macula a opinião médica com interesses comerciais.

Conhecendo Chick Koop por trinta anos, segui sua carreira muito de perto como um estudo de caso em que um cidadão cristão é jogado na arena política. Ninguém poderia acusar aquele homem nomeado chefe do Departamento de Saúde, em 1981, de ter titubeado em questões morais. Ele se opunha a todo tipo de aborto, inclusive em casos de estupro, até mesmo no caso de um feto seriamente defeituoso. Era contrário ao sexo fora do casamento e a todos os atos homossexuais. Sua indicação despertou um coro de oposição de liberais e altos brados de apoio dos conservadores, especialmente dos evangélicos. Mas no fim, foram os evangélicos que se sentiram traídos, e os liberais passaram a saudá-lo.

O que saiu certo, o que deu errado nessa saga tão alternada de um cristão que buscou servir a Deus igualmente bem em duas áreas conflitantes ao mesmo tempo? Discuti esses assuntos em profundidade com o dr. Koop, e aprendi muito com sua experiência. Tenho visto alguns cristãos modelares alcançando a sociedade como um todo, especialmente no campo da política. Há partidos facciosos que se perpetuam baseados no poder e no antagonismo, forças que se opõem diretamente aos princípios de amor e reconciliação do evangelho. Será possível, penso eu, exercer poder de uma maneira amorosa, ou se opor ao comportamento de alguém sem se opor àquele que se comporta daquele modo? E qual é o proveito de uma fé que tem pouca relevância diante de uma cultura mais abrangente? "Sede, portanto, prudentes com as serpentes e símplices como as pombas", disse Jesus (Mt 10.16), alertando seus discípulos no momento em que os enviava ao mundo. Também vemos com frequência políticos cristãos demonstrando a sabedoria das pombas e a simplicidade das serpentes.

Em primeiro lugar, Koop conseguiu convencer um público cético quanto a sua integridade básica. Até mesmo aqueles que discordavam dele vieram a aceitar sua sinceridade e sua integridade. Koop conta histórias de outros cristãos da Administração Pública que estavam dispostos a esticar a verdade de modo que ela se encaixasse em seus propósitos políticos. Quando, por exemplo, ele escreveu o relatório sobre a aids, um funcionário da Casa Branca tentou mudar o texto original de Koop que dizia que "a maioria dos americanos se opõe ao homossexualismo, à promiscuidade de todo tipo e à prostituição", passando para "*todos* os americanos..." O fato de esta nova declaração ser evidentemente inverossímil não perturbava aquele cristão. Semelhantemente, quando Koop concluiu que a pesquisa sobre os efeitos do aborto estava cheia de falhas, os conservadores reagiram furiosamente porque Koop não certificaria que os fatos apoiavam suas posições, independentemente das falhas nos levantamentos estatísticos que ele havia revelado. Koop percebeu que a agenda daqueles homens tinha precedência sobre a verdade.

Perguntei a Koop qual conselho ele daria a cidadãos preocupados como eu, que queriam influenciar nas leis norte-americanas. De que maneira poderíamos ser mais eficientes? Sua resposta foi: "O que mais me perturbava, segundo o que me lembro, era a falta de conhecimento geral dos cristãos. Era como se eles dissessem que, ao se basear num princípio teológico, não havia necessidade de precisão nos fatos. As pessoas falam de liberais que temem a discussão. Eles não têm estofo para isto. Aprendi que também existem conservadores com o mesmo medo. Os cristãos deveriam se envolver em política e usar seus princípios cristãos, sua moralidade e sua ética no processo. Mas eles não deveriam pular neste meio, dizendo que suas crenças são a única saída possível".

Koop insiste em dizer que sua visão moral básica não mudou no gabinete, que suas mais profundas crenças é que forneceram a fundação de todas as suas principais ações. Porém, depois de sair, ele recebeu apoio e aclamação impressionantes: diplomas honorários de universidades, aplausos em pé durante jantares de despedida, defesas públicas em editoriais de jornais e a maior condecoração oferecida pela presidência a um civil, a Medalha da Liberdade. Alguns simplesmente gostam do fato de que suas decisões, independentemente das intenções por trás delas, serviram a seus objetivos políticos. Porém, para muitos dos cínicos de Washington, Koop serviu como um modelo novo e vivo de integridade vindo de um cristão evangélico — e isto num momento em que outros evangélicos bastante conhecidos estavam atraindo a atenção pela *falta* de integridade. Nas palavras da revista *Time*, "a cidade que adora no altar cinzento da ambiguidade percebeu que havia espaço para um homem que trabalhava com preto no branco".

Koop sempre insiste que o moralista e o cientista devem trabalhar de mãos dadas na questão de saúde. A Igreja se opunha ao tabaco e ao álcool muito antes de os cientistas comprovarem suas suspeitas. Na batalha contra as doenças sexualmente transmissíveis, Koop admite que uma moralidade baseada em compromisso religioso — não mais em educação sexual — oferece a melhor chance de mudar o comportamento promíscuo de adolescentes. Agora que está fora do gabinete, ele se sente mais livre para falar sobre a fidelidade conjugal e a abstinência sexual. As pessoas ouvem o que ele diz em função da confiança construída durante o período que foi chefe do Departamento de Saúde.

A experiência de Koop verdadeiramente oferece um modelo para cristãos preocupados com as tendências culturais. Não se faz bem algum em citar passagens bíblicas a pessoas que não reverenciam a Bíblia, ou usar a justiça do Senhor para intimidar pessoas que não creem. Existe uma maneira melhor de se comunicar, conforme Koop demonstrou. Muitas das maiores preocupações na área de saúde nos Estados Unidos estão relacionadas a opções de comportamento: doenças cardíacas e hipertensão exacerbadas pelo estresse; deformidades fetais relacionadas ao uso de álcool e drogas por parte da mãe; diabetes e outras doenças relacionadas a dietas, crimes violentos, aids e doenças sexualmente transmissíveis; acidentes de automóvel envolvendo o uso do álcool. Para os especialistas em saúde, essas preocupações são endêmicas, até mesmo epidêmicas.

Depois de corajosamente vencer a maioria das doenças infecciosas, o que fazemos agora é substituir os novos problemas de saúde pelos antigos, muitos deles baseados em escolhas morais. Os cristãos acreditam que os mandamentos de Deus não eram arbitrários, mas serviam para o nosso próprio bem, e os resultados na saúde da sociedade moderna apoiam esse princípio. Se pudermos comunicar mais do espírito de um interessado médico de família e menos do espírito de um moralista resmungão, então poderemos chamar a atenção de uma sociedade que caminha por uma estrada que leva à destruição.

Apesar de muitas pessoas se lembrarem mais de seu período no gabinete em função das grandes controvérsias, Koop vê as coisas de maneira diferente. Por onde quer que ande, cidadãos comuns se achegam a ele com palavras tocantes de agradecimento. “Estou participando de um grupo de discussão sobre abuso de cônjuges”; “Mantive minha gravidez por sua causa”; “Meu filho tem aids. Deus o abençoe por tudo o que o senhor fez”; “O senhor me deu coragem para parar de fumar”. Por causa de reações como essas, Koop olha para os oito anos que passou no serviço público, para toda a turbulência que enfrentou ali, com poucos arrependimentos e muita satisfação. As pessoas lhe deram ouvidos porque aprenderam a confiar nele, e muitos deram um passo adiante para mudar seu comportamento.

Hoje em dia, em seu novo papel de médico da família norte-americana via internet, essa integridade está sendo questionada. Os repórteres descobriram que uma lista de hospitais recomendados em seu *site* havia pago 40 mil dólares pelo privilégio, e que Koop está testemunhando como um cientista a favor de indústrias químicas que tinham dado dinheiro a ele na condição de consultor. Koop defende vigorosamente suas ações, mas a controvérsia simplesmente salienta a questão de que os moralistas e os cientistas têm somente uma plataforma sobre a qual devem se pronunciar: a integridade.

Quando assumiu o serviço público, Koop também precisou aprender a distinguir o *imoral* do *ilegal*. Nem tudo que ele considerava imoral era ilegal, uma distinção que muitos outros conservadores fracassaram em fazer. "Não cobiçarás" é uma questão moral tão séria que foi incluída como um dos Dez Mandamentos. Que prefeitura ou governo nacional poderia criar uma lei contra a cobiça? O orgulho é um pecado moral, talvez o pior pecado, mas podemos fazer com que o orgulho seja ilegal? Jesus resumiu a Lei do Antigo Testamento no mandamento: "Amarás o Senhor, teu Deus, de todo o teu coração, de toda a tua alma e de todo o teu entendimento" (Mt 22.37); que autoridade humana poderia policiar o cumprimento de tal mandamento? Apesar de os cristãos terem a obrigação de seguir os mandamentos de Deus, isto não quer dizer que devemos automaticamente transformar esses mandamentos morais em leis a serem cumpridas pelo Estado. Nem mesmo a Genebra de João Calvino ousaria adotar o código legal do Sermão da Montanha.

Temos como exemplo atual o fato de os cristãos estarem debatendo os prós e contras dos direitos dos *gays* — uma questão moral, de acordo tom os dois lados. Se acreditamos que a prática homossexual é imoral, devemos transformá-la em ilegal? Há não muito tempo, a Igreja da Inglaterra debateu uma questão com muitos paralelos: divórcio. A Bíblia tem muito mais a dizer sobre a santidade do casamento e o erro do divórcio do que sobre a homossexualidade. C. S. Lewis chocou muitas pessoas de seu tempo quando veio a público em favor, da legalização do divórcio, baseado em que os cristãos não têm direito de impor nossa moralidade à sociedade como um todo. Apesar de pregar contra isso e de impor essa ideia com base em questões morais, ele compreendia muito bem a distinção entre moralidade e legalidade.

É claro que precisaremos exercitar a ética dos cirurgiões ao decidir quais princípios morais se aplicam à sociedade como um todo. Se deixamos de praticar essa habilidade, mais uma vez nos arriscamos a confundir os dois reinos, o de Deus e o deste mundo. Os profetas do Antigo Testamento usavam um padrão duplo em seus pronunciamentos. Consideravam que sua própria nação, Israel, deveria cumprir todas as partes do pacto de Deus, inclusive a guarda do sábado e os rituais de sacrifício no Templo. Eles criticavam as nações pagãs ao redor em termos mais ligados à "lei comum", como os crimes de guerra, injustiça e decadência. No Novo Testamento, Paulo pergunta: "Pois com que direito haveria eu de julgar os de fora? Não julgais vós os de dentro? Os de fora, porém, Deus os julgará" (1Co 5.12, 13).

Enquanto esteve no gabinete, Koop atraiu muita oposição de conservadores que viam a moral em termos de "tudo ou nada". Eles o atacaram por concordar com um compromisso no caso Baby Doe, muito embora os tribunais já tivessem derrotado as estritas diretrizes iniciais. Eles se opunham a qualquer compromisso com o aborto. Koop diz: "Um dos problemas dos movimentos contrários ao aborto é que eles são partidários do 100%. Historicamente, é fato que se os defensores da vida tivessem se sentado em, digamos, 1970 ou 1972 com os favoráveis ao aborto, poderíamos ter saído com um acordo sobre o tema em favor da vida da mãe, nos casos de estupro ou incesto, e nada mais. Isto teria evitado 97% dos abortos desde então. Afinal, 97% de 25 milhões são um monte de bebês".

Um absolutista em questões como aborto e homossexualidade, Koop aprendera, durante o exercício da função de chefe do Departamento de Saúde, que os absolutos cristãos não podem ser sempre impostos sobre aqueles que não compartilham dos pontos de vista cristãos. Ele aprendeu, porém, a compaixão e a misericórdia para com os excluídos e amor pelos inimigos. O mundo percebeu. A revista *Mademoiselle*, por exemplo, publicou um artigo sobre ele que começava dizendo: "A bondade notável raramente é encontrada em quantidade suficiente numa vida comum — é tão rara quanto ovos de avestruz de ouro no meio da política". O artigo prosseguia para homenagear o exemplo de Koop nas áreas de intelectualidade, moralidade e honestidade ética, concluindo: "Ao exercer uma agonizante compaixão pelo pobre, pelo ferido e pelo menos favorecido, Koop integrou, de maneira feliz e espetacular, sua religião e sua vida profissional. Ele é um cristão, mas não é um sectário".

Koop provou-me que é realmente possível separar o pecado do pecador, opondo-se a um enquanto se abraça o outro. Em nossas conversas depois de sua demissão, ele voltou diversas vezes à questão da crise da aids e a reação perturbadora de muitos dentro da Igreja. "Quando surgiu a questão da aids, minha obrigação parecia muito clara. Eu via o estilo de vida das pessoas com repulsa, mas, como chefe da área de saúde, precisava olhar para os pacientes de aids primeiramente como pessoas doentes. De acordo com o mesmo princípio, se uma senhora obesa entrasse no hospital com um ataque na vesícula biliar, não poderia negar-lhe tratamento baseado na sua falta de disciplina em comer. Sentei-me ao lado de pacientes morrendo de aids. Eles me lembravam gatinhos filhotes, tão doentes e tão fracos que abriam suas bocas para chorar e nenhum som saía delas. Como você pode deixar de colocar seu braço ao redor desse tipo de pessoa e oferecer-lhe apoio? Em vez disso, dizemos: 'Deus os está punindo, e eu apoio a punição de Deus'. É esta atitude que me deixa maluco."

"Como sempre digo, a maior parte desta nação considera a sodomia uma atitude errada em termos legais e espirituais. É o que eu penso. Mas sei que algumas das pessoas que persistem liderando seus rebanhos para longe da questão da aids fazem isto por meio da homofobia. Precisamos de uma nova palavra para isto. 'Homofobia' não é a mesma coisa que, digamos, 'francofobia'. Essas pessoas combinam o medo com um inacreditável ódio voltado aos homossexuais. Conversei com pessoas que, se pudessem, apertariam um botão para destruir todos os homossexuais do mundo por quaisquer meios que estivessem disponíveis."

Mesmo enquanto era chefe do Departamento de Saúde, Koop continuou a rotular os atos homossexuais como "sodomia" e a advertir as pessoas contra seus riscos para a saúde. Mas quando ele foi falar para doze mil *gays* em Boston, eles gritavam entusiasticamente: "Koop! Koop! Koop!". A comunidade *gay*, que discordava fortemente de suas convicções pessoais, aprendera a confiar nele quando afirmou ser o chefe do Departamento de Saúde de todas as pessoas, mesmo daquelas de cujo estilo de vida ele discordava. Ele os conquistara apelando para a compaixão por aqueles de seu meio que estavam doentes e convocando voluntários para cuidar daquelas pessoas. Como ele próprio disse, estava simplesmente seguindo a herança cristã de cuidado com a saúde. Os primeiros hospitais eram mantidos por igrejas, diz ele a seus críticos, bem como os hospícios e os orfanatos.

O evangelho apresenta tanto altos ideais quanto graça abrangente. Com muita frequência, porém, a Igreja inclina-se para uma ou outra direção. Ela tanto diminui os ideais, ajustando os padrões morais para baixo e amaciando os fortes mandamentos de Jesus e racionalizando o comportamento, quanto reduz as fronteiras da graça, considerando alguns pecados piores que outros e alguns pecadores inaceitáveis. Poucas igrejas se mantêm fiéis tanto aos altos ideais do evangelho e de sua graça infinita. A vida do dr. C. Everett Koop sob os holofotes mostra quão difícil é manter esse equilíbrio. Contudo, estou convencido de que, a não ser que abracemos ambas as mensagens, estaremos traindo as boas novas que Jesus trouxe ao mundo.

"Percebi que os cristãos apresentam uma tendência muito grande a ficar irados com aqueles que não são como eles", disse-me um homem, alguém que dirige uma organização que atende a pessoas com aids. Notei exatamente o mesmo padrão. Depois de escrever um livro sobre minha amizade com Mel White, um ex-*ghost writer* de cristãos famosos, e agora um destacado ativista *gay*, recebi uma enorme quantidade de cartas condenando-me por continuar aquela amizade. "Como você consegue ser amigo de um pecador como aquele?", bradavam as cartas. Pensei muito sobre o assunto e saí com diversas respostas que creio serem bíblicas. A resposta mais sucinta, porém, é outra pergunta: como Mel White pode continuar sendo amigo de um pecador como eu? A única esperança para qualquer um de nós, independentemente de nossos pecados particulares, reside na inabalável confiança num Deus que inexplicavelmente ama pecadores, inclusive aqueles que pecam de maneiras diferentes das nossas.

C. Everett Koop para iniciantes

O dr. Koop conta sua própria história na autobiografia intitulada *Koop*. Concentrando-se no período em que trabalhou no serviço público, ele defende cada uma das decisões que o transformaram em uma figura tão controversa, e oferece ricos *insights* sobre as questões éticas com as quais lidou. Um livro bem mais sucinto, chamado *Sometimes Mountains Move*, conta a agonia pessoal envolvida na morte de seu filho. Seu *site* na internet, *www.drkroop.com*, oferece diversos conselhos médicos e informações. Para os leitores interessados na interseção da política com a fé, recomendo os livros de H. Richard Niebuhr, Stephen Carter, James Davison Hunter e Richard John Neuhaus.

CAPÍTULO NOVE

NO LEITO DE MORTE

JOHN DONNE

No fim da década de 1980, enquanto a epidemia de aids estava dizimando a comunidade *gay*, e o chefe do Departamento de Saúde dos Estados Unidos, C. Everett Koop, estava atraindo críticas a sua atitude compassiva, um amigo meu contraiu a doença. Conheci David por intermédio da música clássica. Membro da diretoria da Orquestra Sinfônica de Chicago, ele me convidava para assistir a vários concertos, e apresentou-me a diversos músicos da orquestra.

Conforme fomos nos conhecendo, David contou acerca de sua peregrinação. Crescera num lar cristão e frequentara uma universidade cristã bastante conservadora. Foi ali, na verdade, que teve seus primeiros relacionamentos homossexuais. Mais tarde, ele *saiu do armário* e escolheu um parceiro para a vida toda. "Ainda me considero um cristão evangélico", disse ele. "Creio em tudo que está na Bíblia... Bem, quase tudo. Aqueles dois ou três versículos sobre contato com pessoas do mesmo sexo, bem, não sei o que fazer com eles. Talvez eu esteja pecando em meu estilo de vida. Talvez aqueles versículos estejam falando de outra coisa. Não sei como juntar todas essas coisas. Mas eu realmente amo a Jesus e quero servi-lo."

Eu também não sabia como juntar essas coisas. David testemunhava de sua fé a outras pessoas e dava grandes somas de dinheiro a causas cristãs, incluindo os programas de impacto urbano de nossa igreja, a qual ele costumava frequentar. Mais recentemente, ele frequentava a Moody Memorial Church, matendo uma atitude discreta e estremecendo todas as vezes que o pastor condenava a homossexualidade do púlpito. Mas ele gostava de música, e de todas as igrejas que havia frequentado, a Moody refletia mais de perto sua própria teologia. "A maioria dos *gays* cristãos é bastante conservadora em termos teológicos", explicou. "Sofremos tanto abuso na igreja que só vamos porque achamos que aquilo é realmente verdade."

Janet e eu tentávamos ser amigos fiéis de David, independentemente de nossas diferenças. A doença cobrou um longo e terrível preço de seu corpo. Ele passou suas últimas semanas no hospital, e nós o visitávamos sempre que podíamos. Às vezes, o encontrávamos lúcido e pensativo. Em outros momentos, em meio a alucinações, ele nos via como seus pais ou como alguém do passado. Já próximo do fim, seu corpo ficou coberto de feridas purulentas, sua língua, inchada e sua boca, cheia de aftas, o que o impedia de falar.

Quando David morreu, seu parceiro, perturbado, pediu-me que falasse em seu enterro. "Você pode dizer o que quiser", disse-me ele. "Mas tenho um pedido: não pregue fazendo julgamento. A maioria das pessoas que virão ao funeral não entra numa igreja há muito tempo. A única coisa que ouviram da igreja foi uma palavra de julgamento. Elas precisam ouvir sobre um Deus de graça e misericórdia — o Deus que David adorava. Elas precisam de esperança."

Nos dias que se seguiram, não consegui trabalhar muito. Escrevi e rasguei diversos rascunhos sobre o que eu diria. No dia anterior ao enterro, num momento repentino de inspiração, fui até a estante de livros e retirei um volume pequeno que não lia havia muito tempo. *Devotions Upon Emergent Occasions*, de John Donne. As páginas estavam todas dobradas e sublinhadas, com diversas notas nas margens, e quando comecei a folheá-lo, percebi que não podia ter achado uma mensagem mais *moderna* e apropriada do que aquela escrita por um poeta elizabetano, quase quatro séculos atrás.

Olhei para a plateia ao me levantar no púlpito, na noite do enterro de David. Era um grupo sofisticado e divertido, e muitos haviam se reunido ali para honrar sua vida. Alguns músicos da Sinfônica de Chicago deixaram o concerto da noite e correram para a igreja para executar uma peça musical em tributo ao amigo. Fiquei olhando enquanto cantávamos alguns hinos, e percebi que muitos se sentiam bastante desconfortáveis segurando um hinário, e mais ainda cantando. A verdade é que aquele não era um povo de igreja. Era uma multidão que chorava: pareciam pássaros pequenos e desamparados, famintos por palavras de conforto e esperança. A maioria deles já havia perdido amigos próximos para a aids nos anos anteriores. Sentiam-se confusos e culpados, assim como tristes. A tristeza abateu-se sobre nós como um nevoeiro descendo naquele santuário.

Comecei a lhes contar a história de John Donne (1573-1631), um homem acostumando à tristeza. Durante o período em que foi deão da Catedral de São Paulo, a maior igreja de Londres, três ondas da Grande Peste varreram a cidade, na qual na última epidemia sozinha matou quarenta mil pessoas. Ao todo, um terço dos habitantes de Londres morreu e outro terço fugiu para o interior do país, transformando bairros inteiros em cidades fantasma. O mato cresceu entre as pedras do calçamento das ruas. Profetas sarnentos e quase loucos espreitavam as ruas desertas, lamentando o julgamento. Na verdade, praticamente todo mundo acreditava que Deus mandara as pragas como flagelo pelos pecados dos londrinos. Nesse momento de crise, os moradores da cidade se dirigiam em bandos ao deão Donne, pedindo uma explicação ou, pelo menos, uma palavra de conforto. Então, os primeiros sinais da doença começaram a aparecer no próprio corpo de Donne.

Era a peste, disseram os médicos. Ele tinha pouco tempo de vida. Por seis semanas, ele esteve à beira da morte. Os tratamentos prescritos eram quase tão violentos quanto a própria doença: sangramentos, cataplasmas tóxicos, aplicação de víboras e pombos para remover os "vapores maléficos". Durante esse período obscuro, Donne foi proibido de ler e estudar, mas permitiam que ele escrevesse. Foi então que escreveu *Meditações*. Enquanto esteve no leito, convencido de que iria morrer, travou uma luta feroz com o Deus Todo-Poderoso e a registrou para a posteridade.

Esse livro antigo tem servido como um guia indispensável, quando se trata de dor. Vou a esse livro todas as vezes que um amigo morre ou quando me sinto sufocado pelo sofrimento. John Donne é incisivo sem ser blasfemo, profundo sem ser abstrato ou impessoal. Ele mudou para sempre a maneira pela qual penso na dor e na morte, e como minha fé se manifesta nessas crises inevitáveis.

> De que maneira chegarão a ti, se tu os pregaste a seus leitos?

Não importa onde eu comece, sempre termino escrevendo sobre a dor. Meus amigos já sugeriram diversas razões para essa propensão: uma profunda ferida da infância ou talvez uma overdose bioquímica de melancolia. Eu realmente não sei. Tudo o que sei é que me assento para escrever sobre algo adorável, como as asas diáfanas de uma borboleta, e, não demora muito, vejo-me de volta às sombras, escrevendo sobre a breve e trágica vida de uma borboleta.

"Como posso escrever sobre outra coisa?" É a melhor explicação que me vem. Existe algum fato mais fundamental da existência humana? Eu nasci em dor, apertado por entre tecidos dilacerados e sangrentos, e, como primeira evidência de vida, ofereci meu choro. Possivelmente morrerei em meio à dor também. É entre estes dois eventos de dor que vivo meus dias, claudicando entre um e outro. Como disse o contemporâneo de Donne, George Herbert: "Chorei quando nasci, e todos os dias me mostram por quê".

A doença de John Donne foi apenas o último encontro de uma vida marcada pelo sofrimento. Seu pai morrera quando ele tinha apenas 4 anos. A fé católica de sua família gerava uma profunda incapacidade naqueles dias de perseguição protestante: um católico não podia ter uma oficina, era multado por assistir à missa, e muitos eram torturados por suas crenças (a palavra "opressão" deriva de uma técnica popular de tortura: católicos não arrependidos eram postos sob uma tábua na qual pesadas pedras eram colocadas para literalmente pressionar a vida para fora do corpo dos mártires). Depois de ter cursado com brilhantismo as universidades de Oxford e Cambridge, foi-lhe negado o diploma por causa de sua filiação religiosa. Seu irmão morreu na prisão, cumprindo pena por ter oferecido abrigo a um padre.

No começo, Donne reagiu a essas dificuldades rebelando-se contra sua fé. Notório *don Juan*, celebrou suas façanhas sexuais em um dos poemas mais abertamente eróticos de toda a literatura inglesa. Finalmente, consumido pela culpa, renunciou a seus modos promíscuos em favor do casamento. Ele caiu diante do fascínio de uma bela jovem de 17 anos tão viva e brilhante que lhe lembrava a luz do sol.

Numa amarga ironia, exatamente quando Donne decidira estabelecer-se, sua vida teve uma mudança calamitosa. O pai de Anne More estava determinado a punir seu novo genro, a quem considerava uma pessoa inconveniente. Fez com que Donne fosse despedido de seu emprego de secretário de um nobre e, com o ministro que realizou a cerimônia de seu casamento, jogou-o na prisão. Desconsolado, Donne escreveu seu poema mais expressivo: "John Donne, Anne Donne, Undone".

Depois de ser libertado, Donne, agora um excluído, não conseguia mais encontrar emprego. Perdera qualquer chance de realizar sua ambição de servir na corte do rei Tiago.[1] Por quase uma década, ele e sua esposa viveram na pobreza, numa casa apertada que recebia um novo herdeiro à velocidade de um por ano. Anne sofria de depressão periodicamente, e mais de uma vez quase morreu no parto. John, provavelmente por má nutrição, sofria de constantes dores de cabeça, cólicas intestinais e gota. Seu mais longo trabalho nesse período foi um extenso estudo sobre as vantagens do suicídio.

Em algum momento daquela década melancólica, John Donne se converteu à Igreja da Inglaterra. Com sua carreira bloqueada a cada movimento, ele decidiu, aos 42 anos de idade, buscar a ordenação como sacerdote anglicano. Seus contemporâneos faziam fofocas sobre sua "conversão por conveniência" e zombavam do fato de que ele realmente queria "ser embaixador em Veneza, não um embaixador de Deus". Mas Donne considerava que sua chamada era verdadeira. Recebeu o grau de doutor em Divindade da Universidade de Cambridge, prometeu colocar de lado sua poesia em favor de seu sacerdócio e dedicou-se exclusivamente ao trabalho na paróquia.

Um ano depois de ter assumido sua primeira igreja, Anne morreu. Ela deu à luz doze filhos, cinco dos quais morreram na infância. John fez o sermão do enterro de sua esposa, escolhendo como texto palavras profundamente autobiográficas do Livro de Lamentações: "Eu sou o homem que viu a aflição". Fez um voto solene de não se casar novamente, a fim de que uma madrasta não trouxesse mais dor aos filhos, o que por conseguinte significava assumir muitas das tarefas do lar e usar preciosos fundos como ajuda externa.

Esse foi, então, o sacerdote apontado para a Catedral de São Paulo em 1621: uma pessoa melancólica em toda a sua vida, atormentado pelos pecados de sua juventude, fracassado em todas as suas ambições (exceto na poesia, que ele havia renegado), maculado por acusações de falta de sinceridade. Ele não parecia nem de longe um candidato a levantar o espírito da nação na época das pestes. Contudo, Donne se aplicou a sua nova tarefa com vigor. Recusou-se a se juntar aos muitos que deixavam Londres e permaneceu com seus assustados paroquianos. Levantava-se todos os dias às 4:00 horas e estudava até as dez horas. Na era da Bíblia King James e de William Shakespeare, os londrinos letrados honravam a eloquência e a oratória, e, neste quesito, John Donne não tinha concorrentes. Ele fazia sermões tão poderosos que logo, em detrimento da declinante população de Londres, a enorme catedral estava sempre cheia de adoradores. Então veio a doença e a sentença de morte.

Alguns escritores relatam que a consciência da morte iminente produz um estado de elevada concentração, algo como ataque epiléptico. Talvez Donne tenha sentido algo semelhante quando trabalhava no diário de sua doença. Os textos perdem seu usual controle rígido; as frases, densas, ligadas umas às outras numa associação livre, sobrepostas a conceitos, espelham o fervilhante estado da mente de Donne. Ele escrevia como se tivesse de derramar em cada palavra todo pensamento e emoção significante que lhe ocorresse.

"Variável e, portanto, miserável condição do homem! Neste minuto, estava bem, e agora estou doente", é a frase inicial do livro. Qualquer pessoa que já tenha ficado confinada numa cama por mais de alguns dias consegue identificar-se com essas circunstâncias, tão triviais quanto fortíssimas, que Donne prossegue em descrever: noites sem dormir, fastio, médicos cochichando durante as consultas, li falsa esperança de remissão seguida da apavorante realidade da recaída.

O clima da narrativa muda rápida e violentamente conforme a doença progride. Medo, culpa e a tristeza de um coração partido revezam-se na caça incessante da paz interior. Donne se preocupa com seu passado: será que Deus o "pregara" em seu leito como uma punição zombadora por seus pecados sexuais do passado? Em suas orações, ele tenta juntar louvor ou, pelo menos, gratidão, mas normalmente não consegue. Sua meditação, por exemplo, começa destemidamente quando Donne apodera-se da ideia de que, por intermédio do sono, Deus nos dá uma maneira de nos acostumarmos com a noção de morte. Perdemos a consciência, mas acordamos na manhã seguinte revigorados e restabelecidos. Não é este um quadro daquilo que acontecerá conosco depois da morte? Então ele percebe, num ímpeto, que a doença tem tirado dele até mesmo a ideia de esperança: "Não consigo dormir nem de dia, nem de noite [...]. Por que o peso do meu coração não se transfere para minhas pálpebras?" A insônia legou-lhe um período ininterrupto de tempo para se preocupar com a morte, sem ter descanso para renová-lo em relação a esta preocupação.

Donne define-se como um marinheiro arremessado de um lado para outro pelas gigantescas vagas de um oceano turbulento: às vezes, ele tem o vislumbre de uma terra distante; logo em seguida, a perde de vista diante de mais uma enorme onda. Outros escritores já descreveram as vicissitudes da enfermidade com força similar. O que destaca o trabalho de Donne é o público a quem ele se destina: o próprio Deus. Seguindo a tradição de Jó, Jeremias e os salmistas, Donne usa a arena de suas dificuldades pessoais com uma plataforma para sua grande luta com o Todo-Poderoso. Depois de passar a vida inteira perambulando confuso, ele finalmente chegou a um lugar onde pode oferecer algum serviço a Deus, e agora, neste preciso momento, ele é atingido por uma doença mortal. Não parece haver nada no horizonte que não seja febre, dor e morte. O que fazer?

Em *Meditações*, John Donne censura Deus: "Não tenho a retidão de Jó, mas tenho o desejo de Jó: de falar com o Todo-Poderoso e de arrazoar com Deus". Há momentos em que ele insulta a Deus, outros em que rasteja e implora perdão, ainda outros em que argumenta ferozmente. Em vários momentos, porém, Donne deixa Deus de fora do processo. O invisível diretor de cena aparece como uma sombra por trás de cada pensamento, de cada sentença.

Dá-me, ó Senhor, um temor do qual eu não tenha medo.

Conversei com muitas pessoas cujas vidas são definidas pelo sofrimento. Em cada caso, elas me apresentam uma crise de temor, uma crise de propósito e uma crise de morte. A principal razão pela qual retorno às *Meditações* de Donne, como ocorreu na noite do entero de David, é que o livro conta cada uma dessas crises em detalhes, e continua a trazer novos *insights* sobre essas confrontações fundamentais que temos com o mistério do sofrimento.

Mesmo sendo uma visita, tenho medo todas as vezes que abro a porta e sinto aquele cheiro característico de hospital. Meu amigo David me disse como era ficar o dia inteiro num quarto particular, o dia inteiro com nada em que fixar o olhar, senão na miséria. Ele recordou tudo o que perderia quando morresse e tudo o que deixou de fazer enquanto viveu. Lá fora, no corredor, ele ouvia os médicos e enfermeiras discutirem seu caso a meia-voz. Eles o espetavam e perfuravam todos os dias, realizando testes em seu corpo que ele mal podia entender.

De maneira semelhante, John Donne descreve a sensação desconexa que se instala no enfermo quando os médicos rodeiam um paciente. Quando ele sente medo no médico, seus próprios medos afloram: "Eu o ultrapasso e o suplanto em seu medo". Como paciente, ele se sentia como um objeto, como um mapa aberto sobre uma mesa, sobre o qual os cosmógrafos matutam. Ele imaginava-se separado de seu corpo e flutuando sobre ele, e a partir desta visão privilegiada, podia observar a figura que se desintegrava sobre o leito. Com o avanço da doença, via-se como uma estátua de barro, com os membros e a carne se desmanchando e esmigalhando-se num punhado de areia. Em breve, nada haveria além de uma pilha de ossos.

Na maior parte do tempo, Donne teve de lutar com esses medos sozinho, pois naqueles dias os médicos colocavam em quarentena os portadores de doenças contagiosas, afixando um aviso na porta de suas casas (alguns estavam exigindo esse mesmo tipo de tratamento para doentes de aids como David). Enquanto estava acamado, Donne pensava se o próprio Deus não estava participando daquela quarentena. Ele clamava, mas não obtinha resposta alguma. Será que as promessas de Deus estavam presentes? Seu conforto? Em cada uma das 23 meditações, Donne volta à questão principal por trás de seu sofrimento. Seu verdadeiro temor não era o tênue clamor das células de seu corpo; ele temia a Deus.

Donne fazia a pergunta que todos os que sofrem fazem: "Por que eu?". O calvinismo ainda era recente naquele tempo, com sua ênfase na soberania de Deus, e Donne considerava as pragas e guerras como "os anjos de Deus". Logo recuou: "Certamente elas não são a tua mão. A espada devoradora, o fogo consumidor, os ventos do ermo, as doenças do corpo, tudo aquilo que afligiu Jó veio das mãos de Satanás, não das tuas". Mas ele nunca sentiu certeza disto, e a falta de entendimento provocava enorme tormento interior. A culpa por seu passado manchado espreitava como um demônio, olhando de soslaio. Talvez ele realmente estivesse sofrendo como resultado de seu pecado. Se fosse assim, o que seria melhor: ser marcado por Deus ou não receber nenhuma visita sua? Como poderia adorar e, ainda mais, amar um Deus assim?

Citei algumas dessas passagens no enterro de David porque, naquela época, os doentes de aids ouviam um enorme corolário de julgamentos vindo da Igreja. Como Donne, encontrei conforto no fato de Jesus jamais ter se dirigido a um sofredor com uma acusação do tipo "você merecia". Em vez disso, ele ofereceu perdão e cura.

O livro de Donne nunca resolve o dilema do "por que eu?". Depois de anos investigando o problema da dor, estou convencido de que nenhum de nós pode resolver essa questão. É certo que a Bíblia não apresenta nenhuma resposta clara. Estudei cuidadosamente cada passagem que trata do sofrimento, e até mesmo no discurso final de Deus a Jó, no momento em que ele implorava por uma resposta, Deus não a deu. Jesus contradisse as sufocantes teorias dos fariseus de que o sofrimento vem para aqueles que o merecem, mas evitou responder diretamente à pergunta sobre a causa. A resolução da pergunta "por quê?" está além do alcance da humanidade — não foi esta a mensagem principal de Deus para Jó?

Apesar de *Meditações* não responder às questões filosóficas, o livro registra a resolução emocional de Donne, um movimento gradual em direção à paz. Em um primeiro momento — confinado numa cama, recitando orações sem obter resposta, contemplando a morte, regurgitando culpa — ele não encontra qualquer alívio para seu temor. Obcecado, revisa todas as passagens bíblicas em que aparece a palavra "medo". Ao fazer isto, aflora nele a ideia de que a vida sempre terá situações que incitarão o medo: se não for a doença, serão dificuldades financeiras; se não for a pobreza, será a rejeição; se não for a solidão, será o fracasso. Num mundo assim, Donne tem uma opção: temer a Deus ou temer tudo mais.

"Em uma passagem que nos remete ao fim da litania de Paulo em Romanos 8 ("Porque eu estou bem certo de que nem a morte, nem a vida [...] poderá separar-nos do amor de Deus"), Donne despacha seus temores potenciais. Os inimigos pessoais não representam a derradeira ameaça, pois Deus pode derrotar qualquer inimigo. Fome? Não, Deus pode suprir. Morte? Até mesmo este, o maior inimigo humano, não oferece uma barreira final contra o amor de Deus. Donne conclui que a melhor coisa é cultivar um temor adequado de Deus, temor este que pode suplantar todos os outros: "Assim como me deste um arrependimento, do qual não devo me arrepender, ó Senhor, dá-me um temor do qual não tenha medo". Aprendi com Donne que, quando estou diante de dúvidas, devo rever minhas alternativas. Se por qualquer razão recusar-me a confiar em Deus, em quem, então, poderei confiar?

Em sua contenda com Deus, Donne mudou as perguntas. Ele começou com uma pergunta sobre a *causa* ("quem causou esta doença, esta peste? E por quê?"), para a qual não encontrou resposta. As meditações vão gradualmente se movendo na direção da *reação*, a pergunta marcante que confronta toda pessoa que sofre. Confiarei em Deus no meio da minha crise e diante do medo que ela provoca? Ou me afastarei de Deus em amargura e raiva? Donne decidiu que, no sentido mais importante, não importava se sua doença era uma punição ou simplesmente uma ocorrência natural. Em ambos os casos, ele confiaria em Deus, pois, no fim das contas, *confiança* representa o adequado temor a Deus.

Donne comparou o processo com a mudança de atitude em relação aos médicos. No início, quando eles analisavam seu corpo em busca de novos sintomas e discutiam suas descobertas em um tom de voz baixo, fora de seu quarto, ele não podia evitar ficar com medo. Com o passar do tempo, porém, sentindo sua preocupação compassiva, convenceu--se de que eles mereciam sua confiança. O mesmo padrão aplica-se a Deus. Com frequência, não entendemos os métodos de Deus ou as razões por trás deles. A pergunta mais importante, porém, é se Deus é um *médico* confiável. Donne concluiu que sim.

Muitas pessoas, como aquelas a quem me dirigi no enterro de David, não enxergam Deus como digno de confiança. Da Igreja, o que ouvem é condenação. Seguindo os passos de Donne, é por isso que mudo a perspectiva para a razão principal de se confiar em Deus: seu Filho Jesus. Como Deus se sente em relação àqueles que morrem, mesmo quando isto ocorre como resultado de suas próprias transgressões? Será que Deus está fazendo carranca, como faziam os profetas de rua dos tempos de John Donne e alguns de hoje ainda insistem? Será que Deus até mesmo se preocupa com a perda, a raiva e o medo que sentimos? Não precisamos ficar imaginando como Deus se sente, pois em Jesus ele nos mostra.

Para aprender como Deus vê o sofrimento neste planeta, precisamos apenas olhar para a face de Jesus nos momentos em que ele se move entre os paralíticos, as viúvas e os leprosos. Ao contrário de muitos de sua época, Jesus mostrava uma ternura incomum para com aqueles que tinham um histórico de pecados sexuais — veja como ele age com a mulher samaritana no poço, ou com aquela de má reputação que lavou seus pés com seus cabelos, ou com a mulher flagrada em adultério. Em Jesus, disse Donne, temos um grande Médico que "conhece nossas enfermidades naturais, pois ele as teve, e sabe o peso de nossos pecados, pois ele pagou um alto preço por eles".

Como podemos nos aproximar de um Deus a quem tememos? Como resposta, Donne nos dá uma frase da história contada por Mateus das mulheres que viram a tumba vazia depois da ressurreição de Jesus. Elas fugiram correndo da cena "tomadas de medo e grande alegria", e Donne viu nessas "duas pernas, uma de medo, outra de alegria", um padrão para si mesmo. Aquelas mulheres viram com seus próprios olhos a imensa distância entre o Deus imortal e o homem mortal, mas, de repente, aquela se tornou uma distância que inspirava alegria. Deus usara seu grande poder para conquistar o derradeiro inimigo. Por esta razão, as mulheres sentiram tanto medo quanto alegria. Com isso, John Donne descobriu ao menos um temor do qual não precisava ter medo.

> Faze desta [...] melancolia e debilidade de coração um poderoso estimulante.

Viktor Frankl, sobrevivente de um campo de concentração nazista, expressou muito bem a segunda grande crise vivida pelas pessoas que sofrem: a crise de propósito. "O desespero", disse, "é o sofrimento sem propósito". Ele observara que colegas de dor eram capazes de passar por grande sofrimento apenas por ter alguma esperança em seu valor redentivo. Em uma sociedade tão diferente quanto a nossa, saturada de conforto, que propósito poderíamos dar à grande intrusa, a dor?

Qual é o propósito de uma doença como a aids? David e eu exploramos exatamente esse ponto. Naquela época, um forte debate público estava sendo travado: sua própria igreja havia virado as costas para crianças com aids que frequentavam a Escola Dominical. David admitia abertamente que sua doença era resultado das escolhas comportamentais que fizera e das quais se arrependera, mas o que dizer das crianças que nasceram com aids, ou dos hemofílicos que a contraíram em transfusões de sangue? Que escolha eles tiveram?

Nos dias de John Donne, parecia que a terrível ira do Senhor estava sendo derramada sobre o planeta inteiro. Dois cometas brilhantes apareceram no céu na mesma noite — sinal claro, para alguns, de que a mão de Deus estava por trás da peste. Profetas vagueavam pelas ruas, alguns ecoando as palavras de Jonas: "Mais quarenta dias, e Londres será destruída!". Temos nossa versão moderna desses profetas, rápidos em interpretar pragas e desastres como sinais específicos do julgamento de Deus. O passado deveria nos ensinar uma lição de cautela: os teólogos da Europa debateram por *quatro séculos* qual era a mensagem de Deus na Grande Peste, mas, no fim, um pouco de veneno de rato silenciou todas as suas especulações.

O que dizer da progéria, uma trágica anormalidade que acelera o processo de envelhecimento e faz com que uma criança de 6 anos de idade se pareça com uma pessoa de 80? Ou qual é o propósito da paralisia cerebral, ou da fibrose cística? Qual é o propósito de um terremoto na Índia ou de um maremoto que mata cem mil pessoas em Bangladesh? Por acaso, Deus retém as chuvas na África como sinal de seu desgosto?

A maioria de nós só consegue enxergar um significado negativo para o sofrimento, como uma interrupção da saúde, uma indesejável interrupção em nossa luta pela vida, pela liberdade e pela felicidade. Qualquer loja de cartões transmite esta mensagem de maneira muito clara. Para as pessoas que sofrem, a única coisa que conseguimos dizer é: "Estimo sua melhora". Como me disse uma mulher portadora de câncer terminal: "Nenhum desses cartões se aplica às pessoas internadas aqui. Nenhum de nós vai melhorar. Mais cedo ou mais tarde, todos nós vamos morrer. Para o resto do mundo, isto nos torna inválidos. Pense no significado desta palavra: não válidos".

Qual é o propósito de um câncer terminal?

John Donne, pensando nele mesmo como um doente terminal, fez tais perguntas, e seu livro sugere a possibilidade de uma resposta. As primeiras pistas vieram a ele por intermédio da janela aberta de seu quarto, de onde ouvia os sinos da igreja badalando uma lúgubre declaração de morte. Por um instante, Donne ficava pensando se seus amigos, cientes de que sua condição era mais grave do que aquilo que eles diziam, haviam ordenado que os sinos tocassem por sua própria morte. Ele logo percebeu que os sinos estavam marcando a morte de mais uma vítima da peste.

Pouco tempo depois, os sons dos serviços funerários passaram a fazer parte dos sons das ruas. Donne sussurrava um tênue acompanhamento para o canto congregacional dos salmos, e depois escreveu a *Meditação XVII* sobre o significado dos sinos da igreja — o trecho mais famoso das *Meditações* e uma das mais celebradas passagens da literatura inglesa ("Nenhum homem é uma ilha"). Numa linguagem forte e pictórica, esta meditação define a perda que sentimos diante de cada morte: "Se um punhado de terra é levado pelo mar, a Europa fica menor [...]. A morte de qualquer homem rebaixa-me, pois estou envolvido com a raça humana, e, portanto, nunca procures saber por quem os sinos dobram; eles dobram por ti". Choramos a morte de uma pessoa qualquer porque nós mesmos somos diminuídos. No mesmo evento, sentimos uma profunda união com outros, e também nos colocamos em seu lugar.

O sofrimento tem a singular capacidade de romper as defesas normais e interromper a rotina cotidiana, assim como de nos lembrar de nossa mortalidade. Por algum tempo, acompanhei um amigo a um grupo de apoio a pacientes de doenças crônicas que se reunia mensalmente na sala de espera de um hospital. Não posso dizer que gostava daquelas reuniões, mas, todas as vezes que saía dali e ia para casa, tinha a sensação de que aquela noite fora uma das mais significativas de minha vida. Deixávamos as trivialidades de lado e encarávamos as questões mais urgentes de cada pessoa naquela sala — morte e vida — e qual a melhor maneira de aproveitar o tempo que restava.

Como Donne disse: "Careço de teu trovão, ó meu Deus; tua música não mais te suprirá". O badalar dos sinos era, para ele, um eco antecipado de sua própria morte. Para o homem morto, era um período, o fim da vida; para Donne, apegando-se ainda à vida, era um penetrante ponto de interrogação. Iria ele realmente encontrar-se com Deus?

Quando as pessoas perguntaram o que Jesus achava de uma tragédia daquele tempo, sua resposta foi:

> Pensais que esses galileus eram mais pecadores do que todos os outros galileus, por terem padecido estas coisas? Não eram, eu vo-lo afirmo; se, porém, não vos arrependerdes, todos igualmente perecerei. Ou cuidais que aqueles dezoito sobre os quais desabou a torre de Siloé e os matou eram mais culpados que todos os outros habitantes de Jerusalém? Não eram, eu vo-lo afirmo; mas, se não vos arrependerdes, todos igualmente perecereis.
>
> Lucas 13.2-5

Jesus reforçou aqueles comentários com uma parábola sobre a misericórdia de Deus. Ele parece deduzir que nós, espectadores de uma catástrofe, temos tanto a aprender com o evento quanto aqueles que foram vítimas. O que uma peste ou um desastre contemporâneo me ensina? Humildade, de um lado, e gratidão pela vida da qual ainda desfruto. Além disso, compaixão, aquela que Jesus demonstrava a todo aquele que sofria e pranteava. Por fim, a catástrofe, reúne a vítima e o espectador num chamado ao arrependimento, relembrando abruptamente sobre a brevidade da vida.

O badalar daquele sino operou uma curiosa mudança no pensamento de Donne. Até aquele ponto, estivera pensando sobre o propósito da doença e quais lições deveria aprender dela. Agora, começava a contemplar o significado da saúde. O sino trazia à tona a questão sobre como ele havia passado sua vida inteira. Teria ele santificado o dom da saúde, servindo a Deus e aos outros? Teria ele visto a vida como uma preparação, um campo de treinamento para uma vida mais longa e importante por vir ou como um fim em si?

Conforme Donne começou a reexaminar sua vida, as surpresas vieram à luz. "Eu sou o homem que viu a aflição", disse Donne à congregação no enterro de sua esposa. Agora parecia claro, contudo, que aqueles tempos de aflição, as circunstâncias das quais ele mais se ressentiu àquela época, eram oportunidades de crescimento espiritual. As provações haviam expurgado o pecado e desenvolvido o caráter; a pobreza lhe ensinou sobre a dependência de Deus e o limpou da ganância; o fracasso e a desgraça pública ajudaram-no a se curar do orgulho e da ambição. Será possível que a própria mão de Deus tenha bloqueado sua carreira —um devastador desapontamento, àquela época — com o objetivo de prepará-lo para o ministério? Um padrão definitivo emergiu: a dor poderia ser transformada, até mesmo redimida, e o mal aparente às vezes resulta num bem verdadeiro. O sofrimento não removido pode servir como uma ferramenta de Deus.

A revisão sistemática de Donne o preparou para sua situação atual. Seria possível *esta* dor ser redimida? Sua doença o limitava, é claro, mas a incapacidade física certamente não inibia todo o crescimento espiritual. Ele tinha muito tempo disponível para a oração; o sino o lembrava de seu irmão menos afortunado e dos muitos aflitos de Londres. Ele podia aprender humildade, confiança, gratidão e fé. Donne fez uma espécie de jogo com tudo isso: ele imaginava sua alma crescendo forte, levantando-se da cama e caminhando pela sala, mesmo com seu corpo estirado na cama.

Expressando-se em apenas uma palavra, Donne percebeu que não era um "inválido". Direcionou suas energias na direção das disciplinas espirituais: oração, confissão de pecados, manutenção de um diário (que se transformou nas *Meditações*). Tirou de si o foco de sua mente e o direcionou às pessoas. Portanto, as *Meditações* registram uma mudança crucial nas atitudes de Donne em relação à dor. Ele começou fazendo orações para que a dor fosse removida; terminou com orações para que a dor fosse redimida, que ele fosse "catequizado pela aflição". Tal redenção poderia tomar a forma de uma cura milagrosa — ele ainda esperava por isto — mas, mesmo que não fosse, Deus poderia tomar uma massa disforme e, por intermédio do fogo refinador do sofrimento, transformá-la em ouro puro.

> Embora tão desobediente servo seja eu a ponto de temer a morte,
> Há um Senhor misericordioso de quem não receio aproximar-me.

As duas grandes crises que se abateram sobre a vida de Donne, a crise do medo e a crise do propósito, terminam por convergir numa terceira e derradeira crise: a morte. O poeta verdadeiramente acreditava que morreria daquela doença, e esta nuvem escura paira sobre todas as páginas das *Meditações*. ''Afino meu instrumento aqui, à porta", escreve ele. À porta da morte.

Nós, pessoas modernas, aperfeiçoamos as técnicas para lidar com a crise — técnicas que, sem dúvida, causariam muita confusão a John Donne. A maioria de nós constrói elaboradas formas de se evitar a morte. As academias de ginástica são uma indústria emergente, assim como as casas que vendem artigos relacionados à nutrição e à saúde. Tratamos da saúde física como se ela fosse uma religião, derrubando todos os lembretes objetivos que a morte nos apresenta — necrotérios, unidades de terapia intensiva, cemitérios. Vivendo num período assolado pela peste, Donne não dispunha do luxo da negação. Todas as noites, o som das carroças puxadas por cavalos ecoava pelas ruas, recolhendo os corpos das vítimas daquele dia. Seus nomes — mais de mil por dia, no auge da peste — apareciam em longas colunas nos jornais do dia seguinte.

Ninguém podia viver como se a morte não existisse. Como outras pessoas de seu tempo, Donne mantinha um crânio em sua escrivaninha, como um lembrete.

De outro lado, alguns funcionários da área de saúde da atualidade têm assumido uma linha diferente, recomendando a aceitação — e não a negação — como a atitude correta em relação à morte. Depois que Elisabeth Kübler-Ross rotulou a aceitação como a etapa final do processo de luto, a quantidade de grupos de autoajuda que visam a ajudar os pacientes terminais a chegarem a este estágio cresceu bastante. Não é preciso ler muito da obra de John Donne para perceber quão estranho era esse conceito a ele. Algumas pessoas acusaram-no de ter uma obsessão pela morte (32 de seus 54 cânticos e sonetos concentram-se nesse tema), mas para Donne, a morte pairava como o grande inimigo a quem devemos resistir, não um amigo a quem damos boas-vindas como uma coisa natural do ciclo de vida. A partir da vivência que precisei presenciar semana após semana, um amigo ou uma pessoa querida se deteriorando, também aprendi que a morte é um inimigo.

As *Meditações* registram a grande luta de Donne contra a aceitação da morte. Apesar de seus maiores esforços, ele não conseguia realmente imaginar uma vida após a morte. Todos os prazeres que ele conhecia tão bem, os quais preenchiam seus escritos, dependiam de um corpo físico e de sua capacidade de ouvir, ver, sentir, tocar e provar.

Donne encontrou algum conforto no exemplo de Jesus, "meu mestre na arte da morte", pois o relato do Jardim do Getsêmani também não apresenta uma cena de calma aceitação. Ali, Jesus suou gotas de sangue e implorou ao Pai uma saída. Ele também sentiu a solidão e o medo que agora assombravam o leito de Donne. E por que ele escolheu a morte? O propósito da morte de Cristo, pelo menos, trouxe algum conforto a Donne: ele morreu para promover uma cura.

A mudança na vida de Donne aconteceu quando ele começou a ver a morte não como uma doença que permanentemente assola a vida, mas como a única cura para a doença da vida, o estágio final da jornada que nos leva a Deus. O mal infecta a vida de todo este planeta caído, e somente por intermédio da morte — a morte de Cristo e a nossa própria — podemos atingir um estado de cura. Donne explorou este pensamento na obra *Um hino a Deus, o Pai*, O único material conhecido que sobreviveu de seu período de doença além das *Meditações*.

Tu perdoas o pecado inicial de onde eu vim,
Pecado que foi meu e dos meus ancestrais?
Tu perdoas o pecado que é parte de mim,
E, enquanto vou pecando, eu deploro ainda mais?
Ao chegares ao fim, tu não terás o fim,
Pois inda tenho mais.

Tu perdoas o pecado em que eu intervim
E fiz outros pecar — meus pecados portais?
Tu perdoas o pecado evitado por mim
Por um ano ou por dois, mas curtido bem mais?
Ao chegares ao fim, tu não terás o fim,
Pois inda tenho mais.

Eu pequei por temer que ao chegar ao meu fim
Na última remada eu vá morrer no cais.
Mas jura-me por ti que teu Filho então sim
Brilhará como agora e sempre muito mais.
E ao chegares ao fim, então terás o fim,
Pois já não temo mais.

O jogo de palavras no original ("então terás o fim" foi a tradução escolhida para "thou hast *done*") trabalha com o nome do autor (Donne), e revela, pelo menos, um tipo de aceitação: não a da morte como um fim natural, mas uma disposição de confiar a Deus o futuro, independentemente das circunstâncias. ''Aquela voz, a que diz que devo morrer agora, não é a voz de um juiz que fala de condenação, mas de um médico que apresenta a saúde."

Para surpresa de todos, o fato é que John Donne não morreu por causa daquele mal, flagelo, em 1623. Sua doença, mal diagnosticada, era, na verdade, uma espécie de febre como o tifo, e não peste bubônica. Ele sobreviveu aos bizarros tratamentos médicos a que foi submetido, recuperou-se e viveu mais oito anos como deão da Catedral de São Paulo.

Os sermões e os escritos posteriores de Donne com frequência voltavam aos temas abordados em *Meditações*, especialmente o tema da morte, sem, contudo, expressar o mesmo tipo de turbulência interior. Em sua crise, Donne conseguiu alcançar uma "santa indiferença" a respeito da morte, não por meio de um desconto em relação a ela, mas por uma confiança renovada na ressurreição. A morte, que parece interpor-se à vida, na verdade abre uma porta para uma nova vida. "Onde está, ó morte, a tua vitória? Onde está, ó morte, o teu aguilhão?" (1Co 15.55).

Se, de alguma maneira, Donne pudesse viajar no tempo até nossos dias, certamente ficaria horrorizado com a pouca atenção que damos à vida após a morte. Hoje em dia, as pessoas ficam envergonhadas de falar sobre essa crença. Tememos o céu como nossos ancestrais temiam o inferno. Essa ideia parece algo singular, uma fuga covarde dos problemas deste mundo. Que inversão de valores, penso eu, nos levou a elogiar um sentimento de aniquilação como algo digno e a desprezar tão covardemente a esperança por uma eternidade tão bem-aventurada? Os céus guardam a esperança da promessa de um tempo muito mais longo e mais substancioso, de plenitude, justiça, prazer e paz, do que este que temos aqui na Terra. Se não acreditamos nisto, então, como arguiu o apóstolo Paulo em 1Corintios 15, há pouca razão para sermos cristãos em primeiro lugar. Se realmente cremos, isto deveria mudar nosso modo de viver, assim como mudou a de John Donne.

Deus conhece todo o peso, o fardo e a aflição deste mundo, disse Donne em um de seus sermões: "E se não houvesse um peso da glória futura para se contrapor, todos nós afundaríamos no meio do nada".

> Morte, não te orgulhes, ainda que alguns a tenham chamado
> Poderosa e terrível, pois tu não o és...
> ... Um pequeno sono apenas e acordamos eternamente,
> e não haverá mais morte, pois tu, ó morte, morrerás.

Sete anos depois da doença que inspirou *Meditações*, Donne ficou enfermo mais uma vez, o que viria testar seriamente tudo aquilo que ele havia aprendido sobre a dor. Ele passou a maior parte do inverno de 1630 fora do púlpito, confinado numa casa em Essex. Mas quando a época da Páscoa se aproximava no calendário eclesiástico, Donne insistiu em viajar para Londres para proferir um sermão na primeira sexta-feira da quaresma. Os amigos que o receberam ali viram um homem enfraquecido, aparentando muito mais idade do que 58 anos. Uma vida inteira de sofrimento havia cobrado seu preço. Apesar da insistência dos amigos em cancelar o sermão já agendado, ele se recusou.

O primeiro biógrafo de Donne, seu contemporâneo Izaac Walton, descreve a cena no Palácio Whitehall no dia do último sermão de Donne:

> Sem dúvida, muitas pessoas faziam secretamente a pergunta de Ezequiel: "Poderão reviver estes ossos?". Ou será esta alma capaz de articular as palavras? [...] Certamente que não. Mesmo assim, depois de pequenas pausas em sua zelosa oração, seu forte desejo permitiu que seu corpo débil derramasse aquilo que se lembrava das meditações preconcebidas, as quais versavam sobre o tema da morte. O texto foi: "Com Deus, o Senhor, está a fuga da morte". Muitos dos que viram suas lágrimas e ouviram sua voz débil e tênue confessaram que o texto parecia ter caráter profético, e que o dr. Donne havia pregado seu próprio sermão fúnebre.
>
> Extraído de *The Life of John Donne*

Donne já havia expressado o desejo de morrer no púlpito, e foi quase isto que aconteceu. O impacto daquele sermão, "O duelo da morte", um dos melhores de Donne, demorou a desaparecer das mentes daqueles que o ouviram. Para John Donne, a morte era um inimigo contra o qual ele lutaria enquanto existissem forças em seus ossos. Ele lutou com a fé confiante de que o inimigo seria finalmente derrotado.

Levado para casa, Donne passou as cinco semanas que se seguiram preparando-se para morrer. Ditou cartas a amigos, compôs alguns poemas e escreveu seu próprio epitáfio. Alguns amigos passaram por ali, e ele se lembrava deles: "Não posso alegar inocência em relação à vida, especialmente nos anos de minha juventude", disse ele a um amigo, "mas serei julgado por um Deus misericordioso, que não está ansioso para ver o que fiz de errado. Embora eu não tenha nada a apresentar de mim mesmo senão pecado e miséria, sei que ele olha para mim não como eu mesmo sou, mas como sou em meu Salvador [...]. Fico, portanto, repleto de indescritível alegria e morrerei em paz".

Izaac Walton contrastou a imagem de John Donne em seus últimos dias — com o corpo alquebrado, mas com paz de espírito — com um retrato de Donne aos 18 anos, como um vistoso cavaleiro, paramentado com roupas finas, brandindo uma espada. Sua inscrição, conforme comentou Walton, provou-se ironicamente profética em relação à vida difícil de Donne: "Quanto serei mudado antes que mude!".

Um escultor foi a sua casa naquelas últimas semanas, por ordem da igreja, visando a construção de um monumento. Donne posou para ele na postura da morte, com uma fina mortalha em volta de seu corpo, suas mãos dobradas sobre seu estômago, com olhos fechados. A efígie foi esculpida numa única peça de mármore branco, e, depois da morte de Donne, artesãos montaram-na sobre sua uma funerária na Catedral de São Paulo.

O monumento a John Donne ainda permanece ali. Eu o vi. Na verdade, foi o único objeto da catedral que sobreviveu ao grande incêndio de 1666, e que pode ser visto na galeria reconstruída por Christopher Wren, atrás dos assentos do coro, um monumento cor de marfim colocado em um nicho numa antiga pedra escura. Os guias turísticos apontam para uma pequena marca de fogo na urna, datada da época do incêndio. A face de Donne apresenta uma expressão de serenidade, como se tivesse alcançado, na morte, a paz que tanto procurara na vida.

> Nosso último dia é nosso primeiro dia; nosso sábado é nosso domingo; nossa véspera é nosso dia santo; nosso pôr do sol é nossa manhã; o dia de nossa morte é o primeiro dia de nossa vida eterna. O dia seguinte a isso [...] é aquele em que me mostrarei a mim mesmo. Aqui sempre me vejo envolto em disfarces; lá, então, verei a mim mesmo, mas também verei a Deus [...]. Aqui tenho algumas faculdades aguçadas e outras deixadas nas trevas; minha compreensão às vezes é clareada, ao mesmo

tempo em que minha vontade é pervertida. Ali serei apenas luz, sem sombras sobre mim; minha alma envolta na luz da alegria e meu corpo, na luz da glória.

Extraído de *Sermons*

Outro monumento está presente nos escritos de Donne. Li muitas palavras sobre a questão da dor, e eu mesmo escrevi algumas. Contudo, em nenhum outro lugar encontrei meditações tão concentradas e sábias sobre a condição humana como no diário que Donne manteve durante as semanas de sua doença, enquanto se preparava para morrer. Tendo se proposto a lutar com Deus, ele se viu nos braços de um Médico misericordioso, que com ternura o guiou por meio da crise de modo que pudesse emergir para dar conforto e esperança a outros.

No enterro de David, um corretor da bolsa de Chicago veio a mim e perguntou se poderia ver o livro que eu havia citado. Ele folheou aquela minha cópia, já tão usada, e disse: "Não tinha ideia de que existissem cristãos como este".

John Donne para iniciantes

Meditações (*Devotions*) permanece nos catálogos das editoras por mais de quatro séculos, o que é uma indicação de sua posição como um clássico. Usuários da internet poderão obter o texto completo em *www.ccel.org/d/donne/devotions*. Os poemas e textos de Donne podem ser adquiridos em acervos de boas livrarias norte-americanas. Infelizmente, a coleção de seus sermões, assim como as mais confiáveis biografias de Donne, saíram de catálogo, e podem ser encontradas apenas em bibliotecas e sebos. A peça *Wit*, de Margaret Edson, ganhadora do Prêmio Pulitzer, retrata os dias finais de uma aluna de Donne morrendo de câncer no ovário. O canal de televisão HBO também produziu uma versão, estrelada por Emma Thompson.

Não posso deixar de contar minha primeira incursão no mundo dos livros. Em 1973, quando eu era editor da revista *Campus Life*, tentei fazer uma paráfrase de *Meditações*. Dei o livro a alguns amigos, mas eles acharam os textos bíblicos da versão King James um tanto difíceis. Assim como várias pessoas estavam parafraseando a Bíblia compilada naquela época, decidi que faria minha própria paráfrase sobre esta obra clássica sobre o sofrimento, um John Donne refeito, se você preferir. Parafraseei seis das 23 seções e as enviei a uma editora com uma proposta. Algumas semanas depois, recebi uma carta com uma resposta de três parágrafos. O primeiro — provavelmente, uma resposta padronizada — dizia que, embora tivessem adorado meu trabalho, infelizmente o departamento de *marketing* determinara que a projeção de vendas não justificaria sua publicação. O segundo parágrafo dizia: "Por favor, faça isso parecer triste e pessoal, pois esta é uma revista importante". O terceiro parágrafo pedia que eu não me esquecesse da revista em meus futuros projetos. Li o segundo parágrafo diversas vezes, tentando entender o sentido daquilo, até que percebi que o editor havia ditado aquela frase à secretária para que ela elaborasse um texto que mostrasse tristeza, e que não fosse impessoal, mas ela escreveu as palavras do editor literalmente! Dez anos depois, mostrei a carta ao editor que a havia ditado. Acho que ele perdeu muitas noites de sono, pensando o que mais ele havia anotado nas margens de cartas que inadvertidamente foram parar em cartas para escritores.

Capítulo dez

O esplendor das coisas simples

Annie Dillard

A imagem que eu tinha de Annie Dillard mudou para sempre depois de nosso primeiro encontro, em 1977. Conhecendo-a apenas por intermédio de suas obras, esperava uma poetisa excêntrica e neurótica como Emily Dickinson, ou uma mística sombria como Simone Weil. Combinamos de nos encontrar em seu escritório, que eu imaginava ser uma cabana com um único cômodo, enfiada no meio de um bosque de pinheiros.

O escritório revelou-se um luminoso conjunto de um prédio de poucos andares, com decoração moderna nas paredes, sendo uma delas pintada de laranja e a outra, de azul. A própria Dillard, com no máximo 30 anos de idade, usava calça *jeans* e uma blusa bordada. Ela era engraçada, e usava muitas gírias ao falar. Fumava um cigarro atrás do outro. Amava pingue-pongue, *rafting*[1] e dança. Gostava de uma boa piada. Nem dickinsoniana nem professoral, ela era o tipo de pessoa que você incluiria em sua lista de convidados para animar uma festa.

Dillard também tinha suas expectativas. "Que bom que é você", disse ela quando entrei em seu escritório. "Não sabia o que esperar de uma revista chamada *Christianity Today*. Quando vi um senhor careca de 60 anos de idade caminhando pelo *campus*, pensei: 'Puxa, onde é que eu me meti'?". Naquela época, eu tinha a metade da idade do homem careca e minha vasta cabeleira lembrava a juba de um leão; mas Dillard concordou sim, com a longa entrevista.

Eu havia acabado de estudar John Donne, lançara *Deus sabe que sofremos* e começava a escrever com o dr. Brand. Tinha um bloco de notas cheio de perguntas a fazer a ela: sobre o problema da dor, a natureza, os argumentos teológicos do *design* inteligente,[2] a vida de escritora. Conversamos muito além do tempo que havíamos combinado, e, no fim, ela soltou um longo suspiro, dizendo: "Que gostoso falar sobre ideias, especialmente com alguém que atua no mesmo campo. A maioria dos repórteres quer saber sobre minha conta bancária e minha vida sexual". É claro que isto abriu uma linha de questionamentos completamente nova.

No cargo de repórter de uma revista, naquele tempo, eu via a questão de escrever tanto como uma carreira quanto como um *hobby*, algo que você faz quando tem tempo, entre os prazos apertados. Dillard considerava isto um chamado santo, como pode ser visto nesta passagem de seu livro *Holy the Firm*:

> Perguntei às pessoas da minha classe quantas delas queriam dar suas vidas para serem escritoras. Eu estava tremendo, não sei se pela falta de um café, de cigarro ou de medo diante das faces que me cercavam [...] Todas as mãos se levantaram em resposta a minha pergunta. Então, tentei explicar-lhes o que significava aquela escolha: "Você não pode ser outra coisa. Você precisa se devotar a isto" [...] Eles não tinham a menor ideia do que eu estava falando [...] "Faço isto à noite, depois de esquiar, ou no caminho do banco para casa, depois que as crianças vão dormir" [...] Eles acharam que eu estava devaneando outra vez.

Mesmo tendo apenas um encontro, Dillard e eu trocávamos correspondência ocasionalmente, e eu seguia seu trabalho de perto. Ou melhor, fazia um acompanhamento frenético. Ela é um farol para os escritores que ainda se preocupam com as palavras, frases, parágrafos e ideias, um guia para escritores de fé. Depois daquela conversa, nunca mais vi a composição literária como um *hobby*. Ela me ensinou a ver a arte e, na verdade, o mundo, com outros olhos.

A autobiografia de Dillard, intitulada *An American Childhood*, esboça alguns detalhes de sua vida. Ela foi criada num lar de classe média-alta de Pittsburgh, Pensilvânia, no qual seus pais amorosos lhe proporcionaram uma vida confortável, frequentando escolas particulares para moças e o clube de campo. Eles trocavam ideias à mesa do jantar, levavam-na a uma igreja presbiteriana de grã-finos e permitiam que sua curiosidade intelectual corresse solta. Annie teve uma adolescência turbulenta no início da década de 1960. Foi expulsa da escola por fumar e foi parar no hospital depois de um acidente durante um *racha* de automóveis. Mostrava uma inclinação pela natureza, sim, mas também pelo beisebol e pelas guerras francesas e indígenas. "Ela se preocupa apenas com o que lhe interessa", reclamou um de seus professores do segundo grau. Quando seus pais a enviaram para a Faculdade Hollins, na Virgínia, ela se casou com o professor de Escrita Criativa, ainda no primeiro ano.

Até hoje, Dillard é capaz de recitar o primeiro poema que escreveu, um produto daquela tórrida adolescência, na qual ela se encantou pelo discurso do poeta simbolista francês Arthur Rimbaud:

> Certa vez, se bem me lembro, confinada
> No inferno a minha carne foi largada,
> Em cela de prisão úmida e fria
> Onde nenhuma chama ou luz ardia.
> A mão caiu, o corpo foi ao chão
> Imóvel na sujeira e solidão.

Não havia qualquer indicação neste poema, ou na vida de Dillard, que dissesse que ela ganharia um Prêmio Pulitzer antes dos 30 anos e que se tornaria uma das maiores escritoras dos tempos modernos. Mas ela realmente credita a sua adolescência o despertar de sua espiritualidade e o aguçamento de seu apetite pelos temas abstratos que permeariam seus trabalhos futuros. Sua autobiografia começa com esta citação do salmo 26.8: "Eu amo, SENHOR, a habitação de tua casa e o lugar onde tua glória assiste".

A igreja proporcionava, basicamente, um cenário social no qual famílias bem-vestidas "acumulavam dignidade de serem vistas" todos os domingos. Nos verões, porém, Annie corria com sua irmã para um acampamento religioso nas montanhas. "Se nossos pais soubessem quão cheio de regras aquele acampamento era, eles nos arrancariam de lá", lembra-se ela. "Memorizávamos capítulos inteiros da Bíblia, cantávamos hinos alegres o tempo todo, tínhamos estudos à noite, momentos de oração extemporâneos e íamos duas vezes aos cultos de domingo vestidas com bermudas brancas. A teologia cheia de fé que existia ali estava a apenas meio passo de nossas tendas: dava para sentir o cheiro da serragem."

Ao compararmos nossa formação, percebi quão diferente é entrar numa subcultura por um verão e o sentimento de estar preso a uma tenda, com o ar sempre cheirando a serragem. Meus verões num acampamento cheio de regras serviram para me causar mais repulsa àquele tipo de doutrinamento. De outro lado, Dillard sentiu-se atraída pelas ideias religiosas, o que a fez considerar as outras ideias como de menor importância. A memorização de longas passagens bíblicas numa versão com texto clássico fez com que ela escrevesse poemas que deliberadamente imitavam seu ritmo. De volta para casa, na serena igreja de Pittsburgh, ela ocasionalmente sentia, "apesar de mim mesma, um tênue e fino sopro espiritual passando por entre os bancos".

Annie, na verdade, tinha uma pequena revolta contra Deus, disse-me ela mais tarde. Depois de quatro verões consecutivos no acampamento, ela se cansou da hipocrisia das pessoas que iam à igreja para exibir suas roupas. Desejosa de tomar uma decisão mais profunda, resolveu confrontar os pastores. O pastor principal ("Ele era a cara de James Mason no filme *Nasce uma estrela*, e sua ideia de sermão era a de uma resenha de um livro") a amedrontava, por isso ela foi ao gabinete do pastor auxiliar e despejou seu discurso sobre hipocrisia.

Como homem sábio, numa tacada só ele conseguiu incutir nela o que em mim demorou muitos anos: ele separou a Igreja de Deus, fazendo isto de uma maneira que significou aquela crítica adolescente, em vez de diminuí-la. "Ele era um homem maduro e calmo, vestindo um terno completo. Usava bigode e óculos. Eu era uma pequena criança do segundo grau que pensava ser a única pessoa no mundo com reclamações contra a Igreja. Ele me ouviu e depois disse: 'Você está certa, meu amor, existe muita hipocrisia'". Annie sentiu seus argumentos se dissolverem. Então, o pastor continuou, entregando a ela uma série de livros de C. S. Lewis, sugerindo que eles seriam úteis para a elaboração de um trabalho na escola. ''Acho que é um pouco cedo para você deixar a igreja", comentou ele, enquanto apertava sua mão em despedida. "Acho que você voltará em breve."

Para consternação de Annie, ele estava certo. Depois de escavar quatro volumes de C. S. Lewis, ela caiu novamente nos braços do cristianismo. Sua rebelião durou apenas um mês.

Hoje em dia, existem doze livros assinados por Annie Dillard, em estilos como poesia, ensaios, uma autobiografia, relatos jornalísticos de sua visita à China, ficção histórica e críticas literárias. Algumas formas foram mais bem-sucedidas do que outras, mas todas possuem sua marca: um olhar penetrante, frases maravilhosas, intensidade mística e o senso de que escrever é um chamado.

Independentemente do que ela venha a conseguir, sem dúvida viverá para sempre com o rótulo de "nature "writer".[3] *Pilgrim at Tinker Creek* atingiu o público leitor em 1974 com o impacto de um meteoro: um novo gênero, forjado em algum lugar do espaço exterior, lançando fragmentos de si mesmo por toda a atmosfera. Em uma rápida sequência de premiações, recebeu o título de Livro do Ano, um Prêmio Pulitzer, eleito o melhor livro estrangeiro na França e prosseguiu, transformando-se num inesperado *best seller* (quase quinhentas mil cópias vendidas). Dillard se tornara a nova dama da literatura. Os críticos comparavam seu trabalho aos de Virgínia Woolf, Gerard Manley Hopkins, William Blake e Henry David Thoreau. Jovem, magra, com ralos cabelos loiros, olhos azuis e uma predileção por chapéus de feltro, ela se encaixa visualmente no papel.

Pilgrim começa com o sentido da visão. Em outra obra, Dillard relembra a história de Noah Very, um eremita septuagenário que vive num chalé nos Apalaches. "Certa vez, quando meus filhos eram jovens", disse-lhe Noah,

> [...] e nós morávamos todos onde moramos agora, eu olhei pela janela e vi a criançada brincando junto ao rio. Havia ali na margem um banco

de areia. As crianças eram todas muito novas, muito pequenas, e brincavam com baldes, derramando água, amontoando areia uma sobre os pés da outra... Eu disse a mim mesmo: "Noah, lembre-se bem desta visão, as crianças tão pequenas e brincando à beira do rio nesta exata manhã. Lembre-se disso". E eu me lembro como se tudo tivesse acontecido hoje de manhã. Deve ter sido no verão. Há mais de vinte anos de permeio dos quais não lembro nada.

Extraído de *Teaching a Stone to Talk*

A escritora Dillard adota o ato de lembrar como um tipo de missão sagrada. "Annie, lembre-se desta cena", pode alguém imaginá-la dizendo a si mesma, repetidas vezes. *Você vai lembrar dela e escrevê-la para outros, como se ela tivesse acontecido esta manhã*. Ela, de fato, se lembra com tal nível de detalhe que nos ensina a ver. Os leitores voltam as suas obras porque ela descreve aquilo que ninguém mais notou com praticamente a mesma acuidade: a queda-livre de um pássaro a partir de um prédio de quatro andares; o mergulho de um albatroz a partir do ninho no penhasco; a textura da sombra que se lança durante um eclipse; uma luminosa "árvore com luzes dentro". Dillard nos transmite calma, faz-nos olhar mais de perto e respirar mais fundo, enquanto caminhamos pelo mundo natural. Tais experiências, diz ela, podem ser "menos relacionadas a ver do que a ser, pois aquilo que se vê pela primeira vez nos atinge com impacto poderoso e empolgante".

Emily Dickinson escreveu, certa vez, a um amigo, dizendo que "olhai os lírios do campo" era o único mandamento que ela nunca havia quebrado. Precisei ler Annie Dillard para aprender como cumprir esse mandamento. Li *Pilgrim at Tinker Creek* pela primeira vez quando morava num *trailer* de alumínio na periferia abandonada de Chicago. Recém-casado e saldando as dívidas da escola, estava começando a encaminhar minha carreira de jornalista. Sentia falta do viço do Sul: altos pinheiros, pés de madressilva, arbustos de diferentes tipos nos bosques. Em Illinois, eu não fazia questão de sair, pois o que havia lá fora para ver? Milharais? Marcas de pneu na neve suja? Enquanto lia aqueles relatos da natureza, mais empolgantes que um romance de aventura, percebi que tudo o que ela descrevia estava ao lado de um córrego lamacento, num lugar qualquer da Virgínia. "Tudo é uma questão de manter meus olhos abertos", disse ela. "A beleza e a graça existem, quer as percebamos ou não. O mínimo que podemos fazer é tentar estar ali [...] de modo que a natureza não tenha de apresentar seu espetáculo para uma plateia vazia."

Depois de ler o livro, propus-me a uma caminhada de meia hora todos os dias pelo Parque Prairie, por uma estreita trilha cascalhada que seguia um antigo leito da estrada de ferro através da campina e do charco próximo de casa. Nos primeiros dias, não via nada de especial. Nos seguintes, a paisagem árida pela qual sempre passei com pressa começou a ganhar vida. Nos dias frios, o mato era coberto com uma fina camada de gelo que refletia o sol como diamante, e a neve transformava árvores comuns em obras de arte abstrata. Na primavera, milhares de pequenas aranhas corriam apressadas pelo tapete de vegetação prensada pelo inverno. No verão, o charco se enchia de vida com o som dos pássaros e insetos, e comecei a descobrir os limites dos territórios patrulhados pelos melros de asas vermelhas. No outono, grandes árvores plantadas junto a poços fétidos transformavam-se em verdadeiras labaredas de fogo, uma "árvore com luzes dentro". Interessei-me pela fotografia para registrar tudo aquilo que eu passava a enxergar.

Annie Dillard vai até a natureza não apenas para observar, mas também para aprender, para extrair significado de um texto que obstinadamente resiste a todas as tentativas. Como guia cuidadosa, ela me levou pela mão a uma trilha familiar que eu já percorrera com outros, como Paul Brand e G. K. Chesterton, e até mesmo com John Donne (que chamava a natureza "um João Batista submisso a Cristo"). Do mesmo modo, Dillard reconhece o mundo como obra do Criador, e então considera as consequências. "Que piada este Criador está nos contando?", pergunta ela. A mamãe-polvo que coloca um milhão de ovos para produzir um único sobrevivente; baleias assassinas que se lançam sobre bandos de leões marinhos; a fêmea do louva-deus consumindo o macho que, sem cabeça, continua a copular com ela — que lições podemos tirar de obras como essas?

O problema, como sempre, é que a natureza nos dá sinais misturados. Tal qual uma criança desobediente, o mundo natural tanto nos revela quanto nos esconde Deus; a natureza "geme", para usar um termo paulino. Dillard não tem o otimismo de um Chesterton, que vê o sorriso de Deus até mesmo nas trevas, ou de um Donne, que anseia por um novo lar no porvir. Ela diz: "Eu me alterno entre pensar no planeta como um lar — a casinha com lareira e jardim — ou como uma terrível terra de exílio, na qual somos todos peregrinos". Deus deve preferir trabalhar com uma das mãos atada às costas, conclui ela.

Enquanto escrevia *Pilgrim*, Dillard perdeu um cunhado, que morreu de leucemia. Os testes positivos foram revelados um dia antes de seu casamento, e ele demorou mais três anos para morrer. Diante desta situação, Dillard diz: "Não podia escrever este pequeno livro sobre a natureza, nem uma nova versão da teoria do *design* inteligente. Tinha de escrevê-lo para pessoas que estavam morrendo e chorando — o que quer dizer todo mundo. As imagens de minha irmã e seu marido estavam ali, na mesma sala onde eu escrevia o livro. Como poderia falar de Deus a minha irmã, se ela não acreditava nele?"

Por isso, as cenas alegres de *Pilgrim* são entremeadas e, em alguns momentos, sufocadas por cenas de violência. Ela olha para um pequeno sapo verde flutuando na superfície da água até que, de repente, ele se transfigura diante dela, com seu crânio afundando em seu corpo "como uma tenda que é derrubada, com seu corpo encolhendo diante de meus olhos como uma bola de futebol que murcha". O vilão que ela vê é um enorme besouro que perfurou, envenenou e sugou o interior do sapo. Conforme ela percorre a trilha desgastada de Tinker Creek, pensamentos de seu cunhado se esvaindo em função da leucemia estão sempre próximos.

Depois de *Pilgrim at Tinker Creek* veio *Holy the Firm*. Dillard deu início ao projeto quando vivia numa ilha em Puget Sound, próximo de Seattle, trabalhando num quarto mobiliado com "uma enorme janela, um gato, uma aranha e uma pessoa". As pressões que se seguiram depois do enorme sucesso de *Pilgrim* estavam todas guardadas naquele cômodo solitário. "Eu estava horrivelmente constrangida", lembra-se ela. "Trabalhei dezesseis meses em tempo integral, oito horas por dia. Todas as vezes que ficava com medo de me aproximar daquela pilha de papéis, eu costumava ler as últimas páginas daquilo que havia escrito e nem eu conseguia entender o que estava ali. Lia umas oitocentas vezes, até entender aquilo suficientemente para poder extrair algumas palavras mais. No fim desse tempo, tinha 43 páginas. Estava ficando como Beckett: cada vez menos palavras, cada vez mais silêncio."

Holy the Firm registra a rotina diária de Dillard — ensinar, refletir, caminhar até a loja para comprar o vinho da Ceia — entremeada com especulação metafísica. Ela havia optado por escrever sobre aquilo que acontecesse em sua vida nos três dias seguintes. Qual seria a marca particular de santidade que cada dia trazia? Qual é o relacionamento entre tempo e eternidade, entre Deus e os eventos do dia a dia? No segundo dia, porém, um avião caiu, e Annie Dillaid viu-se obrigada a trilhar o mesmo caminho por onde havia seguido em *Pilgrim*. "Quando o avião caiu, pensei: *Oh, não, Deus está me fazendo escrever sobre esta droga de problema da dor outra vez!*. Achava que era muito jovem, que não sabia a resposta e não queria fazer aquilo. Porém, mais uma vez, tinha de fazê-lo."

Em uma cabana emprestada, sem eletricidade, aquecida pela madeira que cortara naquela manhã, ela escreveu sobre dor, a encarnação de Cristo, a natureza sacramental da existência, os supremos mistérios do universo. Como podemos, como ousamos amar um Deus que permite que uma criança morra grotescamente num acidente aéreo? Dillard escreveu em *Pilgrim*: "No Corão, Alá pergunta: 'O céu, a terra e tudo o que há neles acham que eu os criei *por brincadeira?*' É uma boa pergunta".

Quando conversei pessoalmente com Dillard sobre esses assuntos, discutimos a noção de C. S. Lewis de que não devemos ir à natureza para construir teologia, pois ela nos frustrará a todo instante. Devemos, sim, ir a ela quando já tivermos nossa teologia, para que a natureza possa preencher as palavras — admiração, glória, beleza, terror — com significado. "Gosto disto", disse ela. "Mas, como você sabe, sou uma crítica literária treinada, e trato o caos completo da natureza como se ela fosse o Livro de Deus. Para muitos dei meus leitores, este é o único Livro de Deus que eles lerão. Devo começar ali."

Minha primeira atração pelos textos de Dillard deu-se porque, nos tempos modernos, a natureza e o sobrenatural têm sido separados, e a autora busca, de alguma forma, costurá-los novamente. De maneira geral, a Igreja tem abandonado a natureza nas mãos dos físicos, geólogos e biólogos. Autores que falam sobre fé andam na ponta dos pés ao redor da Criação de Deus, desprezando-a como se fosse simples matéria, indigna da atenção dispensada à mente e ao espírito. Ao fazer isto, perdemos um dos textos principais de Deus. "Entre na matéria", disse Teillard de Chardin.[4] "Por meio de todas as coisas criadas, sem exceção, o divino nos vitupera, nos alcança e nos molda. Imaginamo-lo como distante e inacessível, ao passo que, na verdade, vivemos imersos em suas camadas mais ardentes."

Dillard reabre o texto como um manuscrito do espírito. Ela escreve sobre a natureza como uma obra de Deus, enquanto admite que a natureza nos dá sugestões confusas. "Encaminho, minha canoa para longe da borda do mistério, onde as palavras e a razão falham", diz ela. Sua visão traz à mente, mais uma vez, a própria abordagem de Deus no Livro de Jó. A um homem sofredor, carregado de perguntas existenciais urgentes, Deus responde com um atordoante discurso sobre o mundo natural. "Considere o avestruz", disse ele a Jó, "as cabras monteses dando à luz, o boi selvagem, os cavalos, os sublimes falcões, o hipopótamo e o crocodilo". Olhe para o texto; o que ele lhe diz? Assim como o sentido contido nele, requer fé: você precisa ter olhos para ver e ouvidos para ouvir. Nem mesmo Deus reduziu a mensagem da Criação. Ele simplesmente apontou para ela como um item de seu currículo.

Annie Dillard começa com as más notícias sobre o mundo porque naquele dia, diz ela, quando você for dar as boas notícias, elas terão um impacto mais convincente. O leitor precisa confiar que o escritor sabe até onde o leitor pode se irritar, mas, ainda assim, acreditar no que está escrito. Seu mais recente livro, *For the Time Being* (*Para o tempo presente*), *chuta o balde* mais uma vez. Ele relata quantos suicídios acontecem por dia e qual porcentagem da população é mentalmente retardada. Descreve defeitos de nascimento em minúcias clínicas e detalha técnicas de assassinato praticadas por tiranos por toda a História. Nota que existem nove galáxias para cada pessoa viva na terra.

Dá quase a mesma atenção aos segredos do pó, às ondas do mar e à vida do paleontólogo e teólogo católico Teillard de Chardin.

Viajando por um território desconhecido, localizado entre o ceticismo e a crença, Dillard volta constantemente à linguagem comum da natureza. Aponta de volta, para a prática hassídica[5] de um observador que "reverencia" a Criação ao reconhecer nela as "fagulhas divinas". Como uma artista, ela imagina um mundo que contenha muito mais do que se pode ver, um mundo sacramental. Enquanto teólogos debatem os milagres e o sobrenatural, ela se rende ao esplendor das coisas comuns.

"Não tenho problemas com milagres", diz Dillard. "Estou bem longe do agnosticismo, nem lembro mais onde foi parar uma série de coisas que costumavam ser um problema para mim. Mas esta não é a questão com a qual luto. Para mim, a verdadeira pergunta é: como podemos nos *lembrar* de Deus? Gosto daquela parte da Bíblia que traz os nomes dos reis sendo bons ou maus. De repente, aparece um como o rei Josias, que manda limpar o Templo e, sem querer, descobre a Lei. Isto acontece depois de muitas gerações de governantes e do tempo em que os israelitas seguiam a Deus durante o Êxodo. De alguma maneira, eles haviam se esquecido da coisa toda, peça por peça. Uma nação inteira simplesmente esqueceu-se de Deus. A oração que diz 'no decorrer deste dia, não me esquecerei de ti; não te esqueças tu de mim' é, às vezes, vista como uma espécie de piada cristã sem importância. Não creio que ela seja assim tão pouco importante. Acho que ela é muito profunda." Como membro da academia pós-moderna, ela percebe que, com a visão mundial que temos hoje, anos-luz à frente da dos *hasidim*, uma civilização inteira corre o risco de se esquecer de Deus.

Parte do apelo de Dillard reside em sua capacidade de enriquecer a fé de cristãos devotados, enquanto se mantém crível para os cultos que desprezam a religião. Nos Estados Unidos, os cristãos tendem a criar subculturas, lendo seus próprios livros, ouvindo sua própria música e educando seus filhos em suas próprias escolas. Pouca fertilização mútua ocorre entre a subcultura cristã e a cultura maior e secular. Por meio da combinação de uma dúvida teimosa com uma igualmente teimosa insistência na fé, Dillard serve como uma ponte entre dois mundos: o ambiente literário e os cristãos conservadores.

Ler alguns livros religiosos às vezes me lembra uma viagem através de um longo túnel sob uma montanha. Dentro do túnel, os faróis do carro proveem uma iluminação importantíssima. Sem eles, eu poderia bater nas paredes do túnel. Mas próximo à saída do túnel, um conjunto de luzes brilhantes parece engolfar as luzes dos meus faróis e os torna completamente desnecessários, de modo que, quando saio do túnel, uma placa dizendo "verifique seus faróis" me avisa que é hora de desligá-los. Em comparação com a luz do dia, eles são tão fracos que perco a noção de sua existência. Os livros cristãos geralmente são escritos a partir da pespectiva da luz do dia, exterior ao túnel. Cercado de luz, o autor se esquece da profunda escuridão do interior do túnel por onde muitos leitores caminham. Annie Dillard se lembra, e direciona seus faróis de maneira correta.

Ela escreve tendo em mente um agnóstico intelectual, esperando levá-lo a considerar "que os cristãos não são apenas pessoas estúpidas". Ela entende que uma de suas tarefas é "tentar mediar um pouco cristãos e humanistas — especialmente cristãos evangélicos e meus colegas da academia e os humanistas que acham que um cristão é um louco com um papel e uma arma na mão". De maneira quase singular, ela trata os evangélicos, até os fundamentalistas, com respeito e bondade. Enquanto lecionava na Faculdade Hollins, em Virgínia, no começo de sua carreira, ela passou bastante tempo lendo para os cegos da Faculdade Bíblica Shenandoah, onde aprendeu o lado mais compassivo do fundamentalismo. Atualmente ela é voluntária em um programa de alimentação de pessoas carentes.

"Sei o suficiente sobre Deus para querer adorá-lo a todo instante", escreveu Dillard em *Holy the Firm*. Ela nunca deixa de identificar-se abertamente como sendo cristã, apesar de confessar que as experiências com manifestações divinas sejam mais raras hoje em dia. Há poucos anos, ela tomou o passo público de se converter ao catolicismo romano. Como ela explicou ao *New York Times*, "o que gosto nos católicos é o jeito desarrumado deles. Você vai a uma igreja episcopal, e as pessoas são muito parecidas. Vai a uma igreja católica, e há pessoas de todas as cores e idades, bebês chorando. É uma vitrine de gente. E você diz: 'Olha eu aqui. Sou uma das pessoas que amam a Deus'".

Assim como a natureza tanto revela quanto esconde Deus, assim é a Igreja, e Dillard escreve cada vez mais diretamente sobre sua comunidade de fé. Ela comentou, numa reunião de artistas cristãos: "Sinto que fui colocada aqui na Terra para descrever os cultos das igrejas, e há alguma coisa intrinsecamente hilariante sobre eles. É comum eu quase morrer sufocada dentro de uma igreja, segurando o riso. Escrevi sobre isto em *Uma expedição ao polo*. O que há de tão engraçado nisto? É a distância entre o que estamos fazendo e o que estamos procurando fazer. O relacionamento entre a incongruência de quem somos e quem estamos tentando mover em nossas orações. Parece um quadro da dança do urso".

O ensaio a que ela se refere contém o seguinte lamento:

> Tenho frequentado a missa católica por quase um ano. Antes disso, a igreja mais à mão era a congregacional [...]. Semana após semana, fui tocada pelo estado lastimável da sacristia com piso de linóleo que nenhuma flor era capaz de saudar ou amenizar, pelo terrível canto que eu tanto amava, pelas entediantes leituras bíblicas, pela diluição vazia e demorada da liturgia, pela terrível falta de conteúdo do sermão e pela névoa da lúgubre insensatez que a tudo permeava, que existia ao lado e, provavelmente, causava a maravilha do fato de que nós vínhamos; nós voltávamos; aparecíamos semana após semana, passando por ali.
>
> Extraído de *Teaching a Stone to Talk*

Em Puget Sound, frequentava uma pequena igreja na qual ela normalmente era a única pessoa com menos de 60 anos, sentindo-se como numa viagem arqueológica pelo sul da Rússia Soviética. A Igreja católica mostrou-se mais inovadora. Em certa ocasião, os paroquianos participaram da missa ao som de músicas do filme *A noviça rebelde* ao piano. Dillard suspira, dizendo: ''Acho que preferiria submeter-me à famosa noite escura da alma a encontrar a noviça rebelde na igreja". Ela completa: "Dois mil anos se passaram, e ainda não resolvemos isto. Semana após semana, testemunhamos o mesmo milagre: Deus é tão poderoso que pode reprimir seu sorriso".

Alguns cristãos realmente não sabem o que fazer com Annie Dillard. Escrevendo livros de arte, e não de Teologia, ela usa linguagem indireta e dissimulação. "Se eu quisesse fazer uma afirmação teológica ou uma declaração daquilo que penso, teria contratado um *skywriter*",[6] diz ela. "Em vez disto, tento tirar de mim mesma arte — não que seja tão boa, mas porque, por sua própria natureza, ela não reduz tudo a um sistema fechado. Ela não é tão sufocante. As pessoas podem me perguntar o que acho sobre isto, e eu direi: 'Não sei; aqui estão 271 páginas, e você vai ter de ler todas elas'."

Soren Kierkegaard descrevia-se como um espião, um homem ímpio que fica de olho em vários personagens suspeitos, inclusive ele mesmo. A polícia, dizia ele, faz um bom uso de pessoas astutas que podem descobrir qualquer coisa, seguir uma pista e revelar segredos. Em certo sentido, todo escritor trabalha na espionagem, tomando notas, observando particularidades que todo mundo despreza, escarafunchando o mundo em busca de pistas. Para um escritor de assuntos de fé, trabalhar numa cultura secular complica muito esta tarefa. Escrever livros que aparecem em livrarias cristãs para serem lidos apenas por membros de igrejas exige pouca astúcia; escrever livros de fé para leitores que possuem apenas vestígios de órgãos sensoriais, isto sim, requer um tipo particular de perspicácia.

Annie Dillard nunca nega sua identidade, mas também não conta a história inteira. Ela conhece seu público e a si mesma. Lembrei-me da analogia que Kierkegaard fez de um espião não muito tempo atrás, quando encontrei um artigo que Dillard escreveu para o *The Yale Review*, nos idos de 1985. "Cantando com os fundamentalistas" recorda o tempo quando ela lecionou na universidade em Bellingham, Washington. Bem cedo, certa manhã, ela ouviu um canto e olhou por sua janela, vendo um grupo de alunos reunidos em volta de uma fonte.

> Sei quem são esses alunos: são os fundamentalistas. Este campus tem uma porção deles. De manhã, eles cantam na praça, e esta é sua única atividade perceptível. O que eles estão cantando? Seja o que for, quero me juntar a eles, pois adoro cantar. Não importa o assunto, pois quero estar ao lado deles, pois sou atraída pelo próprio absurdo de vê-los não se

> importando com o que as pessoas pensam. Meus colegas e alunos daqui, além de amigos de todo lugar, não gostam dos cristãos fundamentalistas e até os temem. É possível que você nunca se encontre com algum deles, mas certammte já ouviu falar sobre o que eles fazem. Guardam dinheiro, votam em bloco e elegem aqueles direitistas malucos. Fazem censura a livros, carregam armas. São contra o flúor na água potável e a Teoria da Evolução nas escolas. É bem possível que eles linchassem pessoas, se pudessem ficar impunes diante deste ato. Não estou certa de que meus amigos ajam corretamente. Deixo minha caneta de lado e uno-me aos meus colegas na praça.

No resto do artigo, Dillard relata o que aprendeu cantando com os fundamentalistas às 8h45 durante todas as manhãs da primavera. Ela estuda as revistas que esses alunos leem — *Christianity Today*, *Campus Life*, *Eternity* — e descreve aqueles que conhece. São alunos brilhantes, longe de serem ignorantes. Leem a Bíblia, assim como livros sobre teorias da Literatura. Alguns apoiam os democratas modernos; outros, os republicanos moderados. No meio do artigo, Dillard reproduz a letra das músicas que eles cantam, entre elas:

> Dai louvores ao Rei
> Cantando aleluia
> Ele é o Rei dos reis
>
> e
>
> Ele é a minha paz,
> Aquele que derrubou todos os muros [...]
> Lance sobre ele seus cuidados,
> Pois ele cuida de você
>
> e
>
> Seja glorificado, Senhor
> Em minha vida, em minha vida hoje

e

Fartar-me-ei da abundância de tua casa
Descansarei ao lado dos ribeiros da justiça
Tu és o meu Rei
Entrai por suas portas com ações de graças
e nos seus átrios, com hinos de louvor
Ele é o Rei do reis
Tu és o Senhor

Dillard revela por que gosta de cantar com os fundamentalistas por toda a primavera: "Eles vêm praticamente pela mesma razão que eu: dada um tem uma relação particular com o Senhor, e por causa disto é capaz de suportar um monte de coisas".

Mesmo para um espião, é uma enorme proeza trabalhar a letra de oito diferentes canções de louvor num jornal intelectual publicado pela Universidade Yale. "Quase desmaiei quando eles viram o trabalho", disse-me Dillard, mais tarde. "Na verdade, a cada dia estou me revelando um pouco mais."

A partir das cartas que recebo e dos comentários que ouço em festas e lançamentos de livros, chego à conclusão de que as pessoas têm uma visão romântica da vida de um escritor. Essas pessoas nunca estiveram ao lado de um escritor que fica parado quinze minutos diante de um dicionário de sinônimos em busca de uma única palavra. Devido ao próprio trabalho, os escritores levam uma vida solitária. Trabalhamos sozinhos, fugindo de qualquer distração, e criamos nossa própria realidade particular, explorando-a e domesticando-a até que chega o momento quando o editor começa a instigar outras pessoas a trabalhar conosco — momento em que, naturalmente, estamos felizes, construindo outra realidade falsa. Na maior parte das vezes, o mundo que criamos é muito mais interessante do que aquela triste realidade na qual vivemos.

Às vezes, tenho a impressão de que minha vida de escritor se sobressai a minha vida real. Fico pensando: *Se eu não escrevesse, será que eu chegaria mesmo a existir?*. Como posso saber o que penso ou sinto sem abrir meu computador e começar a escrever sobre aquilo? Lembro-me de um dia em que trabalhava em uma pequena história numa manhã bem cedo. Por três horas, esforcei-me para desenvolver personagens tridimensionais, tirando todos os clichês de seus diálogos. Iniciante na ficção, estava ficando com uma terrível dor de cabeça por causa do esforço. Naturalmente, usava isto como desculpa para parar de escrever, atravessar a rua e tomar um café. Imagine minha surpresa ao descobrir que todas as pessoas da cafeteria eram personagens bidimensionais, que falavam usando clichês! Nenhuma daquelas pessoas parecia-me tão interessante quanto as pessoas que povoavam minha história. Corri de volta para a segurança de minha falsa realidade que me esperava (e somente a mim) no meu escritório no porão.

Annie Dillard conhece essa síndrome muito bem. Ela prefere trabalhar em escritórios com paredes de concreto sem janelas — ambientes inertes a tal ponto que, como diz ela, mudar a cor da caneta torna-se uma experiência empolgante.

> Ninguém deveria se surpreender ao saber que a vida de um escritor — como é — é incolor a ponto da privação sensorial. Muitos escritores fazem pouco mais do que apenas sentar-se em pequenas salas, lembrando-se do mundo real. Isto explica por que tantos livros descrevem a infância do autor. Para muitos escritores, a infância pode muito bem ter sido a ocasião de suas únicas experiências inéditas. Os escritores leem biografias literárias e se cercam de outros escritores, deliberadamente forçando-se a aceitar a noção burlesca de que a opção racional de ocupar-se neste planeta até que o curso de sua vida chegue à totalidade é sentar-se numa sala pequena durante todo este tempo, na companhia de pedaços de papel.
>
> Extraído de *The Writing Life*

Dillard entende que aqueles de nós que escrevem sobre a vida ficam praticamente sem energia para viver a vida real. A verdade é que a maioria de nós não está bem equipada para viver, e genuinamente prefere sentar-se em salas pequenas na companhia de pedaços de papel.

Porém, nos primeiros anos de sua vida, ela repentinamente emergiu de sua sala para se ver diante de gravadores que começavam a funcionar tão logo ela abria sua boca, além de leitores do mundo inteiro pedindo seus conselhos. Para Dillard, ganhar o Prêmio Pulitzer mudou tudo da noite para o dia. "Eu estava na casa dos 20 anos e ganhei um Pulitzer. Isso não estava nos planos; eu não estava buscando algo assim, foi um acidente, uma dessas coisas que caem na sua cabeça. Fiquei terrivelmente sem graça, e me escondia o quanto possível." Enquanto ela procurava ser uma peregrina, o mundo continuava tentando transformá-la numa santa.

Toda aquela atenção era terrivelmente confusa para ela, no início. Recebia ofertas para dar seu aval a livros e produtos, escrever roteiros para Hollywood, criar balés e canções. Convites para falar e dar aulas entupiam sua caixa de correio. Durante algum tempo, ela conseguiu fugir, atravessando o país, quando se mudou da Virgínia para Puget Sound. Fez um voto que honra até hoje: fazer apenas duas palestras por ano. '"Será que Cristo teria ido à televisão?", perguntou Dillard, certa vez. Preteriu uma aparição no programa *Today*, mas concedeu uma entrevista aos jornalistas da imprensa escrita.

Entrevistas a angustiam, especialmente aquelas que tratam de sua vida pessoal. Quando um repórter do *New York Times* passou um fim de semana inteiro com Dillard em Connecticut, Annie ficou acordada metade da noite, chorando incontrolavelmente, perturbada com as perguntas que o entrevistador fizera sobre sua fé. Ainda assim, ela cooperou, como uma espécie de peregrina se submetendo a um martírio emocional.

É certo que os anos sob os holofotes cobraram um preço pessoal. Ela já se casou três vezes. Sua voz revela as várias décadas de fumante. Sua figura demonstra uma estranha fragilidade, sua fina sobrancelha, os cabelos ralos e sua pele muito clara apenas corroboram essa imagem. Dillard tem deixado transparecer suas lutas pessoais: com a fama, com as terríveis exigências da vida de escritora, com suas dúvidas e sua fé. Diante da incansável máquina de fazer celebridades dos Estados Unidos, um escritor sério tem poucas opções: pode se render, como Truman Capote, Norman Mailer e Gore Vidal, ou simplesmente desaparecer, como J. D. Salinger e Thomas Pynchon. Dillard optou por algo no meio do caminho. A palavra "peregrina", extraída do título de sua obra principal, nos dá uma pista de como ela se vê.

Meu último encontro com Dillard ocorreu numa conferência em Kansas, onde ela recebeu do Milton Center um prêmio de dez mil dólares pela qualidade na literatura cristã. Ela contou piadas, fez uma engenhosa brincadeira com a plateia e cativou sua atenção como se fosse uma humorista. Seus fãs, a maioria escritores iniciantes, beberam de todas as suas palavras. Hoje, na faixa dos 50 anos, com um corpo de obras bastante maduro em seu currículo, Dillard se tornou parte do grupo literário que um dia deu-lhe as boas-vindas como uma novata deslumbrante. Em alguns aspectos, ela cumpriu o prometido; em outros, como dizem os críticos, não. O que fazer para repetir o sucesso de um livro que alcança sucesso mundial?

Milhares de leitores escrevem para Dillard. Além do mais, *Pilgrim at Tinker Creek* surgiu numa época em que a espiritualidade não tinha espaço no campo literário e, neste deserto, *Pilgrim* destacava-se como um oásis para a alma. Ele fez para alguns leitores o que a literatura fantástica faz para outros: apresentou um mundo futuro de maneira convincente. Ainda que involuntariamente, Annie Dillard se tornou uma santa moderna, um ícone.

Uma universitária escreveu, perguntando: "O que é transcendência e como posso ter mais disto em meus textos?". Um sacerdote enviou a ela um envelope que, colocado contra a luz, revelava a silhueta de uma cruz. Quando abriu o envelope, "em vez de uma cruz, um Cristo agonizante caiu na palma de minha mão. Pulei para trás. Ele deve ter caído dessa cruz no correio". Freiras enviaram medalhas e pedaços do tecido do véu de Verônica.[7] Uma mulher, sentada ao lado do leito de morte de seu neto, pedia que Dillard respondesse: os Estados Unidos agiram certo ou errado quando lançaram a bomba atômica sobre Hiroshima? Um famoso artista perguntou: "Não quero atrapalhá-la, mas você poderia me dizer se Deus está olhando para sua Criação, decidindo quem vive e quem morre, ou já foi embora?". O filho do artista havia morrido enquanto velejava num pequeno barco.

Há alguma surpresa em vê-la se mudando para um lugar a quase cinco mil quilômetros de distância? Ela se mudou para o Estado de

Washington sem conhecer ninguém ali, e custou a acostumar-se. "As mulheres de lá tinham uma cultura com a qual não me acostumei. Usavam correntes, comiam coisas enlatadas e davam o peito a seus filhos. Eu achava que era uma espécie de *hippie*, até que saí. Lá fora, transformei-me, de repente, numa especialista em Literatura."

Ela sentiu muito mais do que uma ponta de culpa sobre o tipo de texto que produzia, o que, admitia ela, é "espantosamente isolado de questões políticas, sociais e econômicas". Quando uma pessoa escreve sobre fé religiosa, em especial, as complicações aparecem, pois escrever exige uma autoconsciência que destrói a sublime rendição de si mesmo que todo peregrino busca. Todo escritor que aborda a espiritualidade pode se identificar com a preocupação de Thomas Merton de que seus livros expressassem a vida espiritual de um modo tão confiante e firme quando, na verdade, ele era assolado por inseguranças, dúvidas e até mesmo terrores. Há lugar para um peregrino — simplesmente isto, um peregrino, não um especialista ou um santo?

Em *Holy the Firm*, Dillard até mesmo insere uma retratação: "Não vivo bem. Apenas aponto para a visão". Certa vez, ela me explicou que "pessoas santas me pedem para falar em seus mosteiros e respondo que não, pedindo que elas mantenham sua visão. Em *O mágico de Oz*, existe uma enorme máquina, e, por trás da cortina, um homem baixinho gira uma manivela e aperta botões. Quando o cachorro puxa a cortina e expõe o pequeno homem, a máquina diz: 'Não preste atenção no homem por trás da cortina! Olhe para o *show* de luzes!'. Por isso, peço aos monges que mantenham sua visão de poder, santidade e pureza. Todos nós temos vislumbres dessa visão, mas a verdade é que ninguém jamais a viveu".

Há cerca de vinte anos, disse que oraria por ela uma vez por semana porque imaginava o tipo de pressão que ela enfrentaria. "Ninguém jamais disse que oraria por mim", disse-me ela, recentemente. "Por conseguinte, senti-me obrigada a ser digna de suas orações por mim, para continuar sendo uma escritora cristã, fazendo isto da melhor maneira que eu pudesse."

Quando um escritor alcançava sucesso inesperado e escrevia para Dillard pedindo conselhos, sua resposta era: "Tenho uma mensagem urgente para você: *todo mundo* se sente como se fosse uma fraude [...]. Separe você de seu trabalho. Um livro que você escreve não é você, assim como uma cadeira que você constrói ou uma sopa que prepara também não é você. É apenas uma coisa que você fez em determinado momento. Se quiser fazer outra coisa, ela será apenas mais um fato, mais uma oferta da viúva, outra pequena dádiva que Deus vê como o melhor que nós, humanos, podemos fazer — e pela qual somos antecipadamente perdoados".

A própria obra de Dillard contém seu conselho. Na alquimia das palavras escritas, as lutas de uma peregrina fiel têm se transformado numa fonte de conforto para outras pessoas, e suas dúvidas fortalecem a fé de outros. Como escritor, também consciente de meus próprios fracassos na vida, essa misteriosa alquimia oferece-me esperança. "O que é um poeta?", perguntou Kierkegaard. "Um poeta é um ser infeliz cujo coração está partido por sofrimentos secretos, mas cujos lábios foram tão estranhamente formados que, quando um suspiro ou um lamento escapa deles, soam como uma bela música."

Annie Dillard para iniciantes

Pilgrim at Tinker Creek, um dos livros mais recentes de Annie Dillard, ainda oferece a melhor apresentação de seu estilo e pensamento. Como escritora, ela está disposta a experimentar praticamente tudo. *The Writing Life e Living by Fiction* oferecem um rico material para aqueles que estão interessados na confecção de textos. *An American Childhood* satisfaz os leitores interessados na vida da própria Annie Dillard. Ela também publicou um longo romance intitulado *The Living*, que recebeu críticas diferenciadas, além de vários volumes de poesia. *The Annie Dillard Reader* reúne excertos de várias obras — uma amostragem escolhida pela própria autora, na qual leitores dedicados poderão beber em suas fontes originais.

Capítulo onze

O movimento das asas

Frederick Buechner

Lembro-me do primeiro dia em que peguei um livro de Frederick Buechner. Ele veio em um monte de livros que recebi de presente de um amigo, e o escolhi dentre os outros especialmente por sua brevidade (pouco menos de 100 páginas). Era um livro que, entre outras coisas, continha sermões que Buechner havia pregado. Estes, porém, tinham muita semelhança com um sermão comum, como os sermões que representavam o Natal nas peças de Shakespeare.

> Nos bancos da frente, as senhoras de idade ligam seus aparelhos de surdez e uma jovem senhora entrega à filha de 6 anos um livro e um marcador. Um calouro universitário, em casa devido às férias e levado ali à força, está inclinado para a frente, com a mão no queixo. O vice-presidente de uma empresa que, naquela semana, havia pensado seriamente em suicídio por duas vezes, coloca o hinário no encosto do banco da frente. Uma garota grávida sente a vida se mexendo dentro dela. Um professor de Matemática do segundo grau que, por vinte anos, conseguiu manter sua homossexualidade oculta para a maioria das pessoas, inclusive ele mesmo, dobra o programa do culto ao meio com seu polegar e o coloca embaixo da perna [...]. O pregador puxa a pequena corda que acende a luminária do púlpito e revira as notas feitas em cartões, como se fosse um jogador de cassino. As apostas nunca foram tão altas.

O livro se parece mais com um romance do que com um sermão, o que faz sentido, pois, como eu viria a descobrir, Buechner era romancista muito antes de se tornar pregador. Independentemente do assunto que abordasse, ele fazia uso das técnicas da ficção: detalhes sensoriais, uma história intrigante, a tensão característica do suspense. Em meu primeiro encontro, porém, prestei pouca atenção na técnica da prosa, sendo, sim, cativado pela forma completamente nova de contar aquela velha história. Aquele fino livro, chamado *Telling the Truth*, tinha como subtítulo *The Gospel as Tragedy, Comedy and Fairy Tale* [O evangelho como tragédia, comédia e conto de fadas], e se dividia em três partes, nas quais Buechner recapitulava toda a história do Natal. Ele cita *Rei Lear* e *O mágico de Oz* com a mesma frequência que se refere a Isaías e Mateus, e, por alguma razão, achei que isto fazia o evangelho ainda mais crível.

Walker Percy costumava dizer que a boa ficção nos conta aquilo que sabemos sem saber que sabemos. A boa Teologia faz a mesma coisa. Frederick Buechner lembrava-me que o evangelho não é uma camada colocada sobre a vida, mas, ao contrário, um resumo de tudo que é mais verdadeiro sobre ela. A vida é tão trágica quanto os últimos e tristes dias do rei Lear e de Jesus; tão engraçada quanto um tatu ou a gravidez de uma senhora judia de idade avançada chamada Sara. Se a história de Jesus contém alguma promessa, a vida também é um conto de fadas, uma história com um final bom demais para ser verdade, uma "brisa de alegria que sopra para além dos muros do mundo, mais pungente que o pesar".

Buechner tornou-se para mim um mentor na redescoberta de um evangelho com o qual eu era familiar desde pequeno. Ao contrário de mim, ele não precisou reaprender aquilo que havia aprendido na igreja, uma vez que nunca aprendeu muito ali. Sua peregrinação foi iniciada voluntariamente, já como adulto, uma jornada perigosa e arriscada, muito diferente de um passeio em grupo com um itinerário predeterminado. O resultado é que ele faz os fatos básicos do evangelho brilharem como se tivessem sido descobertos recentemente, em um jarro de cerâmica no Oriente Médio. A fé cristã o atinge como boas novas porque apresenta a verdade do mundo do modo como ele tem experimentado, transformando em palavras as coisas mais profundas que ele sente enquanto vive neste planeta.

Buechner diz que um pastor tem duas histórias para contar: a história de Jesus e a do próprio pastor. No caso de Buechner, a própria história do pastor ilumina o modo como ele conta a outra, pois alguns eventos importantes de sua vida fornecem a iluminação necessária para virtualmente tudo o que ele tem escrito. Aos 10 anos, Fred e seu irmão mais novo, Jamie, assistiram da janela de seu quarto, no andar superior, a sua mãe e sua avó, descalças e com suas roupas de dormir, tentarem reanimar o corpo inerte de um homem vestido com calças cinza e suéter castanho, estirado com o rosto para cima na calçada. Era o pai dos garotos, morto por envenenamento com dióxido de carbono, proveniente de um carro ligado em uma garagem fechada. Poucos anos depois, o irmão mais novo de seu pai — portanto, tio de Fred — também deu fim a sua própria vida.

Em suas próprias palavras, Fred era "uma criança louca por livros, com olhar introspectivo e amante da chuva". As mortes de seu pai e de seu tio despertaram nele uma consciência de sua própria mortalidade que nunca mais o abandonou. Durante algum tempo, ficou pensando se a família não era afetada por uma espécie de gene do suicídio. Enquanto crescia, as tragédias da família também ajudaram a convencê-lo de que a maioria de nós é moldada menos pelas forças globais descritas todas as noites nos programas jornalísticos da televisão do que pelas forças íntimas da família, dos amigos e dos segredos compartilhados. Como todo bom romancista, aprendeu que o comportamento humano não pode ser explicado ou predito, somente observado.

Um tipo bastante diferente de ruptura aconteceu quando ele chegou aos 27 anos. Com dois romances no currículo, sendo um deles, *A Long Day's Dying*, grandemente aclamado pelos críticos, Buechner mudou-se para a cidade de Nova York para se lançar numa empreitada de escritor em tempo integral. Ele se viu num bloqueio de criação, incapaz de escrever qualquer coisa. Foi ficando deprimido e começou a pensar em outra carreira — na propaganda, talvez, ou então trabalhando para a CIA. Decidiu fazer algo incomum. Simplesmente pelo fato de o imponente prédio da Igreja Presbiteriana da Avenida Madison ficar a apenas um quarteirão de seu apartamento, Buechner começou a frequentar aquela igreja, conduzida pelo célebre pregador George

Buttrick. Em 1953, na época da coroação da rainha Elizabeth II da Inglaterra, Buechner ouviu um sermão que mudaria sua vida. Buttrick estava contrastando a coroação de Elizabeth com a coroação de Jesus no coração do cristão, o que, como disse o pregador, deveria acontecer em meio à confissão e às lágrimas. Até aí, tudo bem.

> Então, com sua cabeça se mexendo para cima e para baixo, de modo que seus óculos brilhavam com o reflexo das luzes, com sua voz singular e triste, como a de uma enfermeira idosa, ele falou que a coroação de Jesus havia ocorrido em meio à confissão e às lágrimas. Logo, com Deus como minha testemunha, um grande riso surgiu, por razões que nunca entendi completamente. A Grande Muralha da China ruiu e Atlântida surgiu do mar. Ali, na Avenida Madison, esquina com a rua 73, as lágrimas escorreram de meus olhos como se eu tivesse sido golpeado na face.
>
> Extraído de *The Alphabet of Grace*

Uma semana depois, o jovem romancista estava perguntando a Buttrick que seminário ele deveria frequentar. Buttrick o levou ao Union Theological Seminary, onde, no outono seguinte, Buechner se matriculou como aluno para aprender com Reinhold Niebuhr, James Muilenburg e Paul Tillich, vindo a ser ordenado, mais tarde, ministro presbiteriano. Sua família e seus colegas chamaram-no tolo por estar abdicando de uma promissora carreira de escritor. "Freddy, você tomou esta decisão por si ou alguém o induziu a fazer isto?", perguntou a mãe, condescendente, durante um coquetel.

Há momentos em que Buechner ainda é tentado a interpretar sua experiência de conversão em termos freudianos, como uma busca por um pai ausente, ou sob a ótica do existencialismo, como uma reação do tipo "salto de fé" diante da ansiedade de um fracasso na carreira. Ele resiste à tentação, vendo, de outro lado, como um antigo exemplo da "velha e louca graça" que brota de tempos em tempos "por meio das falhas e fissuras das ásperas pedras da vida".

Muitos escritores modernos procuram medir o desespero de um mundo em que Deus está praticamente ausente, mas poucos tentam lidar com a realidade do verdadeiro significado da *presença* de Deus. Buechner nunca se esqueceu de que Cristo foi coroado num espírito de alegria. Ele escreve sobre um reino mágico, sobre um fim de nossa exaustiva jornada, de um lar que vai saciar a falta que sentimos tanto em nossos dias. Como pregador e escritor, ele tenta despertar novamente a criança que existe nas pessoas: aquela que acredita inocentemente, que ao menos sai para ver o lugar mágico, que não tem vergonha de não saber as respostas porque não se espera que realmente saiba. Dada minha melancolia, minha obsessão pelo problema da dor e por minha infância emocionalmente truncada, foi uma mensagem que soprou vida em mim.

"Tenho sido poupado do olhar profundo e visceral do abismo", diz Buechner. "Talvez seja verdade que Deus reserva seu profundo silêncio para seus santos, e, se é assim, eu não mereço tal silêncio. Tenho dúvidas intelectuais, é claro. Mas, como disse John Updike, se Deus não existe, então o universo é um *show* de aberrações. Eu não o vejo assim. Embora eu não tenha a visão maléfica nem a beatífica, ouço o som de asas batendo no palco."

Encontrei-me pela primeira vez com Buechner em 1979, quando ele decidiu doar sua correspondência e seus originais para a Faculdade Wheaton para que eles repousassem ao lado dos textos de C. S. Lewis, G. K. Chesterton, Charles Williams, J. R. R. Tolkien e Dorothy L. Sayers. Buechner não conhecia praticamente nada daquela entidade — durante nossos contatos telefônicos, ele dizia "Faculdade Wheatland" — mas a escola que cursou (Princeton) mostrou pouco interesse, ao passo que as pessoas da Coleção Wade foram solícitas e carinhosas. Depois de visitar a escola e o *campus* de Wheaton, perguntei o que ele achava de sua decisão. "Bem, parece um bom lugar para meus originais se desfazerem", comentou. "Um lugar seguro, em que eles, pelo menos, vão estar em boa companhia."

Ele voltou ao *campus* várias vezes nos anos seguintes, como professor visitante. Pela primeira vez, estava sendo exposto de maneira regular a cristãos evangélicos, um tipo de pessoas com as quais ele nunca havia se encontrado antes. Ele me disse, depois, que alguns o faziam lembrar um grupo de turistas americanos na Europa que, sem conhecer a língua de seus interlocutores, simplesmente falam mais alto. Tais cristãos falavam de maneira confiante sobre assuntos que Buechner imaginava estarem cercados de mistérios. Essa firmeza tanto o fascinava quanto o perturbava. "Estava pasmo, por ouvir os alunos mudarem rapidamente de uma conversa sobre o tempo para uma discussão sobre o que Deus estava fazendo em suas vidas. Eles falavam de 'diários de oração' e usavam frases como 'Deus me disse que...' Se alguém dissesse alguma coisa assim em qualquer parte do meu mundo, é bem provável que o teto caísse, que a casa pegasse fogo e os olhos das pessoas revirassem."

Buechner contrasta o ambiente com aquilo que ele descobriu como orador convidado em lugares como a Harvard Divinity School. "Ali você encontra alunos militantes homossexuais ou ateus orgulhos, e alguns que são bruxos fora da capela. Certa vez, iniciei uma aula sobre pregação fazendo uma oração simples, e os alunos ficaram chocados. Obviamente, ninguém ora na Harvard Divinity School."

Embora tenha aprendido a apreciar o fervor dos evangélicos, Buechner fala de sua fé em tons mais brandos. Ele verdadeiramente crê que Deus está vivo e presente no mundo, mas não é surpresa para ele que Deus nos dê somente "alguns vislumbres temporários do mistério de tal profundidade, poder e beleza, pois, se o víssemos frente a frente ou de qualquer outra maneira que não fosse por meio de vislumbres, seríamos aniquilados".

Há duas maneiras de entender como Deus interage com a História. O modelo tradicional nos mostra um Deus que vive lá no céu e que periodicamente envia um trovão como intervenção: o chamado de Moisés diante da sarça ardente, as dez pragas, os profetas, o nascimento de Jesus. A Bíblia realmente retrata esse tipo de intervenção, embora elas sejam acompanhadas de anos de espera e de dúvidas. O outro modelo mostra Deus embaixo da História, sustentando-a continuamente, e eventualmente rompendo a superfície com um ato visível que emerge de maneira visível, como a ponta de um *iceberg*. Qualquer um é capaz de notar essa dramática erupção — o Faraó do Egito certamente não teve nenhum problema em notar cada uma das dez pragas — mas a vida de fé também envolve uma busca abaixo da superfície, com um ouvido afinado para perceber os rumores da transcendência.

Buechner costuma falar desta busca pela presença subterrânea da graça no mundo. Ele escreve sobre um momento de ansiedade no aeroporto (ele luta contra o medo de avião) quando repentinamente nota um prendedor de gravata com suas iniciais gravadas: C. F. B. Também fala de um bom amigo que morre durante o sono e visita Buechner num sonho, deixando atrás de si um fio de lã azul de seu suéter que Buechner acha sobre seu carpete no dia seguinte. Ou então, de um momento em que está sentado à beira do caminho e vê um carro passando pela rua com uma placa na qual se lê: "Confie".

Buechner admite que cada uma dessas ocorrências permite uma interpretação mais abreviada. Talvez não tenha acontecido nada além de um gato brincando com um novelo de lã, ou que um passageiro tenha esquecido o prendedor de gravata no balcão ou que um funcionário de uma empresa de segurança tenha passado com seu carro por aquela rua. Contudo, Buechner prefere ver nessas ocorrências — ou erupções — uma notável providência. Com relação ao carro, por exemplo: "De todas as palavras possíveis, "confie" era a que eu mais precisava ouvir. Foi um acaso, mas também uma epifania[1] — uma revelação — dizendo-me: 'Creia em seus filhos, creia em você mesmo, creia em Deus, simplesmente creia'".

É assim, de maneiras ambíguas, difíceis de compreender e sujeitas a diferentes interpretações, que Deus molda nossa vida. Para Buechner, tais eventos aleatórios apresentam um tipo de jogo pascaliano:[2] pode-se tanto apostar num Deus que dá à vida o mistério e o sentido ou então concluir que o que acontece acontece e pronto, sem qualquer outro significado. Seja como for, a evidência continua fragmentária e inconclusiva, exigindo fé. Onde não houver espaço para a dúvida, também não haverá espaço para a fé.

> Fé é nostalgia. É um nó na garganta. A fé é mais um passo adiante do que uma posição, mais um pressentimento do que uma certeza. A fé é espera. Ela está caminhando no tempo e no espaço.
>
> Portanto, se alguém se achega a mim e me pede (o que acontece com frequência) para falar sobre minha fé, é exatamente sobre essa jornada no tempo e no espaço que falo. Os altos e baixos das lágrimas, os

> sonhos, os momentos particulares, as intuições. Falo sobre a sensação ocasional que tenho de que a vida não é uma sequência de eventos que gera outros eventos tão a esmo, quanto uma tacada no jogo de bilhar faz que as bolas se afastem em diferentes direções, mas que a vida tem um roteiro, assim como num romance — aqueles eventos que, de algum modo, nos levam a algum lugar.
>
> Extraído de *Going on Faith*

Encontro conforto nos textos de Buechner porque, para mim, a fé também é um jogo pascaliano. Embora passe a vida à busca de Deus, com frequência sinto que Deus está na próxima curva do caminho, ali atrás da próxima árvore na floresta. Continuo andando porque gosto de onde a jornada me levou até agora, pois outros caminhos parecem ainda mais problemáticos do que o meu próprio e porque anseio pela conclusão do plano. Conheço pouco das tragédias da vida. Provei de sua comédia. Continuo andando porque creio no conto de fadas de que um Deus forte e sábio o suficiente para criar um mundo marcado por tal beleza e bondade será fiel em restaurar sua aparência original. Com Buechner, eu coloco minhas fichas na firme promessa de Deus de que, no final, tudo sairá bem.

Durante uma das visitas de Buechner a Wheaton, conversei com ele sobre uma possível ida a minha igreja no centro de Chicago. Fiquei cada vez mais ansioso à medida que o dia se aproximava. Nossos cultos eram planejados por uma comissão de leigos, com o estilo musical variando de música *gospel* negra, violino clássico e uma barulhenta banda de *rock* — ou talvez os três no mesmo culto. As leituras bíblicas geralmente eram feitas em linguagem contemporânea, com orações pelos desabrigados e as escolas de Chicago entremeadas com textos elaborados do Livro de Oração Comunitária. Era comum vermos moradores de rua nos cultos, e devido ao conforto que encontravam dentro do templo, aproveitavam para se esticar nos bancos e tirar um cochilo. Duvido que a comunidade de Buechner, na área rural de Vermont, oferecesse qualquer coisa semelhante a essa nossa cena urbana.

Certamente, o comitê de adoração se superou na honra a Buechner. Novas faixas pendiam do teto. Uma mulher gorda e vestida informalmente nos conduziu em animadas leituras, orações e cânticos. Durante a música do ofertório, uma jovem esguia vestida de *chiffon* apresentou uma dança sacra. Depois de ver tudo isso a partir da cadeira do púlpito, do mesmo modo que um turista assistiria a um ritual num templo hindu, Buechner se levantou e pregou um eloquente sermão. Mais tarde, Buechner tinha dois comentários a fazer. Sobre a mulher que liderou a adoração, ele disse: "Como alguém pode se deixar engordar daquele jeito?". Sobre a dança, suas palavras foram: "Sei que aquilo deveria incrementar minha adoração. Porém, passei a maior parte do tempo pensando se ela usava alguma roupa por baixo daquilo". Daquele momento em diante, passei a gostar ainda mais da figura, o único a se sentir livre para dizer o que todo o mundo estava pensando.

Não demorei muito a descobrir que Buechner tinha opiniões firmes sobre quase tudo — política, filmes, outros escritores, sua própria profissão como pastor e escritor — e as proclamava sem qualquer impedimento. "Estou cheio dessa linguagem religiosa", disse ele, certa vez, a um repórter. ''Agora mesmo estou cansado desses sermões." Pelo fato de ele continuar pregando, apesar de sua indisposição, procurava novos meios de levar sua mensagem. Buscou ajuda em Dostoievski e Henry James, assim como em Jacó e Paulo. Mais importante que tudo, ele se prendia a uma lição aprendida na criação de textos ficcionais: nada afasta mais rapidamente o público do que o menor vestígio de falsidade e falta de realismo. Ele precisava falar ou escrever sobre a fé com total honestidade.

Criado num lar não cristão, Buechner foi batizado "mais por achar que aquilo era algo que se fazia naturalmente, como tomar vacinas ou ir à escola, do que por um sentido religioso". O batismo teve um efeito paradoxal, vacinando-o contra um cristianismo de símbolos e sem substância, contra o aconchegante visual dos vitrais e estátuas, contra os adornos sem razão, contra a repetição de palavras antiquadas que há muito não faziam mais sentido. Quando finalmente alcançou sua fé pessoal, precisou encontrar um novo vocabulário por meio do qual pudesse expressá-la.

Esse estilo cheio de frescor tempera os textos de Buechner. Quando escreve sobre personagens bíblicos ou Teologia Abstrata, ele luta para evitar o bolor e o excesso de piedade. É preciso escolher uma imagem brilhante, uma mudança de palavras ou uma frase que fique no ar para que o leitor pare e preste atenção. Alguns exemplos:

- Um cristão é alguém que está no caminho, embora não seja necessário que tenha ido muito longe, e que tenha pelo menos uma vaga ideia de a quem ele deve agradecer.
- A luxúria é o clamor por sal vindo de alguém que está morrendo de sede.
- Deus não explica. Ele explode. Ele pergunta a Jó quem ele pensa que é. Diz que tentar explicar o tipo de coisas que Jó quer ver explicadas é como tentar ensinar Einstein a uma ostra.
- E quem poderia reconhecer o Rei daquele reino? Ele não tem formosura nem beleza. Suas roupas são aquelas que encontramos num brechó. Não faz a barba há semanas. Cheira a mortalidade. Temos romantizado tanto seu estado deplorável que a única coisa que conseguimos captar são ecos da maneira como ele escandalizou seu tempo, de como os discípulos de João Batista estavam horrorizados quando perguntaram: "É *você* aquele que deveria vir?"; ou na pergunta de Pilatos: "*Você* é o Rei dos judeus?", numa roupa larga, de boca aberta, ou no humor negro da placa pregada sobre sua cabeça, escrita em três idiomas para que ninguém dissesse que não entendeu.

O romancista Buechner tem criado, em muitos aspectos, um novo gênero com seus textos de não ficção. Com algumas exceções, os textos não ficcionais escritos por cristãos tendem a cair em algumas poucas categorias muito bem definidas. Literatura persuasiva, como sermões, exortações, estudos ou apologética racional, é um gênero muito bem explorado pelos estimados amigos de Buechner presentes na Coleção Wade na Wheaton. Outros escrevem biografias ou testemunhos pessoais, sempre tocantes, mas com o inconveniente de um fim previsível: o pecador é salvo. O estilo único de Buechner combina as habilidades aprendidas como romancista com a disciplina cristã da reflexão interior.

Um romance e uma vida de fé — a conclusão de Buechner é que os dois têm muito em comum. Tanto a fé quanto a ficção baseiam-se no concreto e no particular muito mais do que no abstrato e no cerebral; ambas lidam com aparentes contradições e envolvem um processo sustentado de reordenação desses particulares e contradições em algum tipo de padrão de significado. Encontrar a voz adequada leva algum tempo. Mesmo depois dessa ordenação, Buechner achou difícil escrever sobre sua fé pessoal. Criado num lar não cristão, numa parte do país não afeita à religião, ele se sentia reticente e sem jeito, como se a fé precisasse permanecer trancada numa sala como um daqueles segredos de família que ninguém menciona em público. A mudança aconteceu, convenientemente, a partir de uma estranha coincidência.

Buechner estava passando por momentos difíceis, algo muito próximo de um colapso nervoso. Ele acabara de se mudar para uma fazenda isolada em Vermont, deixando um ótimo cargo de diretor de escola particular para ser um escritor de tempo integral. Não demorou muito e ele se viu num beco sem saída, olhando para paredes nuas todos os dias. A inspiração não vinha como ele havia imaginado. Tudo aquilo que escrevia o deixava tão deprimido que ele não conseguia continuar. Então, chegou uma carta de Harvard, convidando-o a participar da série de conferências Noble sobre Teologia. A sugestão do capelão era que Buechner falasse alguma coisa sobre "religIão e as letras".

Sem dúvida, o sentido que o capelão quis dar à palavra "letras" era "literatura" ou "aprendizado". Enquanto lia a carta, porém, Buechner viu a palavra em seu sentido mais básico e literal: as letras do alfabeto, os blocos básicos de construção de qualquer língua. Quanto mais pensava naquilo, mais via que a fé consistia na utilização, por parte de Deus, dos eventos mais corriqueiros do nosso modo de vida como um tipo de alfabeto, os fragmentos de uma linguagem que, se fossem ouvidos de maneira adequada, poderiam servir de revelação do próprio Deus a nós. Seu olhar voltou-se para dentro. Daquela inspiração surgiu *The Alphabet of Grace*, uma adaptação das Conferências Noble nas quais Buechner trabalha passo a passo os fragmentos de um dia: fazer a barba, trocar de roupa, olhar no espelho, tomar café, trocar as crianças, fugir das desculpas para não escrever, almoçar com um amigo, assistir ao noticiário, ficar com sono, apagar as luzes de um dia.

Buechner havia, pelo menos, encontrado uma voz para sua não ficção. Ele não precisava ser um teólogo como seus mestres do seminário. Não precisava ser um pregador de sermões. Poderia simplesmente criar histórias a partir de sua própria vida, como ele já havia feito em suas obras de ficção. Começou a produzir suas próprias "letras" de fé, mais sutis e tranquilas (*The Alphabet of Grace, Telling the Truth, A Room Called Remember*), bem como uma série de biografias. Às vezes ele experimentava outras formas, como os sermões reunidos nos "livros teológicos ABC" (*Peculiar Treasures, Wishful Thinking, Whistling in the Dark*). Todos eles trazem a voz pessoal, sua busca deliberada pela mensagem de Deus no substrato subterrâneo. Tal qual as ondas, ele volta repetidas vezes ao mesmo espaço de areia para procurar tesouros escondidos.

''A Literatura trabalha com o comum", disse James Joyce. "O incomum e o extraordinário pertencem ao jornalismo." A partir dessa definição, o trabalho de Buechner se encaixa na categoria Literatura. Annie Dillard escolheu a natureza como seu texto; Buechner escolheu sua própria vida. Para ele, escrever é uma forma de autodescobrimento, uma "lembrança consciente", como ele mesmo disse certa vez. Ele não escreve sobre o lraque, a China ou a crise do pós-modernismo, preferindo abordar uma leve lembrança de sua avó Naya, ou um velho moinho na estrada, ou os galhos de duas macieiras que se entrelaçavam no quintal de sua casa.

Sua abordagem remete à Idade Média, aos místicos que se sentavam em suas salas o dia todo, fazendo uma análise introspectiva e explorando as profundezas da alma. Buechner ao menos caminha ao ar livre, conversa com pessoas, tem uma família para se preocupar e viaja ocasionalmente. A partir dessa matéria-prima, ele forja biografias em processo. O leitor não tem ideia de até onde as palavras estão indo, e, às vezes, tem a impressão de que o próprio Buechner também não sabe. Ele assume o papel de um observador discreto que aparece no mundo — em alguns momentos, estupefato; em outros, desnorteado e sempre surpreso — em vez de um contra-regra que manipula objetos para que se encaixem em seu ponto de vista.

É esse mesmo estilo de observador silencioso que Buechner afirma que dirige sua ficção. "'Aquietai-vos e sabei que eu sou Deus' é o conselho do salmista, e sempre achei que este é um bom conselho para a Literatura também. Aquiete-se do mesmo modo que Tolstoi se aquieta, ou como Anthony Trollope se aquieta, de modo que seus personagens possam falar por si e ganhem vida em sua própria maneira imortal. Se você é um escritor como eu, dá menos importância a tentar impor uma forma no caos do que ver qual é o formato que emerge dele, que está oculto dentro dele. Se personagens menores mostram sinais de se tornarem personagens principais, você pode, pelo menos, dar uma chance a eles, pois no mundo da ficção você pode precisar de algumas páginas para descobrir quem realmente são os verdadeiros personagens. É como na vida real. Pode ser que você leve alguns anos para descobrir que aquele estranho com quem conversou por meia hora numa estação de trem fez muito mais ao apontar a direção correta do que seus amigos mais próximos ou seu terapeuta."

Em seu livro recente, *The Longing for Home*, Buechner apresenta um contraste entre as notícias do dia, apresentadas todas as noites na televisão — guerras, eleições, desastres naturais — e as notícias do dia que surgem em nossos mundos privados. Algumas das coisas que acontecem ali são tão pequenas que mal percebemos, mas elas ajudam a compor a história diária daquilo que somos. ''Aquelas notícias são as notícias daquilo que estamos nos tornando ou do que não estamos nos tornando", diz, o que pode ser a notícia mais importante do dia.

Na mesma linha de pensamento, Buechner acredita que, se Deus fala a este mundo, ele o faz as nossas vidas pessoais diárias. Na busca por Deus, muitas pessoas tendem a procurar pelo miraculoso e o sobrenatural. Em vez disso, deveríamos prestar atenção no comum: despertar, dormir e, acima de tudo, sonhar; aquilo que lembramos e do que esquecemos, o que nos faz sorrir e chorar, o que nos alegra e o que nos deprime. Deus fala por intermédio dos eventos mais comuns do dia, e por meio de seus textos, Buechner nos ensina como ouvi-los.

Buechner recomenda que façamos a revisão dessas notícias mais íntimas durante aquele intervalo noturno entre o apagar das luzes e o sono. É nesse momento que os acontecimentos do dia — uma carta não respondida, uma conversa telefônica, um tom de voz, um encontro casual, um nó na garganta — começam a fazer sentido, mostrando o que há embaixo da superfície.

> Se me pedisse para dizer em poucas palavras a essência de tudo que estava tentando dizer, tanto como romancista quanto como pregador, seria algo assim: ouça sua vida. Veja-a como o insondável mistério que ela é. Nos aborrecimentos e na dor, assim como na alegria e na felicidade. Toque, sinta, prove seu caminho para seu santo e oculto coração, porque, em última análise, todos os momentos são importantes, e a própria vida é graça.
>
> Extraído de *Now and Then*

A própria visão de Buechner levou-me a atravessar o país inteiro. Vivi muito feliz por treze anos no centro de Chicago, um lugar vivo e desprezado. Fui a concertos, cinemas e peças de teatro, podia escolher entre uma dúzia de restaurantes étnicos distantes poucos metros de minha casa. Escrevi em cafeterias e nos bancos do Parque Lincoln. Conhecia os vizinhos, os donos de lojas e até mesmo os mendigos. A vida era rica — tão rica, na verdade, que suprimiu qualquer voz interior. Na cacofonia dos alarmes de carros, das buzinas dos ônibus e dos fãs bêbados do Cubs, o time de beisebol, não consegui mais ouvir a minha vida no sentido que Buechner defende. Chicago deu-me muitos assuntos sobre os quais escrever — só precisava caminhar um pouco para encontrar o mendigo que se autointitulava Tut-Uncommon (uma brincadeira com o nome do faraó Tutancamon) e ver a dona da loja que ficava no fim da rua, a qual, como descobri mais tarde, era a famosa Rosa de Tóquio[3] — mas as histórias eram sempre as de outras pessoas, nunca as minhas.

Mudei para o Colorado para, como Buechner sugeriu, explorar a vida comum que se oculta dentro de cada um de nós. Entre o tédio e a dor, reside o mistério e a graça que precisam ser garimpados. Quero descobrir minha própria voz, olhar para dentro, em vez de para fora, e para fazer isto preciso de um ambiente mais propício, um lugar de quietude e solidão.

Nos dias normais de hoje, vejo mais animais do que pessoas. Quando a criação literária empaca, dou uma caminhada, em vez de sofrer a sobrecarga visual da Clark Street. Ando sobre um macio carpete de ramos de pinheiros ou pela neve não pisada. Entendo a mudança que

Buechner descreve depois que se mudou de Nova York para Vermont. Depois de oito anos, começo a aprender como ouvir.

Uma coisa é contar seus próprios segredos. Outra bem diferente é contar os de outra pessoa. Eu e Buechner discutimos várias vezes os riscos ocupacionais de escrever, especialmente as inevitáveis feridas que provocamos nas pessoas próximas a nós.

É por isso que apenas mais tarde em sua carreira Buechner remexeu em certos segredos pessoais. Ele começou a escrever sobre a depressão de outros membros da família, depois sobre sua própria e da batalha de vida ou morte que uma filha travou contra a anorexia. Por consideração a sua mãe — que, por ciúme, guardava os segredos da família — Buechner não escreveu diretamente sobre o suicídio de seu pai por décadas, apesar de vermos cenas de suicídio assombrando seus romances. Sua mãe reagiu com fúria diante de uma dessas cenas, e ficou sem falar com ele por vários dias. Finalmente, Buechner decidiu que tinha tanto direito de falar sobre a história de seu pai quanto sua mãe tinha de não contar a ninguém a história do marido. Assim, suas histórias começaram a contar a tragédia da família. Para surpresa de Fred, sua mãe simplesmente recusou-se a ler os relatos sobre os quais ele temera escrever por tanto tempo.

Janet Malcolm, escrevendo para a *New Yorker*, sugere que um escritor funciona primeiramente como uma mãe compreensiva e apoiadora. Convencemos uma pessoa a nos contar nossos mais profundos segredos, balançando a cabeça em aprovação, gentilmente pedindo por mais detalhes. "Você pode confiar em mim", dizemos. "Conte-me tudo." Mas, quando passamos para a fase da escrita, invertemos os papéis e nos tornamos o pai autoritário e objetivo. Fazemos julgamentos, selecionamos nosso material até que tenhamos um todo temático para ser apresentado. Esse processo inevitavelmente distorce e, com frequência, machuca.

Senti um pouco desse expediente quando, de fato, decidi-me a escrever sobre Frederick Buechner. Somos amigos há mais de duas décadas, trocando cartas, ocasionalmente falando por telefone, visitando-nos quando nossos roteiros de viagem se cruzam. De repente, deixei a amizade de lado e comecei a avaliá-lo como um escritor, procurando em sua vida alguns temas e padrões. Eu o *coisifiquei* e, naturalmente, ele discordou de alguns de meus julgamentos. Nossa amizade sobreviveu intacta, mas a experiência serviu para que eu me lembrasse do enorme poder que os escritores empunham.

Por que nós, escritores, fazemos isto? "Não há limite para fazer livros", suspirou o Pregador no Livro de Eclesiastes (12.12), alguns milênios atrás. Somente este ano, milhares de novos livros surgirão só em língua inglesa. Mas nós continuamos, remexendo nas palavras, com o potencial de trazer tanto conforto quanto dano. Creio que fazemos isto por que não temos nada mais a oferecer senão um ponto de vista vivo, que nos diferencia de qualquer outra pessoa no planeta. Precisamos contar nossas histórias a alguém.

Pessoas à beira da morte — um passageiro de um avião da Japan Airlines, caindo do céu em 1985; um marinheiro russo de um submarino que afundou em 2000; prisioneiros judeus nos campos de concentração — escrevem por instinto, para registrar alguma coisa de suas vidas para a posteridade. Aqueles de nós que vivem disso cultivam esse instinto todos os dias. Somos chamados a sermos mordomos de nosso ponto de vista singular e mordomos do estranho poder das palavras por intermédio das quais expressamos nossas ideias.

Todo escritor deve superar um tipo de timidez, tirando da mente o medo de estar sendo arrogante ao se lançar diante de você, leitor, e assumindo egoisticamente que nossas palavras são dignas do seu tempo. Por que você deveria se importar com o que tenho a dizer? Que direito tenho eu de me impor a você? Ainda que em outro contexto, Simone Weil apresenta um tipo de resposta: "Não consigo conceber a necessidade que Deus tem de me amar, especialmente quando sinto tão claramente que até mesmo entre seres humanos a afeição pode ser um erro. Mas posso facilmente imaginar que ele ama esta perspectiva da Criação, a qual só pode ser vista a partir do ponto onde estou". Isto é tudo que qualquer escritor pode oferecer, especialmente um escritor da fé: uma perspectiva única da Criação, um ponto de vista visível somente do lugar onde ele está.

Tudo que escrevo é tingido pelas cores dos problemas da minha família, minha criação no sul fundamentalista, minha peregrinação

— na verdade, todo escritor representado neste livro vê o mundo por intermédio de um conjunto de olhos único. Podemos escrever com paixão somente sobre aquilo que experimentamos, não sobre o que os outros experimentam. Creio que os leitores reagem não às coisas específicas de minha experiência, mas, em vez disto, àquilo que eles criam. As palavras provocam no leitor um efeito diferente daquele que provocaram em mim enquanto as arranjava. Escrevo sobre fundamentalismo; os leitores respondem com histórias sobre criações estritamente católicas romanas ou da Igreja Ortodoxa. De alguma maneira, meu relato sobre a Igreja, a família e meus passos em direção à fé tocam um acorde conhecido: ele *provoca* alguma coisa.

Quando comparo meu passado com o de Frederick Buechner, encontro poucas semelhanças na superfície. Ele vem de uma família de classe média alta, perdeu o pai por suicídio, passou o inverno nas Bermudas, frequentou uma escola particular, alcançou sucesso imediato como romancista, mudou-se para o Estado rural da Nova Inglaterra. Mas tal é o poder de sua evocação que, quando descreve sua vida, poderia estar tranquilamente descrevendo a minha.

Chegou um momento, porém, quando Buechner sentiu que precisava mudar de estilo literário. “Chega de introspecção”, pensou. Chega de pessoas inclinadas ao pecado, como ele mesmo. Sem qualquer ideia do que iria escrever, pegou o *Penguin Dictionary of Saints* [Dicionário Penguin dos santos] na esperança de cruzar com algum santo histórico do passado, talvez uma pessoa verdadeiramente santa. O livro caiu em Godric, um santo inglês do século 11 e uma figura desconhecida para ele. Conforme foi lendo, ocorreu-lhe que Godric era Leo Bebb, um dos personagens ficcionais excêntricos e terrenos de Buechner; numa encarnação anterior: sim, um homem santo, um missionário, um asceta autoflagelador que mantinha duas cobras de estimação, um homem bruto que se tornou talvez o primeiro grande poeta lírico da Inglaterra. Mas também era um homem que levou sua própria irmã para a cama e que travou uma longa luta contra a lascívia.

Buechner emergiu de seu livro com uma nova definição de santo: um “doador de vida” que faz que os outros tenham vida de uma maneira nova; um ser humano comum, por meio de cuja vida o poder e a glória de Deus são manifestados, mesmo que o santo esteja chafurdado até os joelhos na lama. É claro que esta definição aplica-se potencialmente a todos nós — precisamente a razão pela qual Buechner nos pede para olhar para o comum, ouvir nossas vidas e buscar a Deus nos lugares mais inesperados, pois há grandes chances de Deus ser encontrado neles.

Buechner deparou-se com outro personagem semelhante, um santo irlandês do século 6, conhecido como Brendan, o navegador, e escreveu um livro sobre ele também. "Imaginei-o como um tipo selvagem de homem, pois em muitos aspectos eu também sou selvagem, um tipo de ruivo desajeitado, inibido, língua solta, fazedor de milagres." Quando, mais tarde, resolveu escrever sobre um personagem bíblico (*Son of Laughter — O filho do riso*), optou por Jacó, o inveterado cúmplice que desafiou Deus para uma luta e ganhou um novo nome na manhã seguinte. Será que é por acaso que Deus identifica seu povo escolhido como os filhos de Israel, "os filhos do lutador", a prole daquele que lutou tão ferozmente por toda uma noite?

Buechner descobriu que até mesmo os santos conhecidos por sua santidade não eram diferentes de suas próprias criações ficcionais, e não muito diferentes das pessoas de carne e osso que o cercavam, ou até dele mesmo. Os livros de biografias em andamento continuaram a fluir à medida que ele continuou analisando seu passado e seu presente, em busca de graça.

> Se você me disser que compromisso cristão é uma coisa que aconteceu com você de uma vez por todas, como uma cirurgia plástica espiritual, vou dizer que você está se enganando e está tentando me enganar também. Você deveria levantar-se todos os dias e fazer a seguinte pergunta: "Posso acreditar nisso tudo outra vez?". Melhor ainda, não faça essa pergunta antes de ler o *New York Times*, até que tenha visto aquela notícia sobre o estado do mundo e sua corrupção, o qual deve estar o tempo todo ao lado de sua Bíblia. Então pergunte se você é capaz de crer no evangelho de Jesus Cristo novamente neste dia em especial. Se sua resposta for sempre "sim", então é bem provável que você não saiba o que é crer. Em pelo menos metade das vezes, sua resposta deveria

ser "não", porque o "não" é tão ou mais importante quanto o "sim". O "não" é aquilo que prova que você é humano, caso você tenha alguma dúvida. Então, em certa manhã, quando acontecer de a resposta ser um verdadeiro "sim", deverá ser cunhada a partir da confissão e das lágrimas e [...] de um grande sorriso.

Extraído de *The Return of Ansel Gibbs*

Trinta anos se passaram desde que a família Buechner se mudou para a casa na área rural de Vermont e Fred se dedicou à rotina diária de escrever. A propriedade é cuidada pela esposa de Fred, e ela a transformou num lugar aconchegante com coisas de fora: flores, uma enorme horta que alimenta os gamos e a família, cavalos, galinhas, um porco "que cresceu tanto que ficou do tamanho de uma geladeira", cabras e algum gado. A contribuição de Fred são algumas coleções de livros — "Nos quais, ao contrário das pessoas, sempre se pode confiar, pois contarão a mesma história da mesma maneira. Estão sempre à mão quando você precisa deles, e sempre podem ser passados adiante quando você não precisar mais deles". Ele transformou parte do celeiro num tipo de biblioteca para acomodar seus muitos volumes e, por vários anos, aquele celeiro serviu como refúgio do escritor, onde ele podia se retirar para criar seus próprios livros.

Finalmente, Buechner construiu um estúdio nos fundos da casa, uma sala brilhante e arejada de frente para um lago, com uma enorme cerca de pedra, um bosque, um vale e uma área preservada de três acres de carvalhos. "Chamo isto 'meu reino magico'", diz ele, e não é para menos. Ali estão dispostos os mais preciosos livros de Buechner, muitos encadernados em couro, com detalhes dourados: a primeira edição dos *Sermões* de John Donne; O *livro dos mártires*, de John Foxe;[4] uma cópia original do *Christmas Carol* de Dickens; e outros livros de Ben Johnson, Joseph Conrad, F. Scott Fitzgerald e Oscar Wilde. Só a estimada coleção de edições raras de *O mágico de Oz*, inclusive em outros idiomas, ocupa várias prateleiras. Estantes próximas às janelas sustentam objetos de satisfação e capricho: um caleidoscópio, ímãs idênticos que ficam *suspensos* no ar, os chinelos vermelhos de Dorothy, um modelo do Humpty-Dumpty, um gárgula.

Em sua sala, ele se assenta numa poltrona de espaldar alta, junto à lareira, com os pés apoiados num tipo de pufe, escrevendo num bloco de notas não pautado com uma caneta hidrográfica. "Se você fizer um filme sobre a vida de um escritor, será extremamente chato", diz. "Sento-me nessa cadeira e faço marcações na página. É tudo o que você pode ver. Estou afundando dentro de mim mesmo, naturalmente, no lugar de onde vêm os sonhos e as intuições. É um lugar santo. Para um observador, porém, não estou fazendo muita coisa."

Do estúdio de Buechner não se consegue ver nenhuma outra residência. Apoiando-se num púlpito invisível, ele se dirige a uma audiência invisível. Do mesmo modo, os resultados do esforço de Buechner permanecem, na maioria, ocultos. Ele vende milhares de livros, mas ouve apenas uma pequena amostra de seus leitores. Alguns dizem que seus livros salvaram sua fé, ou que ele é o primeiro escritor cristão que parece autêntico. Eu estava presente na Faculdade Wheaton quando um aluno bastante agitado levantou-se num enorme teatro e, diante do microfone, disse: "Sr. Buechner, gostaria de dizer que seus livros são mais importantes para mim do que a própria cruz de Cristo". Buechner ficou confuso e sem graça — como responder a um comentário desses? O que o estudante provavelmente quis dizer é que os romances de Buechner haviam apresentado a verdade de uma maneira tão penetrante como nunca ouvira antes, especialmente na Igreja. Certa vez, quando voltava a Vermont depois das férias de inverno, Buechner encontrou a seguinte mensagem em sua secretária eletrônica: "Você não me conhece, mas sou seu fã. Apenas gostaria de dizer-lhe que, nas últimas seis semanas, pensei em suicídio por duas vezes, mas por causa de seus livros, não o cometi". Em função do histórico familiar de Buechner, aquela mensagem o atingiu como uma flecha. Ao ouvir aquilo, ele disse: "Significou mais para mim do que ganhar o Prêmio Nobel".

Por causa de reações como estas, Buechner não subestima seu ofício de pastor, elevando a *arte* de sua ficção e desprezando sua não ficção sendo de menor valor. Escrever é o seu ministério: vicário, indireto, mediano, talvez, mas certamente um ministério. "Costumava me debruçar sobre essas respostas e dizer, como se estivesse conversando com a pessoa que me escreveu: 'Se você soubesse quem eu sou...' Agora estou mais propenso a dizer: 'Sim, sou um tolo, hipócrita, esquisito, mas Deus, em sua misericórdia, escolheu-me para apresentá-lo a você'. Temos estes tesouros em vasos de barro [...]. Tenho este ministério desorganizado, desestruturado, mas, assim espero, ele é legítimo."

Se deixarmos de lado essas poucas mensagens dos leitores, vemos que Buechner permanece bastante desconectado das pessoas a quem ele ministra. Ele não encontrou uma igreja satisfatória nas proximidades. "Percebi que a maioria dos pastores prega mais sobre as superficialidades do que sobre sua profundidade", diz ele. "Raramente vou ouvi-los, e quando o faço, sinto-me culpado por minha reação negativa. Há tantas igrejas que me lembram famílias disfuncionais, cheias de solidão e dores enterradas, dominadas por uma figura de autoridade. Tirando uma maravilhosa igreja episcopal que frequentei perto de Wheaton, não encontrei uma igreja que realmente ministrasse as minhas necessidades. Os grupos de apoio da Al-Anon[5] são os que chegam mais perto daquilo que eu gostaria que a Igreja fosse."

Portanto, Buechner luta sozinho a maioria das batalhas da fé. Ele não tem nenhuma comunidade de amigos cristãos nas proximidades. Escritores devocionais apreciados pelas pessoas — Kathleen Norris, Henri Nouwen, Thomas Merton — em sua maioria, não lhe dizem muita coisa. Ele encontra alimento espiritual em poetas como John Donne, George Herbert e Gerard Manley Hopkins, mas na questão de fonte de inspiração artística, ele normalmente se volta para outros romancistas: Graham Greene, William Maxwell, Flannery O'Connor. Cada vez mais ele luta contra a melancolia.

"Completei 70 anos, e este foi o único que causou impressão", diz ele. "Os 40, os 50, os 60 — estes aniversários simplesmente passaram. Os 70 fizeram me sentir sombrio e triste, geriátrico. Meu grande amigo, o poeta James Merrill, morreu. Nós nos conhecíamos havia 55 anos. Escrevemos nosso primeiro livro num verão no Maine. Mas eu ainda não quero começar a escrever sobre meu lado sombrio. Quero continuar escrevendo sobre a parte de mim que ainda é jovem e çheia de alegria. Penso nas adoráveis peças de contos de fadas que Shakespeare escreveu no fim da vida: *The Winter's Tale*, *The Tempest*. Penso nos últimos quadros de Rembrandt, cheios de luzes douradas."

"Um projeto, um romance baseado em Maria Madalena, deprimiu-me tanto que o abandonei. Então, um dia aconteceu um milagre de graça. Estava lendo o livro apócrifo de Tobias, um conto hebreu sobre um cachorro, uma jornada e um peixe, repleto de magia. A alegria brotou novamente. Naquela noite, ou melhor, às 4h45, levantei-me da cama e comecei a recontar a história de Tobit e seu filho Tobias. Nada do que eu já havia escrito deu-me tanto prazer, e concluí o livro em um mês e dois dias. O livro se chama *On the Road with the Archangel* (*Na estrada, com o arcanjo*)."

"É comum um livro surgir desta forma, como um presente da graça. Tal como um poço artesiano, praticamente tudo que você tem a fazer é deixá-lo fluir por seu próprio poder. Pelo menos para você, o escritor, ele vem com tanta vida dentro de si que o deixa perplexo. Quando isto acontece, sinto como se o livro estivesse montado na palma de minha mão. Ele está lá, eu o estou segurando. É claro que você precisa trabalhar bastante para chegar à linguagem e à forma corretas, mas uma coisa que você não precisa fazer é lutar para trazê-lo à vida. O presente vem primeiro, depois o trabalho."

As crônicas de Buechner sobre uma jornada espiritual têm conseguido, como acontece com Annie Dillard, atrair leitores de mundos opostos, a elite do Leste e os cristãos conservadores. Sua obra divide-se igualmente entre ficção e não ficção (cerca de quinze livros em cada área), e Buechner percebe que os dois gêneros praticamente se encaixam em seus públicos contrastantes: a ficção fala aos "desdenhadores aculturados" da religião, enquanto a não ficção, mais aberta, encontra sua audiência principal entre os já compromissados com a fé.

Essa façanha tem um preço, e é, de fato, a ambiguidade central de sua carreira. "Sou muito religioso para o leitor secular e muito secular para o leitor religioso", lamenta Buechner. Os críticos seculares, percebendo que ele é um pastor presbiteriano, às vezes prejulgam seu trabalho. Buechner admite que buscar a ordenação talvez tenha sido a decisão mais estúpida que ele poderia ter tomado para sua carreira de escritor. "O mundo está cheio de gente — muitas dessas pessoas, infelizmente, são críticos literários que, quando ouvem que um pastor escreveu um romance, sentem que sabem, mesmo sem ler, que tipo de romance deve ser: essencialmente, um sermão com ilustrações na forma de personagens e diálogos; portanto, sua visão da vida deve ser única, simplista, inocente, tudo girando em torno do objetivo único de atingir uma espécie de alvo homilético. Sou contra isto e, no meu caso, isto simplesmente não acontece."

De outro lado, os leitores cristãos conservadores se perguntam por que a mensagem cristã nos romances de Buechner permanece tão sutil e por que ele insiste em retratar personagens tão *humanos*, completos, com vida sexual e uma perturbadora inclinação para o pecado. Buechner responde dizendo que escreve sobre pessoas com pés de barro porque elas são o único tipo de pessoa que ele conhece, incluindo a si mesmo.

Como os pescadores e os fazendeiros, os escritores tendem a discorrer sobre os aspectos decepcionantes de seu trabalho. Buechner não alcançou os níveis de venda de, digamos, um Scott Peck ou um Thomas Moore. Ele entra instantaneamente em depressão quando visita uma dessas *megastores* e não encontra uma cópia sequer de seus trinta e tantos livros. Ele estremece quando lê no *New York Times* o comentário de um crítico, descrevendo-o como "alguém que eu quase nunca leio porque pensava que ele era um propagandista". Também se aborrece por responder cartas de seminaristas que perguntam por que ele achou necessário incluir a cena do incesto em *Godric*, ou por que ele fez do herói-evangelista presente em seus romances de Bebb um exibicionista sexual. Além disso, Buechner não gosta do rótulo "romancista cristão", com frequência colocado sobre ele, insistindo que isto somente se aplicaria no caso de um físico escrever um romance: claro que a perspectiva do autor entraria no romance e seu conteúdo poderia girar em torno do campo da física, mas isto dificilmente transformaria a obra num "romance de física", da mesma forma que um romance escrito por uma mulher não pode ser chamado de "romance de mulher".

Porém, em mais aspectos do que ele queira admitir, Buechner tem sido bem-sucedido em trabalhar com os dois mundos. Mantinha uma amizade estreita com o poeta (recentemente morto) James Merril e outros gigantes da Literatura, inclusive seu ex-aluno John Irving, que reconheceu sua dívida com Buechner no prefácio do livro *A Prayer for Owen Meany*.

Ele faz preleções na Biblioteca Pública de Nova York. Seu romance *Godric* foi indicado para o Prêmio Pulitzer. Enquanto isso, Frederick Buechner e os cristãos conservadores ficaram mais amigos. Escolas cristãs adaptaram seus romances e os transformaram em peças de teatro, convidando-o a apresentar palestras em seus *campi*. Pastores citam suas obras no púlpito, e escritores iniciantes estudam o estilo de sua prosa. Tenho o pressentimento de que Buechner tornou-se o escritor cristão vivo mais citado e de maior influência. A apreciação por sua obra continua a crescer. Quem consegue ter críticas positivas publicadas na *Christianity Today*, na *The Christian Century* e no *New York Times Book Review*?

Para aqueles de nós que militam na mesma seara e que, do mesmo modo, ganhamos a vida misturando palavras no papel, Buechner oferece um modelo vivo de como escrever pode ser uma expressão de fé. Tenho várias prateleiras cheias de livros escritos por cristãos. Sinto em dizer que a maioria deles teria pouco alcance fora do meio em que as pessoas já estejam comprometidas com a fé que eles expõem. As pessoas de fé se deparam com Deus em todo lugar: na natureza, na Bíblia, nos atos diários da divina providência. Deus parece bastante evidente. Mas a mente secular não vê tal evidência, e se pergunta se até mesmo é possível encontrar Deus na loucura do mundo competitivo. A não ser que realmente compreendamos esse ponto de vista e falemos em termos que uma pessoa sem fé possa entender, nossas palavras terão a singularidade e a inutilidade de uma língua estrangeira desconhecida.

Aprendi com Buechner que é mais vantajoso dizer pouco do que dizer muito. Como ele mesmo disse em *The Eyes of the Heart*, "tenho visto com os olhos do meu coração a grande esperança à qual ele nos tem chamado, mas devido à timidez e à falta de confiança, raramente falo dela. Em meus livros, apresento uma tendência de falar nela, na maior parte do tempo, indiretamente, de maneira hesitante, ambígua, por temer não ser ouvido e prejudicar a credibilidade dos leitores para quem tal esperança parece simplesmente uma ilusão. Por temer o exagero, minha tendência, especialmente nos livros de não ficção, é falar pela metade, pois esta me parece ser uma forma mais estratégica de alcançar as pessoas que eu gostaria, aquelas que não dão à religião algum período de seu dia".

A literatura cristã, com frequência, exala o odor da racionalização. O autor começa com uma inabalável conclusão e depois prossegue traçando o caminho que for necessário para apoiar sua conclusão. Muito daquilo que leio sobre depressão, dúvida, suicídio, sofrimento e homossexualidade parece ter sido escrito por pessoas que começam com uma conclusão cristã e que nunca passaram pelos angustiantes passos, tão familiares a uma pessoa que luta contra a depressão, a dúvida, o suicídio, o sofrimento e a homossexualidade. Nenhuma resolução poderia ser tão simples para uma pessoa que verdadeiramente sobreviveu a essa jornada.

Quando comecei a escrever abertamente sobre minha fé, concluí que só tinha uma coisa a oferecer: sinceridade. Já tinha ouvido suficiente propaganda vinda da Igreja. Preferi ater-me à posição de um peregrino, não de um propagandista, descrevendo a vida com Deus da maneira como ela realmente acontece, não como deveria acontecer. Ninguém concorda. Um editor, certa vez, pediu-me para mudar o título de um livro de *Decepcionado com Deus* para algo mais agradável, como *Superando o desapontamento com Deus*. Pensei sobre o assunto e decidi manter o título porque as pessoas desapontadas eram o meu público-alvo.

Quase perdi a esperança de escrever qualquer coisa sobre a fé até que descobri Buechner. Parecia-me, naquela época, que os cristãos estavam lendo basicamente pela experiência de concordar com tudo — "sim, é verdade" — ao passo que a grande Literatura faz-nos parar e pensar: "Nunca havia pensado nisto antes". Para Buechner, a fé era um ato de descoberta, não um pacote de ortodoxia mandado do alto. Ele me fez parar e prestar atenção, primeiramente às palavras; depois, aos pensamentos por trás delas. Ele não usa a vida como uma ilustração de suas ideias; suas ideias, ao contrário, é que ilustram o que ele já havia retratado sobre a vida. Como disse William James em *The Varieties of Religious Experience*, "a verdade é que, na esfera metafísica e religiosa, as razões articuladas são-nos convincentes somente quando nossos sentimentos de realidade não articulados já foram impressos em favor da mesma conclusão".

Falar aos sentimentos de realidade não articulados do leitor é o grande desafio do escritor. Nós, escritores, vivemos vidas estranhas. Sentamo-nos em salas pequenas com poucos atrativos sensoriais, contemplando as palavras diante de nós naquele momento. Com efeito, criamos nas palavras o semblante do tempo e da materialidade, ao mesmo tempo que nos desconectamos de ambos. Escrever é a mais vicária das ações. Escrever sobre esqui mesmo sem estar esquiando; sobre comer quando não como; sobre o amor quando não estou amando; e sobre adorar, quando não estou adorando.

O primeiro livro de Buechner que li, *Telling the Truth*, deu-me esperança pelo fato de que, mesmo na vicariedade do ato de escrever, a verdade pode ser dita. O entediante processo de arranjar e rearranjar as palavras em uma página — o alfabeto da graça — pode, como um catalisador em uma reação química, criar para o leitor uma realidade espantosamente nova. Por meio da pena de Buechner, a antiga história de Oseias e Gômer torna-se primeiramente um saboroso conto de aceitação e adultério, e depois, uma inesquecível parábola sobre a graça de Deus. O caráter grotesco e irredutível de Leo Bebb torna-se um lembrete de que Deus pode agir por meio de traidores e pervertidos, e, em certo sentido, só trabalha por intermédio de traidores e pervertidos. O olhar introspectivo de Buechner na vida tão entediante de um escritor revela que o aborrecimento se encaixa como uma máscara sobre o insondável mistério. Ao olhar sua vida, dou atenção à minha — o ato vicário cumprido mais uma vez.

FREDERICK BUECHNER PARA INICIANTES

Com trinta livros para escolher, alguém que não está acostumado com Buechner pode precisar de um guia. Ainda gosto de *Telling the Truth* como uma introdução concisa a seu pensamento e a seu estilo. *Peculiar Treasures* oferece outro bom exemplo de sua prosa. *Listening to Your Life* reúne excertos de várias de suas obras no formato de meditações diárias. Buechner apresenta sua vida mais pessoalmente na série de biografias: *The Sacred Journey*, *Now and Then*, *Telling Secrets*, *The Eyes of the Heart*. No campo da ficção, ele é mais conhecido pelos romances baseados no personagem Leo Bebb, convenientemente reunidos em um único volume, *The Book of Bebb*. Não deixe de ver *Godric e Brendan*, os quais apresentam a habilidade estilística de Buechner em seu esplendor, ou seu mais recente romance, *The Storm*, que possui ecos da obra de Shakespeare *The Tempest*.

Capítulo doze

Lugar de traidores

Shusaku Endo

Duvido que alguém nascido nos últimos trinta anos possa imaginar o medo que nós passamos, aqueles que estavam na adolescência durante os anos mais sérios da Guerra Fria. Em nossos projetos para a escola, fazíamos abrigos antibomba, cavando buracos profundos nos quintais e armazenando nossos gibis preferidos, além de salgadinhos. Assistíamos a filmes educativos sobre os efeitos da guerra termonuclear e aprendíamos, ao som de uma vibrante trilha sonora, a técnica do "duck and cover",[1] rastejando por baixo das carteiras para diminuir a exposição às partículas nucleares. Eu vivia em Atlanta, Geórgia, na área de alcance de Cuba. Durante a crise dos mísseis cubanos, cada volta para casa começava com uma sessão de "duck and cover".

Meu irmão e eu líamos em voz alta, um para o outro, horríveis relatos daquilo que os comunistas faziam a seus inimigos. Eles arrancavam as unhas dos pés e das mãos, ou colocavam palitos de madeira entre a unha e a pele. Amarravam a pessoa deitada no chão e deixavam água gotejando lentamente sobre a cabeça, até que ela ficasse louca. Colocavam aranhas, ratos e serpentes sobre o corpo nu da vítima de tortura. Cortavam os dedos, um de cada vez. Enterravam pessoas vivas. Quando invadiam uma cidade, alinhavam todos os habitantes e faziam uma inspeção em suas mãos. Se uma pessoa tinha calos, significava que pertencia à classe trabalhadora e deixavam-na viver. Se ela falasse russo — ou chinês, conforme o caso — a pessoa também estava livre. Senão, seria torturada por alguns dias e, depois, executada.

Em um esforço determinado de permanecer vivos, nós dois lançávamos contramedidas. Fazíamos alguns esconderijos no bosque próximo para que os inimigos não nos encontrassem. Alguns sulistas não haviam sobrevivido à investida do general Sherman,[2] escondendo-se assim por vários meses? Recolhíamos folhas com as mãos nuas com bastante vigor, para que tivéssemos feridas e calos nas nossas mãos de estudantes. Ainda temerosos, decidimos estudar as línguas comunistas. Meu irmão inscreveu-se num curso de russo e eu, num de chinês, de modo que, independentemente de onde viessem os inimigos, teríamos pelo menos uma chance de falar com eles e pedir que não nos matassem (as histórias de meu professor de chinês, um refugiado de classe alta que fugiu durante o governo de terror de Mao, fizeram pouco para acalmar meus temores).

A igreja incrementava ainda mais o nosso medo, agregando repulsivos relatos daquilo que Stalin e Mao estavam fazendo aos cristãos. Os soldados entravam marchando em igrejas durante os cultos, faziam uma fila de todos os cristãos e pediam que eles negassem a Jesus. Aqueles que concordavam eram imediatamente recompensados com presentes e comida. Os que se recusavam eram mortos, lenta e cruelmente, diante de uma congregação aterrorizada.

"O que você diria?", perguntava o pastor. "Permaneceria firme na fé ou trairia aquele que morreu por você?" Era uma pergunta horrível para ser analisada por qualquer pessoa, ainda mais para um garoto de 14 anos assolado por dúvidas quanto a sua fé. Eu estudava chinês e recolhia folhas como se minha vida dependesse daquilo, pois eu realmente acreditava naquilo.[3]

Muito tempo depois, quando já havia crescido e esquecido minhas aulas de chinês, depois que a ameaça de guerra nuclear esmoreceu, li relatos históricos de uma perseguição similar que aconteceu vários séculos atrás. Em determinada época da História, o Japão parecia ser o mais frutífero campo missionário na Ásia. Francisco Xavier, um dos sete jesuítas originais, chegou àquele país em 1549 e passou dois anos estabelecendo uma igreja. Em uma geração, o número de cristãos havia aumentado para trezentos mil. Xavier chamava o Japão "alegria do meu coração [...]. O país oriental mais adequado ao cristianismo".

Com o fim do século, porém, começou a crescer a suspeita que os *shoguns* tinham dos estrangeiros, especialmente exacerbada pela divisão entre os cristãos, o que levou a uma mudança na política. Os *shoguns* expulsaram os jesuítas e exigiram que todos os cristãos renunciassem a sua fé e se confessassem budistas. Ocorreram 26 crucificações, e a era do martírio de cristãos no Japão teve início.

O *fumie* — um retrato em bronze de Jesus ou de Nossa Senhora com menino enquadrado numa pequena moldura de madeira — tornou-se o derradeiro teste de fé. Os japoneses que concordavam em pisar no *fumie* eram declarados cristãos apóstatas e eram libertados. Os que se recusavam eram perseguidos pelos *shoguns* e assassinados, na mais bem-sucedida tentativa de extermínio da história da Igreja. Alguns eram amarrados em estacas na praia, esperando a maré alta que os afogaria lentamente, enquanto outros eram amarrados e jogados de barcos; alguns eram escaldados em fontes de águas quentes e ainda outros eram amarrados de cabeça para baixo em valas cheias de corpos mortos e excrementos. Fui criado ouvindo histórias inspiradoras de mártires que promoviam o crescimento da causa. "O sangue dos cristãos é a semente da Igreja", disse Tertuliano. Não foi assim no Japão, em que o sangue dos mártires provocou a quase aniquilação da Igreja.

Quase, mas não totalmente. No fim do século 19, quando o Japão finalmente permitiu que uma igreja católica em Nagasaki atendesse a visitantes ocidentais, os sacerdotes ficaram surpresos ao ver cristãos japoneses descendo das colinas. Eles eram os *kakure kirishitans*, ou os "cristãos das catacumbas", os quais continuaram se reunindo em locais secretos por um período de 240 anos. Porém, a adoração sem o benefício de uma Bíblia ou de um livro de liturgia cobrou seu preço. Sua fé sobreviveu como um curioso amálgama de catolicismo, budismo, animismo e xintoísmo. Com o passar dos anos, as palavras em latim da liturgia se transformaram num tipo de *pidgin*, uma mistura de línguas. ''Ave Maria gratia plena dominus tecum benedicta" tornou-se ''Ame Maria karassa binno domisu terikobintsu", e ninguém tinha a mínima ideia do que estas palavras queriam dizer. Os cristãos reverenciavam o "deus particular", uma trouxa de panos enrolada em volta de medalhas e estatuetas cristãs, as quais ficavam escondidas num pequeno cômodo disfarçado de altar budista.[4]

Em uma das terríveis ironias da História, a segunda bomba atômica explodiu exatamente sobre a maior comunidade cristã do Japão, destruindo a Catedral de Nagasaki. Nuvens haviam impedido a visão do alvo original, forçando a equipe de bombardeio a se desviar para um alvo secundário. Um museu da cidade, hoje reconstruída, traça a história do cristianismo no Japão, apresentando relíquias da época dos mártires cristãos japoneses.

Na década de 1950, período no qual eu estava crescendo, cercado do medo de um holocausto nuclear, um jovem escritor chamado Shusaku Endo costumava visitar esse museu numa das cidades que haviam experimentado esse destino. Atraído pela história dos mártires, ele ficou olhando para uma das caixas de vidro em particular, dentro da qual havia um *fumie* verdadeiro, do século 17. Manchas escuras distorciam a figura de bronze, a qual estava tão usada que mal se podia ver a figura de Maria segurando Jesus — resultado, como descobriu Endo, de dedos humanos que acumularam impressões digitais de milhares de cristãos que confiavam no *fumie*.

O *fumie* era a obsessão de Endo. "Teria eu pisado nele?", pensava. O que aquelas pessoas sentiam quando apostatavam? Que tipo de pessoas eram elas? Os livros de história católica registram somente os bravos e corajosos mártires, não os covardes que renunciaram à fé. Eles foram punidos duas vezes: a primeira, pelo silêncio de Deus no momento da tortura; mais tarde, pelo silêncio da História. Endo prometeu a si mesmo que contaria as histórias dos apóstatas — e por meio de romances como *Silence* (*Silêncio*) e *The Samurai* (*O samurai*), ele cumpriu seu voto.

Quando descobri Shusaku Endo, automaticamente senti uma ligação, pois ele havia crescido cercado pelo mesmo medo e pela mesma dúvida que tanto haviam assombrado minha juventude. Diante do Vale do Inferno, um lugar onde muitos cristãos japoneses haviam sido martirizados, Endo conclui que ele mesmo provavelmente teria negado sua fé em lugar de suportar tamanha dor.

Mais tarde, Endo percebeu o que o havia atraído tão fortemente à vitrine do museu. A história dos cristãos japoneses do século 17 produzia ecos perturbadores em sua própria vida, no século 20. Apesar de nunca ter enfrentado a ira dos *shoguns*, desde sua infância ele já havia sentido uma constante e não aliviada tensão quanto a sua fé. Externamente, ele era um cristão; mas e por dentro?

Aos 10 anos, Endo voltou da Manchúria com sua mãe, saindo de um mau casamento. Sofrendo a dor e a rejeição social de um divórcio uma raridade no Japão — sua mãe encontrou consolo na fé devota de sua irmã, e assim converteu-se ao catolicismo. Ela frequentava fielmente a missa todas as manhãs. Visando alegrar sua mãe, Shusaku também se submeteu ao batismo. Mas ele realmente queria aquilo? Não seria ele um *kakure* ao contrário, um cristão que vivia de aparências, enquanto, lá dentro, traía a Cristo?

"Tornei-me um católico contra minha vontade", declarou ele mais tarde, comparando sua fé a um casamento arranjado, uma união forçada com uma *esposa* escolhida por sua mãe. Ele tentou deixar essa *esposa*, trocando-a pelo marxismo, pelo ateísmo, pensando em suicídio durante algum tempo, mas suas tentativas de ruptura sempre falharam. Ele não podia viver com essa *esposa* arranjada, e também não podia viver sem ela. Enquanto isso, ela o continuou amando e, para sua surpresa, ele mesmo começou a amá-la em retribuição.

Reconheço que o fato de Endo caminhar em sua fé às apalpadelas tem um estranho paralelo com minha própria vida, ainda que dentro de um contexto diferente. Durante os anos do segundo grau, frequentei uma igreja fundamentalista que hoje vejo quase como apenas ritualística. Fazia as orações, ia à frente nos momentos de apelo e recitava os testemunhos, mas minha dúvida interior não desaparecia. Será que eu realmente acreditava ou estava apenas reproduzindo o comportamento daqueles que me cercavam? Aprendi a fazer aquilo muito bem, o que só me causou rejeição e vergonha.

Até mesmo hoje essas cenas de vergonha retornam. Ficar diante da classe numa aula de oratória, tentando explicar aos colegas por que eu não os acompanharia num passeio para assistir à versão de *Otelo* em filme (muito "mundano"). Falar com o malicioso professor de Educação

Física, pedindo permissão para ser dispensado das lições de dança de quadrilha baseado em posição religiosa (também muito "mundano"). Carregar uma enorme Bíblia vermelha por cima de meus livros para que talvez alguém perguntasse sobre minha fé. Sentar-me num espalhafatoso ônibus vermelho e branco, com um piano dentro, com o nome Clube Bíblico Juventude para Cristo escrito em letras enormes, enquanto ele vagarosamente manobrava no estacionamento, arrancando piadas dos passantes. Ouvir o professor de Biologia sarcasticamente explicar à classe por que meu trabalho de 20 páginas não havia conseguido derrubar o livro *Origem das espécies*, de Charles Darwin, com suas 592 páginas. Vergonha, alienação e inferioridade definiam minha adolescência. Como Endo, cresci sentindo-me um proscrito.

Mais tarde, quando percebi que a Igreja havia me ensinado tanto mentiras quanto verdades, senti-me perdido, sem lar, à deriva. Pelo que havia eu sacrificado meu orgulho e me preparado para o martírio? Por uma religião de racistas, anti-intelectuais e desajustados?

Seguindo outra analogia, Endo compara sua peregrinação de fé a um jovem em dúvida sobre qual roupa usar. Em vão, ele busca aquela que seja mais adequada, talvez um quimono. Endo disse que estava constantemente "reformando, com minhas próprias mãos, as roupas ocidentais que minha mãe colocava em mim, transformando-as numa vestimenta japonesa que se adaptasse a meu corpo japonês". Também experimentei diversas roupas e nunca consegui encontrar uma que substituísse as vestimentas cristãs com as quais fui vestido desde criança.

A história da vida de Endo se desenvolve como o roteiro de um de seus romances. Durante a infância, na Mandchúria, ele viveu como um estrangeiro, um desprezado dominador japonês. Voltando ao Japão, onde a Igreja Cristã representava menos de 1% da população do país, sofreu novamente a angústia de ser um alienígena. Colegas de classe o ameaçavam por estar associado a uma religião ocidental. A Segunda Guerra Mundial intensificou esse senso de estranhamento. Endo sempre vira o Ocidente como sua pátria espiritual, mas era ele que agora estava vaporizando cidades japonesas.

Depois da guerra, Endo viajou para a França para estudar sobre os romancistas franceses católicos, como François Mauriac e George

Bernanos. Mas a França também não o fez se sentir bem-vindo. Como um dos primeiros alunos japoneses do programa de intercâmbio — e o único em Lyon — foi rejeitado, dessa vez não pela religião, mas pela raça. Os aliados haviam engendrado uma intensa campanha antijaponesa, e Endo se viu como o alvo do abuso racial de seus companheiros cristãos. "Gringo de olhos puxados", diziam alguns. Como eu, ele aprendeu que os cristãos tinham muitas formas de trair sua fé. Alguns a rejeitavam publicamente. Outros, mais sutis, viviam de uma maneira que a negava.

Durante os três anos que passou na França, Endo caiu em depressão. Pior, contraiu tuberculose, precisou remover um pulmão e passou vários meses num leito de hospital. Concluiu que, com efeito, o cristianismo o fizera adoecer. Rejeitado em sua terra natal, rejeitado por sua pátria espiritual, Endo entrou numa grave crise de fé.

Antes de voltar ao Japão depois de seus estudos na Europa, Endo visitou a Palestina com o objetivo de pesquisar a vida de Jesus, e enquanto esteve lá, fez uma descoberta transformadora: Jesus também conheceu a rejeição. Mais do que isso, a vida de Jesus foi *marcada* pela rejeição. Seus vizinhos o expulsaram da cidade, sua família questionou sua sanidade, seus amigos mais próximos o traíram e seus compatriotas trocaram sua vida pela de um criminoso comum. Durante todo o seu ministério, Jesus propositalmente andou entre os pobres e os rejeitados. Tocou os leprosos, comeu com os impuros, perdoou ladrões, adúlteros e prostitutas.

Este *insight* acerca de Jesus atingiu Endo com a força de uma revelação. A partir do longínquo ponto de observação no Japão, ele vira o cristianismo como uma fé triunfante, constantiniana. Já havia estudado o Sacro Império Romano e as resplandecentes cruzadas; admirado as grandes catedrais da Europa; sonhado com uma nação onde pudesse viver o cristianismo sem sofrer desgraça. Agora, estudando a Bíblia na terra em que ela fora escrita, Endo viu que o próprio Jesus não evitou a "'desgraça''. Muitas das representações de Jesus na cultura ocidental eram simplesmente projeções de imagens romanas de glória e poder imperial. Jesus veio ao mundo como o Servo Sofredor apresentado por

Isaías: "Desprezado e o mais rejeitado entre os homens; homem de dores e que sabe o que é padecer; e, como um de quem os homens escondem o rosto, era desprezado" (53.3). Certamente esse Jesus, mais do que ninguém, poderia entender a rejeição que o próprio Endo estava sofrendo.

Devo dizer que, no primeiro encontro que tive com esse Jesus, fui atingido também com a força de uma revelação. Conforme estudei os evangelhos, notei um padrão tão consistente que quase podia ser reduzido a uma fórmula matemática: quanto mais ímpia, imoral e indesejável era a pessoa, mais ela se sentia atraída a Jesus. Quanto mais justa, segura de si e desejável, mais ela se sentia ameaçada por Jesus. É praticamente o oposto do que a maioria das pessoas faz. Os cristãos evangélicos se apegam ao ideal de um cidadão equilibrado e sólido, que crê nos valores familiares e se relaciona com o "tipo certo" de pessoas. Considere as pessoas que eram vistas com Jesus: uma prostituta, um homem com lepra, um proscrito moral, um centurião romano, uma mulher mestiça com cinco divórcios no currículo. Enquanto isso, os fariseus — homens corretos, que estudavam as Escrituras e obedeciam rigorosamente à Lei — a elite governante, os pilares da sociedade, todos eles viam Jesus como uma ameaça.

Por intermédio de Endo, descobri um Jesus ao contrário, justamente no momento em que os evangélicos ganhavam atenção nacional e poder político. Ocorreu-me que uma expressão como Maioria Arrependida ou Maioria Perdoada deveria ser uma forma mais correta de descrever os cristãos do que Maioria Moral.[5] Tal rótulo daria o crédito a Deus no surgimento de qualquer traço de bondade, assegurando assim que, como disse Paulo: "ninguém se glorie". Em vez disso, possuímos uma espécie de extrato que afasta as pessoas a quem a mensagem de Jesus foi dirigida: "Vinde a mim, *todos os que estais cansados e sobrecarregados,* e eu vos aliviarei", disse ele (Mt 11.28, ênfase do autor). Não pude encontrar qualquer incentivo ao sucesso ou à superioridade no convite de Jesus. A graça, assim como a água, corre para as partes mais baixas.

Que irônico, pensei eu, ver que um homem japonês rejeitado pelos cristãos ocidentais estava me apresentando um Jesus como esse. Comecei a ler Shusaku Endo em busca do Servo Sofredor, que entendia a rejeição melhor do que qualquer outra pessoa no mundo. Como jovem de uma igreja fundamentalista, conheci a rejeição e a vergonha a partir de uma cultura mais ampla. Como cristão, em minha caminhada conheci a rejeição da própria Igreja: ela queria que eu me conformasse e não me preocupasse com os detalhes; que cresse e não questionasse. Agora, em Jesus, encontro alguém cuja mensagem concentra-se nos rejeitados.

Jesus contou histórias sobre ovelhas perdidas e um filho pródigo, sobre banquetes bizarros dos quais somente os pobres e os doentes participariam. Verdadeiramente, como os escravos americanos costumavam cantar, "ninguém conhece o meu labutar, ninguém, somente Cristo". Comecei a crer que Jesus recebeu seguidores relutantes, até mesmo traidores, até mesmo eu. Meus livros *O Jesus que eu nunca conheci* e *Maravilhosa graça* nasceram de minha ponderação sobre esse lado novo de Jesus e a maravilhosa graça de Deus.

Depois de sua pesquisa na Palestina, Endo voltou a sua terra natal com a fé intacta, mas sentindo a necessidade de dar-lhe uma nova forma, de atualizar algumas roupas para que caíssem melhor. "Para ser eficiente no Japão, o cristianismo deve mudar", decidiu ele. A verdade é que ele se tornou um romancista para trabalhar essas questões na forma escrita. Um homem curvado e doente, usando óculos de lentes grossas, à margem da sociedade, entrou rapidamente no estilo de vida de um escritor. Começou lançando romances à proporção de um por ano, e seu passo quase não diminuiu até sua morte, em 1996.

Visitei o Japão pela primeira vez em 1997, de modo que não tive chance de entrevistar Shusaku Endo. Percebi que o paradoxo de sua vida continua até hoje. De maneira geral, a comunidade cristã não o reconhece sendo um deles. Ele tinha dúvidas sobre doutrinas fundamentais, o que fez que outros cristãos duvidassem dele. Em todas as palestras nas quais mencionei seu nome, um cristão japonês veio até mim e solenemente aconselhou-me que Endo não era o melhor exemplo a ser usado.

Em mais outra ironia, a fixação de Endo sobre a rejeição e a alienação trouxe-lhe sucesso e aclamação numa cultura mais ampla. Ele se tornou o mais conhecido escritor vivo do Japão, seus livros foram traduzidos para 25 idiomas diferentes, seu nome faz parte da curta lista de ganhadores do Prêmio Nobel de Literatura. Graham Greene o chamava "um dos melhores romancistas vivos", e luminares como John Updike e Annie Dillard se juntavam ao coro de elogios. Em seus últimos anos de vida, Endo serviu como um ícone cultural no Japão, destacando-se nos jornais e nas revistas. Por um tempo, dirigiu um programa de entrevistas na televisão. Numa nação em que os cristãos ainda não representam 1% da população, parece notável que os livros de Endo tenham chegado às listas dos mais vendidos, pois nenhum outro escritor importante trabalhou tão exaustivamente com temas abertamente cristãos.

Endo fala ao ser interior, onde estão enterrados os sentimentos de vergonha e rejeição que o japonês mediano costuma enfrentar numa cultura que honra o comportamento adequado e correto, que é infalivelmente educada e civilizada no exterior. Pergunte a qualquer japonês a diferença entre *honne*, aquilo que acontece no interior, e *tatemae*, aquilo que os outros enxergam, e eles balançarão a cabeça conscientemente. Faça a mesma pergunta a um americano, ou a um europeu ou a um africano. Endo explora as fendas do fracasso e da traição que toda pessoa da terra enfrenta e que, normalmente, procura esconder. Ao fazer isto, Endo lança uma nova luz sobre a fé cristã, uma luz tão reveladora que expõe os cantos há muito escondidos, mas também tão suave que acaba com as sombras.

Desde o início, Endo procurou apontar as diferenças entre a visão de mundo do Ocidente e do Oriente. Ele foi educado na literatura católica do Ocidente, que crê em um Ser Supremo separado da Criação. A maioria dos japoneses, porém, não acredita nesse Ser Supremo. Como resultado, os profundos temas sobre Deus, pecado, culpa e crise moral, tão presentes na literatura ocidental, têm pouca relevância para o leitor japonês comum.

Em seus primeiros romances, Endo retrata o Japão como um tipo de pântano (e, às vezes, como um pântano verdadeiro) que traga tudo o que é estrangeiro, inclusive o cristianismo. Um de seus últimos trabalhos, *Yellow Man*, mostra um missionário francês abandonando o sacerdócio com o objetivo de se casar com uma mulher japonesa e, mais tarde, escolhendo o suicídio. O sacerdote pondera em voz alta se seu Deus "poderia lançar raízes neste solo úmido, nesta raça amarela". Em *Volcano*, escrito poucos anos depois, o sacerdote não apenas abandona o sacerdócio, mas se torna um sedutor, atiçando outros a abandonar sua fé. Por trás, dessas figuras, paira a silhueta de um jovem solitário diante de uma peça de museu na cidade de Nagasaki.

No tempo devido, porém, o romancista Endo parece ter encontrado uma saída nesse pântano. Os escritores japoneses têm o costume de produzir obras de entretenimento entre os lançamentos de seus livros mais sérios. Em um desses *entretenimentos*, transformado em série e publicado em periódicos, uma nova figura surge de Endo: o tolo de bom coração, uma versão cômica japonesa de *The Idiot*, de Dostoievski. *The Wonderful Fool* [*O maravilhoso tolo*] de Endo apresenta um missionário desajeitado, com cara de cavalo, que facilmente ganharia um concurso de feiura nos Estados Unidos, não fosse o fato de ele ser francês — Gaston Bonaparte que, para ser mais preciso, era descendente do famoso imperador. Gaston ofende seus convidados, comete uma gafe cultural a cada instante e parece ser atraído por todo tipo de pessoa ruim: um vira-lata vesgo, uma prostituta, um velho eremita, um assassino. Contudo, suas ações estabanadas e simpáticas reacendem a vida em todos aqueles a quem toca. A cena final acontece num pântano onde o amor de Gaston toca o assassino — que se chama Endo! — e o leva ao arrependimento.

Em *The Samurai* e *O silêncio*[6], o choque de culturas apresenta-se na forma de uma tragédia, não de comédia. Os dois romances refletem fatos reais e personagens do início de 1600, quando os *shoguns* estavam apertando o cerco em volta da comunidade cristã no Japão. *The Samurai* acontece no exato momento em que os *shoguns* estão reconsiderando sua política de abertura para o Ocidente. Um sacerdote leva quatro samurais numa missão comercial ao México e à Europa, onde, na esperança de aumentar o sucesso de sua tarefa, os samurais tornam-se cristãos nominais. Durante o período que passam fora do país, porém, o Japão fecha suas fronteiras e, em seu retorno, eles são executados como traidores (traços da própria vida de Endo: o batismo nominal, a viagem ao exterior, rejeição dos que professam uma fé que ele mal conhece).

Contudo, pelo menos um dos samurais foi capaz de entender o verdadeiro significado da morte de um mártir. Seu servo Yozo fala de Jesus a ele. Não o Cristo triunfante e ressurrecto, mas o rejeitado, a quem o próprio Endo conhecera em suas visitas à Palestina.

> Creio que, em algum lugar do coração do homem, há um clamor por alguém que esteja com ele por toda a vida, alguém que nunca o trairá, nunca o abandonará — mesmo que este alguém seja apenas um cachorro vadio e sarnento. Esse homem tornou-se este cão miserável por amor à humanidade.

O samurai morre com as seguintes palavras de Yozo ecoando em seus ouvidos: "De agora em diante, ele estará ao seu lado. Ele vai tomar conta de você".

Os críticos consideram o outro romance ambientado nesse período histórico, chamado *O silêncio*, a obra-prima de Endo. Sua prosa é simples e clara. O roteiro marcha inexoravelmente para uma conclusão trágica, os personagens apresentam uma profundidade rara na ficção de Endo e toda a atmosfera está repleta do poder do mito. *O silêncio* segue um sacerdote português, chamado Rodrigues, numa perigosa missão no Japão. Rumores chegaram ao comando dos jesuítas na Europa dizendo que o mais famoso missionário no Japão, o padre Ferreira, havia apostatado. Rodrigues, que fora aluno do padre Ferreira no seminário, não podia acreditar que aquele grande homem, seu mentor, teria renunciado à fé depois de vinte anos de corajosos serviços. Decide viajar para se encontrar com Ferreira, ciente de que muito provavelmente não retornará vivo (tudo isso foi baseado em personagens e fatos reais, ocorridos em 1635).

Logo na chegada ao Japão, depois de uma angustiante viagem, Rodrigues ouve as confissões dos cristãos secretos — membros da Igreja subterrânea dos *kakure* — os quais não viam um sacerdote havia anos. Um deles, um astuto e mercenário pescador, entrega Rodrigues aos *shoguns* em troca de recompensa. Rodrigues se mantém fiel a sua fé mesmo sob tortura e diante de uma situação moral insustentável. Grupos de cristãos perfilam-se diante dele. Foi dito a Rodrigues que, se ele pisasse o *fumie*, os cristãos seriam libertados. Ele se recusa, e todos são mortos diante de seus olhos. "Ele viera ao país para dar sua vida por outros homens, mas o que estava acontecendo era que os japoneses estavam perdendo suas vidas por causa de um homem." Ainda assim, independentemente dos métodos que os *shoguns* usaram, Rodrigues não renunciou sua fé.

Como o título do romance nos indica, o silêncio permeia toda a obra. Por cerca de uma centena de vezes, Rodrigues vê a face de Jesus, uma face que ele ama e a quem serve. Mas a face não fala nada. Permanece silenciosa quando o sacerdote é acorrentado a uma árvore para ver cristãos sendo mortos; silenciosa quando ele quer saber se deve pisar o *fumie* para libertá-los; silenciosa quando ele ora em sua cela, à noite.

De início, parece que *O silêncio* fará uma homenagem àquilo que impulsionou a Igreja durante séculos: a intrépida fé dos mártires heróis. Rodrigues, um sacerdote íntegro, dispôs-se voluntariamente a participar de uma missão suicida. Mas em *O silêncio*, o amor e a fé de Rodrigues vão além do martírio, além até mesmo da apostasia.

Certa noite, Rodrigues escuta um som semelhante a um ronco. O som, que, na verdade, eram gemidos de dor, vinha dos cristãos que estavam pendurados de cabeça para baixo sobre os fossos, com suas orelhas cortadas para que o sangue se esvaísse lentamente e eles morressem em grande agonia. Aqueles dois poderiam ser libertados se Rodrigues abjurasse. Rodrigues fora alertado sobre essa tortura por Ferreira, que o visitou em sua cela. Para seu horror, descobriu naquela visita que o grande missionário Ferreira havia realmente negado a fé, apenas cinco horas depois de ficar pendurado sobre o fosso. Ferreira implora que Rodrigues também pise no *fumie*. É apenas um símbolo, um ato exterior. Ele não precisa realmente ter significado. Tal gesto salvará muitas vidas... E, no fim, o padre Rodrigues nega sua fé pelo amor aos outros.

Mais tarde, Endo reclamou que *O silêncio* foi mal interpretado por causa de seu título. ''As pessoas passaram a achar que Deus era silencioso", disse ele, quando, na verdade, Deus fala no romance. Eis a cena decisiva, quando o silêncio é rompido, no exato momento em que Rodrigues está olhando para o *fumie*:

> "É apenas uma formalidade. Para que servem as formalidades?", pergunta, nervosamente, o intérprete. "Siga adiante com o ato exterior de pisá-lo."
>
> O padre levanta o pé. Sente uma dor profunda. Aquilo não era apenas uma formalidade. Ele está prestes a pisar naquilo que considerava a coisa mais linda de sua vida, no que acreditava ser puro, que estara cheio dos ideais e sonhos dos homens. Como seu pé dói! Então, o Cristo em bronze fala ao padre: "Pise! Pise! Eu, mais do que ninguém, conheço a dor em seu pé. Pise! Foi para ser pisado pelos homens que vim ao mundo. Foi para compartilhar a dor dos homens que carreguei minha cruz". O padre colocou o pé sobre o fumie. O dia amanheceu. E lá, bem longe, o galo cantou.

Quando *O silêncio* foi lançado, em 1966, muitos católicos japoneses reagiram com ira. Respeitosos a seus antepassados, tinham objeções quanto a *romancear* apóstatas como Ferreira e Rodrigues. Quão facilmente esquecemos que a Igreja foi fundada por discípulos que traíram seu mestre. Nenhum deles estava disposto a se colocar ao lado de Jesus quando as autoridades políticas e religiosas o condenaram à morte. Em seu momento de maior necessidade, os discípulos se esconderam nas trevas. O mais valente de todos, Pedro, foi o mesmo que xingou e o negou três vezes antes que o galo cantasse. Foi por traidores que Jesus morreu.

Em sua defesa, Endo coloca o tema central do romance como a transformação da face de Jesus, não a transformação dos personagens. "Para mim, a coisa mais significativa do romance é a mudança na imagem heroica de Cristo", diz ele. Antes daquele episódio, Rodrigues acreditava num Jesus de majestade e poder. A imagem de Jesus que aparecera mais de uma centena de vezes era pura, serena, celestial. Gradualmente, porém, a missão de Rodrigues fracassa — e, na verdade, provoca a morte de muitos japoneses — e a imagem de Jesus começa a se transformar, ficando marcada pelo sofrimento dos homens. Como deve ter sido para o próprio Jesus saber (e ele sabia) que a fé que ele espalharia pelo mundo resultaria na perseguição e no martírio de muitos por toda a História, inclusive tantos japoneses? "Um irmão entregara à morte outro irmão, e o pai, ao filho [...]. Sereis odiados de todos por causa do meu nome" (Mt 10.21,22).

Exausto, perseguido, próximo do desespero, Rodrigues vê seu reflexo numa poça d'água, uma visão que se transforma numa epifania:

> Ali, refletida na água, estava a imagem de uma face cansada e deprimida. Não sei por quê, mas naquele momento pensei na face de outro homem [...] a de um homem crucificado [...] cheia de barro e detritos. Era fina e estava suja. Era a face de um homem afligido, cheio de inquietações e, ao mesmo tempo, vazio.

Deste ponto em diante, o romance usa palavras como "sofrido", "enfraquecido", "desgastado" e "feio" para descrever a face de Jesus. Quando o silêncio é finalmente quebrado, no momento em que Rodrigues está prestes a pisar no *fumie*, essa face fala com ele, do meio do *fumie*: "Pise", diz o rosto, já "enfraquecido e desgastado pelas constantes pisaduras".

O esquema por trás da imagem transformada de Jesus vem à luz no seu trabalho não ficcional chamado *Uma vida de Jesus*.[7] O livro vendeu mais de trezentas mil cópias e, para muitos japoneses, permanece como sua introdução básica à fé cristã. Shusaku Endo acredita que o cristianismo falhou em provocar um grande impacto no Japão porque os japoneses ouviram apenas um lado da história. Eles ouviram sobre a beleza e a majestade. Os turistas japoneses visitam Chartres e a Abadia de Westminster com suas câmeras digitais e registram imagens de glória; corais japoneses executam as obras-primas religiosas de Handel e Bach. Mas, de alguma maneira, os japoneses sentem falta de outra mensagem: a de um Deus que "a si mesmo se esvaziou, assumindo a forma de servo"; de um Filho de Deus que chorou, quase desesperado, quando se aproximava de Jerusalém.

Endo explica que esse ponto de contato com os japoneses baseia-se nas experiências de fracasso e vergonha, porque, em sua cultura, essas coisas deixam o mais duradouro impacto na vida de uma pessoa. Endo sente que as pessoas criadas numa cultura budista podem se identificar melhor com uma pessoa que sofre com elas e que permite que tenhamos fraquezas. Para o próprio Endo, o mais tocante legado de Jesus foi seu amor infinito, até mesmo — e especialmente — por pessoas que o traíram. Quando Judas levou o esquadrão de linchamento ao jardim, Jesus referiu-se a ele como "amigo". Seu país o executou. Quando estava ali, estirado e nu, numa postura de total desgraça, Jesus reuniu forças para dizer: "Pai, perdoa-lhes". Para aqueles que ficaram escandalizados com a aparente apostasia de seus personagens Ferreira e Rodrigues, Endo aponta para os dois principais fundadores da Igreja cristã: Pedro negou a Cristo três vezes, e Paulo liderou a primeira perseguição aos cristãos. Se a graça não tivesse alcançado aqueles dois, é bem possível que a Igreja jamais tivesse se estabelecido.

Por que o cristianismo é virtualmente a única prática ocidental que falhou em criar raízes no Japão, que tão rapidamente adotou o beisebol, o McDonald's e o *rock*? Seguindo outra linha de pensamento, Endo liga seu fracasso à ênfase ocidental na paternidade de Deus. O terapeuta Erich Fromm diz que um filho de uma família equilibrada recebe dois tipos de amor. O da mãe tende a ser incondicional, aceitando a criança, independentemente do que ela faça ou de como se comporte. O amor do pai apresenta a tendência de ser mais voltado à provisão, mostrando aprovação quando a criança apresenta certos padrões de comportamento. Numa situação ideal, diz Fromm, uma criança deveria receber e internalizar os dois tipos de amor. De acordo com Endo, o Japão, uma nação de pais autoritários, entendeu o amor de pai de Deus, mas não o amor de mãe.

Um velho ditado japonês lista as quatro coisas mais horríveis do mundo sendo "incêndios, terremotos, relâmpagos e pais". Em minhas viagens ao Japão, muitas pessoas me falaram de seus pais autoritários que nunca pedem desculpas, são emocionalmente distantes, não demonstram nada que se pareça com amor ou graça, que fazem muitas críticas e poucos elogios. Uma mulher chegou a dizer-me que havia planejado matar seu pai quando tinha 13 anos, depois de ter sido sexualmente abusada por ele. Com medo da pena capital, optou por ir estudar nos Estados Unidos. Quando sua mãe morreu, o pai ordenou que ela voltasse para cuidar dele e, de acordo com o costume japonês, ela sentiu-se obrigada a fazê-lo. "No mês passado, pela primeira vez na vida, meu pai agradeceu por algo que eu havia feito", disse-me ela. "Considero isto uma verdadeira vitória."

A conclusão de Endo é que, para que o cristianismo apresente algum apelo ao povo japonês, precisará enfatizar o amor materno de Deus, o amor que perdoa erros, cura feridas e atrai os outros para si, em vez de forçá-los a vir ("Jerusalém, Jerusalém, que matas os profetas e apedrejas os que te foram enviados! Quantas vezes quis eu reunir os teus filhos, como a galinha ajunta os seus pintinhos debaixo das asas, e vós não o quisestes!" — Mt 23.37). "É na *religião maternal* que Cristo vai a prostitutas, pessoas deformadas e sem valor, e as perdoa", diz Endo. Segundo sua visão, Jesus trouxe a mensagem do amor materno para equilibrar o amor paterno do Antigo Testamento. O amor de mãe nunca esmorece, mesmo diante de um filho que comete um crime: esse amor perdoa qualquer fraqueza. Para Endo, o que realmente impressionou os discípulos foi a percepção de que Cristo ainda os amava, mesmo depois de eles o terem traído. Ter seu erro apontado por alguém não era nada de novo; ter seu erro descoberto e, ainda assim, ser amado era realmente novo.

O livro *Uma vida de Jesus* completa o retrato do amor materno de Jesus:

> Ele era magro, não era grande coisa. Havia, porém, uma coisa sobre ele: nunca abandonou alguém com problemas. Quando as mulheres vinham chorando, ele permancia ao seu lado. Quando idosos estavam sozinhos, ele se sentava calmamente com eles. Não era nada miraculoso, mas os olhos fundos transbordavam de um amor ainda mais profundo do que um milagre. Considerando aqueles que o traíram e abandonaram, nem uma palavra de ressentimento saiu de seus lábios. Não importava o que acontecesse, ele era o homem de dores, e não orava por nada além de sua salvação.
>
> É isso o que se pode dizer de Jesus. Ele chama a atenção pela pureza e pela simplicidade, tal qual um ideograma chinês pintado sobre uma folha de papel branco.

Os cristãos tradicionais acharão que o retrato de Jesus pintado por Endo é incompleto. Ele não fala nada sobre os milagres de Jesus, e, francamente, eles parecem ser quase irrelevantes para seus objetivos. Ele deixa de fora cenas que mostram a autoridade e o poder de Jesus. Apresenta um Jesus com quem os japoneses podem se relacionar e, para eles, qualquer vestígio de poder torna Jesus uma figura intimidatória e difícil de aceitar. De maneira semelhante, Endo apresenta uma versão fraca da ressurreição, o que para ele serve de barreira para a crença japonesa. Para os críticos que atacaram severamente sua teologia, ele responde: "Minha forma de retratar Jesus está baseada no fato de eu ser um romancista japonês. Escrevi este livro para o bem dos leitores japoneses, que não têm tradição cristã alguma própria e que não conhecem praticamente nada sobre Jesus".

Nós, porém, que crescemos ouvindo sobre Jesus, também temos muito que aprender com Endo. Lembro-me de uma vez em que abordei o assunto "guerra cultural" diante de um grande encontro que protestava contra a influência da democracia liberal, e incluía uma forte minoria judaica. Fui escolhido como o representante dos cristãos evangélicos para participar de um painel que reunia os presidentes do Disney Channel e da Warner Brothers, assim como o reitor da Faculdade Wellesley e o advogado de Anita Hill, que havia testemunhado fortemente contra Clarence Thomas, juiz da Suprema Corte.[8] Senti-me como se estivesse usando uma camiseta branca com um enorme alvo pintado nas costas, pois todos eles tinham histórias para contar sobre poderosos *lobbies* cristãos que haviam lutado contra eles.

Os batistas do Sul estavam boicotando a Disney, os evangélicos protestavam fortemente contra uma exposição de arte blasfema na Faculdade Wellesley e Anita Hill ainda recebia cartas mal-humoradas de cristãos conservadores, mesmo depois de vários anos de sua aparição diante do Congresso. A integrante mais jovem do painel, Lucinda Robb, neta do presidente Lyndon Johnson e filha do senador Chuck Robb, falou de uma campanha difamatória contra Oliver North, na qual cristãos direitistas faziam piquetes em todas as suas aparições. ''Achei que éramos cristãos", disse-me Lucinda. "Crescemos tendo Billy Graham como visita frequente e sempre fomos ativos na igreja. Realmente cremos. Mas esses manifestantes nos tratam como se fossemos demônios do inferno."

Quando chegou minha vez de falar, mencionei que, em tais circunstâncias, eu buscava orientação na vida de um judeu do primeiro século, que também estava envolvido numa guerra cultural. Um rígido sistema religioso o perseguiu em todo o tempo que passou na Terra, preocupado que a mensagem daquele homem pudesse perturbar as autoridades governantes. E certamente o império pagão sob o qual ele vivia dava margem a críticas. Roma tinha práticas — escravidão, execução em massa, infanticídio, jogos públicos com gladiadores — que nenhum Estado moderno toleraria. Jesus confiava na arma principal para *lutar* contra a guerra cultural: o amor sacrifical. Dentre as últimas palavras que ele disse antes de morrer, encontramos estas: "Pai, perdoa-lhes, porque não sabem o que fazem" (Lc 23.34).

Depois do painel, uma celebridade da televisão, alguém que todo leitor saberia quem é somente pelo nome, veio até mim e disse: "Preciso falar uma coisa. Você me atingiu bem no coração. Eu estava pronto para não gostar de você, pois não gosto dos cristãos da direita e presumi que você fosse um deles. Você não pode imaginar as cartas que recebo deles. Eu não sigo a Jesus — sou judeu. Mas quando você falou sobre Jesus perdoando seus inimigos, percebi quão longe estou desse espírito. Luto contra meus inimigos, especialmente os direitistas. Não os perdoo. Tenho muito que aprender com o espírito de Jesus". O poder do amor sacrifical de Jesus estava atuando novamente.

Conforme se aproximava o fim de sua carreira, Endo passou a abordar temas mais pessoais, até mesmo autobiográficos. Em 1988, foi lançado seu romance *Scandal*, que, surpreendentemente, apresenta como personagem central um famoso escritor católico no Japão que é acusado de frequentar a região de meretrício de Tóquio. O leitor nunca se sente plenamente seguro se esse escritor, em sua óbvia semelhança com Endo, está sendo favorecido por seus acusadores, se tem um lado sombrio ou se está experimentando algum tipo de alucinação. Endo desnuda a traição de sua própria alma. "Não me superestimem", diz ele a seus leitores. "É o máximo que posso fazer para lidar com meus próprios problemas. Não posso assumir a responsabilidade por suas vidas também."

Como escritor, considero *Scandal* o mais corajoso e, em muitos aspectos, o mais tocante dos romances de Endo. Escritores que abordam os assuntos de fé apresentam uma tendência de purificar seus personagens, retratando-os com um tipo de brilho sobre eles. Esta tendência contradiz diretamente o exemplo da Bíblia, que relata as falhas de seus grandes personagens — Abraão, Moisés, Davi, Pedro, Paulo — com brutal realismo. Neste sentido, Endo é um dos mais bíblicos de todos os escritores ficcionais modernos, pois o tema da traição transparece em todos os seus principais trabalhos. Em *Scandal*, Endo é seu próprio traidor.

"Um romancista não pode escrever sobre o que é santo", diz Endo. "Ele não pode retratar o santo Cristo, mas pode escrever sobre Jesus através dos olhos do tipo de pessoas que pisaram o *fumie*, ou pelos olhos de seus discípulos, ou de outros que traíram o Cristo." Ele deveria ter acrescentado que o romancista só pode escrever sobre Jesus através dos olhos do próprio romancista, pois, no fim, Endo não se afastou muito da autobiografia. Por dentro, o estimado ancião das letras ainda era um menino, lutando para fazer seu costume de roupas estrangeiras se encaixar em seu corpo japonês.

Um dos contos de Endo, chamado *Mães*, fala de um homem que visita um grupo de cristãos *kakure* numa ilha remota, em busca de alguma verdade sobre si. Esses cristãos das catacumbas, devotos de Maria, com um profundo sentimento de fracasso histórico, chamam a atenção do visitante. Ele percebe neles um pouco do desejo que tinha quando era criança, incapaz de se comunicar adequadamente com sua própria mãe. "Às vezes, enxergo um pouco de mim mesmo nesses *kakure*, pessoas que tiveram de viver uma vida de duplicidade, mentindo para o mundo e nunca revelando seus verdadeiros sentimentos a ninguém."

Em um sonho recorrente, o narrador está numa cama de hospital, fortemente sedado. Entre os momentos de consciência e torpor, ele vê que, a seu lado, obstinadamente, está sentada sua mãe — ninguém mais, apenas sua mãe. Nos momentos de lucidez, ele pondera sobre a grande fé que sua mãe possui e sua instabilidade. "Quanto mais ela me compelia a compartilhar de sua fé, mais eu lutava contra seu poder opressivo, do mesmo modo que uma criança que está se afogando luta contra a pressão da água."

Enquanto o narrador tem esses pensamentos, ouvindo o ruído das máquinas que o mantêm vivo, alternando misteriosamente entre o presente e o passado, preparando-se para um futuro que não pode imaginar, sua mãe senta-se ao seu lado, aguardando silenciosamente.

SHUSAKU ENDO PARA INICIANTES

Comece com *O silêncio*, o aclamado clássico de Endo. Admiro profundamente a obra *Escândalo*.[9] Um de seus últimos romances, chamado *Rio profundo*,[10] revisita muitos dos temas dos primeiros romances: viagens ao exterior, uma fé abalada, o tolo de bom coração. Mas ele explora o novo território da comparação de religiões através dos olhos de um grupo de turistas japoneses que visitam a Índia. Muitos leitores consideram a ficção de Endo repetitiva ou difícil de entender, talvez pelas diferenças culturais. Essas pessoas devem dar preferência aos contos reunidos em *The Final Martyrs*. *Uma vida de Jesus* ajuda a explicar o ponto de vista expresso nos romances.

Capítulo treze

O ferido que cura feridas

Henri Nouwen

Em 1983, o padre e professor universitário Henri Nouwen viu pela primeira vez um quadro de Rembrandt chamado *O retorno do filho pródigo* na forma de um pôster pendurado atrás de uma porta. Talvez pelo fato de ele haver acabado de completar uma exaustiva turnê de palestras sobre a questão da justiça na América Central e estava próximo de um colapso emocional, aquele quadro tocou-o de uma maneira que ele nunca havia sido tocado antes. Tudo que ele queria era tomar o lugar do filho rebelde que se ajoelhava diante do pai, ser banhado pela luz dourada, sentir o doce peso das mãos do pai sobre seus ombros. Desejava ir para casa, independentemente do que isto significasse.

Por ter nascido na Holanda, Nouwen tinha uma atração pela pintura de seus compatriotas, especialmente Rembrandt e Van Gogh. Três anos depois, quando foi convidado a visitar a Rússia, ele prontamente aceitou, em parte porque isto lhe dava a oportunidade de ver algumas pinturas originais de Rembrandt. Em uma semana, ele foi duas vezes ao Museu Hermitage, em São Petersburgo, e ficou sentado várias horas diante da obra-prima que Rembrandt pintara em enormes proporções, maiores que as reais. Sentindo-se um anão diante da pintura, Nouwen viu as mudanças que a luz do Sol provocava com o passar das horas, bebendo cada detalhe dos personagens em seu cenário frugal.

Mais tarde, depois de renunciar ao magistério e fazer uma mudança radical em sua vida, Nouwen escreveu o pequeno livro *A volta do filho pródigo: A história de um retorno para casa.*[1] Ao mudar-se para uma comunidade de pessoas com deficiências físicas e mentais em Toronto, no Canadá, ele esperava ter finalmente encontrado seu lar. O quadro continuava a cativá-lo, e Nouwen começou a ver sua própria história nos termos da parábola de Jesus sobre o filho pródigo. Dez anos depois de se mudar, sua vida terminou num tipo de unidade poética, pois trabalhava num especial de televisão sobre o quadro, no ano de 1996, preparando-se para visitar o Hermitage com uma equipe de filmagem holandesa, quando sofreu o ataque cardíaco que tirou sua vida.

Ao refletir sobre a parábola durante toda a sua vida, Nouwen viu-se mais naturalmente identificado com o obediente e responsável filho mais velho. Afinal, desde os 5 anos ele já havia decidido que seria padre e brincava disto, fazendo um altar de brinquedo, um pequeno tabernáculo e criando algumas vestes. Formado em Teologia e Psicologia na Holanda e, posteriormente, tendo sido ordenado padre, Nouwen passou os primeiros anos de sua carreira realizando ambições. Estudou na Clínica Menninger, lecionou em Notre Dame e Yale e viajou muito como conferencista. Abertamente ecumênico, falava para esquerdistas católicos da teologia da libertação e acenava para evangélicos carismáticos no mesmo dia (Robert Schuller, o popular pastor da televisão, entregou a ele o púlpito da Catedral de Cristal por três programas consecutivos). Ele ignorava as recomendações de Roma para que apenas os católicos participassem na eucaristia, e a celebrava diariamente com amigos, alunos ou estranhos, onde quer que estivesse.

Depois de lecionar para alunos da elite e de escrever dezesseis livros, Nouwen já tinha um currículo montado e poderia morrer tranquilo. Mas este era exatamente o problema. A agenda sempre cheia e a incansável competição estavam sufocando sua própria vida espiritual. Tirou algumas férias de seis meses, retirando-se para uma abadia no interior do Estado de Nova York, afastando-se depois em direção à América do Sul, analisando uma possível posição para si mesmo como missionário em algum país em desenvolvimento. No Peru, viveu numa favela na região norte de Lima, uma paróquia de cem mil pessoas. A família com a qual morava tinha poucas posses, mas Nouwen sentia seu amor por intermédio das crianças que subiam nele, rindo, pulando e brincando com o estranho padre que falava sua língua como uma criança. Aquelas crianças literalmente "abraçaram a vida por ele", diria mais tarde. Ele descobriu um paradoxo: os pobres e oprimidos tinham um senso mais profundo do amor de Deus que os ocidentais, que tinham uma vida materialmente privilegiada.

"Quão pouco nós realmente sabemos sobre o poder do toque físico", escreveu Nouwen durante sua permanência no Peru. Ele visitara recentemente um orfanato em que as crianças, carentes de afeição, brigavam pelo privilégio de tocar nele. "Aqueles meninos e meninas queriam apenas uma coisa: serem tocados, abraçados, afagados e acariciados. É bem possível que a maioria dos adultos tenha as mesmas necessidades, mas tenham perdido a inocência e a consciência desinteressada de expressá-la. Há momentos em que vejo a humanidade como um mar de pessoas famintas por afeição, ternura, carinho, amor, aceitação, perdão e bondade. Parece que todo o mundo está dizendo: 'Por favor, ame-me'."

Vivendo nas casas dos pobres, Nouwen aprendeu que ministramos aos necessitados não apenas para levar Jesus até eles, mas também para encontrar Jesus dentro deles. Jesus disse: "bem-aventurados são os pobres", e não "bem-aventurados são os que cuidam dos pobres". Ao viver entre eles, Nouwen recebeu essa bênção e começou a se recuperar do dano causado pelo estresse. Mesmo assim, o tempo que passou na América do Sul convenceu-o de que seu chamado não estava ali. Depois de seis meses, aceitou novo cargo na Universidade de Harvard.

Enquanto vivia no Peru, Nouwen recebeu notícias de que sua cunhada dera à luz uma menina com Síndrome de Down. Ele escreveu as seguintes palavras a sua família, sem saber que, em alguns anos, elas teriam um caráter profético:

> Laura será muito importante para todos nós da família. Nunca tivemos uma pessoa fraca na família. Todos nós somos pessoas trabalhadoras, ambiciosas e bem-sucedidas, que raramente têm experimentado a fraqueza. Agora Laura chega e nos mostra uma dependência completamente

nova. Laura, que sempre será uma criança, vai nos ensinar o caminho de Cristo como ninguém será capaz de fazê-lo.

Extraído de *Gracias!*

As pressões da fama, sua agenda de aulas em Harvard e questões pessoais que se tornaram cada vez mais pesadas combinaram-se para levar Nouwen a ponto de um colapso total num espaço de três anos. Finalmente, ele caiu nos braços da Comunidade L'Arche (A Arca), que trabalhava com pessoas com deficiências sérias. Ele recebeu a visita do diretor de uma das casas L'Arche, Jan Risse, numa missão do fundador do grupo. Jan visitou Nouwen por alguns dias, fez refeições para ele e o ajudou de modo bastante prático. Nouwen ficou esperando o inevitável convite para dar uma palestra, escrever um artigo, oferecer abrigo. Nenhum desses pedidos foi feito. A L'Arche estava oferecendo graça pura e simples, sem qualquer restrição.

A visita de Jan causou uma impressão tal em Nouwen que ele pediu permissão a seu bispo para se juntar à Comunidade L'Arche na França. Pela primeira vez em sua vida, ele sentia que Deus o estava chamando para fazer alguma coisa. Ele queria aprender "o que o seminário e a Teologia não haviam ensinado: como amar a Deus e descobrir a presença de Deus em meu próprio coração". O apoio que ele recebeu da comunidade na França foi o que o levou a se tornar o padre local de Daybreak, uma casa afiliada em Toronto.

Externamente, a mudança de Nouwen de um cargo numa universidade para uma casa de saúde para doentes mentais parecia algo nobre, o derradeiro ato de um virtuoso irmão mais velho. Como Nouwen deixou claro em seus textos, porém, ele tomou essa decisão em função do fracasso, da escuridão espiritual e de feridas profundas. Ele foi para lá não para dar, mas para receber; não por causa de excesso, mas por falta. Foi para conseguir sobreviver. Sempre colocado na posição do responsável irmão mais velho, ele havia se tornado presa das mesmas tentações que afligiram seu protótipo na parábola de Jesus. "A perdição do ressentido 'santo' é tão difícil de se alcançar justamente porque está por demais ligada ao desejo de ser bom e virtuoso", concluiu ele.

> Eu sei, a partir de minha própria vida, quão diligentemente tentei ser bom, aceitável, merecedor de estima e um exemplo digno para os outros. Sempre havia o esforço consciente de evitar as armadilhas do pecado e o constante temor de ceder à tentação. Mas com isso veio uma seriedade, uma intensidade moralista — e até mesmo um toque de fanatismo — que dificultou muito me sentir à vontade na casa do Pai. Fiquei menos livre, menos espontâneo, menos alegre [...]
>
> Quanto mais refletia sobre o filho mais velho dentro de mim, mais percebia quão profundamente enraizada esta forma de perdição estava e quão difícil era voltar para casa a partir daquele ponto. Retornar depois de uma escapada luxuriosa parece muito mais fácil do que voltar para casa depois de uma amargura que se enraizou nos profundos meandros do meu ser.
>
> Extraído de *The Return of Prodigal Son*

No quadro de Rembrandt, o irmão mais velho está longe do pai, friamente observando o abraço de seu irmão irresponsável. Olhando para aquela imagem, Nouwen ficou pensando se Rembrandt não deveria ter chamado o quadro *O retomo dos filhos perdidos*, pois o filho mais velho estava, em muitos aspectos, mais perdido do que o pródigo, incapaz de superar seu próprio orgulho e seu ressentimento e participar da festa pela volta de seu irmão.

''Amo Jesus, mas...", escreveu Nouwen em seu diário, em relação à decisão de se mudar para Daybreak. ''Amo Jesus, mas quero apegar-me a minha própria independência, mesmo quando esta independência não traz verdadeira liberdade. Amo Jesus, mas não quero perder o respeito de meus colegas de profissão, muito embora seu respeito não me faça crescer espiritualmente. Amo Jesus, mas não quero abdicar de meus planos de escrever, viajar e fazer palestras, mesmo que esses planos muitas vezes sejam mais para minha glória do que para a glória de Deus."

No fim, Nouwen afrouxa as correntes da independência, do respeito e da ocupação e muda-se de uma instituição de prestígio para outra sobre a qual poucas pessoas haviam ouvido falar, para trabalhar não com os líderes da nação, mas com os rejeitados pela sociedade. Ele fez isto, em parte, por causa de um detalhe facilmente ignorado na história de Jesus: o pai abre os braços para os dois filhos. Ele não apenas dá boas-vindas ao filho desobediente, mas também sai de casa para se encontrar com o filho responsável que ouviu o som da música e da dança. Os mesmos braços que abraçaram o pródigo esperavam para abraçar e receber seu irmão ressentido. Nouwen ansiava por esse abraço.

Meu primeiro contato com Henri Nouwen se deu em sua fase de irmão mais velho. Topei com seu pequeno clássico *The Wounded Healer* no início de minha carreira, quando fazia pesquisas sobre o sofrimento, e achei suas ideias notáveis. Li muitos outros livros durante os anos que antecederam meu encontro com ele. Nouwen tem sido acusado de não ter deixado de publicar nenhum de seus pensamentos e, de fato, algumas de suas ideias foram publicadas mais de uma vez em diferentes formatos, como livretos disfarçados de livros comuns. Contudo, ele foi para mim um sábio irmão mais velho, um pioneiro que sabiamente explorou linhas de pensamento que eu mesmo estava ansioso por seguir.

"De alguma maneira, eu achava que escrever era uma forma de deixar que alguma coisa de valor duradouro emergisse de minha vida curta e passageira", escreveu certa vez, um sentimento que expressa o que todo escritor sente. Escrever foi um ato de descoberta tanto para ele quanto para seus leitores:

> A maioria dos estudantes pensa que escrever é colocar ideias, insights e visões no papel. Acham que, primeiramente, precisam ter alguma coisa a dizer antes que possam efetivamente escrevê-la. Para eles, escrever é um pouco mais do que registrar um pensamento preexistente. Porém, com esta abordagem, o verdadeiro ato de escrever torna-se impossível. Escrever é um processo no qual descobrimos aquilo que vive dentro de nós. O próprio escrever revela o que está vivo [...]. A mais profunda satisfação ao escrever é exatamente que esse ato abre novos espaços dentro de nós dos quais não tínhamos consciência antes de começar a escrever. Escrever é embarcar numa jornada cujo destino final não sabemos.
>
> Extraído de *Reflections on Theological Education*

Conheço bem o curso interior da jornada de se escrever. A maioria dos escritores é introspectiva, introvertida e está bem longe do tipo de pessoa que você convidaria para uma noite animada. Prefere se relacionar com um processador de textos a ter relação com uma pessoa de verdade. Nouwen não era assim. Enquanto preparava um livro ou mais por ano, ele também mantinha uma rotina frenética como orador internacional, professor e padre, convidando alegremente outros a participarem de sua jornada.

Certa vez, quando jantava com um grupo de escritores, a conversa se encaminhou para as cartas que recebíamos de leitores. Richard Foster e Eugene Peterson citaram um jovem ativo que buscara direção espiritual nos dois autores. Responderam educadamente, tanto escrevendo uma carta quanto recomendando livros sobre a espiritualidade. Foster descobriu que o mesmo leitor havia entrado em contato com Henri Nouwen. "Você não vai acreditar no que Nouwen fez", disse ele. "Convidou este estranho para viver em sua comunidade por um mês de modo que pudesse ter orientação espiritual diretamente dele."

Você precisaria ser um escritor para apreciar totalmente a ação de Nouwen. Nós, escritores, temos muito ciúme de nossa agenda e nossa privacidade, e as protegemos. Alguns anos atrás, mudei do centro de Chicago para uma área rural no Colorado especificamente para criar um distanciamento entre mim e o mundo louco lá fora. Sim, aceitamos compromissos para apresentar palestras, responder cartas e até mesmo retornar ligações telefônicas de leitores curiosos, mas sempre cultivamos um domínio particular no qual ninguém entra. Henri Nouwen quebrou essas barreiras do profissionalismo. Ele mantinha um esquema ativo de correspondência com cerca de quinhentas pessoas e encorajava muitos deles a lhe fazerem uma visita pessoalmente.

Conheço muitas pessoas que veem Nouwen como seu guia espiritual a distância. Ele respondia as suas dúvidas com cartas extensas, nunca dando a impressão de que as pessoas estavam interrompendo sua vida ou impedindo que ele fizesse coisas mais importantes. Bob Buford, uma dessas pessoas, relembra: "Ele se aproximou de mim, assim como de todas as outras pessoas, como se eu fosse a pessoa mais interessante com quem conversara". Ele tinha o dom de dar total atenção, tudo de si, a qualquer pessoa que estivesse com ele.

Atualmente, quando vejo pessoas recordando Nouwen, sou consumido pela culpa. Quando alguém liga e fala demais, ligo meu computador, cubro o fone para que a pessoa não ouça o ruído do botão do *mouse*, e começo a ver os compromissos que tenho no Microsoft Outlook. Minha esposa conta-me uma história durante o jantar e eu pergunto um detalhe que, como gentilmente me diz, ela falou dois minutos atrás. Como acho difícil sair da vida interior, onde a vida da maioria dos escritores acontece, para o mundo das outras pessoas. Em contraste a isso, Nouwen vagueava ao lado das pessoas. Seus textos podem ter sofrido as consequências disto, mas muitas pessoas se beneficiaram.

Nouwen definiu, certa vez, a tarefa de um guia espiritual: "Você está numa grande sala com uma plataforma de 15 centímetros de largura no centro. Ela está a apenas 30 centímetros do chão acarpetado da sala. Muitos de nós agimos como se estivéssemos vendados, tentando andar sobre essa plataforma, e temos medo de cair dela. Mas não percebemos que estamos a poucos centímetros do chão. O guia espiritual é alguém que pode tirá-lo desta plataforma e dizer: 'Viu? Tudo bem. Deus ainda ama você'".

Nouwen fez isto para mim em muitos aspectos. Comecei a assumir riscos em minha produção literária porque ele me mostrou esse caminho, falando abertamente de suas neuroses e fracassos ao mundo inteiro. Comecei a ver as pessoas não como uma interrupção de meu trabalho, mas como a razão dele. Passei a ver a mim mesmo, com Nouwen, como o irmão mais velho esperando do lado de fora da festa, ressentido pelos convidados que não lhe prestaram honras. Com esse incentivo, também vi as mãos do pai se estendendo em minha direção.

Já no fim da vida, Nouwen escreveu sobre a dificuldade que tinha para retomar a sua família na Holanda. Eles eram católicos devotos na época de sua adolescência, e ficaram felizes com sua decisão de ser padre. Agora, porém, a maioria dos membros da família havia perdido o interesse nas coisas espirituais. Se ele batizava algum sobrinho durante suas visitas, os adultos diziam com condescendência: "Para você, isto é bom, mas é claro que não acreditamos nisto". Ele se sentia como um artista que não agradava sua plateia.

Ao ler tais relatos, entendi por que Nouwen fez tão poucas críticas contra uma Igreja que o irritava com suas políticas. Para ele, a Igreja, mesmo com todas as suas falhas, representava um porto de esperança e conforto. Ele via os resultados da falta de fé em sua família, materialmente próspera, mas espiritualmente vazia, e nos alunos das universidades de elite, angustiando-se com a falta de resposta a seus questionamentos sobre o sentido da vida. Nouwen nunca se tornou um propagandista da Igreja, mas certamente apontou o caminho na direção de uma comunhão com Deus. A fé era por demais importante para ele, o porto seguro de seu mundo atribulado.

Somente após sua morte, as pessoas conheceram a história completa do burburinho que era sua vida. Seus textos possuem muitos indícios, e isto pode explicar sua extraordinária recepção tanto entre católicos quanto no meio dos protestantes, sem mencionar os incrédulos. Ele dava a impressão de abrir seu coração, não retendo nada. Conseguiu nutrir a fé das pessoas enquanto lidava com seus próprios problemas — na verdade, justamente porque ele escreveu tão abertamente sobre suas dificuldades.

Citando Gordon Allport,[2] Nouwen certa vez descreveu a "fé heurística", ou a fé que considera um fato válido até que possa ser confirmado. Nouwen apresentou-me um exemplo de fé heurística. Ele se apegava àquilo que acreditava, mesmo quando todas as circunstâncias de sua vida eram desfavoráveis. Ele confiava no caráter de Deus, mesmo quando sua vida ficava cada vez mais escura e a mão de Deus parecia invisível. Ele continuava agindo como o responsável irmão mais velho, mesmo quando, olhando para dentro de si, via-se como um pródigo.

> Assim, estou orando, mesmo sem saber como orar. Descanso, mesmo quando me sinto impaciente; tenho paz quando estou sendo tentado; sinto-me seguro em meio à ansiedade; cercado de uma nuvem de luz, mesmo quando estou no meio das trevas; em amor, enquanto ainda tenho dúvidas.
>
> Extraído de *The Road to Daybreak*- Estrada para a paz[3]

Um ex-membro da comunidade Daybreak disse: "Quando penso em Henri, penso em dois *livros*: um é o *livro* que Henri escreveu quarenta vezes, mas que não podia viver. O outro é o *livro* que Henri viveu por quase 65 anos, mas que não podia escrever. O segundo espera ser escrito, agora que o significado da vida de Henri e a sabedoria são revelados, depois de sua morte". O próprio Nouwen lamentou: ''As pessoas que leem sua ideia tendem a pensar que seus textos refletem sua vida".

Michael Ford, o biógrafo de Nouwen, entrevistou mais de uma centena de pessoas que conheciam bem o padre. Muitas delas voltaram ao tema da dissonância em sua vida, especialmente entre o que ele dizia nos livros e falava nas palestras e como ele agia em pessoa. Ele era capaz de abordar temas inspirativos sobre a vida espiritual e, então, cair em profundo pavor. Falava da força que obtivera ao viver na comunidade para, então, às 2:00 horas da manhã, visitar um amigo e, soluçando, pedir ajuda. Suas contas telefônicas normalmente eram mais altas do que o valor do aluguel, pois ele ligava para o mundo inteiro, desconsiderando fusos horários, na desesperada busca por companhia. Se um amigo deixava de cumprimentá-lo, demorava muito a responder a uma carta ou não o convidava para tomar um café depois de uma palestra, ele ficava amuado por vários dias, quase imobilizado pela rejeição. Em resumo, ele se sentia chamado a apresentar uma mensagem de paz interior e aceitação que ele mesmo nunca sentiu.

Ford conclui que Nouwen era "um homem inteligente, cheio de generosidade, graça e visão pastoral, mas também uma pessoa profundamente insegura, cheia de angústia, dor e ansiedade". Sua biografia revela um segredo que ele ocultou de todos, exceto algumas poucas pessoas, durante toda sua vida: o padre era celibatário homossexual. Como resultado, ele ansiava por relacionamentos íntimos, mas se afastava deles em função do medo de aonde eles poderiam levá-lo. Ford diz: "Percebi quanto o desejo homossexual há muito reprimido na vida de Nouwen significava para suas lutas, e como provavelmente fora o estímulo para seus poderosos textos sobre solidão, intimidade, marginalidade, amor e posse".

Conheci várias pessoas no ministério que lutam com questões relativas à identidade sexual, sabendo que são *gays* e sentindo-se presas numa armadilha, sem nenhuma maneira aceitável de admitir a situação, e muito menos expressá-la. Não conheço um caminho mais difícil para ser trilhado por uma pessoa de integridade. Agora, releio os textos de Nouwen e vejo a profunda e oculta agonia que reside naquilo que ele escreveu sobre rejeição, sobre a ferida da solidão que nunca se cura, sobre amizades que nunca satisfazem.

Nouwen,buscou ajuda num centro que trabalhava com mulheres e homens homossexuais, e ouviu seus amigos *gays* apresentarem várias opções. Ele poderia continuar como um padre celibatário e "sair do armário" como um *gay*, o que, pelo menos, liberaria o segredo que ele mantinha com tamanha, angústia. Poderia se declarar, deixar o sacerdócio e buscar um companheiro. Ou poderia continuar publicamente como um padre e procurar, secretamente, desenvolver um relacionamento homossexual. Nouwen pesou cuidadosamente cada opção e rejeitou todas. Qualquer confissão pública de sua identidade atingiria seu ministério, temia ele. As duas últimas opções pareciam impossíveis para alguém que havia feito um voto de celibato e que tinha procurado orientação sobre imoralidade sexual na Bíblia e em Roma. Ele optou, assim, por continuar vivendo com sua ferida. Optou por esta saída muitas e muitas vezes.

O padre ou o pastor é constantemente tentado a ver-se como aquele que dá as respostas, a autoridade espiritual, o despenseiro da graça, não seu receptor. Para lutar contra essa tentação, a tentação do irmão mais velho, Nouwen concentrou seus textos nos fracassos e nas imperfeições. Ele normalmente expressava a ferida em termos de solidão, desassossego e rejeição, em vez de tratá-la como sexualidade. Arriscando-se a gerar comentários, ele escreveu sobre laços emocionais com amigos que somente seus votos sacerdotais o impediram de consumar. Falou da alienação que sentiu quando deixou sua família e seu país, mudando-se para os Estados Unidos, depois para a América do Sul, e então para o Canadá. Considerado um desajustado dentro de sua própria família na Holanda, buscou constantemente um verdadeiro lar.

Certa vez, ele descreveu a ferida da solidão como algo que lembrava o Grand Canyon: uma profunda incisão na superfície da existência que se transforma numa inextinguível fonte de beleza e autocompreensão. Esse *insight* tipifica a abordagem de Nouwen com relação ao ministério. Ele não promete uma saída para a solidão, tanto para si quanto para os outros. Em vez disto, ele apresentava a promessa de redenção por meio da solidão. Para os leitores e ouvintes, talvez a ferida tenha se tornado uma fonte de beleza e compreensão. Para o próprio Nouwen, ela raramente representava alguma coisa que não fosse dor.

Apesar de jamais resolver seu desassossego, ele aprendeu a controlá-lo do mesmo modo que algumas pessoas aprendem a lidar com uma dor crônica. "Você não foge dela, mas passa por ela, se levanta e a encara bem nos olhos." Se assim fizer, você poderá encontrar, no meio da dor, algum dom oculto, uma fonte de esperança. Nouwen confessou que, em sua própria vida, os verdadeiros dons eram concedidos nas áreas de maior sofrimento. A dor o forçou a se aproximar de Deus, em quem ele descobriu e redescobriu uma fonte de força "de alguém que me ampara, que me ama desde antes de eu ter nascido e que me amará muito depois de eu ter morrido".

A obra *The Road to Daybreak* comenta a decisão de Nouwen de mudar para Daybreak em busca de um verdadeiro lar. Um crítico (Harold Fickett) escreveu que ficou desapontado ao ver que os mesmos problemas descritos uma década antes, em *The Genesee Diary* [*O diário de Genesee*] — amizades deficientes, amores não correspondidos, mágoas e desprezo — continuavam a assolar a vida de Nouwen. Fickett prosseguiu: "É desanimador, do mesmo modo que é decepcionante, sermos nós mesmos — a mesma pessoa, com os mesmos problemas, que aprende e precisa aprender novamente, e mais uma vez, as lições básicas da fé religiosa. Nouwen não poupa a si mesmo nem a nós do embaraço dessa verdade perene".

Fickett colocou o dedo numa característica marcante de Nouwen: ele realmente não poupa nem a si nem aos leitores o embaraço da verdade, independentemente da aparência que a verdade lhe dá. Muito de nosso sofrimento, dizia Nouwen, vem de nossas lembranças, enterradas profundamente dentro de nós, as quais liberam um tipo de toxina que ataca o centro de nosso ser. Mostramos as boas lembranças por meio de troféus, diplomas e álbuns de recortes. As outras, as lembranças ruins, permanecem ocultas de nossa visão, de onde escapam da cura e causam dano permanente.

Nossa reação instintiva a essas lembranças lesivas é agir como se aquilo não tivesse acontecido, não falar sobre elas e, em vez disto, pensar em coisas mais alegres. Porém, por meio da iniciativa de não nos lembrarmos, permitimos que as lembranças suprimidas ganhem força e prejudiquem nosso funcionamento como seres humanos. Nouwen teve a coragem de lançar luz sobre alguns desses lugares profundos, de expor as lembranças lesivas dentro de si mesmo. "Aquele que efetivamente cura feridas é o ferido", disse ele, numa frase memorável.

Minha única conversa longa com Nouwen ocorreu logo depois de ele ter voltado de São Francisco, onde havia trabalhado por uma semana numa clínica para doentes de aids. Naquela época, eu não sabia nada sobre as questões sexuais de Nouwen. Ele me contou o que vira no distrito de Castro. A palavra *gay*[4] parecia totalmente fora de lugar naquele local, bem no apogeu da crise da aids. Rapazes morriam todos os dias, e milhares andavam apavorados, sem saber se eram portadores do vírus. Mesmo nas lojas em que eram vendidas camisetas espalhafatosas e objetos que beiravam o obsceno, o medo pairava como um denso nevoeiro sobre as ruas. Não apenas o medo, disse ele, mas também o sentimento de culpa, o ódio e a rejeição.

Na clínica, Nouwen ouvia histórias pessoais. "Sou um padre, este é meu trabalho. Ouço as histórias das pessoas. Elas se confessam a mim." Ele me contou de jovens banidos de suas próprias famílias, forçados a se prostituir nas ruas. Alguns deles tinham centenas de parceiros com quem haviam se encontrado em casas de banho, cujos nomes nunca souberam, no qual, de um desses parceiros, eles haviam contraído o vírus que agora os estava matando.

Nouwen olhou para mim com seus olhos penetrantes, brilhando de compaixão e dor. "Philip, aqueles rapazes estavam morrendo — literalmente — por causa de sua sede de amor." Ele prosseguiu, contando-me histórias individuais que ouvira ali. Todos os relatos tinham em comum a busca por um lugar seguro, por um relacionamento estável, por um lar, por aceitação, por amor incondicional, por perdão — a própria busca de Nouwen, percebo hoje.

Os comentários de Nouwen sobre sede me tocaram fundo e, com o passar do tempo, realizaram uma transformação em meu espírito. Como escritor associado da revista evangélica *Christianity Today*, tinha contato regular com pessoas que lideravam a direita religiosa. Com um grupo de doze evangélicos, fui convidado a ir à Casa Branca para responder a uma pergunta do presidente Bill Clinton: "Por que os cristãos me odeiam?". Alguns de meus colegas se viram como cruzados numa imensa guerra cultural. Eles descreviam vividamente essa ameaça como tendo sido feita por pessoas "imorais e ímpias".

Através dos olhos de Nouwen, passei a olhar essas pessoas com outros olhos. Não como imorais e ímpias, mas como sedentas, como pessoas que morriam por amor. Como a mulher samaritana no poço, elas haviam bebido uma água que não as satisfazia. Precisavam da Água Viva. Depois de conversar com Nouwen, todas as vezes que encontrava alguém cujo comportamento me ofendia ou revoltava, eu orava, dizendo: "Deus, ajude-me a ver esta pessoa não como alguém repulsivo, mas como uma pessoa sedenta".

Quanto mais orava assim, mais me via do mesmo lado da pessoa que me causava repulsa. Eu também não tinha nada a oferecer a Deus, senão minha sede. Como o irmão mais velho da parábola, nunca poderei experimentar a graça de Deus limpando minha vida ou participar da festa da família, se ficar do lado de fora da sala do banquete, de braços cruzados, numa postura de superioridade moral. A graça de Deus vem como um presente gratuito, mas somente aquele que estiver com os braços abertos poderá recebê-la.

No fim de tudo, a contribuição de Henri Nouwen como sacerdote e escritor ficou em minha mente. Ele não oferece nada novo sobre a personalidade humana, nenhuma sabedoria que não pudesse ser superada por qualquer outra autoridade. Ao contrário, ele oferece a postura humilde do filho pródigo.

A própria ferida profunda expôs a hipocrisia da posição natural de filho mais velho. Solidão, tentação, rejeição, alienação — tudo isso cooperou para produzir nele uma sede inegável. Ele precisa acertar-se consigo, como o pródigo na busca incansável pelo lar.

> A fé é a confiança radical de que a casa sempre esteve naquele lugar e sempre estará. As mãos estendidas do pai descansam sobre os ombros do pródigo com a duradoura bênção divina: "Tu, és o meu Amado, meu favor é por ti".

> Mas muitas e muitas vezes eu deixei meu lar. Fugi das mãos abençoadoras e corri para lugares distantes em busca de amor! Esta é a grande tragédia de minha vida e das vidas de tantas pessoas que encontro em minha jornada. De algum modo, tornei-me surdo à voz que me chama "amado", deixei o único lugar em que poderia ouvir esta voz e corri desesperadamente, esperando encontrar, em algum outro lugar, aquilo que não mais podia ver em minha casa.
>
> Extraído de *The Return of the Prodigal Son*

Desde criança, sinto uma forte e, sem dúvida, injusta resistência aos evangelistas itinerantes, pregadores e autores devocionais que carregam dentro de si um tom de superioridade moral. Em muitos momentos, eles me conduziram por caminhos errados; em muitas ocasiões, caíram do pedestal no qual eu os havia colocado. Ouço, porém, alguém que se apresenta como um pecador falando a outro. Dou ouvidos àquele que começa com uma confissão de sede, de saudade de casa.

Em *Making All Things New* [*Renovando todas as coisas*[5]], Henri Nouwen escreveu aquilo que pode ser colocado como o epitáfio de sua jornada:

> Pobreza, dor, luta, angústia, agonia e até mesmo escuridão interior podem continuar a fazer parte de nossa experiência. Tudo isso pode até mesmo ser a maneira de Deus nos purificar. Mas a vida deixa de ser maçante, rancorosa, depressiva ou solitária porque passamos a entender que tudo que acontece faz parte do caminho que trilhamos rumo à casa do Pai.

Em incontáveis aparições pessoais, em mais de quarenta livros e, acima de tudo, em sua vida pessoal, Nouwen demonstrou que defeitos e fidelidade não suplantam um ao outro, mas coexistem. Todos nós temos feridas. A de Nouwen vinha da ansiedade sobre sua identidade sexual e a hipersensibilidade à rejeição. A minha vem, basicamente, da família e da Igreja. As de outros podem vir de doenças crônicas e de dores profundas. Podemos viver como vítimas, culpando a Deus ou alguém mais por nosso infortúnio. Ou, então, seguindo Nouwen, podemos deixar que essas feridas nos levem a Deus. Depois de passar seis meses entre os monges trapistas na abadia em Nova York, Nouwen perguntou a si mesmo se os momentos intensos com Deus haviam resolvido seu problema, se ele fora transformado numa pessoa diferente, mais espiritual. Ele precisava responder que não. Percebeu que um mosteiro não foi construído para resolver problemas, mas para que Deus seja louvado ali.

Certa vez, enquanto servia como capelão na Comunidade L'Arche, na França, Nouwen ouvia o dia inteiro pessoas confessando suas vidas secretas no sacramento da reconciliação. Conforme ouvia suas histórias de culpa e vergonha, sentia-se sobrepujado por seu senso de isolamento. Ele queria reunir todos aqueles que haviam se confessado e pedir que compartilhassem suas histórias uns com os outros, de modo que pudessem descobrir quanto tinham em comum. Cada um achava que era o único a lidar com uma dor ou dúvida em particular. Na realidade, eles estavam confessando uma humanidade compartilhada por todos.

O padre Nouwen, sem ninguém com quem compartilhar seus segredos interiores, correu o risco de revelá-los — ou, pelo menos, a maioria deles — para o resto de nós. Ele sabia que, por escondermos nossa dor, também estamos escondendo nossa capacidade de curar. "Ninguém pode satisfazer todas as suas necessidades", lembrava ele a si mesmo, num diário mantido durante os anos de maior tensão na área sexual. "Você precisa gradualmente sair do choro exterior, clamando por alguém que você acha que pode satisfazer suas necessidades, para o choro interior, no lugar em que você pode se deixar ser seguro e amparado por Deus, que se encarnou na humanidade daqueles que o amam na comunidade."

Daybreak, o lugar em que passou a última década de sua vida, tornou-se essa comunidade para Nouwen. Foi uma transição muito difícil, num primeiro momento. Acostumado a se dirigir a grandes plateias de admiradores, achava irritante falar para pessoas que não compreendiam palavras muito compridas, que roncavam, babavam e faziam movimentos espasmódicos durante suas homilias. Se um dos internos não gostasse do sermão do padre, interrompia a missa para dizê-lo. Nouwen descobriu que suas palavras bonitas e sua argumentação tinham pouca relevância para aquilo que os internos estavam sofrendo. Para aqueles corpos e mentes danificados, o rico currículo do escritor não significava nada. Eles nem sequer podiam ler seus livros. Tudo que importava era se ele os amava.

Sendo um sacerdote que não sabia nada sobre as tarefas domésticas comuns — cozinhar, passar, cuidar de crianças — viu-se completamente desajeitado quando lhe foi pedido que cuidasse dos doentes. Com o tempo, porém, ele passou a amar aquelas pessoas. E no nascimento da compaixão por aquelas pessoas com corpos defeituosos ao seu redor, ele começou, pelo menos, a perceber quanto Deus poderia amar uma pessoa ferida como ele mesmo.

> Precisei de muito tempo para sentir-me seguro neste clima imprevisível, e ainda há momentos nos quais sou severo e digo a todos para ficarem calados, formarem fila, me ouvirem e acreditarem naquilo que digo. Mas também tenho contato com o mistério de que a liderança significa, em grande parte, ser conduzido. Descobri que estou conhecendo uma série de coisas novas, não apenas as dores e as lutas das pessoas, mas também sua graça e seus dons únicos. Eles me ensinam sobre alegria, paz, amor, cuidado e oração, coisas que eu jamais poderia aprender nos meios acadêmicos. Eles também me ensinam o que ninguém mais poderia ter-me ensinado: coisas sobre a tristeza e a violência, o medo e a indiferença. Acima de tudo, eles me dão uma visão do primeiro amor de Deus, especialmente nos momentos em que me sinto deprimido e desencorajado.
>
> Extraído de *In the Name of Jesus*

Nouwen ligou-se de tal modo àquelas pessoas, tornou-se tão dependente delas que começou a levá-las consigo quando viajava para fazer alguma conferência. Enquanto palestrantes conhecidos cobravam honorários de cinco mil a dez mil dólares, Nouwen pedia apenas 500 dólares (os quais eram entregues à Daybreak) e uma passagem de avião para ele e seu acompanhante. Um repórter do *The Wall Street Journal* lembra-se de sua participação numa dessas reuniões na Carolina do Norte. Quando Nouwen convidou seu amigo Bill — o mesmo que interrompeu a missa — para falar ao microfone, o repórter pensou consigo mesmo que as pessoas viajaram de longe para ouvir Henri Nouwen, e não a Bill.

Nouwen ficou ao lado de Bill para lhe dar apoio. Bill olhou para a plateia, e as palavras lhe fugiram. Ele ficou paralisado. Simplesmente colocou a cabeça no ombro de Nouwen e chorou. Muito do que Nouwen disse foi esquecido por seus ouvintes na Carolina do Norte; a lembrança de Bill descansando sua cabeça nos ombros do padre, não. "Em verdade vos digo: quem não receber o reino de Deus como uma criança, de maneira nenhuma entrará nele", disse Jesus. "Então, tomando-as nos braços e impondo-lhes as mãos, as abençoava" (Mc 10.15,16).

Daybreak designou uma pessoa em especial da qual Nouwen deveria tomar conta: Adam (seu relacionamento é celebrado no livro de Nouwen chamado Adam: *God's Beloved — Adam: o amado de Deus —* publicado postumamente, em 1997). Adam era a pessoa mais fraca e incapacitada da comunidade. Apesar de estar na casa dos 20 anos de idade, Adam não podia falar, vestir-se e caminhar sozinho, nem sequer se alimentar sem ajuda. Em vez de aconselhar estudantes das escolas mais prestigiadas dos Estados Unidos ou de administrar uma agenda superlotada, Nouwen precisou aprender uma série de novas habilidades: dar comida a alguém; trocar a roupa e dar banho em Adam; segurar seu copo enquanto ele bebia água; empurrar sua cadeira de rodas por um caminho esburacado. Ele ministrou não a líderes e intelectuais, mas a um jovem que, para muitos, era considerado apenas um vegetal, uma pessoa inútil que não deveria ter nascido. Mas Nouwen gradualmente aprendeu que ele, não Adam, era o maior beneficiário daquela estranha e desajustada relação.

Das horas passadas com Adam, Nouwen obteve uma paz interior que fez que suas outras tarefas, mais intelectuais, parecessem desinteressantes e superficiais. Sentado ao lado daquela criança adulta e silenciosa, ele percebeu quão obsessiva e marcada pela competição e pela rivalidade era sua busca pelo sucesso no meio acadêmico. De Adam, ele aprendeu que "o que faz de nós humanos não é nossa mente, mas nosso coração; não nossa habilidade de pensar, mas nossa capacidade de amar. Todo aquele que se refere a Adam como um vegetal ou uma criatura semelhante a um animal deixa de ver o sagrado mistério de que Adam é plenamente capaz de dar e receber amor".

Veja o que Nouwen aprendeu com Adam:

> Mantenha seus olhos naquele que se recusa a transformar pedras em pão, que não pula de uma grande altura e abdica de governar com grande poder temporal. Mantenha seus olhos naquele que diz: "Bem-aventurados são os pobres, os mansos, os que choram e aqueles que têm fome e sede de justiça; bem-aventurados são os misericordiosos, os pacificadores e aqueles que são perseguidos por causa da justiça" [...]. Mantenha seus olhos naquele que é pobre com os pobres, fraco com os fracos e rejeitado com os rejeitados. Aquele que fez essas coisas é a fonte de toda a paz.
>
> Extraído da revista *World Vision*

Enquanto estava sentado no Museu Hermitage, em São Petersburgo, Rússia, meditando no grande quadro de Rembrandt, Nouwen não teve problemas para se identificar com o irmão mais velho, pois aquela fora sua posição natural na vida, treinado desde jovem para ser um padre virtuoso. Também não tinha problemas para se identificar com o próprio filho pródigo, pois uma inquietação interna o levava a confrontar seu próprio "eu" profundamente carente e a lançar-se sobre a misericórdia do Pai. Foi ao se projetar na figura do pai que ele se recolheu. Para ele, o pai sempre foi um personagem poderoso e distante, alguém que inspirava temor.

Não no quadro de Rembrandt, porém. A mão direita colocada sobre o ombro do pródigo é macia e carinhosa, a mão feminina. A cabeça do pai está carinhosamente inclinada para o lado, e ele se curva para encurtar a distância entre ele e seu filho. Ao fazê-lo, sua confortável capa vermelha estende-se como as asas de um pássaro protetor. Nouwen se lembra da imagem feminina que Isaías teve sobre Deus: ''Acaso, pode uma mulher esquecer-se do filho que ainda mama, de sorte que não se compadeça do filho do seu ventre? Mas ainda que esta viesse a se esquecer dele, eu, todavia, não me esquecerei de ti" (49.15). Também se lembrou do clamor maternal de Jesus como o de uma galinha que reúne os pintinhos debaixo de suas asas (Mt 23.37). Ele percebeu que a imagem que tinha de Deus Pai precisava de grande correção.

Enquanto meditava mais sobre isso, teve um grande *insight* sobre aquela parábola: o mistério de que o próprio Jesus havia se tornado uma espécie de pródigo por nossa causa. "Ele deixou a casa de seu Pai celestial, veio a um país estranho, deu tudo o que tinha e, por intermédio da cruz, voltou à casa de seu Pai. Tudo isso ele fez não como um filho rebelde, mas como o filho obediente, enviado para trazer de volta todos os filhos perdidos de Deus... Jesus é o filho pródigo do Pai pródigo, que abdicou de tudo que o Pai lhe confiara para que eu pudesse ser como ele e voltasse para a casa de seu Pai."

Finalmente, Nouwen encontrou uma maneira de se identificar com o pai da pintura de Rembrandt. As pessoas o chamavam "pai"[6] o tempo todo, especialmente quando ele usava a batina e o colar clerical. Ele podia aceitar esse título da maneira como a parábola retratava, o pai como aquele que acena tanto para o filho mais velho quanto para o pródigo. "Não posso ser filho para sempre", pensava Nouwen. "Deus está me chamando para ser como ele, para mostrar aos outros a mesma compaixão que ele esta mostrando a mim. Ele esta me chamando para alcançar os feridos e necessitados, para dar-lhes boas-vindas à família de Deus." Foi esta percepção que motivou a difícil decisão de deixar Harvard e se transferir para Daybreak.

Nouwen foi a primeira pessoa que vi usar a expressão "mobilidade descendente". Em um artigo de 1981, publicado na *Sojouners*, Nouwen escreveu contra a incontrolável busca pelo prestígio, pelo poder e pela ambição — em outras palavras, a mobilidade ascendente — tão característica da cultura americana: "O grande paradoxo que as Escrituras nos revelam é que liberdade real e total só pode ser alcançada por meio da mobilidade descendente. A Palavra de Deus veio a nós e viveu entre nós como um escravo. O jeito divino é realmente o caminho para baixo".

Quando mudou-se para Daybreak, Nouwen agiu de acordo com o padrão divino da mobilidade descendente. Tudo isso aconteceu contra todos os instintos, admitiu ele. Deixar um cargo estável numa das mais importantes escolas do mundo para se estabelecer numa comunidade de deficientes mentais não fazia sentido, de acordo com os padrões modernos de medida de sucesso. Quando ouvi a notícia, dei risada ao pensar sobre a decisão de Nouwen de ser um *santo* tolo. Quão errado eu estava. Ele não tomou a decisão como um ato de autossacrifício. Optou por causa dele mesmo.

Na verdade, o que os outros viram como um padrão de mobilidade descendente em sua carreira, Nouwen via como uma forma de mobilidade interior. Ele se afastou com o objetivo de olhar para dentro de si, para aprender como amar a Deus e ser amado por ele de modo que pudesse chamar os outros a esse amor. Ele descreveu sua intenção citando uma passagem do livro *Zen and the Art of Motorcycle Maintenance* [*Zen e a arte da manutenção de motos*], de Robert Pirsig:

> Pirsig descreve dois tipos de alpinistas. Ambos colocam um pé na frente do outro, respiram na mesma frequência, param quando estão cansados e seguem adiante quando estão descansados. Mas aquele que escala egos não tira proveito desta experiência. Ele não nota a beleza da paisagem proporcionada pela luz do Sol em meio às árvores. Busca a trilha para ver o que está adiante, muito embora tenha feito a mesma coisa dois segundos atrás. "Sua conversa é sempre sobre algum outro lugar, alguma outra coisa. Ele está ali, mas não está ali. Aquilo que ele busca está ao redor dele, mas ele não quer simplesmente porque aquilo está ao redor dele."
>
> (Extraído de *The Genesee Diary*)

Nouwen estava vivendo sua vida espiritual como um alpinista de egos. Livros para ler, habilidades a desenvolver, palestras a apresentar, cartas para responder — essas coisas o pressionavam de tal modo que ele não notava a presença de Deus ao seu redor, e enquanto isso, esforçava-se para ver o que havia adiante, mais à frente na trilha. Quando pediu conselhos a Madre Teresa de Calcutá, ela disse: "Passe uma hora por dia em oração contemplativa e não cometa nenhum pecado de consciência". Nouwen tinha dificuldades para separar uma hora por dia, mas em Daybreak ele conseguiu arrumar meia hora diariamente. Começou a pensar na oração de maneira diferente, não apenas como um tempo de conversar, mas de ouvir; um momento tranquilo e atencioso para "ouvir a voz que diz coisas boas sobre mim". Para alguém inseguro e assolado por dúvidas como Nouwen, esta foi uma difícil disciplina.

Quando se mudou para Daybreak, Nouwen começou a ponderar sobre os efeitos do afastamento. Será que sofreria por viver *fora do turbilhão*? Em vez disto, do mesmo modo que Thomas Merton, ele descobriu que a cidade de recolhimento não leva necessariamente ao isolamento. Um escritor que já escreveu bastante sobre os eremitas traça um paralelo entre eles e os cientistas que trabalham sozinhos na busca da cura de algumas doenças, o que, por fim, ajudará muitas pessoas. A maioria dos seguidores de Nouwen acha que sua obra cresceu e ficou mais relevante, não menos, durante o tempo que viveu em Daybreak.

Encontrei-me pessoamente com Henri Nouwen apenas uma vez, numa visita que fiz a Daybreak. Primeiramente, conversamos em seu escritório, compartilhando histórias sobre editores e comparando alguns dos tópicos sobre os quais queríamos escrever. Sentindo-me um pouco sem jeito, mencionei que estava terminando um livro intitulado *Decepcionado com Deus*. Em vez de franzir a testa ao ouvir o título, ele ficou cada vez mais entusiasmado, gesticulando sem parar, e contando--me suas próprias experiências de decepção. Em dado momento, ele se levantou, correu até a parede e tirou uma reprodução de um quadro de Van Gogh. "Aqui, é isto o que quero dizer", disse ele. "Isto captura o espírito. É seu. Aceite-o como um presente."

Quando chegou a hora do almoço, coloquei minha recém-adquirida obra de arte embaixo do braço e o segui por um caminho de madeira que levava ao lugar em que ele vivia. Tinha uma cama de solteiro, uma prateleira e algumas peças de mobília do estilo *shaker*.[7] As paredes não tinham nenhum adorno, a não ser uma reprodução de outro quadro de Van Gogh — Nouwen havia contribuído para a elaboração de um livro chamado *Van Gogh e Deus* — e alguns poucos símbolos religiosos. Uma pessoa da cozinha trouxera, havia pouco tempo, uma tigela com salada césar, uma jarra de vinho e um pedaço de pão. Nada de aparelho de *fax*, computador, calendário pendurado na parede — nessa sala, ao menos, Nouwen encontrara serenidade. A *indústria* da igreja parecia estar bem longe dali.

Thoreau escreveu que "a maioria dos luxos e muitos dos assim chamados confortos da vida não são apenas dispensáveis, mas se colocam como impedimentos à elevação da raça humana. Com respeito aos luxos e confortos, o mais sábio viveu uma vida mais simples e escassa do que os pobres [...]. Ninguém pode ser um observador sábio ou imparcial da vida humana se não estiver no vantajoso ponto de observação que deveríamos chamar pobreza voluntária". Olhando em volta e comparando mentalmente o ambiente de Nouwen com meu escritório cheio de máquinas, livros e *coisas*, senti uma ponta de inveja. Sim, ele tinha secretárias que cuidavam da correspondência e uma irmã religiosa que preparava suas refeições. Sim, um voto de pobreza eliminava preocupações com o imposto de renda e a negociação de *royalties*, e um voto de obediência simplificava o processo de tomada de decisões. Mas não era exatamente isso o que importava? Ele havia se livrado daquele estorvo para se comprometer com algo mais elevado.

Mas o que era aquilo mais elevado? Nouwen havia passado a manhã inteira com seu amigo Adam. "Você chegou aqui num momento muito especial", disse-me ele, bastante entusiasmado. "Hoje é o aniversário de Adam [*com seu sotaque holandês, o que ouvi foi "anifersário"*]. Ele está fazendo 26 anos, e seus pais e irmãos estarão aqui para uma celebração muito especial da eucaristia."

Naquele mesmo dia, disse-me Nouwen, ele já havia passado quase duas horas preparando Adam, Li a descrição daquele dia feita pelo próprio Nouwen:

> Levo quase uma hora e meia para acordar Adam, dar-lhe os remédios, levá-lo para tomar banho, barbeá-lo, limpar seus dentes, vesti-lo, caminhar com ele até a cozinha, dar-lhe seu café da manhã, colocá-lo na cadeira de rodas e levá-lo ao lugar em que passa a maior parte do dia fazendo fisioterapia [...]. Ele não ri nem chora. Apenas ocasionalmente faz algum contato visual. Suas costas são tortas. Os movimentos dos braços e das pernas são irregulares. Ele sofre de epilepsia severa, e, apesar da forte medicação, passa poucos dias sem que tenha sérios ataques. Às vezes, quando fica repentinamente enrijecido, solta um grito muito forte. Em algumas poucas ocasiões, vi uma grande lágrima escorrendo por sua face.
>
> Extraído da revista *World Vision*

Depois do almoço, fomos a uma pequena capela para o serviço religioso. Com solenidade, mas também com um brilho nos olhos, Nouwen dirigiu a liturgia em honra ao aniversário de Adam. Incapaz de falar e profundamente retardado, Adam não deu qualquer sinal de compreensão, apesar de parecer estar reconhendo que sua família viera para compartilhar com ele aquele momento. Ele babou durante toda a cerimônia e soltou gritos altos em alguns momentos.

Devo admitir que fiquei com uma dúvida passageira se aquela era realmente a melhor maneira de usar o tempo daquele sacerdote ocupado. Já ouvira palestras de Nouwen e lera vários de seus livros. Sabia tudo que ele tinha a oferecer. Será que não havia ninguém mais que poderia assumir a tarefa de cuidar de Adam? De volta a seu escritório, quando mencionei cuidadosamente o assunto com o próprio Nouwen, ouvi-o dizer que eu havia feito uma interpretação completamente errada dele. "Não vou abandonar nada", insistiu ele. "Sou eu, e não Adam, o maior beneficiário de nossa amizade."

Nouwen passou o resto da tarde respondendo as minhas perguntas, como se não acreditasse que pudesse perguntar tais coisas. Ficou citando várias maneiras pelas quais fora beneficiado por seu relacionamento com Adam. Ele estava verdadeiramente desfrutando de um novo tipo de graça espiritual, alcançado não formalmente, em Yale ou em Harvard, mas ao lado de Adam. Ao ouvi-lo, fiquei convencido de minha própria pobreza espiritual, eu que tão cuidadosamente arranjava minha vida de lescritor para torná-la mais eficiente e concentrada.

Nouwen admitiu que foi muito difícil, no começo. O toque físico, a afeição e a confusão que é cuidar de uma pessoa totalmente sem coordenação não chegam com facilidade. Mas ele havia aprendido a amar Adam verdadeiramente. No processo, aprendeu como deve ser para Deus amar a nós — espiritualmente descoordenados, retartados e capazes de reagir com aquilo que, para Deus, são apenas gemidos e grunhidos desarticulados. Trabalhar com Adam havia ensinado a ele a humildade e o vazio alcançado pelos monges somente depois de muito sacrifício. O tempo que ele passou cuidando de Adam se tornou um inestimável período de meditação.

Nouwen disse que, em toda sua vida, duas vozes competiam entre si dentro dele. Uma o encorajava a ter sucesso e alcançar posições, enquanto que a outra o chamava simplesmente ao descanso e ao conforto de saber que ele era o amado de Deus. Somente na última década de sua vida ele deu ouvidos, de fato, a essa segunda voz. Já no fim de tudo, Nouwen concluiu que "o objetivo da educação e da formação para o ministério é reconhecer continuamente a voz do Senhor, sua face e seu toque em cada pessoa que você encontre". Lendo essa descrição, compreendo por que ele não considerava uma perda de tempo convidar um estranho para viver com ele durante um mês, ou dedicar várias horas do dia para o cuidado servil de Adam.

Recentemente, quando verificava os livros de Nouwen em minha biblioteca, deparei-me com três livros que ele havia autografado para mim depois de minha visita. "Obrigado por dar-me a coragem de continuar escrevendo", escreveu ele num dos livros. Saí de Daybreak sentindo-me convicto e envergonhado, como um jornalista intrometido que estava tomando o tempo de um sacerdote. Nouwen, porém, nutriu uma lembrança bastante diferente, a de um companheiro de busca, alguém amado por Deus. Como um pai, ele me deu as boas-vindas à comunidade de Deus. Mesmo hoje, depois de sua morte, ele continua me dando esse dom renovado.

Como Nouwen destaca: "Deus se alegra. Não porque os problemas do mundo tenham sido resolvidos, não por causa do fim da dor e do sofrimento humano, nem porque milhares de pessoas se converteram e agora estão louvando sua bondade. Não, Deus se regozija porque um de seus filhos que estava perdido foi achado".

Sinto falta de Henri Nouwen. Para alguns, seu legado consiste de seus muitos livros; para outros, seu papel como uma ponte entre os católicos e protestantes; para outros ainda, sua brilhante carreira entre as maiores universidades americanas. Para mim, porém, uma imagem simples captura o melhor de Nouwen: o sacerdote enérgico, cabelos desgrenhados, usando suas mãos incansáveis forjando uma homilia no ar, celebrando uma eloquente eucaristia de aniversário para um homem-criança incapaz de reagir, tão defeituoso que seus pais prefeririam tê-lo abortado. Não posso imaginar um símbolo melhor para a encarnação.

O legado de Henri Nouwen permanece vivo. Enquanto estava no processo de reunir todas essas reflexões, deparei-me com duas outras que incluo como um tipo de pós-escrito de sua vida.

A primeira ocorreu durante um discurso que ele fazia numa feira internacional em Frankfurt, Alemanha. Um editor holandês veio a mim depois da programação e disse: "Ah! mas você não sabe o resto da história. Você mencionou como Henri se sentia deslocado em sua família e como seu vazio espiritual o chateava. Mesmo agora, depois de sua morte, isto está mudando. Seu irmão, que por muitos anos dirigiu a maior associação turística da Holanda, esteve diante de uma reunião de diplomatas, embaixadores, membros do parlamento e outros dignitários. Ele contou a experiência de estar presente no enterro de Henri e ouvir a palavra de pessoas vindas de diversos países, como Canadá, Estados Unidos, França, Bélgica e Holanda. Elas falaram do impacto de Henri em suas vidas. Seu irmão disse: 'Percebi que, comparado a Henri, não tenho nada. Sentado ali, ouvindo, a diferença ficou ainda mais clara: Henri tinha Deus, e isto fazia toda a diferença'. Ele prosseguiu, falando da morte de sua esposa por causa de um câncer, e também da morte de seu pai, que viveu um pouco mais que Henri. Então, num espírito humilde, ele falou das mudanças que estava fazendo agora em sua própria vida, preparando-se melhor para a morte, restaurando seu relacionamento com o Deus a quem Henri conhecia tão bem. Como você pode perceber, talvez Henri não tenha sido algo tão estranho dentro de sua família".

A segunda lembrança ocorreu em um culto do qual participei numa cidade litorânea da Califórnia. O termo "informal" descreve perfeitamente sua cultura de adoração: um líder vestido com roupas de surfista (para pegar algumas ondas depois do culto) coloca sua guitarra no suporte, sobe ao púlpito e pergunta: "E aí, alguém tem alguma coisa para compartilhar com a gente hoje?"

Naquela manhã em particular, conforme aconteceu, três jovens vieram preparadas para relembrar Henri Nouwen, cujo livro *Life of the Beloved* haviam lido juntas num pequeno grupo.

A primeira a falar, chamada Elizabeth, tinha um monte de anotações, as quais seguiu estritamente. Falou de seus esforços para se tornar uma superempreendedora. No segundo grau, lutava para sempre tirar A, para vencer o campeonato estadual de tênis, para liderar o Conselho Estudantil e para fazer parte de todos os clubes que pudesse. Ganhou o prêmio Super Seahawk na escola. Lendo o livro de Nouwen, viu se na mesma fase de superempreendedor do autor. Percebeu que, assim como Nouwen, estivera sedenta pelo amor de Deus o tempo todo, tentando desesperadamente alcançá-lo. Ela conseguiu perceber o que o autor quis dizer sobre ver-se como a filha querida de Deus, como uma pessoa que fora amada desde o princípio dos tempos, sem necessidade de se mostrar digna desse amor.

A outra moça que falou, Kate, levou um computador portátil para o púlpito e começou a mexer com o *mouse* em busca de suas anotações. Sua impressora se recusara a funcionar naquela manhã. "Este é um tipo de sintoma de minha vida", disse ela. "Tudo sempre dá errado comigo." Ao contrário de Elizabeth, ela não tinha um currículo de grandes feitos. Na verdade, seu conselheiro lhe disse certa vez: "Kate, às vezes vejo pessoas com um complexo de Messias, pessoas que acham que podem salvar o mundo. Você tem um complexo de Satanás. Acha que é capaz de destruir o mundo inteiro sozinha". Ela realmente se sentia amaldiçoada, incapaz de receber bondade. Estava aprendendo com Nouwen a, pela primeira vez, ver-se abençoada, e não amaldiçoada.

Kate fez outros comentários depreciativos sobre si e fechou seu computador no momento em que todos começaram a rir. Então Cathy se levantou. Seus lábios tremiam e lágrimas começaram a se formar no canto dos olhos. A congregação ficou em silêncio. "A maioria de vocês não conhece minha história. Fui molestada quando era criança. Na faculdade, droguei-me e fui violentada. Ficava perguntando: 'Por que eu?' Eu havia tentado ser boa. Ia à igreja todos os domingos e tudo o mais. Então eu simplesmente desisti. Voltei-me para o álcool, querendo diminuir minha dor. É claro que isto só me trazia mais dor ainda, e então, eu bebia mais. Estava numa espiral que não levava a lugar algum, sentindo-me velha antes de deixar de ser jovem. Certo dia, parei diante de minha velha igreja só para ver o que havia mudado lá dentro. No prédio vazio, sem qualquer planejamento, comecei a orar. Comecei a berrar feito uma criança.

"É claro que nem tudo se resolveu naquele dia. A dor não foi embora. Era meu estado que eu estava confrontando na igreja, não minha cura. Mas, por intermédio de Henri Nouwen, aprendi que sofrimento e alegria podem caminhar juntos, que Deus pode usar todas as situações de nossa vida, até mesmo a dor que nunca vai embora. Comecei a clamar por quebrantamento.

"Fico feliz por essas coisas ruins terem acontecido em minha vida? Não. Mas realmente percebo que elas me ajudaram a fazer de mim a pessoa que sou hoje. Posso ser uma amiga verdadeira para outras pessoas. Posso oferecer um lugar seguro para as pessoas se refugiarem nos momentos difíceis."

Cathy encerrou sua palavra com sua própria paráfrase de Lucas 4, uma cena dramática na qual Jesus entra na sinagoga e anuncia: "O Espírito do Senhor está sobre mim. Ele me enviou para proclamar libertação aos *cativos*" (ênfase do autor).

Por vários minutos, ninguém se mexeu, a não ser para pegar os lenços. O tráfego lá fora, o dia ensolarado, os planos para o domingo na praia — nada disso importava mais. Deus estava naquele lugar.

Então, as três moças que haviam falado se levantaram e ofereceram os elementos da ceia umas às outras. "Este é o corpo de Cristo, partido *por você*", disse Kate, dando o pão a Elizabeth. "O sangue de Cristo, derramado *por você*", falou Elizabeth, estendendo o copo a Cathy. E o resto de nós formou duas filas desiguais no corredor central, para comer e beber do quebrantamento de Deus.

Henri Nouwen para iniciantes

Seeds of Hope reúne, em um único volume, uma seleção de leituras das obras de Nouwen e fornece uma boa introdução àqueles que não se importam em ler passagens fora do contexto. Recomendo *A volta do filho pródigo* e *Life of the Beloved* como introdução à sua introspectiva porém confortante obra. *The Genesee Diary*, *Uma estrada para a paz*[8] e *Sabbatical Journey* trazem reflexões mais pessoais e autobiográficas. Dos muitos outros livros de Nouwen, gosto particularmente de *Gracias!* e *Intimidade*.[9] *Nouwen Then* e *Wounded Prophet* trazem reflexões sobre Nouwen feitas por aqueles que o conheceram.

Epílogo

Os escritores têm a prerrogativa de se concentrar em um único assunto por vários meses ou até anos. Recentemente, estive pensando em poucas outras coisas além das treze pessoas presentes neste livro e como elas me afetaram. Fazer isso foi um tônico maravilhoso, que eu recomendaria, em doses menores, a qualquer pessoa. Faça uma lista das pessoas que mudaram sua vida para melhor e procure descobrir por quê.

Quando fiz uma revisão da lista como um todo, vi pessoas defeituosas, não perfeitas. Várias delas seriam diagnosticadas por psicólogos como "instáveis". Cada uma delas teve desejos que não foram satisfeitos, sonhos que nunca se tornaram realidade. Aprendi com elas a lidar com meus próprios desejos. Será que elas me fazem seguir adiante, na direção da pessoa que eu gostaria de ser e ainda não sou, em direção ao Deus que quero conhecer? Ou será que me deprimem, fazendo com que eu pareça cínico e cansado? Desses mentores, aprendi a ver os desejos como intimações de algo maior, digno de minha incansável e talvez fútil procura. Também aprendi a resistir à tentação de me contentar com pouco.

Soren Kierkegaard disse: "Com a ajuda do espinho em meu pé, pulo mais que qualquer pessoa com um pé sadio". Algumas das pessoas retratadas nesta coletânea demonstram este provérbio muito bem. Só complementaria dizendo que também precisamos da ajuda daqueles que nos mostram para onde pular. Para mim, essas pessoas apontam o caminho.

Tratei de muitas partes do meu passado neste livro, pois aqueles guias me mostraram a rota de minha peregrinação num momento crítico, quando minhas crenças estavam se formando. Com relação ao presente, bem, este é o assunto da maioria dos meus outros livros.

Notas

Agradecimentos

[1] Publicados no Brasil pela Editora Vida.

Capítulo um: Depois do abuso

[1] A maneira correta pela qual os americanos se referem aos indivíduos da raça negra (N. do T.).

[2] Publicado no Brasil pela Editora Francisco Alves.

[3] Cântico *Cristo ama as criancinhas*, da série "Cânticos de Salvação" (N. do T.).

[4] Tordo: ave norte-americana, do mesmo gênero do melro.

[5] Autor: John Howard Griffin.

[6] Autor: Alex Haley, a partir de depoimentos. Publicado no Brasil pela Editora Record.

[7] Escritora americana (1925-1964), conhecida pela maneira como combinava comédia e tragédia em suas histórias. Pertenceu à chamada "tradição gótica sulista", que descrevia a decadência do povo do sul dos Estados Unidos. Escreveu apenas dois romances, 31 histórias e alguns discursos e cartas.

Capítulo dois: A longa jornada noturna rumo ao dia

[1] Emprego temporário, apenas durante o período das férias de verão, comum entre os estudantes norte-americanos.

[2] *Dixie*: forma como os norte-americanos referem-se aos Estados do Sul que se uniram contra os ianques (soldados do Norte) na Guerra de Secessão, em 1861. É, também, o nome de uma canção tradicional

daquela parte dos Estados Unidos. O nome vem do fato de se situarem ao sul da Linha Mason-Dixon.

[3] Organização secreta do sul dos Estados Unidos, formada por protestantes brancos depois da Guerra Civil para combater a emancipação da população negra, usando inclusive a violência. Judeus e outras minorias também são alvos da Ku Klux Klan.

[4] Político norte-americano do Alabama, cujo discurso era favorável à segregação racial. No fim de sua carreira política, na década de 1980, mudou de posição e buscou reconciliação.

[5] Diretor do Federeal Bureau of Investigation (FBI), a polícia federal norte-americana, de 1924 a 1972.

[6] National Association for the Advancement of Colored People (Associação Nacional para o Avanço das Pessoas de Cor).

[7] Student Nonviolent Coordinating Committee (Comitê Coordenador da Não Violência Estudantil).

[8] Em maio de 1954, uma família negra de Topeka, no Estado do Kansas, entrou na Justiça — e venceu — pelo direito da menina Linda Brown, de 8 anos, de estudar numa escola de brancos. A decisão da Suprema Corte dos Estados Unidos foi importante para determinar o fim da segregação racial no sistema educacional do país.

[9] *A caminho da liberdade.*

[10] Eugene Connor (1897-1973), policial norte-americano que se notabilizou pela defesa da segregação racial e pelo uso de métodos violentos para reprimir ações dos movimentos de direitos civis.

[11] Xerife do condado de Dallas, no Alabama, que se opôs à marcha dos negros norte-americanos pela liberdade.

CAPÍTULO TRÊS: RELÍQUIAS À BEIRA-MAR

[1] Publicado no Brasil pela Editora LTR.

[2] *O que vi na América.*

[3] Jean-Paul Sartre (França, 1905-1980) e Albert Camus (Argélia/França, 1913-1960), filósofos existencialistas.

[4] Friedrich Nietzshe (1844-1900), filósofo alemão que, apesar de ser filho e neto de pastores protestantes, foi um forte crítico da cultura ocidental cristã.

[5] Publicado pela Editora Germinal.

[6] Típico bar britânico.

[7] Publicado pela Editora Ediouro.

CAPÍTULO QUATRO: DESVIOS NO CAMINHO DA FELICIDADE

[1] Campo de prisioneiros políticos na Rússia.

[2] Publicado no Brasil pela Editora Mundo Cristão.

[3] Escritor inglês e organizador de um dos mais famosos dicionários da língua inglesa (1709-1784).

[4] Publicado no Brasil pela Editora Nova Fronteira.

[5] Publicado no Brasil pela Editora Record.

[6] Publicado no Brasil pela Editora Ediouro.

CAPÍTULO CINCO: VIDAS CALMAS E AS AGRESSÕES DO UNIVERSO

[1] Questão relacionada com uma decisão jurídica da década de 1970 sobre reserva de assentos nos ônibus escolares para moradores de bairros distantes, que favorecia os negros.

[2] *Ianque (yankee)*: forma como os norte-americanos referem-se a quem nasceu ou vive nos Estados do Norte. Uma referência a Franz Kafka (1883-1924), escritor tcheco que criticava um mundo de pessoas egoístas e perturbadas.

[3] Uma referência a Franz Kafka (1883-1924), escritor tcheco que criticava um mundo de pessoas egoístas e pertubadas.

[4] Escritor, radialista e militante pelos direitos civis nos Estados Unidos.

[5] Psiquiatra austríaco naturalizado norte-americano (1903-1990), notabilizou-se por seus textos sobre complexidade psicológica nos campos de concentração nazistas.

[6] Corrente da psicologia que se concentra na filosofia do comportamento humano, idealizada pelo norte-americano B.F. Skinner (1904-1990).

[7] Referência a Soren Kierkegaard (l813-1855), filósofo dinamarquês, fundador do existencialismo.

[8] Empresa de ônibus norte-americana.

[9] Franklin Delano Roosevelt (1882-1945) foi o 32º presidente dos Estados Unidos.

[10] Publicado no Brasil pela Editora LP&M.

[11] Publicado no Brasil pela Editora Ediouro.

[12] Publicado no Brasil pela Editora Campus.

Capítulo seis: Em busca da graça

[1] "What Would Jesus Do?", em inglês.
[2] Publicado no Brasil pelas editoras Abba Press e Hagnos.
[3] Malcolm Muggeridge (1903-1990), jornalista inglês, foi correspondente internacional e trabalhou para o serviço de inteligência britânico durante a Segunda Guerra Mundial. Escreveu vários livros sobre o cristianismo.
[4] Publicado no Brasil pela Editora Ediouro como *O que é arte?*
[5] Figura do folclore judaico, o *dybbuk* é um demônio que entra no corpo de uma pessoa e controla seu comportamento.
[6] Publicado no Brasil pela Editora Ediouro.
[7] Em 2001, a Igreja Ortodoxa Russa recusou um pedido feito pelo trineto de Tolstoi para que os escritos do escritor fossem revistos, num processo de reconsideração de sua excomunhão (N. do A.).
[8] Publicado no Brasil pela Editora 34.
[9] Publicado no Brasil por várias editoras.
[10] Publicado pela Editora Europa-América (Portugal).
[11] Publicado no Brasil pela Editora 34 e Ediouro.
[12] Publicado no Brasil por várias editoras.
[13] Publicado no Brasil pelas editoras Ediouro e Martin Claret.
[14] Premiação anual concedida a personalidades que ofereceram algum tipo de contribuição ao progresso humano.
[15] Publicado no Brasil por várias editoras.
[16] Publicado no Brasil pela Editora Ediouro.
[17] Publicado no Brasil pela Editora Ediouro.
[18] Publicado no Brasil pela Editora Ediouro como *Notas do subsolo e outros contos*.
[19] Irmandade Huteriana, também conhecida como Os Anabatistas, grupo evangélico conservador sediado nos Estados Unidos.

Capítulo sete: Ecos em uma terra estranha

[1] Robert Coles recorda uma cena dos dias em que estudava e era voluntário no movimento dos Obreiros Católicos. Um colega de trabalho havia pichado alguns garranchos na parede lateral do prédio que abrigava os pobres: "Sr. Gandhi, o que o senhor acha da civilização ocidental?" Gandhi respondeu: ''Acho que seria uma grande ideia" (N. do A.).

[2] Benigno Aquino (1932-1983), político e militante de oposição nas Filipinas, foi assassinado pela ditadura de Ferdinand Marcos.

[3] Nos últimos anos de sua vida, Gandhi tornou-se absolutamente inflexível nesta questão. Durante a Segunda Guerra Mundial, ele aconselhou primeiramente os etíopes invadidos pelos exércitos nazistas, depois os judeus e, por fim, a Grã-Bretanha a receber seus inimigos e se postarem diante dos algozes com serenidade e uma consciência limpa. Disse a seus seguidores que, se uma bomba atômica fosse jogada sobre a Índia, eles deveriam olhar para cima, "assistir sem medo e orar pelo piloto" (N. do A.).

[4] Retiro religioso ou comunidade em que vivem homens hindus considerados santos.

[5] John Ruskin (1819-1900), crítico de arte e escritor britânico.

[6] Militante negro sul-africano, libertado da prisão para se tornar o primeiro presidente democraticamente eleito do país, em 1994.

[7] Fruta cítrica de casca fina e polpa levemente ácida.

[8] Exibidos no Brasil pela MTV e por canais por assinatura.

[9] "Pai."

Capítulo oito: Serpentes e pombas em praça pública

[1] Cargo equivalente ao de ministro da Saúde, no Brasil (N. do T.).

[2] Período da história recente dos Estados Unidos durante o qual foi exercida uma forte política conservadora e anticomunista, influenciada pelo general Douglas MacArthur.

[3] Personagem principal do romance *Moby Dick*.

Capítulo nove: No leito de morte

[1] Em inglês, "King James", monarca responsável pela mais tradicional versão da Bíblia em língua inglesa.

Capítulo dez: O esplendor das coisas simples

[1] Canoagem em rios turbulentos.

[2] Corrente segundo a qual toda ordem e beleza do universo tem origem numa Inteligência Criadora.

[3] Modalidade literária na qual o escritor especializa-se na observação e descrição da natureza e da vida natural.

[4] Pierre Teillard de Chardin (1881-1955), padre, pensador e paleontólogo francês.
[5] Relativa aos *hasidim*, seita judaica ortodoxa que segue a lei mosaica literalmente.
[6] Aviador acrobático que forma letras ou figuras no céu ao soltar fumaça durante o voo.
[7] Segundo a tradição católica, Verônica enxugou o rosto de Jesus durante a caminhada pela Via Dolorosa, e o rosto do Senhor ficou estampado no lenço.

CAPÍTULO ONZE: O MOVIMENTO DAS ASAS

[1] Nome dado às revelações de Jesus Cristo antes de seu nascimento, como o registro do quarto homem na fornalha, como descrito em Daniel 3.25.
[2] Referência a Blaise Pascal (1623-1662), filósofo e matemático cristão francês.
[3] "Rosa de Tóquio" era o nome que os soldados americanos davam às mulheres japonesas que faziam propaganda de guerra durante a Segunda Guerra Mundial. Entre elas, lva Toguri, julgada por traição, foi a mais famosa.
[4] Publicado no Brasil pela Editora Mundo Cristão.
[5] Sigla de Alcoólicos Anônimos.

CAPÍTULO DOZE: LUGAR DE TRAIDORES

[1] "Mergulhe no chão e se cubra", foram as primeiras reações sugeridas em caso de um ataque com bomba, inclusive nuclear.
[2] William Tecumseh Sherman (1820-1891), general norte-americano, comandante das tropas da União no Oeste, liderou um ataque que dividiu e desmobilizou o exército confederado durante a Guerra Civil.
[3] Hoje, os pastores fazem a mesma pergunta aos adolescentes, citando Cassie Bernall, assassinada no massacre da escola Columbine, como o modelo de fé corajosa. Somente agora a ameaça vem do inimigo interno, em vez do exterior (N. do A.).
[4] Cerca de trinta mil desses cristãos *kakure* ainda cultuam hoje em dia, e oitenta igrejas caseiras conservam a tradição do "deus particular". Os católicos romanos tentaram recebê-los e trazê-los de volta à linha

principal da fé, mas os *kakure* resistiram. "Não temos qualquer interesse em nos juntarmos a esta igreja", disse um de seus líderes, depois de uma visita ao papa João Paulo II. "Nós, e ninguém mais, somos os verdadeiros cristãos" (N. do A.).

[5] Referência à Moral Majority, grupo conservador evangélico norte-americano com forte influência na política.

[6] Publicado no Brasil pela Editora Civilização Brasileira.

[7] Publicado no Brasil por Edições Asa.

[8] Clarence Thomas, conservador contrário às reivindicações dos movimentos feministas nos Estados Unidos, nomeado por George Bush (pai) para a Suprema Corte, ficou em situação embaraçosa quando Anita Hill veio a público dizendo ter sido vítima de abuso sexual por parte do juiz.

[9] Publicado no Brasil por Edições Asa.

[10] Publicado no Brasil por Edições Asa.

Capítulo treze: O ferido que cura feridas

[1] Publicado no Brasil pela Editora Paulinas.

[2] Gordon Willard Allport (1897-1967), psicólogo norte-americano que pesquisou a personalidade humana.

[3] Publicado no Brasil pela Editora Loyola.

[4] A palavra *gay* era usada antigamente no sentido de "alegre", "vivo", sendo depois adotada pelo movimento homossexual (N. do T.).

[5] Publicado no Brasil pela Editora Cultrix.

[6] Em inglês, a palavra "father" significa tanto "pai" quanto "padre".

[7] Referência aos *shakers*, grupo cristão ultraconservador que rejeita a modernidade e vive em comunidades isoladas.

[8] Publicado no Brasil por Edições Asa.

[9] Publicado no Brasil pela Editora Loyola.

Compartilhe suas impressões de leitura escrevendo para:
opiniao-do-leitor@mundocristao.com.br
Acesse nosso *site*: www.mundocristao.com.br

Diagramação: Sonia Peticov
Preparação: Omar de Sousa
Revisão: João Guimarães
Théófilo Vieira
Capa: Douglas Lucas
Fonte: Arrus
Papel: Pólen Natural 80 g/m²

Compartilhe suas impressões de leitura escrevendo para:

opiniao-do-leitor@mundocristao.com.br

Acesse nosso *blog*: www.mundocristao.com.br/blog

Diagramação: Viviane Rosana Fernandes Costa
Fonte: Arrus
Gráfica: Meta Brasil
Papel: Polén Natural 80 g/m²